T0209914

Markus Vinzent (Hrsg.)

Theologen

185 Porträts von der Antike bis zur Gegenwart

Verlag J. B. Metzler
Stuttgart · Weimar

Abaelard, Peter

Geb. 1079 in Le Pallet;
gest. 21. 4. 1142 in St. Marcel

Er ist das *enfant terrible* der hochmittelalterlichen Kirche und zugleich der originellste Denker der frühen Scholastik: Mit dem Namen A.s verbinden sich die zur Weltliteratur gewordene Liebesgeschichte mit Heloisa, die zweifellos innovativste Theologie des 12. Jh. und die schärfsten Angriffe auf das kirchliche und monastische Establishment seiner Zeit. – 1079 in der Bretagne geboren, studiert A. ausweislich seiner autobiographischen *Historia calamitatum (Leidensgeschichte)* Philosophie und Theologie bei den besten Lehrern seiner Zeit (Wilhelm von Champeaux, Anselm von Laon), läuft diesen aber schon bald aufgrund seiner überragenden Begabung den Rang ab. Selbst als Lehrer der Philosophie in Paris erfolgreich, beginnt er 1117 ein leidenschaftliches Liebesverhältnis mit Heloisa, einer Privatschülerin, das mit der durch ihren Onkel Fulbert aus Rache veranlaßten Entmannung A.s und dem Klostereintritt beider Liebender endet, Heloisa in Argenteuil, A. in St. Denis. 1121 wegen seiner *Theologia Summi Boni* auf der Synode von Soissons erstmals als Ketzer verurteilt, vom päpstlichen Legaten zur Rückkehr nach St. Denis begnadigt, nach Konflikten in diesem Kloster aber auch von dort wieder verstoßen, errichtet A. 1122 in der Einöde bei Nogent-sur-Seine ein Bethaus (Paraklet), das sich bald unter großem Schülerzustrom zu einer improvisierten, freien »Privathochschule« entwickelt. Als A. Ende der 20er Jahre zum Abt des Klosters St. Gildas in der Bretagne berufen wird, übernimmt Heloisa das Paraklet und installiert dort ein schon bald hoch angesehenes Nonnenkloster. In diese Zeit um 1132 fällt der berühmte Briefwechsel zwischen beiden. Nach dem Scheitern seiner Mission als Klosterreformer in St. Gildas finden wir A. 1136 wieder als Lehrer in Paris. 1140 wird er, nicht ohne aktive Mitwirkung seines großen Gegners Bernhard von Clairvaux, von einer Synode in Sens aufgrund von 19 aus seinen Schriften herauspräparierten Sätzen zum zweiten Male als Ketzer verurteilt. Petrus Venerabilis, Abt von Cluny, nimmt A. in dieser schwierigen Situation auf, erwirkt die Aufhebung des Urteils sowie die Versöhnung mit Bernhard und weist A. eine Studierstube im Kloster St. Marcel bei Chalon-sur-Saône an, wo dieser 1142 stirbt. Bedeutende Schüler A.s sind u. a. Petrus Lombardus, Johannes von Salisbury und Arnold von Brescia. – Grundlegend für das Denken A.s ist seine theologisch-wissenschaftliche Methode, wie er sie in *Sic et Non (Ja und Nein)* niedergelegt hat: Einander widersprechende Aussagen etwa der Kirchenväter sind methodisch geleitet zu einem überzeugenden Ausgleich zu bringen; falls dies aber nicht möglich ist, muß man sich für die eine und gegen die andere Meinung entscheiden. Damit beweist A. seine Auffassung, daß ein bloßes Berufen auf die Tradition theologisch nicht ausreicht. Die Theologie kann einerseits den Wahrheitsanspruch der Offenbarung nicht begründen, muß und kann aber andererseits ihre Vernunftgemäßheit sehr wohl aufweisen. Von diesen Prämissen her erhält die Theologie A.s eine kritisch-rationale Ausrichtung, die alle seine Texte durchzieht. Im die Diskussion seiner Zeit besonders beschäftigenden Universalienproblem nimmt A. zwischen der nominalistischen Meinung, daß den Einzeldingen Realität eigne und die Allgemeinbegriffe (Universalien) bloße Abstraktionen seien, und der umgekehrten, Realismus genannten Auffassung, daß die Einzeldinge Abbilder seien und nur den Allgemeinbegriffen Realität eigne, mit seiner *status*-Lehre eine Mittelposition ein. Nach ihr sind die Universalien zwar (nur) Termini, aber als solche bezeichnen sie doch den (realen) *status* der jeweiligen Sache. In der Ethik (*Nosce te ipsum, Dialogus*) betont A. als entscheidendes Kriterium allen Handelns die Intention; Sünde ist demzufolge nicht als böse Tat zu verstehen, sondern als die bewußte Bejahung des Bösen. Diese Ausrichtung der Ethik hat u. a. Konsequenzen für A.s Stellung zu den Juden, denen – gegen die zeitgenössische christliche Auffassung – der Christusmord nun nicht mehr als Todsünde vorgeworfen werden kann, da sie ihn guten Gewissens begingen; sie stellt v. a. aber auch die Grundlagen des sich in der mittelalterlichen Kirche langsam etablierenden Satisfaktionsdenkens und Tarifbußsystems massiv in Frage. Ähnlich innovativ und ganz in der Linie seiner Ausführungen zur Ethik liegend ist es, daß A. in seinem Römerbriefkommentar das Versöhnungswerk Christi nicht (wie z. B. Anselm von Canterbury) als Sühnopfer versteht, sondern als Vorleben der Liebe Gottes und als Anzünden dieser Liebe in den Herzen der Menschen. – A.s Fragment gebliebenes Spätwerk, der *Dialogus inter Philosophum, Iudaeum et Christianum*, ist ein faszinierend zu lesendes Ringen um den Konflikt zwischen dem Offenbarungsanspruch der Religionen und deren möglicher Selbstrechtfertigung vor dem Kriterium der Vernunft. Zwar müssen alle Versuche, A. wegen dieses Textes als *Lessing ante Lessing* zu vereinnahmen, als anachronistisch zurückgewiesen werden, doch beeindruckt die Unbestechlichkeit und Ernsthaftigkeit der gedanklichen Suchbewegung in diesem Text bis heute.

Jörg Ulrich

Ahn, Byung-Mu

Geb. 23. 6. 1922 in Shinanju
(heute Nordkorea);
gest. 19. 10. 1996 in Seoul (Südkorea)

A.s Biographie ist eng verknüpft mit der wechselvollen Geschichte Koreas im 20. Jh. Die frühen Jahre stehen ganz im Schatten der japanischen Kolonialherrschaft (1905–45). Die Eltern fliehen mit dem einjährigen Byung-Mu vor den japanischen Besatzern in die Mandschurei. Konfuzianistisch erzogen konvertiert der Dreizehnjährige aus eigenem Antrieb zum Christentum. Nach dem Besuch einer Missionsschule treibt der Bildungshunger ihn zum Studium dann doch in das Land der verhaßten Kolonialherren. Um dem japanischen Militärdienst zu entgehen, taucht A. während des Zweiten Weltkrieges in der Mandschurei unter und arbeitet zeitweilig als Laienprediger. Nach Kriegsende nimmt er zunächst Selbstverwaltungsaufgaben wahr, flieht schließlich jedoch vor den Kommunisten gemeinsam mit seiner Mutter in den Süden des Landes. In Seoul nimmt A. sein Soziologiestudium wieder auf und engagiert sich nebenbei in der christlichen Studentengemeinde. In der Zeit des Koreakrieges (1950–53) gründet er mit Freunden eine christliche Kommunität. A. gehört auch zu den Mitbegründern des Chungang-Seminars (1950), einer theologischen Ausbildungsstätte für Laien. Der theologische Autodidakt hat kontinuierlich Alt-Griechisch gelernt und beginnt nun mit neutestamentlichen Lehrveranstaltungen. Die Schriften Rudolf Bultmanns (1884–1976) sind dabei nach eigener Aussage prägend für ihn. Um seine Jesusstudien zu vertiefen, beschließt A. nach Deutschland zu gehen (1956–65). Nach der Promotion in Heidelberg bei dem Bultmannschüler Günther Bornkamm, lehrt er zunächst wieder am Chungang-Seminar, dem er auch als Präsident vorsteht (1965–71). Es folgt ein Ruf an die presbyterianische Hankuk Theologische Hochschule (Hanshin). – Unter dem Eindruck der zunehmend repressiver werdenden Entwicklungsdiktatur Park Chung-Hees engagiert A. sich seit Beginn der 70er Jahre in der Menschenrechtsarbeit. Wie viele seiner Mitstreiter wird er von der

Universität relegiert (1975) und verhaftet (1976). Erst auf internationalen Druck kommt er wieder frei. Große Verdienste hat sich A. mit der Gründung des Koreanischen Theologischen Studieninstituts erworben (1973). Der koreanischen Theologie gelingt dadurch der Anschluß an den internationalen Diskurs. In kirchlichem Auftrag gründet er eine Aus- und Fortbildungsstätte (1975), an der auch von den Universitäten ausgeschlossenen Studentenaktivisten ein Theologiestudium ermöglicht wird. Spät rehabilitiert (1984) ist er bis zu seiner Emeritierung (1987) Dekan der Hanshin-Universität. Zeit seines Lebens hat A. auf dem Laienstatus beharrt. – Aber nicht nur als Regimekritiker und engagierter Pädagoge wurde ihm Anerkennung zuteil, sondern auch als Neutestamentler hat A. sich profiliert. Im Westen bekannt geworden ist seine Auslegung des Markusevangeliums. Sie ist das biblische Fundament der Minjung-Theologie, einer politischen Theologie im koreanischen Kontext. A. hebt die besondere Beziehung zwischen Jesus und der Volksmenge (gr. *ochlos*) hervor. Die kleinen Leute sind die Adressaten der Mission Jesu. Ihnen wendet er sich bedingungslos zu. In deutlicher Abgrenzung zu Bultmann stellt A. dem entgeschichtlichten Kerygma der institutionalisierten Urkirche die narrative Volksüberlieferung des Jesusereignisses gegenüber. Im *ochlos* entdeckt A. das koreanische Volk (*minjung*) wieder. Zugleich ist er im Minjung dem leidenden Christus begegnet.

Volker Küster

Albertus Magnus

Albert von Lauingen;
geb. vor 1200 in Lauingen/Donau;
gest. 15. 11. 1280 in Köln

»Mein Professor, Herr Albert, ehemals Bischof von Regensburg, (war) ein in jeglicher Wissenschaft geradezu göttlicher Mann, so sehr, daß er mit Recht als staunenerregendes Wunder unserer Zeit bezeichnet werden kann.« Mit diesen Worten setzt Ulrich von Straßburg seinem Lehrer ein Denkmal der Wertschätzung, und selbst A.s Konkurrent und Kritiker, der nörglerische Roger Bacon bekennt: »Man glaubt (...), die Philosophie sei den Lateinern bereits vollständig gegeben und in lateinischer Sprache verfaßt. Und zwar wurde sie zu meiner Zeit in Paris geschrieben und verbreitet, und ihr Verfasser wird als Autorität zitiert (...). Er lebt noch und hatte bereits in seinem Leben solche Autorität, wie sie niemals ein Mensch in der Lehre besaß.« A. ist nahezu der einzige Wissenschaftler, dem – schon bald nach seinem Tod – der Beiname »der Große« zuerkannt wurde. Seine Interessen umfassen gleicherweise Naturwissenschaften, Philosophie und Theologie und tragen ihm den Ehrentitel *doctor universalis* ein. Doch neben der wissenschaftlichen Betätigung greift der vielseitig Gewandte während seines langen Lebens auch als Diplomat, Friedensstifter, Kirchenpolitiker, nicht zuletzt als Seelsorger aktiv in die großen und kleinen Geschicke seiner Zeit ein. – A. entstammt einer ritterbürtigen Ministerialenfamilie, die im schwäbischen Lauingen ansässig ist, und wird wohl kurz vor 1200 dort geboren. Als junger Mann begibt er sich zu Studien an die Universität Padua. Dort lernt er die neuartige Spiritualität der Bettelorden kennen und tritt wahrscheinlich um Ostern 1223 in die 1215 von Dominikus ins Leben gerufene Gemeinschaft der Predigerbrüder ein. Wo A. das Noviziat und die theologische Ausbildung absolviert, ist unbekannt, manches spricht für Köln. In den 30er Jahren finden wir ihn bereits als Studienleiter (Lektor) an verschiedenen deutschen Konventen, so in Hildesheim, Regensburg und Straßburg. Verhältnismäßig spät, nämlich Anfang der 40er Jahre, wird der Schwabe ins intellektuelle Zentrum des

Abendlands, an die Universität Paris, entsandt, um den theologischen Doktorgrad zu erwerben und (ab 1245) einen der dortigen Lehrstühle zu übernehmen. In dieser Pariser Zeit entstehen neben dem obligaten Kommentar zu den Sentenzen des Petrus Lombardus eine Reihe wichtiger systematisch-theologischer Schriften (hervorzuheben ist die anthropologische Summe *De homine*), die bereits A.s detaillierte Vertrautheit mit Aristoteles, den Kirchenvätern und den arabischen Denkern zeigen, sowie die Kommentierung der Schriften des Pseudo-Dionysius Areopagita (1250 in Köln abgeschlossen). Im *Corpus Dionysiacum* findet A. die neuplatonisch geprägte Denkform des Ausströmens aus und Zurückfließens zu Gott (*exitus-reditus*), die bestimmend für seine Konzeption der geschöpflichen Gesamtwirklichkeit wird. Aristoteles dagegen stellt ihm das Modell zur Verfügung, mit dessen Hilfe sich Schöpfung unter den Bedingungen der Immanenz, sozusagen auf dem Umschlagpunkt zwischen Ausgang und Rückkehr, vernünftig denken läßt. So zeigen bereits diese frühen Schriften in breiter Fülle die grundlegende Systematik der A.schen Synthese von biblisch-patristischen, neuplatonischen und aristotelischen Elementen, eine Synthese freilich, die nicht Amalgamierung von Heterogenem sein will, sondern die jeder Komponente ihren jeweiligen Platz im »System« zuweist. In Paris auch findet jener hochbegabte, etwa zwanzigjährige Schüler zu A., der wirkungsgeschichtlich den Lehrer überragen wird: Thomas von Aquin. Mit ihm als »Assistenten« geht A. 1248 nach Köln, um dort nach Pariser Vorbild ein ordenseigenes Studienhaus aufzubauen, das die erste Hochschule in Deutschland und Vorläufer der Universität zu Köln wird. Beide sind wahrscheinlich Augenzeugen, als am 15. August desselben Jahres der Domgrundstein feierlich gelegt wird. In Köln faßt A. den Plan, alle

Werke des Aristoteles zu kommentieren, ja sogar die nicht geschriebenen bzw. nicht überlieferten selbst zu verfassen. Hinter diesem Vorhaben steht die Erkenntnis, daß im *Corpus Aristotelicum* ein System der Wissenschaften vorliegt, das es erlaubt, die faktische Welt unter den Bedingungen der Kontingenz adäquat zu beschreiben. So entstehen zwischen 1250 und 1270 knapp vierzig zum Teil überaus umfangreiche Kommentare bzw. Paraphrasen zu allen bekannten Aristotelesschriften (u. a. zur *Physik, Metaphysik, Nikomachischen Ethik, Logik, Tierkunde, Seelenkunde*), den für aristotelisch gehaltenen Büchern (*Liber de causis*) und den diesen Kanon ergänzenden Schriften anderer Autoren (etwa Boethius, Euklid), sowie Werke ohne Vorlage, die A. zur Vervollständigung der von ihm vermuteten »Lücken« im aristotelischen System schreibt (so *De nutrimento et nutribili, De intellectu et intelligibili*). In den Jahren 1254–57 bekleidet A. das Amt des Provinzials der deutschen Dominikanerprovinz, zeitweilig doziert er auch an der päpstlichen Kurie. 1260 wird er gegen den Protest des Ordensmeisters zum Bischof von Regensburg ernannt, legt aber nach einem Jahr die Amtsgeschäfte nieder. Nach erneutem Aufenthalt am päpstlichen Hof kehrt er als Kreuzzugsprediger nach Deutschland zurück und lehrt in der zweiten Hälfte der 1260er Jahre in den Dominikanerkonventen Würzburg, wo sein Bruder Heinrich lebt, und Straßburg, bevor er 1269 endgültig nach Köln zurückkehrt. In die 60er Jahre dürften A.s große Bibelkommentare (Evangelien, Propheten, Ijob) fallen. Die späte zweiteilige *Summe der Theologie* bemüht sich noch einmal um eine systematische Zusammenschau, bleibt aber unvollendet. A.s Grab befindet sich heute – nach der Zerstörung der alten Dominikanerkirche Hl. Kreuz unter Napoleon – in der Kirche St. Andreas. 1931 wurde der Patron der Naturwissenschaften von Papst

Pius XI. auch als Lehrer der Kirche anerkannt. – Die große und zeitübergreifende Leistung des *doctor universalis* besteht darin, die Herausforderung einer rein innerweltlichen, vernunftorientierten Welterklärung, wie sie in der Philosophie des Aristoteles vorlag, gegen zum Teil erbitterte theologische Widerstände angenommen und sie als mit den Glaubensüberzeugungen der christlichen Offenbarungsreligion vereinbar ausgewiesen zu haben. Diese charakteristische Verbindung von Philosophie und Theologie prägte jahrhundertelang das geistige Antlitz des Abendlandes. Über diese Drehscheibe wurde das antike Erbe im lateinischen Kulturraum wieder lebendig und fruchtbar, auf diesem Nährboden konnte sich die Renaissance herausbilden. A.s System, das den Naturwissenschaften, der Philosophie und der Theologie ihre je eigenen Bereiche zuweist und sie alle zu einer umfassenden Einheit in Vielheit integriert, ist Ausdruck der Suche nach universaler Wahrheit.

Joachim R. Söder

Albertz, Martin
Geb. 7. 5. 1883 in Halle/S.;
gest. 19. 12. 1956 in Berlin

In einem 1941 erschienenen Buch bezeichnet sich A. – noch ehe ihm nach einer Verurteilung zu 18 Monaten Gefängnis wegen verbotener Prüfungstätigkeit für die Bekennende Kirche (BK) 1942 vom Konsistorium sein Amt als Pfarrer und Superintendent in Berlin-Spandau entzogen und das Recht abgesprochen wird, seine Titel weiter zu gebrauchen – als *verbi divini minister.* »Diener am göttlichen Wort« – nichts anderes will A. als Theologe und Wissenschaftler, als Gemeindepfarrer – der er stets ist – und Mitglied in Kirchenleitungen sein. Der Pfarrerssohn übernimmt 1910 eine Pfarrstelle in Stampen/Schlesien und tritt zunächst als

einer der Inauguratoren der formgeschichtlichen Erforschung des NT hervor; für ihn ist die neutestamentliche Botschaft zwar in verschiedene, wesentlich im AT vorgeprägte Formen gekleidet, entfaltet aber – da vom Heiligen Geist eingegeben und auf das geistliche Leben der Gemeinde zurückzuführen – das Zeugnis von Leben, Tod und Auferstehung Jesu einheitlich. Nach 1933 steht A. kompromißlos auf der Seite der BK und übernimmt trotz des damit verbundenen Leidensweges exponierte Ämter im Prüfungsamt, an der Kirchlichen Hochschule Berlin, in der 2. Vorläufigen Kirchenleitung. Seine entschiedene Orientierung an der Schrift läßt ihn zum Mitunterzeichner der Denkschrift an Hitler sowie der Gebetsliturgie in Kriegsgefahr 1938 werden und bringt ihn dazu, sich für das Pfarramt für Theologinnen einzusetzen oder seine Stimme für ausgegrenzte und verfolgte Judenchristen zu erheben.

Siegfried Hermle

Al-Bustānī, Sulaymān
Geb. 1856 in Ibkištīn (Libanon);
gest. 1925 in Kairo

Früh schickte ihn sein Vater zur neu eröffneten Schule von Buṭrus al-Bustānī, in der er wie dieser alle darin angebotenen orientalischen und europäischen Sprachen, denen er später weitere hinzufügte, lernte und eine umfassende Ausbildung absolvierte. Damit wurde er von Buṭrus als Lehrer in seiner Schule sowie als Mitarbeiter an seinen Zeitschriften eingesetzt. Begleitet von viel Erfolg als Pädagoge, Journalist und Forscher half al-B. mit, in der irakischen Stadt al-Basra eine Schule zu eröffnen, was seine Fähigkeiten deutlich machte. Eine Zeit lang konnte er im Geschäftsleben an der Seite seiner irakischen Gönner, dann als Mitglied des Handelsgerichts in Bagdad sowie als Direktor der osmanischen Schiffahrtsgesellschaft und der Metallindustrie tätig sein. Durch seine zahlreichen Reisen entwikkelte er sich zu einer hochangesehenen Persönlichkeit in Ost und West, die wie keine andere Figur im Orient überall sprachlich zu Hause war: Zu allen wichtigen orientalischen Sprachen kamen europäische, alte und moderne (insgesamt 15), die aus ihm einen der führenden Weltbürger machten. – Seine immensen Kenntnisse und Fähigkeiten öffneten ihm auch das Tor zur Politik: So wurde er von der Hohen Pforte in Istanbul nach Chicago entsandt, um die osmanische Abteilung bei der Weltausstellung zu leiten. Hier bot sich ihm die Möglichkeit, sich über die Probleme der zahlreichen orientalischen Emigranten vor allem aus seiner Heimat zu informieren. In der Politik war al-B. einer der wenigen Christen, der infolge der Wiedereinführung des aufgehobenen Grundgesetzes (*Dustūr*) im Jahre 1908 eine große Karriere machte: Zunächst beeilte er sich, ein Buch mit dem Titel *'Ibra wa-ḏikrā* (*Lehre und Erinnerung oder der Osmanische Staat vor und nach dem Dustūr*) wenige Monate nach der Bewegung der Jungtürken zu veröffentlichen, die die Wiedereinführung der aufgehobenen Verfassung erreichten. Darin betont er die Bedeutung der Reformen auf allen Gebieten des sozialen und politischen Lebens, prangert Korruption an, zeichnet ein Bild der Verheerungen des despotischen Regimes, dem er die ganze Schuld an der Rückständigkeit im Osmanischen Reich zuschreibt, und motiviert die Volksvertreter zu systematischer und ethisch geprägter Arbeit: Er zieht aus den freiheitlichen Bewegungen und Grundsätzen Europas (v. a. der Französischen Revolution) großen Nutzen, wobei das Wort Freiheit fast in jedem Titel der 24 Kapitel seines Buches erscheint. Kaum war ein parlamentarisches System in Istanbul im Anschluß an diese Ereignisse etabliert, wurde al-B. als Vertreter von Beirut gewählt und kurz danach zum Botschafter mit Sonderaufgaben und Minister für Handel, Landwirtschaft und Bodenschätze ernannt. Hier zeichnete er sich aus durch Intelligenz, Sachverstand und immense Kultur, auch auf historischer Ebene, so daß er die Interessen der Christen im Libanon und außerhalb, sowie die Beziehungen der zentralen Macht zu den Minderheiten im Osmanischen Reich auf reife und überzeugende Weise vertreten konnte. Er trat als Minister zurück, weil er sich gegen den Eintritt des Osmanischen Reiches an die Seite der Deutschen im Ersten Weltkrieg eingesetzt hatte. – Als Gelehrter ist al-B. nicht weniger bekannt, da er die *Ilias* von Homer zum ersten Mal ins Arabische übersetzte (11000 Verse; Kairo 1904). Dieses Werk wurde bei der bedeutenden Übersetzungsbewegung in Bagdad unter den Abbasiden-Kalifen nicht angerührt, weil die altgriechische Dichtung die arabischen Muslime wenig interessierte, zumal sie über eine ganz große verfügten, die Übersetzer (die aramäische Christen waren) keine Dichter waren und die arabischen Dichter kein Griechisch konnten. Wozu also die junge Religion mit einer gefährdenden heidnischen Welt belasten? Al-B.s Einführung, die als erste Beschäftigung mit der vergleichenden Literaturwissenschaft gilt, erhellt viele Fragen der arabischen Kultur und der literarischen Verhältnisse in den beiden Literaturen, wobei er vehement als Verteidiger Homers auftritt. Er lernte zu diesem Zweck Griechisch bei den Jesuiten von Beirut und bediente sich mehrerer europäischer Übersetzungen, die er miteinander und mit der griechischen Vorlage verglich. So konnte er wahrscheinlich eine der besten Übersetzungen der *Ilias*, wenn nicht die beste bis zu seiner Zeit, liefern. – Nicht nur in dieser Übersetzung erweist sich al-B. als Dichter, da er 5000 weitere Verse verfaßte, von denen er nur diejenigen, welche wichtige Ereignisse behandeln, bewahrte, wie *al-Dā' wa-l-šifā'* (*Die Krankheit und die Heilung*) – beide entstanden in der Schweiz während seines Aufenthalts zwecks medizinischer Behandlung.

Raif Georges Khoury

Alexander von Hales
Geb. um 1186 in Hales;
gest. 1245 in Paris

Bonaventura nennt ihn *pater et magister noster*, Thomas von Aquin fordert dazu auf, seine Werke zu lesen. Wie groß sein Ruhm schon zu Lebzeiten war, beweist seine Grabinschrift in Paris, wo er als *gloria doctorum ... norma modernorum* gewürdigt wird. 1221 wurde er Magister der Theologie in Paris, wo er bereits studiert hatte. Sein Beitritt zum Orden der Franziskaner 1236 schlug hohe Wellen, denn A. war *iam senex* und *famosus* wie Roger Bacon schrieb, während der Franziskanerorden arm war und als ungelehrt galt. Erst aufgrund seines Einflusses haben sich die Franziskaner universitär etabliert. Sie behielten ihn als *doctor irrefragabilis* in Erinnerung. 1245 nimmt er am Konzil von Lyon teil, doch noch im selben Jahr stirbt er. Sein Name ist mit der *Summa halensis* verbunden. Er ist Autor dieses Werkes nur in dem Sinne, daß er es entworfen und begonnen hat und viele seiner Schriften (z. B. zahlreiche *Quaestiones disputatae*) darin aufgenommen wurden. Die *Summa* beschäftigt sich u. a. mit der Transzendentalienlehre, eine von Philip dem Kanzler erarbeitete und seitdem gängige Doktrin, die die allgemeinen Seinsweisen jedes Seienden (*ens, unum, verum, bonum*) analysiert. Die Rolle des A. war für die Entwicklung der scholastischen Methodologie maßgebend. Seiner *Glossa quatuor libros Sententiarum Petri Lombardi* ist es zu verdanken, daß die Sentenzen des Petrus Lombardus zu einem festen Bestandteil des universitären Lehrplans geworden sind. Für

ihn drückt sich die Wahrheit des Weltganzen in den beiden großen Werken Gottes aus: in Schöpfung und Erlösung.

Mauro Falcioni

Al-Yāziǧī, Ibrāhīm
Geb. 1847 in Beirut;
gest. 1906 in Kairo

Geboren in einem Haus mit großer wissenschaftlicher Tradition und in einer Zeit, die der modernen arabischen Renaissance eine Fülle von Bewegungen, Ideologien und berühmten Persönlichkeiten sowie Institutionen bescherte, stieg al-Y. früh in Auseinandersetzungen ein, die nach dem Tode seines Vaters Nāṣif (1871) mit seinem Landsmann Aḥmad Fāris aš-Šidyāq (1801–87) entstanden waren. Letzterer hatte seine maronitische Konfession aufgegeben zugunsten der protestantischen, diese mit der islamischen vertauscht und al-Y.s Vater in seinem *Maqāmāt*-Buch kritisiert. Al-Y. zeigte sich schon hier auf der Höhe und ließ seine philologischen Fähigkeiten erkennen. Darauf folgten Jahre der Fortsetzung seiner Ausbildung und der Tätigkeit als Journalist: 1872 wurde ihm die Gründung der Zeitung *al-Naǧāḥ* (*Der Erfolg*) anvertraut und die Jesuiten boten ihm die Mitarbeit an ihrer Übersetzung der Bibel an, die die der Amerikaner übertreffen sollte. Zu diesem Zwecke lernte er Hebräisch und Aramäisch, und es entstand eine Version, die die katholischen Patres in ihrer Druckerei in 3 Bänden 1875–80 veröffentlichten. Um ihr Ziel erreichen zu können, wollten die Jesuiten einen vollendeten Text liefern. Al-Y., dessen Vater an der Seite der Amerikaner an deren Übertragung mitgewirkt hatte, gab sich viel Mühe, um dem Ausdruck so viel Klarheit, Solidität und rhetorische Stärke wie möglich zu verleihen. Deswegen blieb diese Übersetzung mustergültig und die beste arabische bis zum heutigen Tage. In ihr erweist sich al-Y. als Kenner der Feinheiten der arabischen Sprache, eine Seite, der er sich sein Leben lang hingeben sollte, wobei er die Presse nie aus dem Auge verlor: 1884 übernahm er von dem Amerikanischen Missionar Post die Fortsetzung der Zeitschrift aṭ-Ṭabīb (*Der Arzt*), die ihm die Möglichkeit gab, sich seinen Neigungen auf medizinischen, wissenschaftlichen, linguistischen und anderen Gebieten hinzugeben. Nur ein Jahr erschien diese Zeitschrift, in der er aber seine Artikel, vor allem über die *al-Amālī l-luġawiyya* (*Linguistische Diktate*) veröffentlichte. Er unterrichtete an verschiedenen Schulen und bereitete seinen Kommentar zum Divan des klassisch-arabischen Dichters al-Mutanabbī (915–65) vor, der 1887 erschien, was ihm noch mehr Ansehen verlieh und ihn zu einem geachteten Meister bei Freund und Feind machte. Dieser libanesische Schriftsteller wollte aber noch mehr, um seinen wissenschaftlichen Horizont zu erweitern. Deswegen unternahm er eine Reise nach Paris im Jahre 1894, wo er den Astronomen Flammarion kennenlernte, den er nach seiner Rückkehr zum Meister und Vorbild bei seinen wissenschaftlichen Arbeiten nahm. Nach Kairo übergesiedelt, gründete er dort die Zeitschriften *al-Bayān* (*Die Erklärung, rhetorische Wissenschaft*, 1897) und *aḍ-Ḍiyāʾ* (*Das Licht*, 1898), die bis zu seinem Tode erschienen. – Das Werk von al-Y. ist von eminenter Bedeutung für die Belebung der modernen arabischen Renaissance, als deren treuer Diener er zugleich handwerklich und künstlerisch wirkte. Ein Mann der großen Ideale, ein Weltbürger, der alles daran setzte, um seine Gesellschaft auf den Weg einer besonnenen, aber engagierten Modernität zu führen. Seine Bemühungen trugen die besten Früchte vor allem auf dem Gebiet der philologischen Untersuchungen, die er mit unerreichter Genauigkeit, mit Sachverstand und innovativem Geist durchführte, so daß er die

wichtigsten Grundsätze der Beziehungen von Sprache und Gesellschaft (Soziolinguistik) und der Entwicklung der arabischen Sprache aufstellte, von denen diese bis zum heutigen Tage ihre Impulse herholt.

Raif Georges Khoury

Ambrosius von Mailand

Geb. 333/34 in Trier;
gest. 4.4.397 in Mailand

Als Bischof (seit 374) der kaiserlichen Residenzstadt Mailand wirkt A. im Zentrum der gesellschaftlichen und politischen Entwicklungen seiner Zeit, oftmals im direkten Kontakt, zuweilen auch in Konfrontation mit den wichtigsten Entscheidungsträgern des Staates. Er ist eine der Schlüsselgestalten für die spätantike Kirche im Abendland und prägt ihr Denken wesentlich mit, wird aber mehr noch für Kultus und Frömmigkeit wegweisend. Die verschiedenen Facetten seiner Persönlichkeit werden in der modernen Geschichtsschreibung unterschiedlich akzentuiert. Einmal will man in erster Linie den taktisch geschickten und durchsetzungsfähigen »Kirchenpolitiker« erkennen, ein anderes Mal vornehmlich den von tiefer Christusfrömmigkeit geprägten Seelsorger und Hirten seiner Gemeinde. Die historische Bedeutung seiner Person hat dabei zu keiner Zeit in Frage gestanden, doch wird sein Rang als ernstzunehmender christlicher Denker erst in jüngerer Zeit wieder deutlicher wahrgenommen. – Daß die Persönlichkeit und das Auftreten des A. bei Zeitgenossen, bei Freunden wie Gegnern, eine nachhaltige Wirkung kaum je verfehlt hat, rührt wohl nicht zuletzt aus einer außergewöhnlichen Meisterschaft des sprachlichen Ausdrucks und aus der Fähigkeit zur situationsgerechten Kommunikation, wie es die Regeln der antiken Rhetorik vermitteln. Er galt als brillanter Prediger, der sowohl distanzierte

Intellektuelle zu erreichen vermochte als auch einfache Gläubige beeindruckte. Der junge Augustinus beispielsweise, der damals eine Rhetorikprofessur in Mailand innehatte und seine Predigten darum mit dem geschulten Ohr des professionellen Kritikers hörte, war begeistert. A. ragt aber auch als Dichter einprägsamer Hymnen von schlichter Form, doch hochpoetischer Ausdruckskraft heraus, die z. T. noch heute in kirchlichem Gebrauch sind. Die evangelische Kirche kennt sie beispielsweise in der Nachdichtung Martin Luthers. Nicht zuletzt beherrscht er die Feinheiten der politischen und diplomatischen Kommunikation, wie sich in seinen Eingaben und Briefen an den Hof und die Kaiser zeigt. Als beispielsweise der römische Stadtpräfekt Symmachus mit einem Meisterstück antiker politischer Rede für die Tolerierung der alten heidnischen Religion wirbt, verhindert die rhetorisch kaum weniger eindringliche Eingabe des A. den schon sicher geglaubten Erfolg. Auch die soziale und politische Funktion der öffentlichen Rede nimmt A. wahr, als er die Begräbnisreden zum Tode der Kaiser Valentinian und Theodosius hält. Sie verbinden antike Gattungsvorgaben mit echtem seelsorgerlichen Zuspruch an die Familien. – In dieser Sicherheit und Virtuosität der Handhabung der öffentlichen Rede spiegelt sich neben persönlicher Begabung das Erbe der antiken Bildung und Kultur. A. erwirbt eine traditionelle Schulbildung, anfänglich in Trier, wo der Vater als Präfekt amtiert, und zum größeren Teil in Rom, wohin die Familie nach dessen Tod übersiedelt. Diese Ausbildung, ergänzt um juristische Studien, trägt ihm eine Verwaltungskarriere ein, die ihn über mehrere Stationen in das Amt eines Provinzstatthalters nach Mailand führt. Als er in dieser Eigenschaft bei der Wahl eines Nachfolgers für den verstorbenen Auxentius für Ordnung zu sorgen sucht, wird er überraschend selbst zum Bischof gewählt – dies, obwohl er zum fraglichen Zeitpunkt noch nicht getauft ist, was den Vorgang kirchenrechtlich problematisch macht. Nach der Erzählung des antiken Biographen Paulinus gibt der Ruf einer Kinderstimme dazu den Anstoß. Wenn A. später einräumt, ohne angemessene Vorbereitung ins Bischofsamt gelangt zu sein, so gilt dies für eine theologische Vorbildung im engeren Sinne. Doch legen die klassische Schulbildung, zumal ein zu seiner Zeit im Westen längst nicht mehr übliches wirkliches Verständnis für die griechische Sprache, und die Verwaltungserfahrung das Fundament für sein erfolgreiches Wirken. – Sein Bischofsamt begreift A. im Kern als Dienst am Wort, d. h. er versteht sich als Lehrer bzw. Prediger des Gotteswortes, der darum zuerst dessen Hörer werden muß. Gottes Wort steht ihm konkret in der Person Jesu Christi, dem fleischgewordenen Wort des Vaters, vor Augen. Seine Person und sein Wirken recht zu verstehen, ist darum Aufgabe und Norm aller Theologie. Gottes Offenbarung begegnet aber auch nach seiner äußeren Gestalt als Wort, nämlich in den Schriften des AT und NT, die in allen Teilen Jesus Christus zum Thema haben. So lebt das Denken des A. aus der Begegnung mit der Bibel, vor allem im auslegerischen Nachspüren der Texte. Der weit überwiegende Teil seiner Werke ist direkt der Schriftauslegung gewidmet, und auch in den thematischen Schriften ist sein Denken von Grund auf exegetisch geprägt. Hierin entwickelt A. vor allem ein feines Gespür für die Bildkraft der biblischen Texte. Deren Symbolsprache läßt für ihn ein oft überraschendes Zusammenklingen von Themen und Motiven hörbar werden, die den ganzen Raum der Bibel überwölben. Um die Bedeutungstiefe der Schrift ins Bewußtsein zu heben, bedient sich A. des Instrumentariums der allegorischen Auslegung, zu der er sich durch die Lektüre eines Origenes oder eines Philo anregen läßt. Obwohl in der schulischen Dichtererklärung längst geübt und zumal bei den Theologen griechischer Zunge gebräuchlich, ist diese Weise, die Bibel zu lesen, im Westen noch relativ unbekannt und vermag seinen Hörern neue Horizonte zu öffnen. Hierfür ist nochmals Augustinus der beste Zeuge. Für ihn lösen sich durch die Allegorese all jene Anstöße und Ungereimtheiten im Gottesbild, die ihn zuvor abgestoßen haben. Sie läßt ihm das katholische Christentum als ein Denkgebäude erscheinen, das auch seinen philosophischen Fragen standhält. Denn auf diesem Wege vermag A. Elemente philosophischen Denkens, vor allem des Neuplatonismus, aufzugreifen. Aber nicht allein den Intellektuellen vermittelt diese Auslegung geistige Einsichten. Vielmehr erschließt die Allegorese gerade den einfachen Leuten mit ihrer faßlichen Symbolik und bildhaften Konkretion ein vertieftes Verständnis des Glaubens. Sie erfüllt deren Bedürfnis nach umfassender weltanschaulicher und lebenspraktischer Orientierung allein aus der Bibel und bestätigt ihnen deren Verbindlichkeit und Verläßlichkeit in allen Einzelheiten. Das Kennzeichnende der Schriftauslegung des A. ist aber vor allem, daß sie von vornherein Verkündigungscharakter hat. Stets wird die Auslegung unmittelbar zur Predigt, in der Christus selbst gegenwärtig hörbar werden soll. Dazu überführt A. die biblische Symbolik in eine eigene Bildsprache der Predigt oder der Hymnendichtung, in der auch die klassische lateinische Poesie mitklingt. Sachlich ist die beständige christologische Konzentration seines Denkens, der Versuch, Christus als das Wort Gottes zu verstehen, durch die im 4. Jh. heftig diskutierte Trinitätsproblematik geleitet. Biographisch steht dieses Thema bereits am Beginn seines Bischofsamtes. Sein Amtsvorgänger Auxentius hat nämlich Mailand zu einer Bastion »aria-

nischer«, genauer homöischer, Theologie gemacht, und hinter der Wahl des A. ist auch die Absicht zu ahnen, einen im Parteienstreit kirchenpolitisch nicht vorbelasteten Kandidaten zu finden. A. verfolgt denn auch zunächst eine Versöhnungspolitik vor Ort, indem er den Klerus des Vorgängers übernimmt. Er läßt aber schon früh keinen Zweifel an seiner eigenen theologischen Ausrichtung am Nizänum. A. macht allerdings kaum den Versuch, das Trinitätsproblem nochmals selbständig theologisch-philosophisch voranzutreiben. Er rezipiert vielmehr Interpretationsversuche nizänischer Theologie aus der griechischen Kirche (bes. des Athanasius und Basilius) und reformuliert sie nach den Bedürfnissen und im Rahmen des Problembewußtseins einer eher westlich-lateinischen Tradition. Vor allem bedient er sich der griffigen Formelsprache von der einen Substanz und den drei Personen, die die lateinische Tradition seit Tertullian bereithält. Kennzeichnend ist das Ringen um argumentative und sprachliche Abrundung der Trinitätsaussagen in eingängigen, oft antithetischen oder paradoxalen Formulierungen. Dahinter steht das Bemühen, komplexe Trinitätstheologie so zu vermitteln, daß sie in der Gemeindefrömmigkeit Verwurzelung finden kann. Dieser Zug ist in den exegetischen Schriften, die immer wieder um die gegenwärtige Heilsbedeutung, das *pro me* des Christusgeschehens, kreisen und es an das rechte Verständnis seiner Gottheit und Menschheit rückbinden, noch bezeichnender als in den frühen thematischen Abhandlungen. Die wiederkehrende Einschärfung, Gottheit und Menschheit in Person und Wirken des Menschgewordenen recht zu unterscheiden, dient so zwar vor allem dazu, die gleichwesentliche Gottheit des Sohnes zu sichern, wird aber immer wieder soteriologisch zugespitzt. – Die Emphase einer ganz auf Christus, das Wort Gottes, ausgerichteten Verkündigung läßt zugleich die Intensität einer für A. charakteristischen Christusfrömmigkeit spüren. Vor allem in den späteren Schriften rückt er, oft mit Hilfe der Metaphorik von Braut und Bräutigam aus dem Hohelied, die innere Begegnung der Seele mit Christus ins Zentrum. An dieser Stelle trifft die theologische Grundorientierung wohl auch mit dem persönlichen Bemühen um ein lebenspraktisch bewahrheitetes Verständnis seines Christseins und seines Bischofsamtes zusammen. Keineswegs übernimmt A. unkritisch die Positionen seiner Gewährsleute, läßt sich vielmehr zu einer zunehmend selbständigen Positionsfindung anregen. Von einem klaren Standpunkt aus greift er selektiv auf Vorgegebenes zurück. Selbst wo er seinen Vorlagen äußerlich eng folgt, ordnet, akzentuiert und interpretiert er die Gedanken neu im Sinne seiner Theologie. Ein besonders deutliches Beispiel hierfür ist die von A. verfaßte Pflichtenlehre *De officiis*, die Ciceros gleichnamiges Werk zum Vorbild hat. Ursprünglich für den eigenen Klerikernachwuchs gedacht, wird dieser erste Versuch, eine christliche Ethik zu schreiben, bald als allgemeiner Leitfaden genutzt.

Das theologisch-schriftstellerische Wirken des A. ist nicht vorstellbar ohne seine gleichzeitigen kirchenpolitischen Maßnahmen. So geht die Behandlung des Trinitätsthemas einher mit einer konsequenten Durchsetzung der (neu)-nizänischen Position. Das maßgeblich von A. geleitete Konzil von Aquileia (381) entfernt die letzten prominenten »Arianer« aus ihren Bischofssitzen im Illyricum und besiegelt die endgültige Durchsetzung einer nizänischen Kirchenpolitik im Westen. Auch später noch sieht sich A. genötigt, die nizänische »Wahrheit« des Glaubens kompromißlos zu verteidigen. Zweimal stellt er sich in Mailand im offenen Konflikt gegen maßgebliche Kreise am Kaiserhof und bei den germanischen Militärs, unter denen viele »arianisch« dachten. Sie forderten eine Basilika in Mailand für ihre Gottesdienste. A. mobilisiert seine Gemeinde und läßt die Kirche besetzen, er weigert sich, mit seinem Gegenspieler, dem »Arianer« Auxentius, vor hohen Würdenträgern zu disputieren, da diesen als Laien keine Richterfunktion in Glaubensdingen zustehe, und riskiert seine Verhaftung. In dieser krisenhaften Situation hat nach der Erinnerung des Augustinus die Einführung des Hymnengesangs ihren Ursprung. A.' Rückhalt unter der Bevölkerung ist so groß, daß die bereits zusammengezogenen Polizeikräfte vor dem Einsatz militärischer Gewalt schließlich zurückschrecken und die Gegner am Hof nachgeben. Der Triumph des populären Bischofs findet wenig später eine zusätzliche Bekräftigung in der Auffindung der Gebeine zweier lokaler Märtyrer, die in feierlicher Prozession in die Kirche überführt werden. Das Auftreten des Bischofs als Verkündiger und kirchenpolitischer Kämpfer für den »wahren« Glauben verknüpft sich unauflöslich mit seiner vielleicht wichtigsten liturgischen Innovation und mit seinem Gespür für die Stimmungen und Strömungen spätantiker Märtyrer- und Heiligenverehrung. Derartiges als allein taktisch motivierte Manipulation der Massen deuten zu wollen, greift zu kurz. Auch an anderen Stellen nämlich spiegeln sich die Tendenzen zeitgenössischer Frömmigkeit in seinem Wirken. A. wirkt gestaltend und fördernd auf deren Entwicklung zurück. Er propagiert mit besonderem Nachdruck das asketische Lebensideal, zumal das der Jungfräulichkeit. – Durch Konflikte wie den geschilderten wird A. verschiedentlich genötigt, das Verhältnis von Bischofsamt, Kirche und staatlicher Autorität grundsätzlicher zu bedenken. Im Gegenzug zu dem traditionellen Konzept der kulturprägenden und staatstragenden Rolle der heidnischen Religion, wie es Symmachus im Streit um den Viktoriaaltar vorträgt, stellt er die neue Rolle des

Christentums im staatlichen und gesellschaftlichen Gefüge heraus und formuliert Erwartungen an ein christliches Kaisertum. In seiner Eigenschaft als Bischof sieht er sich in allen Fragen der Religion unmittelbar verantwortlich und will auf diesem Feld keine staatlichen Eigengesetzlichkeiten und Rücksichtnahmen gelten lassen. Berühmt wird die Bußforderung gegenüber Kaiser Theodosius, nachdem dieser den Befehl zu einer militärischen Strafmaßnahme gegeben hat, die Tausende von Toten forderte. Bei dieser Gelegenheit macht A. deutlich, daß sogar der Kaiser zuerst Christ und darum durch sein Gewissen und seinen Glauben gebunden und den Geboten der Kirche unterworfen ist. In der Sache unnachgiebig, müht er sich aber gleichzeitig, das Ansehen des Kaisers durch diesen Vorgang nicht unnötig öffentlich zu beschädigen. Die sog. Kirchenbuße des Theodosius ist keine demonstrative Unterwerfung der staatlichen Gewalt, auch wenn sie später in diesem Sinne in Anspruch genommen wird.

Die Nachwirkung des A. ist weitreichend. In der katholischen Kirche wird er als Heiliger verehrt und zählt zu den vier Kirchenlehrern des Altertums. Als einer von wenigen lateinischen Theologen gilt er auch in den Kirchen der Orthodoxie als »Vater«. Im Altertum hat nicht nur Augustinus seinen Taufvater zeitlebens geschätzt und als Bürgen für seine Gnadenlehre beansprucht. Vielmehr wird er auch sonst schon im 5. Jh. in Florilegien und auf Konzilien als Autorität zitiert. Im MA werden seine Schriften, besonders die Psalmauslegungen und der Lukaskommentar, viel gelesen und abgeschrieben. Die Auslegungen zum Hohelied haben speziell die mittelalterliche Brautmystik, z. B. bei Bernhard von Clairvaux, befruchtet. In der Reformationszeit schätzt ihn Martin Luther unter den Vätern, neben Augustinus, besonders.

Thomas Graumann

Andreae, Johann Valentin
Geb. 17. 8. 1586 in Herrenberg (Württemberg);
gest. 27. 6. 1654 in Stuttgart

Der Reformer der Reformation war als Enkel von Jakob Andreae, Mitautor der Konkordienformel von 1577, seit seiner Kindheit mit den Problemstellungen europäischer Religionspolitik vertraut. Grundlagen für sein späteres Wirken erwarb er sich durch sein breit angelegtes Studium in Tübingen (Theologie, Philosophie, Mathematik), durch seinen weitgefächerten Freundeskreis, der ihm Kenntnisse der unterschiedlichsten Geistesströmungen vermittelte, und durch eigene Anschauung während seiner Wanderjahre (Straßburg, Genf, Österreich, Italien). Als Dekan in Vaihingen (1614–19) gilt A.s besonderes Interesse dem Projekt, durch Gründung einer christlich-humanistischen Gemeinschaft die europäische Glaubensspaltung und deren Ausprägung im Dreißigjährigen Krieg zu überwinden. Was er in *Reipublicae christianopolitanae descriptio* (1619) in soziologisch-politischer Perspektive darlegt, das gestaltet er in *Fama fraternitatis* (1614) und *Chymische Hochzeit* (1616) als allegorisch-satirische Realutopie. A. entwirft eine umfassende »Generalreformation« einschließlich der Versöhnung verschiedener religiöser Traditionen (Kabbala, Hermetismus, Gnosis) und Wissenschaften unter dem Dach eines universellen Christentums. Als Pfarrer und Superintendent in Calw (1620–39) tritt für A., wie sein *Theophilus* (1622) belegt, die praktische Seite der Reform, d. h. die konkrete Verwirklichung in Frömmigkeit, Erziehung und Fürsorge (*praxis pietatis*) in den Vordergrund. Auf gleicher Linie liegt seine Auseinandersetzung mit radikal staatskirchlichen Konzepten, denen er im *Apap proditus* (1631) scharf widerspricht. Als Hofprediger in Stuttgart (ab 1639) bietet sich A. die Möglichkeit, seine Vorstellungen über eine anstehende Reform auf Landesebene einzubringen. Er gibt Impulse zur Reorganisation der Tübinger Universität; auf der Ebene der württembergischen Kirchenordnung bleibt ihm hingegen ein weitergehender Einfluß versagt. 1650 zieht sich A. von seinen Amtsgeschäften nach Bebenhausen zurück und stirbt 1654 in Stuttgart. – Die Wirkung von A. ist vielschichtig: Gruppen eines esoterischen Universalismus, an erster Stelle die Rosenkreuzer-Bewegung, aber auch verschiedene Freimaurerlogen, berufen sich bis heute auf A., wenn sie mittels Erinnerungsfiguren wie Mose, Hermes Trismegistos und Christian Rosenkreuz vergessene Bereiche der Religionsgeschichte ans Tageslicht heben und daraus eine geheime Offenbarungsgeschichte konstruieren wollen. Mit seiner Herausarbeitung eines Frömmigkeitsideals, das Innerlichkeit und christliche Gemeinschaft in ein fruchtbares Gleichgewicht bringen will, ist A. zu einem Vorläufer des Pietismus geworden. In seinen Überlegungen zur Kirchenverfassung können Gedanken gefunden werden, die in der Aufklärung prägend geworden sind. Alles in allem wirkt A. aber nicht so sehr durch die unmittelbaren Einfluß fort, sondern durch die Funktion, die er der literarischen Figur des Christian Rosenkreuz in seinen Werken zugewiesen hat: als Erinnerungs- und Hoffnungsfigur einer zu allen Zeiten ersehnten »Generalreformation«.

Karl-Heinz Steinmetz

Angelus Silesius
Johannes Scheffler;
geb. 25. 12. 1624 in Breslau;
gest. 9. 7. 1677 ebd.

A., Hof- und Leibmedicus des streng lutherisch-orthodoxen Herzogs Sylvius Nimrod von Württemberg, tritt 1653 zum Katholizismus über – ein Ereignis, das als Fanal für das Erstarken der Gegenreformation aufgefaßt wird und ihn

zur Zielscheibe harter Kritik von protestantischer Seite macht, auf die A. mit nicht minder heftigen Gegenangriffen reagiert. In der Folge verfaßt er kontroverstheologische Traktate, in denen er sich mit aggressiver Polemik für die Rekatholisierung Schlesiens einsetzt. – Als konfessionsverbindend erweist sich A. durch sein lyrisches Schaffen, das seine intensive Beschäftigung mit der mittelalterlichen Mystik verrät. A.' Hauptwerke zeigen die zwei Wege auf, auf denen sich die Hinwendung der Seele zu Gott vollzieht: Die kognitive, »cherubinische«, wie die affektive, »seraphinische«, Annäherung sind gleichberechtigte Zugangsweisen, die beide die mystische Vereinigung mit Gott bewirken können. Die Sammlung von Alexandriner-Epigrammen *Cherubinischer Wandersmann oder Geist-Reiche Sinn- und Schluß-Reime* setzt auf aphoristische Verknappung, Antithesen, Paradoxien und unvermittelte Gedankenblitze. Die intellektuellen Impulse des mystischen Denkens erfahren eine brillante dichterische Umsetzung, die von Theologen (Arnold, Tersteegen, Arndt) und Dichtern (Rückert, Droste-Hülshoff) gleichermaßen gewürdigt wird. Demgegenüber erscheint die in der »seraphinischen« Textsammlung *Heilige Seelen-Lust Oder Geistliche Hirten-Lieder Der in ihren* JESUM *verliebten Psyche* entfaltete geistliche Schäferpoesie ungleich konventioneller, übt jedoch starken Einfluß auf die Kirchenlieddichter des 17. und 18. Jh. aus. Viele der Lieder finden Eingang in die Gesangbücher beider Konfessionen.

Guido Bee

Anselm von Canterbury
Geb. 1033/34 in Aosta;
gest. 21. 4. 1109 in Canterbury

»Ich versuche nicht, Herr, Deine Tiefe zu durchdringen, denn auf keine Weise stelle ich ihr meinen Verstand gleich;

aber mich verlangt, Deine Wahrheit einigermaßen einzusehen, die mein Herz glaubt und liebt.« (I 100). – In dieser Selbstreferenz aus der Einleitung des um 1077/78 entstandenen *Proslogion* (›Anrede‹), gibt A. derart prägnant Auskunft, daß sich die folgende Darstellung als Interpretation dessen lesen läßt. In Diktion und Gehalt verweist sie zunächst auf A.s Lebenswelt: Obwohl ab 1093 als Erzbischof von Canterbury zugleich Primas der Kirche Englands und in der Kirchenpolitik (Investiturstreit) beteiligt, bleibt der als Sohn einer feudalen Adelsfamilie Geborene innerlich der monastischen Spiritualität verpflichtet, die ihn seit seinem Eintritt in das dann von ihm als Abt geleitete Benediktinerkloster von Le Bec (Normandie) prägt. Nicht seine kontemplativ-mystische Grundstimmung verwundert, wohl aber die Tatsache, daß er diejenige Wahrheit, die er im Herzen liebt, auch mit der Vernunft einsehen will. Warum wollte A. die Glaubenswahrheit durch den Verstand, und das heißt wissenschaftlich, erschließen? Seit dem 7. Jh. hat man sich auf eine eher liturgische und exegetisch-eklektische Weitergabe des überkommenen Erbes verlegt. Vor der Gründung der großen Kathedralschulen und Universitäten im 12. und 13. Jh. sind bedeutende Neuansätze allein die Leistung einzelner Denker, zu denen neben A.s Lehrer Lanfranc (1005–1089) insbesondere er selbst gehört. Da A.s geistige Entwicklung also weniger durch äußere Faktoren begünstigt wird, muß sie einen tieferen, weil ursprünglicheren, inneren Grund haben. – Auf die Frage nach dem Ursprung seiner Denkbewegung gibt A. im Zitierten eine Antwort. Er führt die vernünftige Einsichtnahme in die geglaubte Wahrheit als sehnsüchtig erstrebtes Ziel eines inneren Wunsches ein. Durch die Benennung dieses emotionalen Beweggrundes gibt er zu verstehen, daß die philosophische Rationalität bei ihm einer inneren Notwendigkeit des Glaubens(er)lebens entspringt. Warum der Glaubensvollzug das Denken impliziert, wird aus dem Kontext deutlich: Bevor A. im *Proslogion* den philosophischen Gedankengang entfaltet, schildert er in seiner einleitenden ›Aufforderung des Geistes zur Betrachtung Gottes‹ die konkrete Selbsterfahrung des gläubigen Menschen vor seinem Gott. Das Bekenntnis zur Größe Gottes und zu der durch die Sünde gebrochenen kreatürlichen Unvollkommenheit des Menschen konfrontiert mit dem Problem, wie in Anbetracht der unüberbrückbar scheinenden Distanz der Dialogpartner überhaupt ein Verhältnis zustande kommen kann. Diese Ausgangsaporie fordert die Reflexion heraus. Sie soll den Aufweis erbringen, daß der dialogische Glaubensbezug des Menschen zu Gott möglich ist, weil Gott selbst durch seine Gegenwart im Inneren des Gläubigen immer schon die Voraussetzungen dafür geschaffen hat, daß der Mensch Gottes Antlitz finden kann. Diese Einsicht zu erlangen ist das im berühmten *unum argumentum* aus dem *Proslogion* verwirklichte Ziel. Wenn sein Sekretär und Biograph Eadmer berichtet, A. habe seinen *einen Gedanken* bei der Versenkung im Chorgebet empfangen, so beinhaltet dieser hagiographische Topos die tiefere Wahrheit, daß A.s philosophisches Denken seinen ursprünglichen Ort in jener Hochform des Glaubensvollzuges hat, die in der von A. bis zur literarischen Form des Gedankens verinnerlichten, personalen Gottesbegegnung des Menschen im Gebet besteht. – Während A.s Bestimmung der Funktion des Denkens im Glaubensvollzug auf Augustinus zurückverweist, kündigt sich in seiner Methode des Einsatzes philosophischer Rationalität bereits die scholastische Autonomie des Vernunftgebrauchs an. Der Prozeß der Glaubenseinsicht erfüllt bei A. die Kriterien von Wissenschaftlichkeit im engen Sinn, weil er sich allein auf die logische Folgerichtigkeit und innere Notwendigkeit der Sache selbst bezieht (II 20). Der positive Glaubenssatz ist zum Aufweis seiner Rationalität zwar vorauszusetzen, muß aber als logisch formulierte Aussage ohne nochmaligen Rückgriff auf die Glaubensautorität als denknotwendig erwiesen werden. A. verfolgt diese Methode derart radikal, daß er sogar ein methodisches Absehen von der in Schrift und Inkarnation ergangenen Offenbarung fordert: Der *intellectus fidei* erfolgt allein mit den Mitteln der Vernunft, ohne Berufung auf die Autorität der Schrift, als ob es Christus nie gegeben hätte (II 20, 42). – Inhaltlich setzt A. bei jener Wahrheit an, die zugleich der erste Artikel des Glaubensbekenntnisses und die Voraussetzung für alle weiteren philosophischen Schlußfolgerungen ist. Die Rationalität der im Glauben angenommenen Existenz Gottes macht A. im *Monologion* (›Alleingespräch‹) in einer Verkettung einer Vielzahl von vorwiegend der augustinisch-neuplatonischen Tradition entstammenden Argumenten einsichtig. Im *Proslogion* weist er in dem einzigen Argument aus der inneren Logik der Glaubenswahrheit als denknotwendig auf, daß Gott existiert. Methodisch konsequent führt er die durch das vorausgesetzte *credimus* als solche kenntlich gemachte Glaubensaussage bereits als philosophisch formulierte (Quasi-)Definition Gottes ein: »Wir glauben, daß du etwas bist, über das hinaus Größeres nicht gedacht werden kann« (I 101). Argumentation und unmittelbare Einsichtigkeit sind genial: Auch derjenige, der die Existenz Gottes bestreitet, hat die begriffliche Bestimmung Gottes als »etwas, worüber hinaus Größeres nicht gedacht werden kann« in seinem Verstand. Da aber etwas wirklich Existierendes größer ist als etwas bloß im Denken Gegebenes, wäre das Gedachte nicht dasjenige, worüber hinaus Größeres nicht gedacht werden kann, wenn es nur im Verstand und nicht auch in Wirklichkeit existiert. A.s

Gottesaufweis kulminiert in der Einsicht, daß »etwas, worüber hinaus Größeres nicht gedacht werden kann, auf so wahrhafte Weise existiert, daß es als nicht-existierend auch nicht einmal gedacht werden kann« (I 103). – A. ist sich zugleich der Grenze des Arguments bewußt, wenn er in einer Zuspitzung des Gedankens bekennt, daß »Gott größer ist, als (er) gedacht werden kann« (I 112). Der personale Gott ist durch keine Ratio einzuholen. *Warum Gott Mensch wurde* klärt A. in der gleichnamigen Schrift und zeigt die Spannungspole der geschenkten, freien Heilsgeschichte und der deduktiv-notwendigen Rationalität, zwischen denen sich sein Denken vollzieht: Der rational begründeten ›Satisfaktionstheorie‹, wonach die vom Menschen in der Sünde Gott zugefügte Beleidigung nur durch den Kreuzestod des Gottmenschen wiedergutgemacht werden kann, korrespondiert dabei die heilsgeschichtliche Gerechtigkeit des größeren Gottes als seiner Barmherzigkeit. – A.s Wirkungsgeschichte blieb weitgehend auf sein als ›ontologischer Gottesbeweis‹ aus seinem sinnstiftenden Kontext isoliertes *unum argumentum* beschränkt. Obwohl sich an der nach wie vor kontroversen Diskussion Denker wie Thomas von Aquin, Bonaventura, Descartes, Spinoza, Leibniz, Kant, Hegel, Barth, Levinas und solche der Analytischen Philosophie beteiligten, wird selten beachtet, daß sich das Argument nur als das Ergebnis jener Synthese von religiöser Erfahrung und rationaler Spekulation verstehen läßt, die A. in einzigartiger Weise verwirklicht hat.

Martin Thurner

Apolinarius von Laodicea
Geb. um 310;
gest. um 392

»Gelesen, verstanden, verworfen« ahmt Kaiser Julian ein berühmtes Dictum nach, als er die leider verlorene philosophische Schrift *Über die Wahrheit* des A. zu Gesicht bekommt. Im 4. Jh. gibt man sich literarisch selbstbewußt. Kaum hat der christenfeindliche Kaiser den Christen das Studium heidnischer Literatur verboten, formt A., zusammen mit seinem gleichnamigen Vater, einem Grammatiker und Priester, den Stoff des AT.s zu epischen Gesängen, zu tragischer und komischer Dichtung und zu Oden; das NT verwandelt er in Dialoge. A. empfindet eine große künstlerische Vorliebe. »Deshalb ist der Tod furchtbar«, bemerkt er im *Kommentar zu den Psalmen*, »weil der Hymnensänger stirbt«. Doch berühmt wird er als theologischer Lehrer und Forscher. – Der Herkunft seines Vaters aus Alexandrien mag er es verdanken, daß er mit mannigfaltigem Bildungsgut vertraut ist. Was ihn jedoch zeitlebens mit Alexandrien verbindet, ist sein Anspruch, geistiger Erbe und Nachfolger des Bischofs Athanasius zu sein. In der Tat findet Athanasius in seinem jungen Freund einen begabten gleichgesinnten Verteidiger des nizänischen Dogmas von der Wesensgleichheit (Homousie) von Gott Vater und Gott Sohn. Athanasius kann seinen theologischen Standpunkt gegen die Arianer oftmals nur mit intuitiver Gewißheit und in hilflos polternder Polemik vertreten; der dialektisch geübtere A. erörtert das Problem in der Gelassenheit argumentativer Überlegenheit. – Die Bedeutung des A. in der Geschichte der Gotteslehre ist ungenügend bekannt. Man betont seit den Tagen seines zeitweiligen Schülers Hieronymus, daß er in der Trinitätslehre rechtgläubig geblieben und nur in der Lehre von Christus mißraten sei. Da diese in der Geschichte mehr Lärm verursacht hat, beschäftigt man sich meist auch nur mit ihr und gibt nur ihr den Namen seines Urhebers: Apolinarismus. Theologisch zählt er gleichwohl neben Markell von Ankyra und Athanasius zu den wenigen Verteidigern

des nizänischen Bekenntnisses zu Beginn der sogenannten Eunomianischen Kontroverse, einer folgenschweren Debatte mit radikal arianisierenden Theologen, die in den sechziger Jahren des 4. Jh. beginnt. Völlig zu Unrecht bleibt er in zusammenfassenden, dogmengeschichtlichen ebenso wie begriffsgeschichtlichen Darstellungen zur Gotteslehre bedeutungslos und ungenannt. – Zwei Kennzeichen prägen im allgemeinen sein Denken: Logische Präzision und eine unbeirrbare, über diese Logik hinausgehende Idee vom göttlichen Leben. Daß er sich in seinem Schrifttum ausgiebig der syllogistischen Technik bedient, ergibt sich schon aus Titeln christologischer Werke wie *Logos syllogistikos*, sei die Betitelung authentisch oder nicht. Daß er dieselbe oder eine ähnliche Technik auch für die Gotteslehre verwendet, legt sich von selbst nahe. Sich syllogistisch zu äußern gehört zur Mode der Zeit. Im übrigen mag er seine Kenntnisse der peripatetischen Logik durch die Auseinandersetzung mit dem antichristlichen Werk des Philosophen und titanischen Gelehrten Porphyrius erweitert haben, der die peripatetische Kategorienschrift mehrfach kommentiert hatte. Gleichwohl verfällt A. nicht der Versuchung des konsequenten menschlichen Denkens. Zum einen enthält seine Gotteslehre einen Begriff von Einheit, der einer gewöhnlichen logischen Kalkulation entwichen ist und die Idee des Lebens in einer neuen, in gewissem Sinne unlogischen Wahrheit wiedergibt. Zum anderen sieht er gerade im menschlichen Intellekt die Ursache für Irrtümer der Lehre. Eine seiner christologischen Schriften führt zwar den Titel *Apodeixis* (Beweis), aber damit will er nicht beanspruchen, den Glauben wissenschaftlich beweisen zu können. Darin unterscheidet er sich von seinem Gegner Eunomius von Kyzikus, der tatsächlich die *Apodeixis* verlangt. Den Vorwurf der Technologie, der von vielen Seiten gegen Eunomius erhoben wird, hätte er gewiß nicht verdient. A. erklärt ganz im Gegenteil das Entstehen von Irrtümern aus übermäßigem Nachdenken. Trotz all seiner Vorliebe für logische Genauigkeit ist er davon überzeugt, daß gewisse Fragen für den Menschen zu schwierig sind. Er warnt in der Homilie *Quod unus sit Christus* eindringlich davor, daß in der Gotteslehre Fragen nach dem Wie der Zeugung und des Hervorganges des Unkörperlichen, d. h. von Gott Sohn und Gott Pneuma, zu Unglauben führen und Zeugung und Hervorgang zu Erschaffung verfälschen, so wie in der Christus-Lehre die Frage nach dem Wie der Einung von Ungeschaffenem und Geschaffenem aus der wunderbaren Fleischwerdung eine gewöhnliche Einwohnung werden läßt. Und im sogenannten fünften *Buch gegen Eunomius* wird in derselben Geisteshaltung heftig an den Glauben appelliert, damit nicht aus der Frage, wie Gott zeugt, durch rationale Grübelei die Behauptung entsteht, der Sohn sei ein Geschöpf. Es gilt, das Wunderbare und Göttliche zu retten, dies allerdings mit menschlichen Mitteln. – Die von A. bekundete Scheu vor einer rationalen Erfassung der Homousie ist nicht geheuchelt, verdeckt jedoch seine theologische Leistung. Als der große Basilius von Cäsarea ihn aus Bewunderung seiner intellektuellen Kraft brieflich um eine Erklärung der theologischen Bedeutung des Begriffes der Homousie bittet, fühlt er sich zunächst überfordert. Das Problem übersteige die Kraft des Menschen. Aber dann gibt er eine großartige Antwort, die über rationales Vorstellen hinausführt. Die Gleichwesentlichkeit von Vater und Sohn besteht darin, daß der eine Gott das Selbe in Andersheit und das Andere in Selbigkeit ist. Gott existiert nur als Zeugung seines Anderen. Abstrakt gesehen entdeckt A. einen neuen Begriff von Einheit: Im Gegensatz zum neuplatonischen Denken gibt es Einheit nicht vor ihrer Relation zu Existenz und Leben. Die Einheit ist an sich selbst lebendig, existiert als Zweiheit und geht ihrer Relation des Zeugens nicht voraus. Diese Einheit, die an sich selbst Zweieinheit ist, darf nicht als eine Form oder zählbare Vielheit verstanden werden, sondern als jene Lebendigkeit, die jedwede fixierbare Form erst hervorbringt. Mit dem Gott, der nie alleinig ist, aber auch nicht Vielheit enthält, bringt A. einen Gottesbegriff zustande, dessen spezifisch christliches Merkmal darin liegt, daß er weder jüdisch-monotheistisch noch heidnisch-polytheistisch ist. A. ist auf den Kern des Lebens gestoßen. – Weniger übermenschlich gerät seine Christologie, in der er sich, um die Vereinigung der wesensverschiedenen Naturen von Gottheit und Menschheit in Christus zu erklären, einer Analogie bedient. Sein nachmaliger Gegner Theodoret von Kyrrhos sagt von ihm, er habe als erster die Mischung der Naturen eingeführt. Tatsächlich wertet er den Begriff der Mischung auf. Wichtige Anregungen erhält er von der Psychologie wiederum des Porphyrius. In etwa auf dieselbe Weise, in der dieser die Verbindung von Seele und Körper mitunter als Mischung zweier Naturen dargestellt hatte, die zu einer einzigen Natur führt, in der die Eigenschaften der beiden Naturen erhalten bleiben, erblickt A. in Christus »die eine Natur des fleischgewordenen Logos«, in deren Einheit Gottheit und Menschheit je ganz, weil eben vereint, enthalten sind. Es entsteht ein Wesen völlig neuer Art, der Gottmensch. Bis dahin konnte man Christus im wesentlichen entweder für einen göttlich inspirierten Menschen halten oder für ein göttliches Wesen, das mit einem Scheinleib umkleidet war. Wie in der Gotteslehre versteht es A. auch in der Christus-Lehre, seine Auffassung der Bibel zu entnehmen, indem er die philosophischen Fachausdrücke durch biblische Formulierungen ersetzt, zum Beispiel das Begriffspaar Körper-Seele durch Fleisch-Pneuma. Andere Fachausdrücke aus der damals üblichen Logik behält er einfach bei, wie die beiden für ihn wichtigsten *homousios* (gleichwesentlich) und *homonymos* (gleichnamig). Die Lektüre der Heiligen Schrift ist philosophisch geworden. – Zweifelsohne zählt A., gerade in der Verteidigung der Wunderbarkeit und Übernatürlichkeit christlicher Glaubensinhalte, zu den hartnäckigsten Denkern. Er ist von der Richtigkeit seiner Christologie so sehr überzeugt, daß er den Fehler begeht, erfolgreich eine eigene Kirche zu organisieren. Nun wird der Kämpfer für Rechtgläubigkeit selbst bekämpft. Bereits 377 wird seine Lehre in Rom zum ersten Mal verurteilt. Seine zahlreichen Schriften gehen zum großen Teil zugrunde, doch manches bleibt unter falschem Namen erhalten.

Franz Xaver Risch

Appasamy, Aiyadurai Jesudasen
Geb. 3. 9. 1891 in Palayamkottai (Südindien);
gest. 2. 5. 1976 in Coimbatore

Bereits in seinem Elternhaus lernt A. die Verbindung von christlicher Frömmigkeit und hinduistischer Spiritualität kennen: Sein Vater, Arumugam S. A., der mit 24 Jahren Christ geworden ist, praktiziert im Alter Yoga zusammen mit einem hinduistischen Guru, um seine Erfahrung im christlichen Glauben zu vertiefen. – Die Strömung des Hinduismus, die bei A. den Hintergrund für seine Interpretation des christlichen Glaubens bildet, ist die sogenannte Bhakti-Frömmigkeit Südindiens, in der der Gott Shiva verehrt wird. Charakteristisch für diese ist, daß Gott und Welt in enger Verbindung und doch in Unterschiedenheit voneinander gesehen werden. Gott und Mensch stehen in einem personalen Gegenüber. Ein ausgeprägtes Sündenbewußtsein führt in der religiösen Poesie dieser hinduistischen Frömmigkeit immer wieder zur

Bitte um Vergebung, die der Gott in gnädiger Zuwendung beantwortet. Man hat geradezu von der »Gnadenreligion Indiens« gesprochen. Die philosophische Grundlage dieses Hinduismus war in der zweiten Hälfte des 11. Jh. von Ramanuja ausgearbeitet worden. – A. findet in dieser Philosophie, die er auch in manchen Aussagen der Upanishaden entdeckt, das Instrument zur Interpretation des christlichen Glaubens, besonders des Johannes-Evangeliums. Das führt er in seiner in Oxford angenommenen Dissertation aus, deren Ergebnisse später in zwei Büchern veröffentlicht werden: *Christianity as Bhakti-Marga* und *What is Moksha*? Hat Ramanuja das Verhältnis von Gott und Welt mit dem von Seele und Leib verglichen – also vereint und doch unterschieden –, so greift A. diesen Vergleich auf: Unerkannt ist Gott von Anfang an in der Welt wirksam, wie es das Johannes-Evangelium vom *logos* sagt. – Daß Christus über sich hinausweist auf den unaussprechlichen Gott, macht den Christen A. offen für Wahrheit in den nichtchristlichen Religionen. Christ und Hindu müssen sich ohne jede Überheblichkeit begegnen, in dem Bewußtsein, daß sie »genausoviel zu lernen wie zu geben haben«. Damit wird A. zu einem Vorläufer für den interreligiösen Dialog. Er verbindet Offenheit für die Einsichten der anderen Religionen mit einer bescheidenen, aber festen Bejahung des eigenen christlichen Standpunktes. – Im Jahr 1950 wird A. Bischof der Coimbatore-Diözese der Kirche von Südindien. Anders als viele führende christliche Denker seiner Generation hat er eine positive Einstellung zur Kirche und ist bereit, in ihr Verantwortung zu übernehmen. Dem entspricht, daß A. als normative Kriterien für den christlichen Glauben neben Schrift, Vernunft und Erfahrung auch die Kirche nennt. Der indischen Tradition hingegen entspricht die hohe Wertschätzung der Erfahrung. Intellektuelles

Wissen ist nicht genug. Entscheidend ist ein Wissen, das zugleich persönliche religiöse Erfahrung ist. In diesem Sinn kann A. sagen: »Nur die, die Gott kennen, sind fähig, von ihm zu reden«.

Friedrich Huber

Arius

Areios; geb. vermutl. in Libyen; gest. 336 in Alexandrien

Ob in frühmittelalterlichen Illustrationen zu homiletischen und apologetischen Schriften, ob in spätmittelalterlichen Triumphdarstellungen oder in Höllenszenen des Westens und Ostens, immer wieder begegnet A. als Prototyp des Häretikers, der von der Kirche überwunden wurde. A. hat seit dem Konzil von Nizäa (325), das sich seinetwegen versammelte und ihn exkommunizierte, bis heute einer der bedeutendsten kirchlichen Häresien seinen Namen geliehen, obwohl wir ganz wenig gesicherte Schriften und Zeugnisse von ihm besitzen und kennen (drei Briefe und Fragmente einer in akrostichischen Versen abgefaßten Schrift Thalia) und obwohl er kaum der theologische Motor der Bewegung um die großen Bischöfe Eusebius von Nikomedia und Eusebius von Cäsarea gewesen sein dürfte. A. war kein großer Schriftsteller; das wenige, das er geschrieben hat, wurde bereits durch Konstantin verboten und dem Feuer übergeben. Wenn Theologen nach seinem Tod im Jahr 336 gegen »A.« schreiben, sind meist andere Gegner unter diesem Ketzerhut gemeint. Der Streit um A. begann eine geraume Zeit vor 324, als er bereits Presbyter der Baukaliskirche in Alexandrien war. Wie sein Bischof Alexander war er dem geistigen Erbe des großen Alexandriners, Origenes, verpflichtet. Glaubt man Athanasios, so hat A. manches von dem kappadokischen Sophisten Asterios übernommen, der dann nicht nur, wie Markell von Ankyra klagt, die Eusebia-

ner beeinflußt, sondern auch auf A. gewirkt hat. Im Unterschied zu Alexander lehrt A. nicht die Gleichewigkeit von Gott und Christus, Vater und Sohn, sondern stellt Gottes Einzigkeit und absolute Transzendenz heraus. Ihm ordnet er den Sohn und den Geist unter und nach. Ja, Gott wird erst Vater, sobald er den Sohn zeugt und schafft: »Gott selbst, was sein Sein betrifft, ist für alle unsagbar. ... Sowohl für die durch den Sohn (Gewordenen) als auch für den Sohn selbst ist er unsichtbar. ... Denn der Sohn ist ihm nicht gleich und keineswegs wesensgleich (*homoúsios*). Es existiert also eine Dreiheit in ungleicher Herrlichkeit, untereinander ungemischt sind ihre Seinsweisen (Hypostasen)« (Thalia). Erkennbar klingt in der Kombination von Einzigkeit, absoluter Transzendenz und Dreihypostasie das neuplatonische Denken des Plotin durch. Während stoisch ausgerichtete Theologen vor A. (etwa Tertullian) durchaus den Sohn (und Geist) dem Vater nachordnen und sogar von zwei Göttern sprechen können (etwa Justin), weil durch den stoisch-materiellen Seinsbegriff bei aller Unterordnung eine Seinsverbindung zwischen Vater, Sohn und Geist bestehen bleibt, wird die neuplatonische Seinsvorstellung des A., der keine Seinsverbindung zwischen Schöpfer und Geschöpf sieht, heftig bekämpft und abgelehnt. Doch trotz A.' Ausschluß aus der kirchlichen Gemeinschaft Alexandriens im Jahr 319 und seiner Exkommunikation auf dem Konzil von Nizäa, das gegen A. am Begriff *homoúsios* für die Relation von Vater und Sohn festhält, bedarf es langer Diskussionen, bis auf dem Konzil von Konstantinopel (381) der Arianismus überwunden wird.

Markus Vinzent

Arminius, Jacobus
Geb. 10. 10. 1560 in Oudewater;
gest. 19. 10. 1609 in Leiden

Nach seiner Schulbildung in Utrecht, einem Aufenthalt in Marburg und Studien in Leiden hört A. 1582 in Genf bei Theodor Beza, nachdem er in der Obhut des Mathematikers Rudolf Snellius die antischolastische Theologie des Petrus Ramus erlernt hatte. 1587 kehrt er nach Holland zurück und dient als ordinierter Pfarrer einer Gemeinde in Amsterdam. Erneut, wie bereits in Genf, kommt es zu Auseinandersetzungen, angestoßen durch die Abfassung eines Gutachtens im Streit um das rechte Verständnis der Reichweite der Gnade, ob Gott nämlich universale Gnade gewähre (so der Amsterdamer Dirck Volckertszoon Coornheert), ob er von Ewigkeit her die einen Menschen zur Verdammnis, andere zur Erlösung bestimmt habe, oder ob Gott erst nach dem Fall der Menschen die Aufteilung in Verdammte und zu Erlösende vorgenommen habe. Im Ringen mit dem Leidener Franciscus Junius (*amica collatio*) entwickelt er seine eigene Lösung. Es wird deutlich, wie sehr sich A. von der calvinistischen durch Beza rigoros ausgebildeten Prädestinationslehre entfernt, was ihn in Auseinandersetzungen mit Amtskollegen führt, Kämpfe, die später zwischen Arminianer und Calvinisten fortgeführt werden. Nachdem er sich erfolgreich gegen die Vorwürfe des Sozinianismus und Pelagianismus gewehrt hat, folgt er 1603 einem Ruf an die Universität Leiden, wo der Streit neu aufbricht. Seine gegen Franciscus Gomarus verfochtene Position gründet in der sympathischen christologischen Überzeugung, daß Jesus für die gesamte Menschheit und nicht allein für eine kleine Anzahl vorherbestimmter Erwählter gestorben sei, ja daß Gott weise Glauben und Unglauben des Menschen voraussehen konnte und das menschliche Wesen mit einem freien Willen geschaffen worden sei. Der Streit zwischen A. und Gomarus wird auch durch ein Streitgespräch 1609 im Haag nicht beigelegt. Nach A.' Tod setzt vor allem Simon Episcopius den Kampf für die Universalität der Gnade fort.

Markus Vinzent

Arndt, Johann
Geb. 27. 12. 1555 in Eddvitz bei Köthen;
gest. 11. 5. 1621 in Celle

Nach Medizin- und Theologiestudium ist A. Pfarrer u. a. in Braunschweig und seit 1611 Generalsuperintendent in Celle. Geprägt wird er zunächst von der lutherischen Orthodoxie, deren Kennzeichen das Ringen um die reine Lehre vom Wort Gottes ist. A.s Anliegen ist es, rechte Lehre und persönliches Leben miteinander zu verknüpfen. 1605 beginnt er, *Vier Bücher vom wahren Christentum* herauszugeben (1610 vollendet), dem sich 1612 das *Paradiesgärtlein* anschließt. Die Schriften werden die wichtigste Erbauungsliteratur im 17. u. 18. Jh. A. versteht seine Schriften als Ergänzung zur lutherischen Rechtfertigungslehre, d. h. Gott vergibt aus Gnade die Sünden, wenn man an das Evangelium glaubt. Die Frage bleibt, was aus dem Glauben folgt. A.s Antwort darauf ist: »So stellet uns Gott seinen lieben Sohn für unsere Augen nicht allein als einen Heiland, sondern auch als einen Spiegel der Gottseligkeit mit seinem heiligen Leben« (WChr 1,11,4). D. h. für an Christus glaubende Menschen, daß man nach heiligem Leben streben muß, um wahre Gottseligkeit zu erlangen. A. verweist einmal darauf, daß Lehre, Glauben, Handeln und Verhalten im Leben eine Einheit bilden. Die »Gottseligkeit« ereignet sich in der Seele des einzelnen Menschen. Im persönlichen Gebet kommt der Mensch Gott nahe bis zur mystischen Einheit. A. ist der erste protestantische Schriftsteller einer innerlichen Frömmigkeit (»Herzensfrömmigkeit«). Dazu rezipiert er mittelalterliche Mystiker, allen voran Johannes Tauler, auch Thomas Kempis' *Imitatio Christi*, die anonyme *Theologia Deutsch* oder Angela von Foligno, aber ebenso die Schriften des protestantischen Mystikers Valentin Weigel. A. selbst ist kein Mystiker. Bei ihm erfährt man im Gebet Gottes unendliche Güte und Treue in sich. Gottes Lob ist die höchste geistliche Freude des Menschen. Dabei sind die Tugenden Christi wie Armut, Demut usw. Vorbild zur Nachahmung. So kann man Gott lieben und »Weltherrlichkeit« verachten, weil sie eitel und vergänglich ist. – Dem Heil des Menschen dient auch die ganze Schöpfung, Sterne, Wolken, Schnee, Regen, Regenbogen usw. Sie sind »natürliche Wirkungen« des Himmels, um Früchte hervorzubringen (4. Buch). A.s Einfluß war trotz aller Kritik und sogar Anfeindung immens. Der Liederdichter Paul Gerhardt wurde durch ihn geprägt wie auch die gleichfalls bekannte Dichterin Aemilie Juliane von Schwarzburg-Rudolstadt. Seine eigentliche Nachwirkung erlebte A. aber im Pietismus. Ph. J. Spener gab die *Vier Bücher vom Wahren Christentum* 1675 mit der berühmten Vorrede »Pia desideria« wieder heraus. Bewegt von der Sorge um die Verweltlichung der evangelischen Kirche unterstrich A. die Sehnsucht nach Erlösung von der »bösen Welt« und die Erwartung des endgültigen Reiches Christi. Damit ist zugleich das Verdikt über die irdische Welt ausgesprochen. A. gehört zu den Wegbereitern einer persönlichen Frömmigkeit im Protestantismus, die große religiöse Energien freisetzen konnte für ein praktisches Christentum, zugleich aber der Gefahr von Weltverlust in der lutherischen Kirche Vorschub leistete.

Gerlinde Strohmaier-Wiederanders

Arnold, Gottfried
Geb. am 5. 9. 1666 in Annaberg;
gest. am 30. 5. 1714 in Perleberg

Dem als Sohn eines Lateinschullehrers geborenen A. scheint nach seinem Studium in Wittenberg als Protegé Ph. J. Speners die geistliche Laufbahn vorgezeichnet. Tatsächlich aber wird der altsprachlich und philologisch hochgebildete ›Einsiedler‹ als Hauslehrer in der pietistisch-enthusiastischen Hochburg Quedlinburg zum literarischen Propagandisten des mystischen Spiritualismus. Seine Theorie vom Verfall des Christentums aufgrund dessen staatskirchlicher Verfaßtheit wirkt weit über seine Zeit hinaus in der allgemeinen Bildung weiter. Nach A.s *Unparteiische[r] Kirchen- und Ketzerhistorie* (1699–1703) beendete Konstantins Reichskirche die frömmeren ersten drei Jahrhunderte der Christentumsgeschichte und begründete das staatskirchliche System. Einzelne Wiedergeborene entdeckt A. aber auch nach Etablierung der Reichskirche und sogar in seiner eigenen Zeit: *Das Leben der Gläubigen ... welche in denen letzte 200 Jahren sonderlich bekannt worden* (1701). A.s wissenschaftliche Werke nutzen ebenso wie seine geistlichen Dichtungen und sein erbauliches Schrifttum die größeren Freiheitsräume des absolutistischen Kirchenregiments für die Forderung eines von äußerlicher Kirchlichkeit freien verinnerlichten Christentums. Nach nur einsemestriger Amtszeit legt der Kirchenkritiker A. 1698 seine Geschichtsprofessur in Gießen nieder, übernimmt aber nach seiner überraschenden Heirat 1701 doch kirchenleitende Ämter. Er stirbt infolge des Schocks, den das Eindringen preußischer Werber in seinen Pfingstgottesdienst auslöste, die unter Trommelschlag junge Männer vom Altar weg zum Militär holten.

Angelika Dörfler-Dierken

Athanasius von Alexandrien
Geb. um 297;
gest. 2.5.373 in Alexandrien

In der Nacht zum 8.2.356 stürmen Soldaten Kaiser Konstantius' II. unter der Führung des Militärkommandanten der Stadt, Syrianus, die Theonaskirche von Alexandrien, in der Bischof A. gerade Gottesdienst feiert. Dieser kann jedoch mit Hilfe einiger Mönche fliehen und hält sich fünf Jahre versteckt. Sein drittes Exil von insgesamt fünf beginnt, welches den Tiefpunkt seiner Bischofslaufbahn markiert, aber auch eine Phase intensiver literarischer Tätigkeit einleitet. Wie konnte es soweit kommen? Der Kaiser betrachtet A. als Hochverräter, der seinen Bruder Konstans gegen ihn aufgehetzt und mit dem Usurpator Magnentius konspiriert habe; er hat ihn schon auf Synoden in Arles (353) und Mailand (355) als Bischof absetzen lassen. Dem Streben des Kaisers nach politischer und kirchlicher Einheit im Reich steht A. nämlich schon lange im Weg, da sein »Fall« die Kirche des gesamten Reichs spaltet. Es begann mit seiner Wahl zum Bischof am 8.6.328. Wahrscheinlich auf Wunsch seines Vorgängers Alexander wählte eine kleine Gruppe von Bischöfen den Diakon A., um der schismatischen Gemeinde der Melitianer zuvorzukommen. Diese Sonderkirche Alexandriens war entstanden, als Melitius während der Diokletianischen Verfolgung anstelle des geflohenen damaligen Bischofs Petrus eigenständig kirchliche Weihen vornahm und mutigeres Verhalten der Christen in der Verfolgung forderte. Nach seiner Wahl begegnete A. diesem mit Visitationsreisen (330–34), um den Rückhalt in seiner Diözese besonders auch in mönchischen Kreisen zu stärken, wobei es sogar zu Tumulten kam. Dazu war A. mit den Folgen des sog. arianischen Streits um den Grad der Göttlichkeit Christi konfrontiert. Dies wird sein Lebensthema. In seinen Schriften bekämpft er »Aria-

ner« und »Eusebianer« und argumentiert polemisch für die Göttlichkeit und Ewigkeit des Sohnes Gottes. Er widersetzt sich strikt einer Wiederaufnahme des Arius, der erst in Alexandrien, dann 325 auf der reichsweiten Synode von Nizäa, an der A. als Diakon teilgenommen hat, abgesetzt wird. Nach Nizäa fordert Kaiser Konstantin jedoch, um die Einheit der Kirche zu erreichen, eine Rückkehr des Arius, der widerrufen hat, und will die Querelen um A. ein Ende bereiten. Daher greift er die Vorwürfe der beiden Oppositionen der »Eusebianer« und Melitianer einer maßlosen gewaltsamen Amtsführung des A. auf und verbannt ihn nach Trier nach einem Kriminalprozeß auf der Synode von Tyrus 335. Nach dem Tod Konstantins 337 kann A. zurückkehren, bis er 339 erneut auf Bestreben des östlichen Kaisers Konstantius und der »Eusebianer« Alexandrien verlassen muß. Dieses zweite Exil verbringt A. größtenteils in Rom, besitzt die Unterstützung des römischen Bischofs Julius und des Kaisers des Westens, Konstans. Nachdem westliche Synoden in Rom und Serdica A. rehabilitiert haben und Konstans bei seinem Bruder mit militärischen Drohungen seine Rückkehr durchgesetzt hat, begibt sich A. auf die Heimreise und wird am 21.10.346 unter großem Jubel zuhause empfangen. Als jedoch im Zusammenhang mit dem Putsch des Magnentius im Westen Kaiser Konstans im Jahr 350 ermordet und Konstantius Alleinherrscher geworden ist, verschärft sich die Situation wieder bis zu A.' Flucht 356, die eingangs geschildert wurde. Trotz dieser Exilsaufenthalte hat A. stets Kontakt zu seiner Gemeinde und verteidigt sich vehement. In der Forschung gilt er deshalb bisweilen als reiner Machtpolitiker. Doch nach seiner eigenen Überzeugung trägt er aufgrund seiner Wahl vor Gott und der Gemeinde eine Verantwortung für »seine Herde« (ep. ad Dracontium), die die vielen Festbriefe, die von ihm auch aus den

Exilszeiten überliefert sind, bezeugen: »Während ich das Fest mit den Brüdern hier in Rom begehe, feiere ich es ebenso mit euch in Gedanken und im Geist, weil wir gemeinsam zu Gott beten« (13. Festbrief). – Die längste Zeit seines dritten Exils versteckt sich A. bei Mönchsgemeinschaften im oberen Ägypten, die stets zu ihm gehalten haben, und verteidigt seine Flucht in einer großen *Apologia de fuga sua.* An die Mönche adressiert ist auch die *Historia Arianorum,* in der er die vielen Verleumdungen seiner Gegner, die er generell als »Arianer« abqualifiziert, schildert. A. erreicht durch seinen intensiven Kontakt mit dem ägyptischen Mönchtum, daß dieses in die kirchlichen Strukturen eingebunden wird und Mönche das Bischofsamt übernehmen. Zusätzlich zu den politischen Zerwürfnissen trennen theologische Überzeugungen A. von seinen Gegnern. Von Beginn an bekämpft er wie sein Amtsvorgänger Alexander jeden Ansatz von »Arianismus«, der den Sohn Gottes niedriger als Gott, den Vater, einstuft, so besonders in seinen drei *Orationes contra Arianos:* »Wie hätte der Logos (Sohn), wäre er ein Geschöpf, das Verdammungsurteil Gottes aufheben und die Sünden vergeben können, wo dies allein Sache Gottes ist! (II 67) Nur wenn Gottes eigener Sohn Mensch wird, können auch wir Gottes Kinder werden.« Aus A.' Kampf gegen Arius wird schließlich später ein Werben für den Begriff *homousios* aus dem Nizänum, besonders in den Schriften *De decretis Nicaenae synodi* und *De synodis. Homousios* fasse die Aussage der heiligen Schrift zusammen, daß der Sohn aus Gottes Wesen gezeugt sei und ewig untrennbar von Gottes Wesen bleibe, nicht nur dem Vater ähnlich, sondern – wie ein Strahl aus der Sonne – aus dem diesem eigenen Wesen stamme. – Nach dem Tod des Konstantius kann A. am 21.2.362 wieder in seine Bischofsstadt zurückkehren und bleibt abgesehen von zwei kleineren Exilsaufenthalten bis zu seinem Tod relativ unbehelligt in seinem Amt. Noch im Jahr 362 hält A. in Alexandrien eine Friedenssynode ab, die eine Wiederaufnahme der »Arianer« regelt. Eine »engere« Synode versucht, mit einem Schreiben (*Tomos ad Antiochenos*) zur Beilegung des Schismas von Antiochien beizutragen. Als einzige Bedingung für eine Gemeinschaft gilt nun das Nizänum, mit dem jede (!) Häresie hinreichend widerlegt werden könne. A. wird so zum »Vater der nizänischen Orthodoxie«, auch wenn er die neunizänische theologische Sprache der Kappadokier (Apolinarius von Laodicea, Basilius von Cäsarea) nicht mehr mitträgt.

Uta Heil

Augustinus
Geb. 13.11.354 in Thagaste (heute Souk Ahras/Algerien); gest. 28.8.430 in Hippo Regius

An A. spalten sich die Geister. Tief verwurzelt in der spätantiken Kultur seiner Zeit, als junger Mensch höchst skeptisch gegenüber dem von seiner Mutter vertretenen Christentum und bald begeisterter Philosoph und Anhänger der Manichäer kehrt er sich nach der Begegnung mit dem platonisierenden Philosophenbischof Ambrosius von Mailand 385 dem von diesem gelehrten, gepredigten und gelebten Christentum zu. Er wird selbst Bischof und verstrickt sich im Laufe seines Lebens in eine große theologische Streitigkeit nach der anderen. Noch ist die christliche Lehre dehnbar und wenig gefestigt, noch sind viele Fragen, die an der Kreuzung zwischen jüdisch-hellenistischer Tradition, römisch-scholastischer Allgemeinbildung und modisch-platonischer Mystik entstehen, nicht beantwortet, ja viele noch nicht einmal gestellt. A., genährt aus seiner stoisch-neuplatonischen Bildung, stürmt voran, schlägt blitzartig unsystematisch neue Richtungen ein und denkt – inkonsistent oft – bis zum konsequenten Ende, auch über das Ziel hinausgehend und nicht selten gegen die kirchliche Tradition und den traditionellen Sinn der Bibel. Es reiche, daß man zehn Seiten A. lese, um sein Grundanliegen verstanden zu haben, sagt der Kenner Henry Chadwick, das Problem sei lediglich, die rechten auszuwählen. Doch ich möchte hinzufügen: Selbst wenn man beliebige Textstellen auswählte, stünde einem schnell die abgründig-paradoxe Mischung von pagan-neuplatonischem Idealismus, manichäistisch-dualistischer Spannung und stoisch-christlicher Hoffnung auf den allein und unergründlich voraussehend begnadenden Gott vor Augen. – A. hat viel und schnell gelesen, unendlich viel und im Flug gepredigt, diktiert und geschrieben. Wer von dieser kreativ-hoffnungsvollen und zugleich bedrohlich klingenden Theologie sich angezogen fühlt und das ganze erhaltene Werk A.' lesen möchte, wird sich wundern. Abgesehen von Origenes und Johannes Chrysostomus ist A. der fruchtbarste Theologe des frühen Christentums. Mit Staunen stellt A. selbst am Ende seines Lebens fest, daß er bis dahin 93 »Werke« oder 232 »Bücher« veröffentlicht habe (in Wirklichkeit waren es noch mehr), und schon sein Schüler und Biograph Possidius hat gemeint, es gebe wahrscheinlich niemand, der imstande sei, dies alles zu lesen. 16 Quartbände umfaßt sein Œuvre allein in der *Patrologia Latina*, und in jüngster Zeit sind noch eine ganze Reihe von Predigten und Briefen hinzugekommen.

Von A.' Leben wissen wir vor allem, was er selbst in seinen *Confessiones* niedergelegt hat. Sie sind eine Quelle ersten Ranges, die wie alle autobiographischen Schriften für den am Leben des Autors interessierten Leser außerordentlich attraktiv und historisch sind und darum desto kritischer gelesen werden wollen.

Gleichwohl kann sich kaum ein Biograph den Selbststilisierungen dieses ersten Autobiographen entziehen: »Groß bist Du, Herr, und hoch zu rühmen« beginnt A. in den *Confessiones*. Gott alleine will er preisen, er, »der nur ein Mensch ist . . ., ein winziger Teil von Gottes Schöpfung, der unter der eigenen Sterblichkeit, Sünde und unter Gottes Ablehnung von Stolz« leidet. Doch nicht wenig Licht fällt auf ihn, der sich bewußt in die Schatten des großen Gottes stellt. Und gerade darin liegt die paradoxe Neuentdeckung menschlicher Persönlichkeit. Seit sich der Mensch unter die göttliche Allmacht zu begeben scheint, wird er seiner eigenen Mächtigkeit bewußt, entsteht persönlicher Wille und Selbstbewußtsein, wenn auch von Anfang an gebrochen im göttlichen Spiegel. Und an Selbstbewußtsein und Wille hat es A. trotz aller und wegen aller Beteuerungen seiner Sündigkeit nicht gefehlt. Sein Leben präsentiert er in den *Confessiones* zweigeteilt: Gegliedert in das Dunkel und die Verdorbenheit bis zur Begegnung mit Ambrosius (Bücher 1–7) und in die Zeit der Freiheit und des Erbarmens seit dem Bekehrungserlebnis (Buch 8). Während er die Jugend als »Gottferne« und schändliche, nichtige Zeit beschreibt, bringt ihn seine von Gott geleitete Hinkehr zum Christentum auf den Weg der Gotteserkenntnis. A. steigert diesen Dualismus, indem er die häuslichen Verhältnisse wohl überzeichnet. Der Vater, Patricius, wird als ehelich untreu und aufbrausend beschrieben, der bis kurz vor seinem Tod dem Christentum nicht angehört habe. Seine dem Christentum ergebene, vielleicht aus dem Berbertum stammende Mutter Monnica (A. hatte noch wenigstens einen Bruder, Navigius, und eventuell noch zwei Schwestern) wird als traditionelle Christin, naiv und volksreligiös devot vorgeführt. Zwar bringt sie ihm die theologischen und ethischen Grundkenntnisse des Glaubens bei und verweigert dem zum

Manichäer gewordenen Herangewachsenen ihre Gemeinschaft, gibt sich aber Visionen, Träumen, beständiger Fürbitte und einem intensiven Märtyrerkult hin, von denen sie erst Ambrosius bekehrt. Nach dem Elementarunterricht in Thagaste besucht A. bis zum 16. Lebensjahr den Grammatik- und Rhetorikunterricht in Madauros. Dann geht er nach Karthago zum Rhetorikstudium. Hier lebt er zusammen mit einer Frau, mit der er einen Sohn Adeodatus (gest. 388/90) zeugt. Die größere Veränderung für sein Leben wird aber die Lektüre einer Schrift, auf die er 372 stößt: Ciceros (heute bis auf rekonstruierbare Fragmente verlorenen) *Hortensius*, eine Einladung, sich der Philosophie, d. h. der wahren Glückseligkeit und der Tugend, nicht dem eigenen Willen hinzugeben. Für A. mischen sich Stoa und platonisches Christentum oder besser gesagt: Er liest Cicero – und ist überzeugt davon, ihn wahrhaft recht zu verstehen – aus dem Blickwinkel dessen, der sich von der Muttermilch an christliche Lebens- und Denkhaltungen einverleibt hat. Die Suche nach dem höchsten Gut der Weisheit ersetzt das Hetzen nach Irdischem. Glückliches Leben besteht in der Theorie, der Anschauung des Idealen. Es verwundert deshalb nicht, daß A.' Ausflug in die Bibel für ihn eine Enttäuschung wird. Dieses Buch, das Cicero in Rhetorik und Anspruch nicht nachkommt und eher von Trivialitäten und Barbarismen strotzt, kann dem Mann von Bildung nichts sagen. Selbst das NT führt ihn, zumindest was die Evangelien betrifft, nicht in geistige Höhen. Allenfalls die Paulusbriefe scheinen ihn anzuziehen. Und diese spielten auch in einer Gruppe von Christen eine zentrale Rolle, die das AT ablehnten, als rhetorische, scharfsinnige und -züngige Missionare auftraten und Christus nach paulinischem Muster als erleuchtendes Weisheitsprinzip begriffen. Mehr noch, bei diesen Manichäern verstärkt sich der stoisch-platonische Gedanke, daß das Innerste des Menschen, die Seele, göttlicher Natur sei. Außerdem geben sie auf die wichtige Frage, woher das Böse stamme, eine einleuchtend einfache Antwort: Die Welt besteht aus einem Dualismus von Licht und Dunkel, von Gut und Böse, von Geist und Materie. Wer in die Lichtwelt aufsteigen will, der muß der Welt entsagen und sich der Metaphysik hingeben. Damit war A.' Hinwendung zur Philosophie und vor allem zur religiös motivierten Modeströmung des Neuplatonismus vorgezeichnet. Doch erst die Begegnung mit dem neuplatonischen Bischof Ambrosius von Mailand, dessen Predigten er 385/86 hört und durch den sich A.' von Kindheit erlerntes Christentum mit seiner manichäischen Denkweise verband, bringt ihn zu weiteren Entscheidungen. A. wendet sich Ambrosius' Christentum zu, widmet sich philosophischer Askese und entdeckt die allegorische Bibelexegese, die er in neuplatonischer Weise betreibt. Die Frage nach dem Bösen beantwortet A. nicht mehr rein manichäisch aus einem Dualismus von Weltkräften heraus, sondern begreift die Einzigkeit des Göttlichen. Alles Negative kann nur Mangel an diesem Guten sein und entbehrt jeglichen Seinsgrundes. Inkonsequenterweise verbindet sich mit dieser neuplatonisch-theoretischen Erkenntnis jedoch die stoisch-christliche und praktische Erfahrung, daß die Geschichte mit ihren Institutionen (wie etwa der Kirche) dennoch Wahrheitsvermittlung bietet.

Es war ein langer Weg der Heimkehr. 375 Rhetoriklehrer in seiner Heimatstadt Thagaste geworden, hat er 376–83 in Karthago gelehrt. In Rom 383 erneut mit Cicero beschäftigt, führten ihn in Mailand (384–86) schließlich die Begegnung mit Ambrosius, aber auch die Lektüre platonischer Bücher (vermutlich Schriften Plotins und Porphyrius' in der Übersetzung des Marius Viktorinus) und der Paulusbriefe zur Bekehrung zum Christentum (386) und zur Taufe durch Ambrosius (387). Doch selbst hier könnte man aus unserem neuzeitlichen Horizont heraus fragen, inwieweit A. sich zur Philosophie oder zum Christentum bekehrt habe. Die Antwort erübrigt sich, wenn man an die untrennbare Verquickung von beidem im 4. Jh. denkt. Wir stehen noch nicht in einem historischen Umfeld, das den Bekehrten ins Kloster eintreten läßt. Der Weg hierzu ist jedoch bereits vorgezeichnet. A. wählt im Herbst 386 zusammen mit Freunden und Familienmitgliedern das gemeinsame philosophisch-asketische Leben in dem Ort *Cassiciacum* und verfaßt Schriften (u. a. *De beata vita*). Sie machen ihn bekannt und bringen ihm 391 *nolens volens* die Stelle als Presbyter in Hippo Regius ein. Fortan verknüpfen sich bei ihm Theorie und Praxis, Dogma und Politik. Er begegnet seiner eigenen Geschichte im heftigen und langanhaltenden Streit mit den Manichäern und seiner eigenen afrikanischen Heimat im blutigen Kampf gegen die Donatisten. 395/96 wird A. als Nachfolger des Valerius Bischof von Hippo Regius. Gleichzeitig avanciert er zum theologischen Kopf der katholischen Bischöfe im Gegensatz zu den (auch in Hippo vertretenen) Donatisten. Sein Ruhm verbreitet sich über die gesamte westliche römische Reichshälfte. Bis 411 entstehen aus den intensiven Streitigkeiten mit den Donatisten mehr als 20 gegen diese gerichtete Schriften. Als wichtigste theologische Frucht gelten A.' Fortschreibung der Ekklesiologie und Sakramentenlehre. Gegen die donatistische Lehre, daß Sakramente und ihre Spendung an die Heiligkeit, d. h. die Kirchenzugehörigkeit, geknüpft sind, entwickelt A. erstmals die Differenzierung zwischen gültigen und wirksamen Sakramenten. Aufgrund des Gedankens, daß nicht der Mensch, sondern Gott der eigentliche Urheber seiner gnädigen Heilszeichen ist, kann etwa auch ein nicht heiligmäßig lebender

Mensch, also auch ein Nichtchrist, die Taufe spenden. Nach A. ist dieser Akt, richtig vollzogen, zumindest gültig, wenn er auch erst innerhalb der Kirche zu seiner sinnvollen Wirksamkeit gelangt. Was ihm als großer Entwurf gegen die Heilsexklusivität und den Rigorismus der Donatisten gelungen schien, war jedoch nicht mehr als eine theologisch höchst problematische, für künftige Generationen zu Mißinterpretation und Mißbrauch dienliche, in jedem Fall aber grundlegende Abweichung von der theologischen Tradition etwa eines Cyprian von Karthago (3. Jh.). Doch nicht Konsistenz, sondern Praktikabilität und Rhetorik siegten. Im großen Streitgespräch 411 in Karthago werden die Donatisten endgültig verurteilt, A. läßt sich sogar zur Befürwortung von Gewaltandrohung und Anwendung gegenüber den bekehrungsunwilligen Donatisten hinreißen.

Jedoch an einer anderen Kampffront entwickelt A. seine bis heute wirksamsten theologischen Positionen, nämlich die Lehre vom Menschen und die von Sünde und Gnade. Gott ist ihm nach plotinischem Muster der unbestimmbar Eine, das absolute Prinzip, zugleich aber auch wiederum bestimmbarer Schöpfer und Herr, ein wirkender Wille, von dem alles in dieser Welt abhängt und zu dem diese Welt hinstrebt. Die Zentralität des Willens, ja A.' Aufspüren des Willens in der Person kommt der Freudschen Entdeckung des Unbewußten gleich. Nun ist es der Wille im Menschen, von dem dieser bestimmt wird. In diesem Willen siedelt A. Triebe und Affekte an, die der Mensch durch seinen Geist dem göttlichen Gesetz gemäß ausrichten soll. Ziel des Menschen ist es, willentlich Gott anzuhängen. Nun steht dagegen jedoch die ganze biographische Geschichte des A., wie er sie in seinen *Confessionen* schildert. Narrativ legt A. darin klar, daß der Mensch aus seinem Zentrum, dem Willen, heraus gänzlich unfähig ist, das ihm gesteckte Ziel zu erreichen. Im Gegenteil, der Willen zieht den Menschen immer auf sich selbst zurück. Die Erklärung hierfür findet A. in den ersten Büchern der Schrift, der Genesis, nämlich im Fall der Menschheit durch Adam (darum die Auslegung der Genesis in den Büchern 9 und 10 der *Confessiones*) und in der sexuellen Übertragung dieser wesentlich vererbten Ursünde von Generation zu Generation. Erst durch Gott selbst, durch seine liebende Zuwendung im neuen aus einer Jungfrau geborenen Adam, in Christus, und in der Vollendung der Endzeit wird der Mensch mit Gott versöhnt und mit ihm eins werden. Zwar hatte Adam, der recht von Gott geschaffen war, die Absicht, das Gute zu tun, er hing auch dem höchsten Gut in Liebe an, doch der Wille litt unter Begehrlichkeit, wie die Genesis zeigt, die den Willen zum Irdischen herabzog. Statt Gott allein zu lieben, begann der menschliche Wille, sich in sich selbst zu verlieben, sich zu überschätzen und nicht mehr Gott, sondern sich selbst zu verwirklichen. Trotz Willensfreiheit ist der Mensch seither verfangen und unfähig, das Gute zu wollen. Nur Gott kann den völlig auf seine Gnade angewiesenen Menschen befreien. Er ist der einzige Souverän, der wählt und begnadet. Aus solcher Souveränitätslehre entwickelt A. seine Ansicht zur Vorsehung. Denn wenn einzig Gott die Zahl der Geretteten festlegt, kann der Mensch niemals Sicherheit gewinnen, ob er oder andere oder überhaupt eine Kreatur von Gott zum Heil bestimmt ist, eine Skepsis, die sich zum Ende von A.' Leben bedrohlich steigerte. Sie wuchs bereits in der Auseinandersetzung 411–18 mit Pelagius (ca. 350-ca. 418/20). Pelagius kämpfte für die praktische Frömmigkeit und die konkrete und willentliche Umsetzung eines ethisch orientierten Christentums. Auch er ging vom biblischen Schöpfungsbericht aus, las darin aber, daß der Mensch als Bild und Geschöpf Gottes von guter Natur sei und aufgrund von Gottes Gabe einen freien Willen habe, lediglich sein Fleisch sei schwach (Mt 26,41). Um dieses zu zähmen und neu auszurichten, habe Gott dem Menschen das Gesetz gegeben und in Jesus Christus das Beispiel der Gerechtigkeit. In der Taufe werde diese Gerechtigkeit ohne jegliches Verdienst dem Menschen zuteil. Dies aber bedeute, daß der Mensch aus freier Entscheidung in seinem Leben die Heiligung zu vollziehen habe. Die Unterschiede zu A. sind unübersehbar, doch zur Auseinandersetzung kam es erst anläßlich der Frage der Kindertaufe. Nach einigem Hin und Her entschied ein Generalkonzil von sechs afrikanischen Provinzen in Karthago 418 gegen den Pelagianismus, was im Westen weithin anerkannt wurde.

A. wäre in seiner Wirkung unterschätzt, wenn nicht ein weiteres Moment berücksichtigt wäre: seine Auffassung von der geschichtlichen Zuordnung von Welt und Religion, niedergelegt in seinem Riesenwerk *De civitate Dei* (413–26, 22 Bücher). Der Anlaß zu diesem Werk war ein äußerlicher: Im Sommer 410 tauchte Alarich als Führer der Westgoten zum dritten Mal vor Rom auf. Doch dieses Mal wurden Roms Mauern überwunden, die Stadt drei Tage und drei Nächte lang geplündert. Der Riß im Selbstvertrauen des Römischen Reiches drang bis an seine Grenzen und ließ auch in Hippo nach den Ursachen fragen. Die Götter, die Rom gebaren, es großzogen und beschützten, haben das Reich wegen des Abfalls zum Christengott bestraft. Die Reliquien der Apostelfürsten erwiesen sich als zu schwacher Ersatz. Fast sechzigjährig setzt sich A. an die Widerlegung dieser Vorwürfe, es entsteht ein neues apologetisch-dogmatisches Werk, das die pagane wie christliche Verquickung von Politik, Geschichte und Religion auflöst und an deren Stelle eine eschatologisch-differenzierte Relation von zwei verschiedenen Größen setzt:

den Gottesstaat und den Weltstaat. Von der antiken und platonischen Vorstellung, daß der Kult notwendig ist für die Förderung der menschlichen Verhältnisse, zumindest für das künftige Leben, akzeptiert A. die geschichtliche Bezogenheit der Offenbarung. Denn auch Gottes Wahrheit ist in Israel und der Kirche geschichtlich vermittelt. Es besteht folglich ein unleugbarer Zusammenhang von Geschichte und Heil, von Schöpfung und Jüngstem Gericht. Doch vor dem Gericht sind die *civitas Dei* oder die Herrschaft des Guten und die *civitas terrena/diaboli* oder die Herrschaft der Begierde in sich ambivalent und miteinander verflochten. Heiligmäßige Menschen und einige Philosophen gehören zur *civitas terrena* wie umgekehrt unter der Schar der Prädestinierten auch Unwürdige in der *civitas Dei* mitpilgern. Deshalb umfaßt das Staatswesen durchaus relative Werte und Zwecke, regelt das Zusammenleben der Menschen und schränkt die Bosheit der Menschen ein, während das Volk Gottes in der Kirche vor dem Eschaton noch nicht die volle Gemeinschaft mit Gott lebt. Daß die Menschen »schauen, schauen und lieben, lieben und loben, das wird erst dereinst sein, an jenem Ende ohne Ende«, formuliert A. gegen Ende von *De civitate Dei*.

Wenn schon der Gottesstaat in diesem Äon mehr verborgen als offenkundig ist, wie sollte sich das Nachdenken des Menschen klarer gestalten? Skeptische Urteile zu A. unterstreichen eher dessen Einsichten als daß sie sie widerlegen. Sie legen jedoch zugleich dar, welche Gestaltungskraft und welche Verführung in seinen Lösungsansätzen liegen. »Das Denken A.' ist ein Nest von Widersprüchen«, er »hat Europa irregeführt und gequält. Zugleich hat er ihm in Wissenschaft und Leben zu seiner Identität verholfen, und sei's durch den Zwang, sich von seinem Supranaturalismus abzustoßen und im freien Rückgriff auf die Antike sich neu zu kon-

stituieren« (K. Flasch). Liest man A.' späte Schriften, wird man den Eindruck nicht los, daß ihn sein eigenes Denken zunehmend gequält hat und der Gedanke des unwägbaren jenseitigen Gottes denjenigen des Allerbarmers überlagerte. Wovon A. sich selbst nicht und sein Gott ihn immer weniger befreien konnte, damit rangen Philosophen und Theologen über Jahrhunderte.

Markus Vinzent

Baader, Benedikt Franz Xaver von
Geb. 27. (oder 23.) 3. 1765 in München; gest. 23. 5. 1841 ebd.

»Gott, als ewiges Leben, ist ein ewiges Sein und ein ewiges Werden zugleich. Als letzteres ist aber Gott gleichsam ein ewig fortgehender Prozeß (dieses Wort im Sinne der Physiker genommen), und da der Mensch eben nur berufen ist, dieses Werden, diesen Prozeß in einer niedrigeren Sphäre zu wiederholen, fortzusetzen oder nachzumachen [...], so begreift und versteht er, als selbsttätiges Wesen, eigentlich nur das von Gott, was er ihm nachzutun berufen ist.« (II 21). – B., über den Schelling sagt, »er erkennt nicht, sondern er ist eine lebendige, stets bewegliche und vollständige Persönlichkeit des Erkennens«, gibt keine systematische Deduktion eines geschlossenen Gedankengebäudes. Die Frische und Integrationskraft seines Denkens (›Sein ist lebendiges Werden‹) finden in der inneren Vielfalt der Wirksamkeit dieses ›Münchner Sokrates‹ ihre Entsprechung: Von seinen Anfängen als Arzt und Bergbaurat bis zum Philosophieprofessor widmet er sich naturwissenschaftlichen, sozialpolitischen, religionsgeschichtlichen (Eckehart, Böhme) Studien und ökumenischen Bemühungen. B. versteht *Sein* als einen in der trinitarisch-kreativen Leibwerdungsbewegung (vgl. *Über Sinn und Zweck der Verkörperung, Leib- oder Fleischwerdung des Lebens*) des ungründigen Gottes der Liebe bestehenden, dynamisch-organischen Erneuerungsprozeß, »ewig alt (Vater) und ewig jung (neu-Sohn) zugleich« (III 350). In diesem hat der in Adam androgyn erschaffene und in Christus vollendet wiedergeborene Mensch die Aufgabe, durch die Erkenntnis des »Gedachtwerdens von Gott« als des Grundes seiner Existenz (XII 238: »Cogitor [a Deo] ergo sum«) die »Natur« mit ihrer ursprünglichen »Idee« in Gott wiederzuvereinen. B. entdeckt die im alttestamentlichen Wort für ›erkennen‹ vorgegebene *Analogie des Erkenntnis- und Zeugungstriebs*, die er in seiner *Spekulative(n) Dogmatik*, den *Sätzen einer erotischen Philosophie* und den *Vierzig Sätzen einer religiösen Erotik* vertieft.

Martin Thurner

Bahrdt, Karl Friedrich
Geb. 25. 8. 1741 in Bischofswerda (Sachsen);
gest. 23. 4. 1792 in Nietleben/Halle

Der Sohn eines Leipziger Theologieprofessors besucht die Fürstenschule in Pforta, studiert in Leipzig Theologie und lehrt dort bereits 1766 als a. o. Professor *Critica sacra* (Bibelkritik). Mit einem Skandal – er hat ein Kind mit einer Prostituierten –, dem ersten in der langen Reihe seiner Privataffären, geht die Leipziger Zeit unter der Protektion des mächtigen Vaters zu Ende. 1769 wird er neben dem Theoretiker der ›Schönen Wissenschaften‹ Friedrich Justus Riedel und dem berühmten Dichter Christoph Martin Wieland an die kurmainzische Universität Erfurt berufen, der josephinisch gesinnte Erzbischof verspricht sich von den jungen Professoren eine Profilierung seines Reformkonzepts. Doch die Fraktion der Aufklärer scheitert am ultraorthodoxen Umfeld, B. wird entlassen und geht nach Gießen. Dort wird aus dem vor-

lauten ›Freigeist‹ der ›Ketzer‹ und Schreckensmann für die Vertreter der lutherischen Dogmatik. 1773/74 erscheint B.s anstößigstes und folgenreichstes Werk, *Die neuesten Offenbarungen Gottes in Briefen und Erzählungen*, eher eine Neuerzählung als eine Übersetzung des NT in vier Bänden. Er versteht sie als Schritt zur religiösen Volksaufklärung, und die Wirkung erstreckte sich auch auf Katholiken und den katholischen Klerus, aber auch als theologische Positionsbestimmung und Kampfschrift gegen die orthodoxe ›Priesterherrschaft‹. Mit diesem Stichwort bezeugt sich B.s Nähe zur gewöhnlichen Religionskritik – Georg Forster nennt ihn 1781 einen »Voltaire im schwarzen Rock« –, aber B. geht weit über die Ablehnung der »Zwangstheologie« und des »Religionseids« auf die Augsburgische Konfession hinaus. Als radikaler ›Neologe‹ vertritt er die ›natürliche Religion‹ und einen utilitaristischen Rationalismus der Bibelexegese, in dessen Licht Jesus zu einem Religionsstifter und Menschheitslehrer neben anderen, die Wunder zu erbaulichen Geschichten und die Eucharistie zu einer Gedächtnisveranstaltung werden. In den letzten Jahren, in denen B. die konsequente Zivilreligion und eine Staatskirche fordert, bleibt von der Offenbarungsreligion nichts mehr übrig, sie löst sich auf in disziplinierende Moral, Bildung und politische Reform, um dem Umsturz zuvorzukommen. B. als »Präjakobiner« und »revolutionärer Demokrat« – das sind gutmeinende Übertreibungen, die es bis heute schwer gemacht haben, diesem »Polyhistor der deutschen Radikalaufklärung« (Mühlpfordt, in Sauder 1992) seinen angemessenen historischen Ort zuzuweisen. – Wie einige seiner späteren Bücher ziehen die *Neuesten Offenbarungen* eine Flut von Gegen- und Schutzschriften auf sich, Goethe wendet sich 1774 mit dem *Prolog zu den neuesten Offenbarungen Gottes, verdeutscht durch Dr. Carl Friedrich Bahrdt* satirisch gegen den extremen Rationalismus, auch aus der Schüler-Szene in *Urfaust* und *Faust I* kann man Anspielungen auf B. heraushören. Nach der Demission in Gießen wird B. Direktor des Landschulheims Marschlins in Graubünden, auf dem Schloß des Karl Ulysses von Salis. Das nach dem Dessauer Modell des berühmten Basedow neu eingerichtete Philanthropin kommt B.s Absichten einer pädagogischen Umsetzung seiner Theologie entgegen. Aber B. ist nicht Pestalozzi, d. h. er ist weniger Lehrer als pädagogischer Projektemacher und offenbar mitreißender Prediger. Er verfolgt mit dem »Allgemeinen Erziehungshaus der Deutschen« seinen eigenen ›Erziehungsplan‹, daneben denkt er an eine Ritterakademie in Erfurt, und noch die Idee einer republikanischen »Deutschen Union« in den Jahren um 1789, mit der er in Halle die Freimaurerlogen politisieren wollte, steht in der Reihe dieser zunächst philanthropischen, später eher ›patriotischen‹ Sozietätsprojekte. 1776 amtiert er als Superintendent des Grafen von Leiningen im pfälzischen Dürkheim, der seinerseits im nahen Heidesheim ein Philanthropin gründet und B. zum Leiter bestellt. Er engagiert Lehrer – meistens die falschen – und unternimmt eine Werbereise nach Holland und England, um Sponsoren und Söhne aus gut zahlenden Adels- und Kaufmannsfamilien für seine Schule zu gewinnen, kann aber den Bankrott des Instituts nicht aufhalten. 1779 wird B. durch ein drakonisches Urteil des kaiserlichen Reichshofrats von allen Ämtern suspendiert, er verliert die Lehrbefugnis, es wird ihm untersagt zu predigen und zu publizieren, und die *Neuesten Offenbarungen Gottes* werden vom Reichsbücherkommissar beschlagnahmt und verboten. Er flieht bei Nacht und Nebel und findet, völlig mittellos, Asyl im preußischen Halle. Er darf Vorlesungen über Logik, Metaphysik und Rhetorik halten, viele Hunderte – von insgesamt 1025 Studenten in Halle – drängen sich in den Vorträgen der berüchtigten Berühmtheit. Dennoch verweigern ihm nun die öffentlichen Institutionen jede Anstellung, und nach dem Tod Friedrichs II. kann er sich auch an der Universität nicht mehr halten. Mit den Einkünften aus seinen zahlreichen Schriften – er publiziert unermüdlich, mehr als 130 Titel sind zu seinen Lebzeiten erschienen – erwirbt er 1787 vor den Toren Halles einen Weinberg mit einem kleinen Haus, das er zu einer Gastwirtschaft umbaut, idyllisches Tusculum und geselliger Treffpunkt zugleich. 1789 wird er wegen Majestätsbeleidigung und Subversionsverdacht verhaftet. In der Halleschen Untersuchungshaft schreibt er rasch das *Handbuch der Moral für den Bürgerstand*, um seine Familie zu ernähren. 1790 aus der Magdeburger Festung vorzeitig entlassen, hat er eine Reihe von Romanen und Satiren, die *Geschichte und Tagebuch meines Gefängnisses nebst geheimen Urkunden und Aufschlüssen über die Deutsche Union* (1790) und seine Autobiographie, die *Geschichte seines Lebens* in 4 Bänden (1790/91), geschrieben. Er trennt sich von seiner Ehefrau und lebt mit der Magd Christine Klar und vier Kindern auf seinem Weinberg. Als er eine Halserkrankung selbst zu behandeln versucht, stirbt er an Quecksilbervergiftung.

Herbert Jaumann

Bajus, Michael

Michael de Bay; geb. 1513 in Meslin l'Évêque; gest. 16. 9. 1589 in Löwen

B.' Denken kreist um die Frage des Zusammenwirkens von menschlicher Natur und göttlicher Gnade bei der Erlangung des ewigen Lebens; dieses spätestens seit Augustinus virulente Problem war durch die Reformation erneut verschärft worden und avancierte zum zentralen theologischen Thema der frühen

Neuzeit. – Aufgrund seiner Augustinus-Interpretation entwickelt B. die Auffassung, daß die ersten Menschen im Paradies wegen ihrer Vollkommenheit das ewige Leben aus eigener Kraft erlangen konnten, nämlich als angemessenen Lohn für die umfassende Befolgung des göttlichen Gesetzes. Diese den ersten Menschen *von Natur her* eigene Fähigkeit zur umfassenden Gesetzesobservanz ist mit dem Sündenfall vollständig verloren gegangen. Die von Christus erwirkte und durch den Heiligen Geist (kraft der Sakramente) dem Einzelnen mitgeteilte Sündenvergebung, die erneut zur Gesetzesbefolgung befähigt, ist deshalb eine *übernatürliche* Gnade; allerdings ist die Sünde nicht völlig beseitigt, so daß der Mensch dauerhaft auf Vergebung angewiesen bleibt. Die *Rechtfertigung* vor Gott versteht B. weder als Zurechnung der fremden Gerechtigkeit Christi (so Luther) noch als eine mit der Sündenvergebung verbundene innere Erneuerung des Menschen (so das Tridentinum); er bestimmt sie vielmehr als »das ständige Fortschreiten in der Verwirklichung der Tugend und in der Vergebung der Sünden« (Opera 1, 103). Bereits in den 60er Jahren wurde Kritik an dem Professor der Universität Löwen laut; die Verurteilung von 76 Sätzen seiner Lehre durch Pius V. (DH 1901–1980) wurde 1580 durch Gregor XIII. bestätigt.

Rochus Leonhardt

von Balthasar, Hans Urs
Geb. 12. 8. 1905 in Luzern;
gest. 26. 6. 1988 in Basel

1924–28 studiert B. Germanistik in Zürich, Wien und Berlin, 1928 promoviert er in Zürich mit der Dissertation *Geschichte des eschatologischen Problems in der modernen deutschen Literatur* (1930, [2]1998), es folgen 1929 sein Eintritt in den Jesuitenorden und 1931–33 in Pullach philosophische, 1933–37 in Lyon theologische Studien. B. begegnet Paul Claudel, dessen Drama *Der seidene Schuh* (1939, [11]1987) und Lyrik er übersetzt, beschäftigt sich mit den Dichtern des *Renouveau catholique* und mit den Kirchenvätern und wird beeinflußt von E. Przywara (1889–1972) und H. de Lubac (1896–1991), mit dem er lebenslange Freundschaft pflegt, dessen *Catholicisme* (1937) für ihn ein erster Durchbruch zu einer befreiten Sicht der Kirche ist und dessen Werk er großteils selbst ins Deutsche übersetzt. Ihm widmet er eine Monographie (1976). Mit Auswahl und Einleitung zu *Augustinus, Über die Psalmen* (1936, [3]1996) setzen die Veröffentlichungen über die Kirchenväter ein. Der Titel seiner Anthologie *Origenes, Geist und Feuer* (1938, [3]1991) enthält zwei für ihn selbst zentrale Leitbegriffe: Geist verweist auf den Hl. Geist und Feuer auf den restlosen Einsatz, mit dem ein Gesendeter sich für seinen Auftrag verzehrt. B. deutet Origenes im Sinne von Lubac und will »die Schätze der Offenbarung, der kirchlichen Theologie und Spiritualität kritisch« um »die verbindende Mitte der Kirche« (*Mein Werk*, 47) situieren. Außer diesen veröffentlicht B. Textsammlungen zu den Apostolischen Vätern, Gregor von Nyssa, Irenäus und Maximus Confessor, denen er ebenso wie Dionysius Areopagita monographische, teilweise französisch verfaßte Studien widmet. Die Beschäftigung mit den Kirchenvätern ist zentral für sein Denken. Nach der Priesterweihe 1936 in München ist B. 1937–39 Mitarbeiter der *Stimmen der Zeit*. Vor die Wahl gestellt, Professor oder Seelsorger zu werden, entscheidet er sich für letzteres und hat nie eine Professur übernommen, ja nicht einmal den theologischen Doktorgrad erworben, bevor er ihm ehrenhalber 1965 von den Universitäten Edinburgh und Münster, 1967 von Fribourg verliehen wird. 1940–50 wirkt er als Studentenseelsorger in Basel, was das einzige kirchliche Amt bleiben wird, das er je innehat. 1967 wird er in die Internationale Theologische Kommission berufen und gehört ihr bis zu seinem Tod an. Seit 1951 ist er freier Schriftsteller und Verleger und fühlt sich durch seinen Beruf den Laien in der Kirche verwandt, auch wenn er weiterhin intensiv Seelsorge betreibt. – Das Jahr 1940 bringt eine entscheidende Wende in B.s Leben. Die Gattin des Historikers Werner Kaegi (1901–79), Adrienne Kaegi-von Speyr (1902–67), konvertiert bei ihm zum Katholizismus und gründet mit ihm 1945 ein Säkularinstitut, die Johannesgemeinschaft. Die geistliche Leitung dieser Ärztin und der zunächst nur aus einem weiblichen Zweig bestehenden Johannesgemeinschaft wird von der Gesellschaft Jesu nicht akzeptiert, so daß B. 1950 seine geistliche Wahlheimat vor Ablegung der endgültigen Gelübde verlassen muß. B. sieht sein eigenes Werk tief mit dem Adriennes verbunden und wehrt sich dagegen, sie beide in Hinblick auf Theologie oder Institut zu trennen. Ihr gemeinsamer Weg gehört für ihn zu den »Doppelsendungen« (*Unser Auftrag*, 14) in der Kirche, wobei die theologisch nicht gebildete praktizierende Ärztin sich auf B. einstellen muß, um ihm Erkenntnisse zu vermitteln, welche für B.s Schaffen grundlegend werden. B. seinerseits hat ihre Diktate mitzustenographieren und für deren Veröffentlichung zu sorgen. 1944–49 entstehen die Schriftkommentare und Monographien Adriennes, ca. 1954 bricht B. die großen Diktate ab. Die 62 Bände ihres Œuvres machen ungefähr ein Drittel der Bücher aus, die B. mit eigener Hand geschrieben hat. Kurz vor seinem Tod hat er eine Auswahl aus ihren Werken (*Kostet und seht*, 1988) vollendet. In *Erster Blick auf Adrienne von Speyr* (1968, [4]1989) und *Unser Auftrag* (1984) gibt er Rechenschaft über die Zusammenarbeit mit ihr. Seiner Selbstdeutung zufolge hat er konsequent die ihr zuteil gewordenen Erkenntnisse in sein eigenes Schaffen integriert, wobei er sie erst im Spätwerk ausdrücklich zitiert, während er spätestens seit *Der Christ und die Angst* (1951, [6]1989) ihre Themen aufgreift. Der Kommentar zur *Summa Theologica II-II, 171–182* des Thomas von Aquin über *Besondere Gnadengaben und die zwei Wege menschlichen Lebens* (1954, [2]1996) und *Die Theologie der drei Tage* (1970, [2]1990) gehen auf Grund ihrer Einsichten grundlegende theologische Fragen neu an. Selbst seine Mitwirkung 1972 bei der Gründung der *Internationalen katholischen Zeitschrift Communio*, deren Mitherausgeber er bis zu seinem Tod ist, bringt B. mit der »Doppelsendung« in Verbindung. Inwieweit Besonderheiten von B.s Denken und Wirken auf diese Gemeinsamkeit zurückgehen, ist bis heute von der umfangreichen Forschungsliteratur zu seinem Werk kaum untersucht. Die Fülle und die Art von B.s Veröffentlichungen stellen die Interpreten vor große Probleme. B. hat in den 29 von ihm publizierten Anthologien bedeutender Theologen, Philosophen und Dichter wichtige Aspekte der christlichen Denk- und Kulturtradition vergegenwärtigt. Das Buch über *Bernanos* (1954, [3]1988) enthält seine Sakramentenlehre und nimmt seine Ekklesiologie in *Der antirömische Affekt* (1974, [2]1989) vorweg. Seine Tendenz, einen Sachverhalt durch Aneinanderreihen monographischer Studien über Autoren zu analysieren, ist einer der Gründe für den gewaltigen Umfang seines Œuvres. Seine Befähigung zum Übersetzen von Sachprosa wie Literatur hat B. als eine Möglichkeit begriffen, sich in den Dienst anderer zu stellen. Die ca. 110 von ihm übersetzten Werke bilden etwas mehr als ein Drittel, seine eigenen Bücher hingegen weniger als ein Drittel seines Werks. Dieses umfaßt ca. 100 Monographien, ca. 640 Aufsätze sowie ca. 200 Vor- oder Nachworte bzw. Rezensionen. Manche werfen B. vor, kein Systematiker zu sein. An spekulativer

Kraft fehlt es seinem Denken nicht, doch hält sich B. nicht an die Schemata der Schultheologie, überschreitet die Grenzen der Disziplinen und sucht neue Wege, um die christliche Botschaft als Antwort auf die Fragen seiner Zeit zu deuten. B. gerät in den fünfziger Jahren in den Verdacht des Modernismus und steht seit seiner Kritik am II. Vatikanischen Konzil bzw. dessen Folgen (vgl. *Spiritus Creator*, 1967, ³1999) sowie an Karl Rahner (*Cordula oder der Ernstfall*, 1968, ⁴1987) im Geruch, konservativ zu sein. Seine Polemik in *Wer ist ein Christ?* (1965, ⁵1993) oder *Klarstellungen*, bzw. *Neue Klarstellungen* (1971; 1979) wird gegenüber den programmatischen Entwürfen wie *Die Wahrheit ist symphonisch. Aspekte des christlichen Pluralismus* (1972) oft unterbewertet. Seine Kritiker stört, daß er unerschrocken mit spitzer Feder Vordergründiges aufspießt, seine kirchliche Sendung aber darin sieht, seinen »Auftrag« ohne Rücksicht auf Menschen und Institutionen auszuführen. Angesichts der Fülle seiner Veröffentlichungen mag es paradox klingen, daß B. die Seelsorge wichtiger als alles Publizieren einschätzt. In seinem Selbstverständnis ist die Schriftstellerei »ein Nebenprodukt« (*Mein Werk*, 76), während im Zentrum »die Arbeit an der Erneuerung der Kirche durch die Bildung neuer Gemeinschaften [steht], die das radikale christliche Leben nach den evangelischen Räten verbinden mit der Existenz mitten in der Welt« (ebd.). Seine Programmschrift *Der Laie und der Ordensstand* (1948, ³1993), die anstelle des vom Orden 1947 nicht freigegebenen *Christlicher Stand* (1977, ²1981) erscheint, umreißt teilweise in hymnischen Tönen, die an B.s Christusbuch *Das Herz der Welt* (1945, ⁴1988) erinnern, Ziel und Zweck dieser religiösen Lebensform in der Welt. Seine Schrift *In Gottes Einsatz leben* (1971, ²1972) sieht im selbstlosen Praktizieren von Liebe mitten in der weltlichen Welt die heute angemessene

Form der Verherrlichung Gottes. Als Schriftsteller will B. gleichzeitig Seelsorger sein. Seine Analyse der Sendung von Therese von Lisieux bzw. Elisabeth von Dijon (1950 und 1952; jetzt in: *Schwestern im Geist* ⁴1990) und sein Buch über *Das betrachtende Gebet* (1955, ⁴1976), seine Skizzen zu den Sonntagslesungen (*Licht des Wortes* 1987, ²1992), seine Schriftbetrachtungen (z. B. *Du hast Worte ewigen Lebens*, 1989), die Radiopredigten (»*Du krönst das Jahr mit deiner Huld*«, 1981) und viele Broschüren dienen diesem Ziel. B. hat vielfach Exerzitien nach der Methode des Ignatius von Loyola gegeben (vgl. *Texte zum ignatianischen Exerzitienbuch*, 1993), eine immense Korrespondenz unterhalten (der Briefwechsel muß erst noch erschlossen werden) und sich stets Zeit für seine vielen Gäste genommen. Aus Gesprächen erwachsen die Bücher über *Karl Barth* (1951, ⁴1976), dem er »die Vision einer umfassenden biblischen Theologie verdankt« (*Mein Werk*, 71), und über *Reinhold Schneider* (1953, ²1989), von dem er das ursprünglich katholische Wissen um Rolle, Dienst und Sendung sowie um deren Risiken erhalten haben will. Die Freundschaft mit Künstlern kristallisiert sich in Bildbänden: Richard Seewald (1889–1976) *Das christliche Jahr* (1944), Hans Fronius (1903–88) *König David* (1955), Josef Hegenbarth (1884–1962) *Der Kreuzweg der St.-Hedwigs-Kathedrale* in Berlin (1964, ²1996) und im Geleitwort (1966) zu *Sakrale Kunst* von Albert Schilling (1904–87), der B.s Kopf in Bronze und das Grabmal für Adrienne von Speyr geschaffen hat.

Angesichts der Folgen des Nationalsozialismus und Faschismus übernimmt B. 1942–52 die Betreuung der *Sammlung Klosterberg, Europäische Reihe* (51 Bändchen) und lernt dabei viel für seine spätere Arbeit als Verleger. Im 1947 mit Josef Fraefel gegründeten Johannes Verlag betreut er elf Reihen mit 364 Bänden. Dort erscheinen die Werke

Adriennes von Speyr und die meisten seiner eigenen Bücher. Neben seinen Freunden Ferdinand Ulrich und Gustav Siewerth veröffentlicht er das Œuvre von Henri de Lubac, theologische Monographien und wichtige Zeugnisse der Frömmigkeitsliteratur. Gemäß *Schleifung der Bastionen* (1952, [5]1989) verlangt die Öffnung der Kirche zur Welt klare, unverwechselbare Gestalt. Die Unterscheidung der Geister steht für B. zunächst im Vordergrund. Das Frühwerk *Apokalypse der deutschen Seele* (3 Bde., 1937–39, [2]1998) untersucht Dichtung, Philosophie und Theologie von der Zeit Lessings bis in die Gegenwart in Hinblick auf das Verhältnis des Geistes zu seinem ewigen Schicksal. Spätere Themen klingen bereits hier an. Die Beschäftigung mit Goethes Begriff der Gestalt (»Das ›Bedeutende‹ scheint durch die Gestalt und erweckt den sehnsüchtig nachjagenden Eros«, Bd. 1, 439) weist auf B.s Ästhetik voraus. Nietzsche, den er als Antipoden zu Kierkegaard liest, wird in drei Bändchen der Sammlung *Klosterberg*, die B. unter dem Pseudonym Hans Werner herausbringt, dafür gelobt, daß er echte christliche Werte neu entdeckt hat. Bis zu *Die Gottesfrage des heutigen Menschen* (1956) insistiert B. besonders auf einer Öffnung der Kirche zur Welt. 1948 fordert er in *Theologie und Heiligkeit* (jetzt in *Verbum Caro*, 1960, [3]1990, 195–225) die Einheit von beiden. Aus diesem Postulat entsteht B.s Trilogie. Sie beginnt mit einer Ästhetik (*Herrlichkeit*, 7 Bde. 1961–69), wo erörtert wird, wie die Offenbarung Gottes ansichtig werden kann. Die *Theodramatik* (1973–83, 5 Bde.) entwickelt Kategorien, um theologische Systematik in das lebendige Geschehen der Offenbarung Gottes in Christus und christlicher Existenz in der Welt zu übersetzen. In die *Theologik* hat er als 1. Band *Wahrheit, Bd. I: Wahrheit der Welt* (1947) integriert. Sie beschäftigt sich mit der Vermittlung des Offenbarungs- und Erlösungsgeschehens in

menschliche Worte und Begriffe (3 Bde. 1985–87). In *Epilog* (1987) stellt B. sein Konzept nochmals systematisch dar. Die Theologie der Hoffnung und der Versuch, die zwei Gruppen von Schriftaussagen über Gericht und Hölle miteinander zu verbinden, hat in B.s Spätzeit zu einer Kontroverse geführt, bei der er sich gegen einseitige Lektüre seiner Bücher wehrt (*Was dürfen wir hoffen?* 1986, [2]1989 und *Kleiner Diskurs über die Hölle. Apokatastasis* 1987, [2]1999). B. wollte immer hinter seinem Werk und seinem »Auftrag« zurückstehen. Deshalb war ihm die Ernennung zum Kardinal eine Bürde, deren Übernahme ihm sein plötzlicher Tod erspart hat. Seine Schriften sind in viele Sprachen übersetzt worden.

Volker Kapp

Barth, Karl
Geb. 10. 5. 1886 in Basel;
gest. 10. 12. 1968 ebd.

1. August 1914: Der Erste Weltkrieg beginnt. Deutsche Intellektuelle, darunter auch etliche Theologieprofessoren, rechtfertigen den Krieg und die deutsche Sache. Ganz anders der junge Schweizer Pfarrer B. Für ihn bricht eine Welt zusammen, und die Art, in der seine wichtigsten Lehrer, bei denen er in Deutschland studiert hat, den Krieg religiös verbrämen, stellt in seinen Augen die ganze Theologie, die ihn seit seinem Studium geprägt hat, in Frage. B. war der Sohn eines Theologieprofessors konservativer Prägung, doch in seinem Studium in Bern, Berlin (Adolf von Harnack), Tübingen und vor allem Marburg (Wilhelm Herrmann, Martin Rade) war er zum Anhänger der damals »modern« genannten Variante neuprotestantischer Theologie geworden, die die Offenbarung Gottes als erfahrbares Erlebnis verstehen wollte. Wenn nun aber selbst der Krieg als »Gotteserlebnis« (so Rade) gedeutet und damit die

deutsche Kriegspolitik legitimiert wurde, hatte sich dann nicht jenes Anliegen verselbständigt, so daß jedes beliebige Ereignis als religiöse Offenbarung deklariert werden konnte? In den ersten Kriegsmonaten kommt B. zur Bejahung dieser Frage: »Diese immanente Theologie, das sind alles Protuberanzen menschlicher Erlebnisse«, wie er im Rückblick seine allmählich reifende Erkenntnis einmal beschreibt. Auch der Religiöse Sozialismus, mit dem B. sympathisiert hat, seit er im aargauischen Arbeiter- und Bauerndorf Safenwil seine erste ständige Pfarrstelle versieht, fällt unter das Verdikt, den christlichen Glauben zu sehr vom Menschen aus zu verstehen. Wenn aber nicht so, wie dann? Es gilt ja nichts weniger als eine neue, womöglich tragfähigere theologische Grundlage zu finden. Die Suchbemühungen im intensiven Austausch mit dem 20 km entfernt als Pfarrer tätigen Eduard Thurneysen führen schließlich zu einer theologischen Einsicht, die bei allen Abänderungen im einzelnen B.s weiteres Schaffen prägt: Nicht der Mensch, sondern Gott steht im Zentrum des christlichen Glaubens; die christliche Theologie hat daher beim Reden und Handeln Gottes in seiner Offenbarung bzw. in seinem Wort anzusetzen; es gilt, »von Gott aus« zu denken. B. entwickelt diese Einsicht in strikter Antithese zur vermeintlichen Anthropozentrik des Neuprotestantismus. Die Konsequenz, mit der B. diese Position in den folgenden 50 Jahren beibehält, ja ausbaut, bildet das Spezifikum seiner Theologie. Nicht nur seine theologische Dogmatik, sondern auch seine Bibelauslegung, Ethik, Predigtlehre und Deutung der Theologiegeschichte sind von ihr aus konzipiert. B. hat die von ihm in den Kriegsjahren vollzogene theologische Neuorientierung im Rückblick im Sinne einer Kopernikanischen Wende stilisiert. Ihren Inhalt beschreibt in Affirmation und Negation am prägnantesten eine gleichfalls von B. selbst

herangezogene Formel: *cogitor, ergo sum* (»ich werde gedacht, also bin ich«). Affirmativ spricht sich darin die ursprüngliche Passivität aus, in der der Mensch der Offenbarung Gottes gegenübersteht. Und negativ ist damit der Gegensatz zum kartesianischen *cogito* (»ich denke«) formuliert, das in B.s Augen mit seinem optimistischen Zutrauen zu den naturgegebenen Erkenntnismöglichkeiten des Menschen im Hintergrund der gesamten neuprotestantischen »natürlichen Theologie« steht.

Der theologische Ansatz bei Gott und seinem Wort ist für B. gleichbedeutend mit einer Hinwendung zur Bibel. Und so beginnt er im Sommer 1916, den Römerbrief des Paulus zu studieren. Das Resultat erscheint zur Jahreswende 1918/19: *Der Römerbrief*. B.s – abgesehen von einem mit Thurneysen gemeinsam herausgegebenen Band mit Predigten – erstes monographisches Werk zeigt freilich, daß der Prozeß der theologischen Neuorientierung noch nicht abgeschlossen ist. Zu einer weiteren Klärung kommt es erst in den Folgejahren, wobei unter den verschiedenen Einflüssen, die zu ihr beitragen, dem von B.s jüngerem Bruder Heinrich, einem im Marburger Neukantianismus wurzelnden Philosophen, entscheidende Bedeutung zukommt. Drei Jahre nach der ersten erscheint die zweite Auflage des *Römerbriefs*, die den durch die Sünde bedingten Abstand zwischen Gott und Mensch ins Zentrum stellt. Gott ist – um nur die bekanntesten Bezeichnungen zu zitieren – »der ganz Andere«, der »Ursprung«. Sein Wort ist wesentlich Gerichtswort, das den Menschen »senkrecht von oben« trifft. Eine Erlösung gibt es für den Menschen nur durch die vollständige Negation des Gerichts hindurch und nur in Jesus Christus, in dem die Welt Gottes die Welt des Menschen wie eine Tangente den Kreis im Unendlichen berührt.

Die so von B. in expressionistischer Sprache entwickelte »Theologie der Krisis« trifft die desillusionierte Stimmung im Nachkriegsdeutschland. Der zweite *Römerbrief* schreibt Theologiegeschichte. B., soeben auf eine Professur in Göttingen berufen und mit Frau und vier Kindern nach Deutschland übergesiedelt, sieht sich plötzlich zum Haupt einer neuen theologischen Richtung erklärt. Ihre Bezeichnung als »Dialektische Theologie« stammt nicht von B., ist aber zutreffend, insofern das Verhältnis von Ursprung, Sünde und Erlösung im Sinne der philosophischen Dialektik als Bewegung zwischen These, Antithese und Synthese verstanden wird. Die wichtigsten neuen Mitstreiter B.s sind Friedrich Gogarten und Emil Brunner, die eigenständig gleichfalls eine Theologie in Opposition zum Neuprotestantismus entwickelten. Als gemeinsames Publikationsorgan wird die Zeitschrift »Zwischen den Zeiten« gegründet. Dort veröffentlicht B. in den nächsten zehn Jahren zahlreiche seiner Vorträge, die ihn quer durch Deutschland und die Schweiz führen.

Das Hauptgewicht gilt freilich seiner Vorlesungstätigkeit, für die er sich nach und nach in die Theologie der Reformatoren und der Kirchenväter einarbeitet. Dies führt zu einer nochmaligen Klärung. Im zweiten *Römerbrief* findet man B. noch stark mit philosophischen Anleihen arbeiten, kann doch in seiner damaligen Sicht eine »ernsthafte« Philosophie durchaus für das rechte Hören des Wortes Gottes vorbereiten. Eine solch positive Würdigung der Philosophie steht jedoch im Widerspruch zu B.s Anliegen, die Theologie *allein* auf die Offenbarung Gottes zu gründen. Diese Einsicht setzt sich bei B. in den folgenden Jahren immer mehr durch: in Göttingen und Münster, wo B. seit 1927 lehrt, noch tastend, endgültig dann in Bonn, seiner dritten Professorenstation ab 1930. Bestärkt wird er dabei durch die Entwicklung der einstigen Weggefährten Bultmann, Gogarten und Brunner, die sich genau gegenläufig zur ge-

nannten Einsicht B.s der Philosophie in den 20er Jahren mehr und mehr öffnen. Bei Gogarten kommt noch dessen Sympathie für die Bewegung der »Deutschen Christen« hinzu. B. sieht darin einen Rückfall in die »natürliche Theologie«, was 1933 zum offenen Bruch und zur Einstellung von »Zwischen den Zeiten« führt.

In Bonn entsteht – nach der einen methodologischen Vorspann bildenden Arbeit zu Anselm von Canterbury: *Fides quaerens intellectum* – der erste Teilband der *Kirchlichen Dogmatik*. Ihre doppelte Ausgangsthese: Theologie ist nichts anderes als Darstellung der Offenbarung Gottes; im Ereignis der Offenbarung in Jesus Christus hat sie ihr Zentrum, von dem aus sie all ihre Aussagen zu christlichem Glauben und Handeln zu entwickeln hat. Diese Methode der »christologischen Konzentration« bestimmt das Hauptwerk B.s, dessen Ausarbeitung im Zentrum seiner weiteren akademischen Tätigkeit steht. Obwohl B. in den ihm verbleibenden rund 35 Jahren 12 voluminöse Teilbände verfaßt, ist die *Kirchliche Dogmatik* Fragment geblieben. Der Umfang erklärt sich nicht zuletzt daraus, daß B. – deshalb auch »Kirchenvater der 20. Jahrhunderts« genannt – in ihr die gesamte christliche Tradition, angefangen bei langen Auslegungen von biblischen Passagen, verarbeitet hat (wobei ihm seine Mitarbeiterin Charlotte von Kirschbaum eine unschätzbare Hilfe war). Die Verarbeitung erfolgt freilich in der durch die genannte Methode bestimmten Perspektive, und der alsbald erhobene Vorwurf, B. betreibe eine wenig originelle »Neo-Orthodoxie«, trifft ihn nicht. Als Gegeninstanzen und zugleich wichtigste Bestandteile der *Kirchlichen Dogmatik* wären zu nennen: die Darstellung der Trinitätslehre als alles Weitere begründende Lehre von der Offenbarung, die Neufassung der Erwählungslehre als zentrale »Summe des Evangeliums«, die konsequente Eingliederung der Ethik in die Dogmatik, die kunstvolle Verschränkung von traditioneller Ämter-, Stände- und Naturenlehre in der Christologie. Explizit *gegen* die kirchliche Tradition hat sich B. schließlich mit dem letzten, selbst Fragment gebliebenen Teilband seiner Dogmatik gestellt, indem er die Taufe als menschlichen Bekenntnisakt verstanden wissen will und damit sowohl ihre Auffassung als Sakrament wie auch ihre Praxis als Kindertaufe ablehnt.

Mit dem Vorsatz, die theologische Dogmatik und Ethik konsequent unter dem Signum der »christologischen Konzentration« auszuarbeiten, ist die Bewegung von B.s Denken jedoch noch nicht ans Ende gekommen. Bedeutet der Ansatz beim Offenbarungsgeschehen schon rein methodisch eine Abwendung von der dialektischen »Theologie der Krisis«, so bringt er inhaltlich einen stärkeren Akzent auf die in Christus geschehene *Versöhnung* zwischen Gott und Mensch mit sich. Noch zwischen den einzelnen Bänden der *Kirchlichen Dogmatik* läßt sich eine Akzentverschiebung vom souveränen zum gnädigen Gott beobachten. B. hat die Wandlung in seinem Denken und das Ungenügen seiner früheren Theologie an diesem Punkt selbst eingestanden, am deutlichsten in einem 1956 gehaltenen Vortrag mit dem programmatischen Titel: *Die Menschlichkeit Gottes.* Der neue Akzent impliziert auch – im Hinblick auf die in Christus bereits für alle Menschen *geschehene* Versöhnung – eine nun wieder positivere Würdigung der nicht explizit christlichen Lebensdeutungen (vgl. exemplarisch die »Lichterlehre« in Band IV/3).

Wenn oben gesagt wurde, daß die *Kirchliche Dogmatik* B.s *akademische* Tätigkeit in seiner zweiten Lebenshälfte bestimmte, so klingt darin bereits an, daß die theologische Lehre nicht der einzige Bereich seiner Wirksamkeit geblieben ist. Die Bekanntheit B.s auch außerhalb von Kirche und Theologie

dürfte eher auf sein Engagement im Kampf der Bekennenden Kirche gegen die deutsch-christliche Bewegung und die Gleichschaltung durch das nationalsozialistische Regime zurückgehen. B. hat zeitlebens die These vertreten, daß es auch einen »politischen Gottesdienst« der Kirche gibt (der Begriff entstammt seinem unter diesem Gesichtspunkt wichtigen Aufsatz *Rechtfertigung und Recht* von 1938). Seine Tätigkeit als Pfarrer in Safenwil war – auch nach der Neuorientierung seiner Theologie – in diesem Sinne geradezu geprägt durch Auseinandersetzungen mit den Fabrikbesitzern vor Ort. Später, in der Phase der »christologischen Konzentration«, setzt er gegen einen vordergründigen Aktivismus die These, daß auch im politischen Bereich die Theologie sich selbst und dem Gemeinwohl am besten damit dient, daß sie sich auf ihre eigentliche Sache konzentriert. Dieser These gemäß handelt und veröffentlicht B. in den ersten Jahren des Kirchenkampfes und wird gerade so zu einem wichtigen, wenn nicht dem wichtigsten Protagonisten der entstehenden Bekennenden Kirche: Seine Schrift *Theologische Existenz heute* aus dem Sommer 1933, in der er die genannte These ausführt, erlebt binnen eines Jahres bis zu ihrem Verbot zahlreiche Auflagen; noch wichtiger ist die *Barmer Theologische Erklärung* vom Mai 1934, deren Text maßgeblich auf B. zurückgeht. Die Hartnäckigkeit, mit der er darauf besteht, den von ihm als Beamten geforderten Treueid zu Adolf Hitler nur mit dem Zusatz: ». . . soweit ich es als evangelischer Christ verantworten kann« zu leisten, führt zu seiner Amtsenthebung. B., somit stellungslos, nimmt das Angebot eines Lehrstuhls in Basel an und kehrt im Sommer 1935 in die Schweiz zurück – nicht ohne auch von dort aus immer wieder im Sinne des »politischen Gottesdiensts« zur Tagesaktualität öffentlich Stellung zu beziehen.

B. hat ein riesiges Werk hinterlassen,

das über die angeführten Titel weit hinausgeht. Er war überdies ein erfolgreicher akademischer Lehrer, der über den deutschen Sprachraum hinaus schulbildend, aber auch polarisierend gewirkt hat, was beides nicht zuletzt mit den z. T. kräftig überzeichneten Antithesen, mit denen er arbeitete, zusammenhängt. Bis in die 70er Jahre wurden die deutschsprachigen evangelisch-theologischen Fakultäten beherrscht von den beiden Schulen der »Barthianer« und »Bultmannianer«, und bis heute folgt die protestantische Theologie – in Anknüpfung und Widerspruch – B.s Spuren. Auch im Bereich des römischen Katholizismus hat B.s Theologie große Aufmerksamkeit gefunden. Angesichts einer derartigen Bedeutung und im Blick auf sein trotz des einen Grundgedankens verschiedene Phasen durchlaufendes Werk verwundert es nicht, wenn ganz unterschiedliche theologische Richtungen sich auf B. berufen. Das Spektrum reicht von Konservativ-Evangelikalen über Deutungen, die die Kontinuitäten zwischen B. und der »modernen« Theologie seiner akademischen Lehrer betonen, bis hin zu religiös-sozialistischen Vertretern einer »politischen Theologie«. Solche Vereinnahmungstendenzen zeigen einmal mehr – allen kritischen Anfragen, die an sein theologisches Programm und dessen Durchführung im einzelnen zu stellen sind, zum Trotz – die epochale Bedeutung, die B. in der Theologiegeschichte des 20. Jh. zukommt.

Friedrich Lohmann

Basilius von Cäsarea

Basilius der Große; geb. 329/30;
gest. 1. 1. 379 in Cäsarea (Kappadokien)

Der Einfluß des B., einem der vier Kappadozischen Väter (zusammen mit Gregor von Nyssa, Gregor von Nazianz und Amphilochius von Ikonium), führte auf dem Konzil von Konstantinopel (381) zum Sieg über den Arianismus. Sein Vater ist Rhetor und Sophist, seine Mutter stammt aus vornehmem Geschlecht. Er selbst wird in Cäsarea, Konstantinopel und Athen inmitten des pulsierenden heidnischen und christlichen kulturellen Lebens erzogen. Zunächst versucht er sich im Rhetorikunterricht in Cäsarea, bevor er zum asketischen Leben wechselt. Um sich mit orientalischen Eremiten und ihren Lebensumständen zu befassen, reist er nach Syrien und Ägypten und läßt sich schließlich als Einsiedler am nahe bei Cäsarea fließenden Iris nieder. Gregor von Nazianz stößt 358 zu ihm, und gemeinsam stellen sie die *Philocalia* zusammen, eine Anthologie aus Origenes, die dessen wichtigste und orthodoxeste Lehrmeinungen versammelt. 364 verläßt B. auf Wunsch seines Bischofs Eusebius von Cäsarea seine Eremitage, um die nizänische Lehre gegen den arianischen Kaiser Valens zu verteidigen. 370 wird er Eusebius' Nachfolger auf dem Stuhl von Cäsarea, eine Stelle, die er bis zu seinem Tod innehat. – *Contra Eunomium* in drei Büchern, sein erstes bedeutendes Werk (ca.360), bekämpft die neuarianischen Behauptungen des Eunomius, der Sohn sei geschaffen, die Ungezeugtheit/Ungewordenheit sei Gottes Wesen und man dürfe zwischen *agennetos* (ungezeugt) und *agenetos* (ungeworden) nicht unterscheiden. B. (und später Gregor von Nyssa) widersprechen u. a. damit, es sei nicht begründbar, warum *a-gennetos* das einzige der vielen Negativadjektive ist, das allein Gottes Wesen kennzeichnen soll. Beide Seiten rekurrieren auf pagane Logik, Rhetorik und Dialektik, so daß pagane Terminologie eines der auffallendsten Merkmale von *Contra Eunomium* ist. B. diskutiert die drei Personen (Vater – Sohn – Geist) nacheinander in jeweils einem der drei Bücher. Im dritten, kürzeren widmet B. sich dem Hl. Geist, der nach Eunomius sowohl der Natur wie dem Rang nach lediglich an dritter Stelle steht. Dieses

Buch wurde auf dem Konzil von Florenz 1439 in der gefärbten Übersetzung des Georg von Trapezund benutzt, um den doppelten Ausgang des Geistes aus Vater *und* Sohn gegen die griechische Delegation, die auf dem Ausgang des Geistes aus dem Vater alleine bestand, zu begründen. – B. ist ein unermüdlicher Briefeschreiber, und seine Korrespondenz eine unermeßliche Quelle für die Erforschung der östlichen Kirchengeschichte seiner Zeit. Er sticht zugleich als Prediger hervor. Aus der Vielzahl seiner erhaltenen Predigten ragen als berühmteste die zum Hexaemeron (dem Sechstagewerk der Welterschaffung) heraus, die er zwischen ca. 370–78 predigt. In ihnen greift er Platos *Timaeus* und andere pagane Schöpfungsberichte auf, die er vom Bericht der Genesis aus liest, um seiner weithin ungebildeten Hörer- und Leserschaft eine wage Vorstellung der Kosmologie zu vermitteln. B.' Hexaemeronauslegung wird schnell in breiten Kreisen bekannt. Ambrosius von Mailand nutzt sie als Modell für sein eigenes Hexaemeron, Eustathius' lateinische Übersetzung wird von Augustinus in *De Genesi ad litteram* benutzt, neuerliche lateinische Übersetzungen veranstalten Burgundio von Pisa im 12. Jh. und einige Autoren des 15. und 16. Jh. Vereinfachte Ausgaben, in denen der Großteil der paganen kosmologischen Aussagen beiseite gelassen wird, machen in lutherischen Zirkeln des späten 16. Jh. ihre Kreise. B.' Fähigkeit, pagane Rhetorik und abstraktes Denken in seine Kosmologie und Trinitätstheologie aufzunehmen, verhindert seine bleibende und tiefgehende Rezeption für Aufbau und Ethos im östlichen Mönchtum nicht. Auch wenn er selbst von dem anerkannten Führer der monastischen Bewegung, Eustathius von Sebaste, in manchem beeinflußt ist, unterscheidet er sich nicht selten von diesem: Eustathius etwa unterteilt die Christen in zwei verschiedene Kategorien, auf der

einen Seite in Gerechte, die sich außerhalb der allumfassenden Liebe und der völligen Verleugnung bewegen, und auf der anderen in Vollkommene, die Zugang zu ihr haben und darum das asketische Leben wählen. B. hingegen weigert sich, eine geistige Elite zu schaffen und darum die Jungfräulichkeit ins Zentrum der christlichen Praxis zu stellen. Statt dessen bemüht er sich, eine christliche Gemeinschaft von Menschen aufzubauen, die Gott wesentlich im Dienst an den Armen und im Fasten hingeben. Eine bezeichnende Errungenschaft seines Bischofsamtes stellt tatsächlich die Integration der asketischen Bewegung in die kirchliche Hierarchie dar, die deren sektiererischen, von Eustathius gestützten Tendenzen ein Ende bereitet. In seinen asketischen Schriften ersetzt B. sogar das monastische Standardvokabular und spricht seine Mönche schlicht als »Brüder« an. Mehrere Bücher umfaßt sein asketisches Korpus: 80 ethische Regeln (*Regulae morales*) werden bereits ca. 360 verfaßt. Jede Regel stützt B. durch ein Zitat aus dem NT und behandelt Themen wie die Autorität der Schrift, der Gehorsam usw. Seine eigentliche Mönchsregel, das *Asceticon*, stellt eine Reihe von Fragen und Antworten zum asketischen Leben dar. Sie liegt in zwei verschiedenen Rezensionen vor; die kürzere (*Asceticon parvum*) umfaßt 203 Fragen und Antworten (sie überlebte allein in einer lateinischen Übersetzung des Rufin von Aquileia), die längere Rezension (*Asceticon magnum*) aus der Zeit von B.' Episkopat besteht aus 55 Einzelfragen und Antworten (*regulae fusius tractatae*) und 313 Kurzfragen und –antworten (*regulae brevius tractatae*). Daß B. jeden Punkt seiner Regel durch die Schrift stützt und das Mönchtum nicht elitär und exklusiv begreift, veranlaßt den Reformator Wolfgang Musculus im Jahr 1540 dazu, das *Asceticon magnum* (von dem er gerade eine lateinische Übersetzung publiziert hat) als Modell für protestantische Gemeinden zu propagieren. – B.' *De Spiritu sancto* stammt aus dem Jahr 375 und ist Amphilochius, dem Bischof von Ikonium gewidmet. Zu dieser Zeit gerät B. unter Beschuß sowohl durch die orthodoxe Partei, die seine Äußerungen zur Gottheit des Geistes nicht deutlich genug empfindet, als auch durch die Gegenpartei der Semi-Arianer und Pneumatomachen (mit Eustathius von Sebaste an ihrer Spitze, nachdem dieser im Jahr 373 mit B. gebrochen hat), die die Göttlichkeit des Geistes bestreiten und darum ablehnen, wenn B. den Geist zusammen mit Vater und Sohn verherrlicht. Als Antwort auf die Kritik beider gegnerischer Gruppen verweist B. darauf, daß der Geist derselben Ehre wert sei wie der Vater und derselben Würde (*homotimos*) wie Vater und Sohn. Implizit gesteht B. damit zu, daß der Geist von derselben Substanz wie die anderen beiden göttlichen Personen ist. Der abgehackte Stil des Traktats veranlaßt Erasmus, der die *editio princeps* 1532 veröffentlicht, die Echtheit des zweiten Teils der Schrift zu bezweifeln. – Populär wird B. in der Italienischen Renaissance durch ein anderes, kurzes Werk: *Ad iuvenes* (An die Jugend), in welchem er jungen Christen rät, ihre Bildung mit der Lektüre von heidnischen Werken zu beginnen, die solche Tugenden fördern, welche Heiden und Christen gemein sind. Das Werk verdankt seine Verbreitung der lateinischen Übersetzung des Leonardo Bruni (1400/02).

Irena Backus

Bauer, Bruno
Geb. 6. 9. 1809 in Eisenberg (Thüringen);
gest. 13. 4. 1882 in Rixdorf (bei Berlin)

B. wirkt auf Zeitgenossen und Nachwelt verstörend. Der 1834 in Berlin für Religionsphilosophie und AT habilitierte, seit 1839 in Bonn lehrende Hegel-Schüler versetzt die Theologie in viel nachhaltigere Aufregung, als es der 1842 erfolgte Entzug der Lehrerlaubnis vermuten ließ. Anlaß zur Amtsenthebung hat B.s 1841 publik gemachte These gegeben, nicht nur die Form, sondern auch der Inhalt der Evangelien sei »schriftstellerischen Ursprungs« (*Kritik der evangelischen Geschichte der Synoptiker*, Bd. 1, 1841). Fortan verhehlt B., zurückgezogen auf einem Bauernhof bei Berlin lebend, seinen radikalen, atheistischen Linkshegelianismus nicht länger. Etwa bei K. Marx hinterließ B.s Religionskritik einen bleibenden Eindruck. Einen Standpunkt der »reinen Kritik« jenseits aller Parteilichkeit anstrebend, attackiert B. in Schriften wie *Das entdeckte Christentum* (1843) die ideologischen Fundamente von Staat, Kirche und Theologie, um der Emanzipation der Gattung zu freier, selbstbewußter Tätigkeit vorzuarbeiten. Nach 1850 tut sich B. in zahllosen Artikeln als reaktionärer und antisemitischer Publizist hervor. 1877 unternimmt er mit *Christus und die Cäsaren* den Versuch, den rein heidnischen, nämlich stoischen Ursprung des Christentums nachzuweisen. Dieses Buch veranlaßt selbst den B. an Radikalität kongenialen F. Overbeck zu Zweifeln, ob B. »ernstlich glaubt, was ihm sonst Niemand hat glauben wollen« (ThLZ 1878, 315). Immerhin rühmt sich Overbecks Freund F. Nietzsche, in B. »einen seiner aufmerksamsten Leser« gehabt zu haben, während A. Schweitzer B.s *Kritik der evangelischen Geschichte* attestiert, »ein Dutzend gute Leben-Jesu« aufzuwiegen.

Andreas Urs Sommer

Baur, Ferdinand Christian
Geb. 21. 6. 1792 in Schmiden (bei Cannstatt);
gest. 2. 12. 1860 in Tübingen

B. ist Begründer der sog. jüngeren evangelischen Tübinger Schule. Historisch-kritische Geschichtsbetrachtung verbindet er mit einer spekulativ-philosophischen Geschichtskonstruktion in der Nachfolge Hegels. Viele seiner Schüler hatten Schwierigkeiten, einen theologischen Lehrstuhl zu erlangen, ja verließen teilweise die Theologie. – B. ist das älteste von sechs Kindern eines württembergischen Pfarrers. Nach Schule in Blaubeuren und Maulbronn studiert er in Tübingen 1809–14 Theologie, wird dort am evangelischen Stift ein Jahr lang Repetent, bevor er im niederen Seminar in Blaubeuren 1817 eine Professur für alte Sprache erhält. Seine Tübinger Lehrer, die in der Nachfolge Storrs zur älteren Tübinger Schule gezählt werden, und mit aus der Kantischen Philosophie entlehnten Argumenten einen streng biblisch supranaturalistischen Standpunkt verteidigten, scheinen nur wenig auf ihn gewirkt zu haben. Vielmehr rezipiert er bald die zeitgenössische Diskussion um Mythologie, wie sie vor allem Creuzer angeregt hat. Auch übernimmt er Momente aus der Schellingschen Geschichtsphilosophie. In dessen *System des transzendentalen Idealismus* heißt es, »die Geschichte als Ganze sei eine fortgehende allmählich sich enthüllende Offenbarung des Absoluten«, so daß man das göttliche Wirken in der Geschichte nie punktuell festmachen könne. Auch Schleiermachers Begriff der Religion greift B. auf. 1824 erscheint sein erstes Werk *Symbolik und Mythologie oder die Naturreligion des Altertums*. Die antike Mythologie ist wie das Christentum ein Element der Offenbarungsgeschichte. Während das Symbol die Idee in einem einfachen Bild darstelle, wird dieses im Mythos in eine Handlung auseinandergelegt. Wird so unter dem Begriff Religion sowohl Christentum als auch Heidentum subsumiert, so sind doch für B. mit dem Christentum Subjektivität, Freiheit und Idealismus anstatt Pantheismus und Objektivität in die Welt gekommen. 1826 wird B. Professor für historische

Theologie in Tübingen, ein Amt, das er bis zu seinem Tod 34 Jahre, ohne Altwürttemberg je verlassen zu haben, ausüben wird. Mit dem Erscheinen der Religionsphilosophie Hegels gerät B. unter deren Einfluß. 1831 erscheint *Die Christusparthei in der korinthischen Gemeinde, der Gegensatz des petrinischen und paulinischen Christentums*. Wie schon für Semler ist auch für B. das Urchristentum keine einheitliche Größe. Gestützt auf 1 Kor 1,12 sieht er in Korinth zwei antagonistische Gruppen, ein stark gesetzesorientiertes, partikularistisch ausgerichtetes Judenchristentum, das durch Petrus repräsentiert wird, und das paulinische gesetzeskritische Heidenchristentum, das universalistisch das Evangelium an alle Völker predigen möchte. B. entwickelt und begründet die Methode der Tendenzkritik. Die neutestamentlichen Schriften werden einer dieser beiden Tendenzen zugeordnet, die in späterer Zeit in der gemeinsamen Abwehrstellung gegen die Gnosis harmonisiert werden. Damit lassen sich die Absichten der Autoren genauer bestimmen, Pseudepigraphien ausscheiden und Datierungen vornehmen. In *Paulus der Apostel Jesu Christi* (1845) kommt B. zum Ergebnis, daß nur der Römer- und Galaterbrief sowie die beiden Korintherbriefe als authentisch paulinisch gelten können, in allen anderen Paulusbriefen zeigten sich Harmonisierungstendenzen. Bereits vorher hat sich B. mit der Geschichte der Gnosis befaßt. 1835 erscheint *Die christliche Gnosis oder die christliche Religions-Philosophie in ihrer geschichtlichen Entwicklung*. Die Gnosis ist ihm ein religionsphilosophischer Versuch, die heidnische und die jüdische Religion in ein systematisches Verhältnis zum Christentum zu rücken. Er gewinnt an ihr den Begriff der »Religionsphilosophie« und zeigt das Fortbestehen derselben bis zur Gegenwart. In neutestamentlicher Zeit richten sich gegen die Gnosis die Pastoralbriefe, die deshalb sehr spät zu datieren seien und nicht von Paulus stammen können. Mit ihrem Interesse an der Ausbildung von hierarchischen Strukturen und der Tradition stammen sie bereits aus dem antignostischen Frühkatholizismus. Auch ist die Gnosis der Hintergrund für das Johannesevangelium. Dieses Evangelium spiegele die Tendenz seines unbekannten Verfassers. Er ist nämlich überhaupt nicht an der ursprünglichen Jesusüberlieferung interessiert; zentral ist vielmehr die Idee des Logos, des Prinzips des Lebens, das in Jesus in der Menschenwelt erscheine. Die Logosidee stamme aus der griechischen Religionsphilosophie des Judentums in Alexandrien. B. wendet die tendenzkritische Methode auch auf die synoptischen Evangelien an. Das Lukasevangelium spiegele einen abgemilderten Paulinismus wider, der diesen mit dem judenchristlichen Standpunkt des Matthäus ausgleiche. Markus sei ein Exzerpt aus Matthäus und Lukas. Die bereits von Weisse und Willke vertretene Markuspriorität wird von B. abgelehnt; am Anfang stehe Matthäus, der uns nur noch als griechische Übersetzung eines ursprünglichen für Judenchristen geschriebenen Evangeliums vorliege.

B. gewinnt aber auch Boden gegen seinen Schüler D. F. Strauß. Dieser hatte mit seinem *Leben Jesu* im Jahre 1835 die Jesusgestalt auf die mythenbildende Kraft des Gemeindebewußtseins zurückgeführt. B. argumentiert, Strauß habe eine Kritik der evangelischen Geschichte ohne Kritik der Evangelien und ihrer Tendenzen geliefert. Ordne man diese in die historischen Strömungen des Urchristentums ein, komme man doch auf historischem Boden zu stehen. Der eigentliche Zugang zu Jesus führe über die Reden von Mt, insbesondere die Bergpredigt mit den Seligpreisungen. In ihnen drücke sich ein unendlich erhabenes religiöses Bewußtsein aus, das zugleich tief durchdrungen sei von der Endlichkeit des Irdischen, und zugleich jede Beschränktheit überrage, da

es im Sehnen bereits alles besitze, was Gegenstand der Sehnsucht ist. Die Spannung von Sehnsucht und Erfüllung hält er am besten durch den Begriff der »Armut im Geiste« ausgedrückt, die gerade in ihrem Nicht-Haben das Himmelreich schon in sich hat. Jesus verschärfe das jüdische Gesetz und lege es in die Gesinnung; durch die Sittlichkeit werde das adäquate Gottesverhältnis hergestellt, das Einlaßbedingung ist in das geistig-sittliche Reich Gottes. B. begreift die Entstehung des Christentums rein historisch. Die Kirchengeschichte bediene sich der gleichen Prinzipien wie die gewöhnliche Geschichtsschreibung, ordne also alles in einen Kausalzusammenhang ein. Die Annahme eines Wunders stehe so in Widerspruch zu allen Analogien. Auch die Auferstehung sei nur im Glauben, der subjektiven Überzeugtheit der Jünger, für uns historisch greifbar. Das Entscheidende am Christentum sei schon vorher Herzensbedürfnis und sittliches Postulat gewesen, vorbereitet durch den politischen Kosmopolitanismus des römischen Reiches, die griechische Philosophie mit ihrer Frage nach dem höchsten Gut und durch hellenistische und weltflüchtige Tendenzen im Judentum. Die zentrale sittliche Idee des Christentums wird nun, um ein Wirksamwerden im Konkreten zu ermöglichen, mit der jüdischen Messiasidee, und somit mit der Person Jesu verknüpft. Paulus, der gegen die jüdisch-partikulären Vorstellungen ankämpfte, betont mit Kreuz und Auferstehung gerade den Gegensatz zum nationaljüdischen Messias, zentral wird der Begriff des »Sohn Gottes«. Die Verschmelzung beider Parteien führt zum Frühkatholizismus, in dieser Zeit ringen Gnosis und Montanismus als antagonistische Gegensätze miteinander. B. deutet nun auch die weitere Dogmen- und Kirchengeschichte als Prozeß einer notwendigen Fortschrittsentwicklung des Geistes. Anstatt in der Dogmengeschichte nur eine kontingente Abfolge einzelner Meinungen zu erblicken, sieht er in ihr einen sinnvollen Prozeß. Wo Zusammenhang ist, da ist auch Vernunft. Alles andere wäre für ihn ein Verweilen an der Oberfläche. Gegen Hase beschreibt B. die Geschichte als eine notwendige Entwicklung der Idee, die sich je neu verobjektiviere und aus dieser konkreten Gestalt wieder zurückziehe. 1838 erscheint seine dogmenkritische Monographie *Die christliche Lehre von der Versöhnung in ihrer geschichtlichen Entwicklung*, 1845 *Die christliche Lehre von der Dreieinigkeit und Menschwerdung Gottes in ihrer geschichtlichen Entwicklung*, 1847 sein *Lehrbuch der Dogmengeschichte*. Seine Vorlesungen werden postum veröffentlicht. In der Lehre von der Versöhnung spiegelt sich für B. das Wesen der Religion überhaupt, das ja in der Differenz des Menschen zu Gott und deren Überwindung bestünde. Die Versöhnung ist eine Einheit, die die Differenz mitbeinhaltet. Entscheidender Wendepunkt der Kirchengeschichte ist ihm die Reformation. Bis zu derselben geht die Tendenz der Kirche, sich in die Erscheinungswelt einzulassen und sich mit ihr zu einer untrennbaren Einheit zusammenzuschließen. Dagegen will die Reformation die Idee der Kirche aus den sichtbaren Verhältnissen der Erscheinung zurückziehen. Nicht nur das Individuum, auch der Staat werde zur Autonomie befreit. Im 18. Jh. vollzog der Protestantismus schließlich dieselbe Kritik am Dogma der alten Kirche. Ergebnis dieses durchweg positiv gewerteten Prozesses ist für B. eine Humanisierung, Rationalisierung und Verinnerlichung des christlichen Bewußtseins. Reduktionen seien auf diesem Gang notwendig, dagegen sei ein restauratives Zurückdrängen eines kritischen Gedankens, den der Geist einmal ausgesprochen habe, prinzipiell nicht mehr möglich. Der Protestantismus ist ihm das Prinzip der sittlichen Freiheit und Autonomie. Der Katholizismus auf der anderen Seite ist eine überholte, jedoch zu ihrer Zeit notwendig gewesene und deshalb positiv zu wertende Stufe des Geistes. B. hofft sogar auf die Einheit der Konfessionen, die dann möglich sei, wenn die Katholiken ihr Festhalten am heteronomen Hierarchieglauben aufgäben und allein die Unfehlbarkeit des sittlichen Bewußtseins gelten ließen. Katholischerseits hat hiergegen schon früh J. A. Möhler Einspruch erhoben. In seiner *Symbolik* deutet dieser die Reformation vielmehr als Abspaltung von der einen katholischen Kirche, Einheit sei so nur als Rückkehr möglich, zum Absterben bezöge der Katholizismus hingegen noch keine Lust. Hierauf hat sich eine bedeutende kontroverstheologische Auseinandersetzung entzündet. Freie Sittlichkeit und vernünftige Autonomie, somit aber auch die Freiheit der Forschung, als absolute Maßstäbe anerkennend, sieht B. in Möhler auch rückschrittliche Tendenzen in der eigenen Kirche repräsentiert, weshalb er entschieden dagegen polemisiert hat. Wie zu Lebzeiten war B. auch nach seinem Tod heftig umstritten. Nach ihm löste Ritschl die Dogmengeschichtsschreibung von aller Metaphysik und Spekulation. Harnack zeichnet negativ, was bei B. noch positiv und als Fortschritt bewertet wird, die sog. Hellenisierung des Christentums. Im 20. Jh. wird er wieder intensiver rezipiert.

Klaus Unterburger

Benedikt von Nursia

Geb. um 480 in Norcia;
gest. (nach?) 547 auf Monte Cassino

B. ist heute vor allem bekannt als angeblicher Urheber des Leitwortes *Ora et labora* (Bete und arbeite), und als Gründer des Benediktinerordens. Jedoch ist der zitierte Leitspruch bei B. nirgends wörtlich belegt, sondern weit verbreitete altmonastische Lebensnorm, und ein (vorwiegend von Priestermönchen getragener, in Seelsorge, Schulwesen und Wissenschaft tätiger) »Orden« entwickelt sich frühestens ab karolingischer Zeit, konstituiert als Konföderation selbständiger »Kongregationen« erst 1893. B.s Klöster waren juristisch und wirtschaftlich eigenständige, nur dem Ortsbischof unterstellte, nicht auf Wirksamkeit nach außen gerichtete Laiengemeinschaften; straff als Orden organisiert war erst die Reformbewegung der Zisterzienser. – Von B. zeugen zwei unterschiedliche Quellen: seine Regel, als einzige lateinische Regel spätantiker Tradition bei Benediktinern und ihren Reformorden bis heute im Wortlaut tradiert, wenn auch nicht in allen zeitgebundenen Einzelheiten befolgt (jedoch ohne Angaben zur Person), und das 2. Buch der (kirchenpolitisch motivierten) 4 Bücher *Dialoge* Gregors des Großen (über heiligmäßige, daher wundertätige Asketen des italisch-römischen Raumes), seinem ›geistlichen Haupthelden‹ B. gewidmet. Dieser wurde nach Gregor um 480 im heutigen Norcia aus mittelständischer Familie geboren, lernte dann in der damals noch eindrucksvollen Stadt Rom neben Schule und Studium Liturgie und Klosterleben kennen, zog sich jedoch, »um Gott allein zu gefallen«, bald zu Eremiten an den Rand der Sabinerberge zurück. Die angebliche Zusammenfügung eines zerbrochenen Siebes durch Gebet verbreitete den Ruf seiner Heiligkeit, dem er sich wieder als Einsiedler in einer Höhle bei Subiaco zu entziehen suchte, doch erbat ihn nach drei Jahren eine Asketengemeinschaft als Abt. Wegen der Strenge seiner Lebensordnung bald angefeindet, ging er ohne Groll nach Subiaco zurück und gründete dort eine Gruppe halberemitischer Kleinklöster. Von einem eifersüchtigen Priester mehrfach gestört, begab sich B. wieder ohne Groll um 529 auf den Berg über der Stadt Casinum/Cassino und ersetzte dort ein heidnisches Heiligtum durch ein Kloster mit je einer Martins- und Johanneskapelle;

mehrfache Störversuche des Teufels, wie Gregor bemerkt, überwand er wieder durch geistliche Standhaftigkeit. Auf Monte Cassino wurde B. durch Heiligmäßigkeit und rechte Entscheidungsgabe bei vielen Rat- und Hilfesuchenden berühmt und führte sein Kloster bis zu seinem Tode wohl bald nach 547. Gregors Darstellung, in antiker biographischer Tradition nicht in modernem Sinn historisch, zeichnet somit B.s Leben innerlich als Stufenfolge spirituellen Fortschreitens, im Erweis seiner Tugend durch Überwindung von Versuchungen und Anfechtungen bis zur Höhe seiner geistlichen Vollendung, äußerlich als Beispiel der Entwicklung des westlichen Mönchtums, vom Eremitentum über die locker organisierte Kleinklöstergruppe zur regelgerechten Klostergemeinschaft, die etwa im »Leben der Juraväter« aus dem frühen 6. Jh. auf drei Äbte aufgespalten erscheint. Ihre Grundzüge werden bestätigt durch die alte, heute auch archäologisch gestützte B.tradition von Subiaco und Monte Cassino. – An B.s Regel lobt Gregor, dessen Kloster selbst nicht nach ihr lebte, klare Sprache und besondere Ausgewogenheit in Entscheidungen (*dial.* 2,36); sie ist ein typischer Komposittext monastischer Gebrauchsliteratur aus verschiedenen Traditionen, Quellen und Erfahrungen. Genannt sind am Ende, zu geistlicher Vertiefung, neben der Hl. Schrift noch Basilius, Cassian und die Mönchsväterviten, nach antiker Tradition aber nicht ihre Hauptquelle, die *Regula Magistri* (Regel des Meisters/ Lehrers) (die längste lateinisch erhaltene, anonym überlieferte, nur wenig ältere Regel, der erste umfassend systematische, alle Einzelheiten regelnde, gegenüber B. altertümlichere Organisationsentwurf, dessen Quellen bis heute unbekannt sind), die B. auch eine gewisse Christozentrik für das Bild des Abtes bot (*RBen* 2,2 f. 63,13). B. läßt auf die Grundlagen monastischer Askese (Prolog und *cap.* 1–7, Einleitung; Mönche, Abt, Brüder, Gute Werke, Gehorsam, Schweigsamkeit, Demut, größtenteils ausgewählt aus *RMag prol.* und 1–10), den liturgischen Kalender folgen, gegenüber dem fortlaufenden Psalmgesang der *RMag* nach Wochentagen und Festkreisen gegliedert und wohl aus römischer oder romnaher Tradition übernommen (8–20), darauf die übrige Organisation klösterlichen Lebens, worin am ehesten B.s Eigentext zu erkennen ist (21–73). Gegenüber der Magisterregel stark kürzend, reformiert B. das Klosterleben im Hinblick auf persönliche Verantwortung und Spiritualität, gibt dem (bei *Mag.* autokratischen, dennoch stark regelgebundenen) Abt mehr Entscheidungsfreiheit, den (bei *Mag.* je einzeln dem Abt gegenübergestellten) Brüdern, die er, wohl nach Augustinus, nun auch aufeinander bezieht, erst eine echte Gemeinschaft in der Liebe Gottes und des Nächsten. Erstes Ziel des Klosterlebens ist das Lob Gottes, daneben die Bewahrung der Brüder vor inneren, ursprünglich aber auch vor äußeren Gefahren (sehr aktuell zur Zeit der durch Italien ziehenden gotischen Horden am Vorabend der langobardischen Verwüstung, die B. für sein Kloster vorhergesagt haben soll; sie kam 577). Wege dazu sind Gehorsam und Demut gegenüber Abt und Brüdern in gegenseitiger Liebe, weniger im abstrakten Ideal der reinen Gottesschau östlich-spekulativer Askese als vielmehr in seiner auch dem spirituell weniger Begabten zugänglichen »kleinen Regel für Anfänger« (73,8); betont wird auch gemeinsame wie persönliche Lektüre. – Verbreitet wurde die Regel nach der Zerstörung von Monte Cassino und ihrem (wohl über Rom vermittelten, im Einzelnen unklaren) Auftauchen im irofränkischen Mischregelmönchtum vor allem mit der stark romorientierten Kirchenpolitik Gregors des Großen, der Angelsachsen und der Karolinger, die sie als »Regel des römischen Abtes« den teilweise noch stark irisch bestimmten Mischregelformen

gegenüberstellte, gefördert durch Gregors zitiertes Lob und ihren hohen, spirituell und organisatorisch von Ausgewogenheit und Praxisnähe bestimmten »inneren Wert«. Die karolingische Reform machte B.s Mönchtum dann zu einer der Stützen des Reiches und bis heute zu einem wesentlichen Element abendländischer Kulturentwicklung.

Klaus Zelzer

Bengel, Johann Albrecht
Geb. 24.6.1687 in Winnenden; gest. 2.11.1752 in Stuttgart

»Gott hat mein Herz berührt«, hielt der junge Tübinger Theologe 1710/11 in seinem Tagebuch fest. B., der wichtigste württembergische Pietist des 18. Jh., wirkte als Lehrer, Pfarrer und zuletzt als Prälat und Konsistorialrat. Bedeutend wurde der stille und nüchterne, aber ungemein fleißige und selbstbewußte Gelehrte aufgrund seiner Beiträge zur Exegese und neutestamentlichen Textkritik und insbesondere wegen seiner chiliastischen Zukunftshoffnung. – B. war Pfarrerssohn und kam, früh vaterlos geworden, 1693–1703 bei seinem Pflegevater David Wendelin Spindler mit dem radikalen Pietismus in Kontakt. Auch als Student (1703–06) stand er unter pietistischem Einfluß. 1707 beschäftigte er sich im Auftrag seines Lehrers Johann Wolfgang Jäger mit Mystik und schrieb eine *Dissertatio de theologia mystica.* Nach einer Zeit als Stiftsrepetent in Tübingen und als Vikar in Metzingen, Nürtingen, Tübingen und Stuttgart (1708–13) ging er auf Studienreise nach Halle, um den dortigen, von Francke geprägten Pietismus und die berühmten Anstalten kennenzulernen. Eine »Bekehrung« im halleschen Stil erlebte B. aber nicht. 1713 wurde er Lehrer an der Internatsschule Denkendorf, wo er angehende Theologen auf das Studium vorzubereiten hatte. 28 Jahre unterrichtete er als »Klosterpräzeptor« und verfaßte wissenschaftliche Arbeiten. 1734 erschien eine textkritische Ausgabe des NT, die ihm in der Gelehrtenwelt Zustimmung, aber auch Kritik einbrachte. In der methodisch ausgerichteten Einleitung stellte er die bis heute gültige Regel auf: »Die schwierige Lesart ist der leichten vorzuziehen«, beharrte aber dennoch weithin auf dem *textus receptus*. In der Exegese hielt B. an der Verbalinspiration fest und an dem Prinzip, die Schrift durch die Schrift zu erklären. 1742 erschien der *Gnomon Novi Testamenti* (*Zeiger des Neuen Testaments*), eine komprimierte, streng philologische Auslegung des NT, kein Kommentar, sondern – wie der Titel sagt – ein *Fingerzeig*. Das Werk benutzten viele Pfarrer noch im 20. Jh. zur Predigtvorbereitung. Postum (1753) wurde B.s mit Anmerkungen ausgestattete Übersetzung des NT veröffentlicht. In der *Erklärten Offenbarung Johannis* (1740) und in den *60 erbaulichen Reden über die Offenbarung Johannis* (1747) entfaltete B. seine heilsgeschichtliche Theologie und folgerte aus Apk 20 eine dichiliastische und postmillenaristische Zukunftsvision: 1836 (rechnerisch am 18.6.), so glaubte er, würde das erste von zwei aufeinanderfolgenden 1000jährigen Reichen beginnen. Gottes Reich sollte sich auf Erden verwirklichen mit Frieden und Wohlergehen für alle Menschen. Die Wiederkehr Christi, das Weltende, das Gericht und die Neuschöpfung schob er dagegen in eine ferne Zukunft. B. war Wegbereiter der für den Protestantismus des 19. Jh. charakteristischen Reich-Gottes-Idee, die große missionarische, pädagogische und soziale Aktivitäten auslöste. Mit Zinzendorf lag B. 18 Jahre im Streit (u.a. theologisch motiviert wegen der Herrnhuter Blut- und Wundenfrömmigkeit). Das ursprünglich gute Verhältnis zwischen der Brüdergemeine und den württembergischen Pietisten wurde nachhaltig gestört. Zuletzt bekleidete B. kirchenleitende und politische Ämter:

1741 wurde er Prälat von Herbrechtingen und 1749 bekam er den Titel eines Abts von Alpirsbach und wurde damit Konsistorialrat in Stuttgart. 1747 erfolgte die Wahl in den Großen, 1748 in den Engeren Ausschuß des Landtags. 1751 wurde B., der vergeblich auf eine Professur in Tübingen gehofft hatte, ehrenhalber zum Doktor der Theologie promoviert. Nach seinem Tod wahrten Schüler und Freunde sein Andenken und verbreiteten seine Gedanken, insbesondere über den künftigen Verlauf der Weltgeschichte.

Martin H. Jung

Berdjajew, Nikolai Alexandrowitsch
Geb. 6.3.1874 in Obuchovo;
gest. 23.3.1948 in Clamart bei Paris

B. wird als Sohn eines Offiziers orthodoxen und einer Mutter katholischen Bekenntnisses bei Kiev geboren. Bereits als Schüler des Kadettenkorps liest er Kant, Schopenhauer und Hegel. Seit dem Soziologiestudium von 1894 in Kiev arbeitet er in sozialdemokratischen Kreisen mit, wird Marxist, aber kein Materialist. 1898 führen diese Aktivitäten zur Relegierung von der Universität und 1900 zu einer dreijährigen Verbannung nach Vologda in Nordrußland. Unter mitverbannten Revolutionären und späteren Funktionären Sowjetrußlands (u.a. A. V. Lunačarskij) behauptet sich B., gilt aber als hoffnungsloser Idealist. Zurück in St. Petersburg nimmt er aktiv an den *Religiös-Philosophischen Versammlungen* teil, gibt ab 1904 die Zeitschrift *Novyj put'* (Der neue Weg) und ab 1905 mit S. N. Bulgakov *Voprosy žizni* (Die Fragen des Lebens) heraus. In *Novoe religioznoe soznanie i obščestvennost'* (Das neue religiöse Bewußtsein und die Gesellschaft, 1907) nähert sich B. dem Christentum, zu dem er sich über den Idealismus »hindurchverneint« hat [Stepun]. – Der Artikel *Gasiteli ducha* (Die den Geist töten, 1913) führt zur

Verurteilung wegen Blasphemie durch den Heiligsten Synod. Krieg und Revolution verhindern jedoch die Vollstreckung des Urteils: lebenslängliche Ansiedlung in Sibirien. 1917 wirkt B. in der Übergangsregierung mit und gründet 1919 die *Vol'naja Akademija Duchovnoj Kul'tury* (Freie Akademie für Geisteskultur), in der er mit Intellektuellen des *Silbernen Zeitalters* wirkt. 1920 zum Professor der Moskauer Universität berufen, muß der nicht systemkonforme Religionsphilosoph 1922 mit mehr als 100 Intellektuellen bei Androhung der Todesstrafe das Land verlassen. – In Berlin gründet B. die *Religiozno-Filosofskaja Akademija* mit Hilfe des amerikanischen YMCA, trifft u. a. mit H. G. Keyserling, O. Spengler, M. Scheler und P. Tillich zusammen und ist Dekan der *Abteilung für Geisteskultur* am *Russkij Naučnyj Institut*. – 1924 geht er in das neue Zentrum der Emigration Paris, wo viele seiner Werke erscheinen. Von 1925 bis 1940 gibt B. das Organ russischen religiösen Denkens *Put'* (Der Weg), von 1929 bis 1934 und 1936 mit den Theologen F. Lieb und P. Schütz *Orient und Occident* heraus, ist Chefredakteur der YMCA-Press und beteiligt sich an der ökumenischen Bewegung. 1947 erhält er die Ehrendoktorwürde der Universität Cambridge. – Inspiriert ist der wohl publizistisch wirksamste Vertreter russischen religiösen Denkens durch Kirchenväter und Persönlichkeiten der östlichen und westlichen Geistesgeschichte wie Dostojewskij, Solowjew, Böhme, Kant und Nietzsche. Charakteristisch ist sein an Böhme angelehntes essentielles Freiheitsverständnis, einer Freiheit in und außer Gott. In den historiosophischen Betrachtungen wie in der Erörterung brennender Fragen seiner Zeit, etwa der Deutung des Kommunismus, zieht sich die Idee der Vergegenständlichung geistiger Tatsachen, verbunden mit einem – besonders in den letzten Jahren immer deutlichere Konturen annehmenden – Personalismus gleich einem roten Faden durch sein Werk. – Als religiöser Sucher und Kämpfer wird B. in Deutschland bereits in den 1920er Jahren emphatisch gefeiert. Hierzu trägt das in viele Sprachen übersetzte Werk *Novoe srednevekov'e* (Das Neue Mittelalter) bei. In der Zeit des Nationalsozialismus in Deutschland verboten, erschienen deutsche Übersetzungen seiner Werke in der Schweiz. Die größte Verbreitung hat der Religionsphilosoph im englischen Sprachraum gefunden. Seit der Perestrojka wird er auch in seiner Heimat als Verkörperung philosophischer Kontinuität anerkannt, aber auch instrumentalisiert. Läßt sich B.s Einfluß auch nur schwer messen, darf seine freie Philosophie des Geistes doch als Ferment eines künftigen, aus christlichem Ursprung bewegten Denkens gelten.

Stefan G. Reichelt

Bernardino de Sahagún

Bernardino de Ribeira (Taufname); geb. um 1499 in Sahagún (Prov. Leon, Spanien); gest. 1590 in Tlatelolco (heute Mexico City)

Nach dem Theologiestudium in Salamanca trat B. in den Franziskanerorden ein und nannte sich fortan nach seiner Geburtsstadt. Er kam 1529 als Missionar nach Mexiko und gehörte somit nicht jenen ersten zwölf Franziskanermissionaren, den »doze frayles«, an. Diese führten unter der Leitung des Martín von Valencia bereits 1524 mit den unterworfenen Azteken eines der ausführlichsten Religionsgespräche der Religionsgeschichte, das von B. erst 1564 schriftlich in aztekischer Sprache (in Lateinschrift) niedergeschrieben und mit einer spanischen und lateinischen Übersetzung versehen wurde, die nur fragmentarisch erhaltenen *Colloquios y doctrina christiana*. Ihm und seinem literarischen Werk ist es zu verdanken, daß die aztekische Religion und

Kultur im Unterschied zu der der meisten anderen unterworfenen und weitgehend vernichteten Völker nicht zugleich mit der Zerstörung Mexikos 1521 unterging. – Denn seit 1536 unterrichtete B. nicht nur am neu gegründeten *Colegio Imperial de Santa Cruz de Tlatelolco* die Söhne der aztekischen Elite in der lateinischen Sprache, sondern er war auch stets bemüht, sich von seinen Schülern in deren Muttersprache unterweisen und vervollkommnen zu lassen. Diese Ablehnung eines spanisch-mexikanischen Einbahnverkehrs kommt auch in seinem Bestreben zum Ausdruck, von seinen Schülern möglichst genau und umfassend über die einheimischen religiösen und kulturellen Traditionen informiert zu werden. Als christlicher Missionar versteht er sich als ein Arzt, der die Krankheit, die es zu heilen gilt (das alte »Heidentum«), möglichst genau zu diagnostizieren. Aus diesem Grunde befragte er immer wieder seine Informanten (durch andere Informanten mehrfach kontrolliert) nach den alten Traditionen und wird mit dem so entstehenden zwölfbändigen Riesenwerk *História General de las cosas de Nueva España* zum Begründer der neuzeitlichen Ethnographie. Da die schriftliche Bewahrung des »alten Aberglaubens« aber das Mißfallen der kirchlichen und weltlichen Autoritäten in Spanien erregte, ordnete Philipp II. 1577 an, sämtliche Aufzeichnungen B.s einzufordern und ihre Publikation zu verhindern. Erst 1829 fand sich in Florenz ein aztekisch-spanischer Text seiner *História General*, die schließlich im 20. Jh. vollständig ins Englische übersetzt wurde, eine vollständige deutsche Übersetzung fehlt bis heute.

Hans Wißmann

Bernhard von Clairvaux
Geb. 1090/91 in Fontaines-lès Dijon;
gest. 20. 8. 1153 in Clairvaux

Einer der einflußreichsten Politiker und zugleich einer der bedeutendsten Denker des 12. Jh. war B. von Fontaines, Gründer und bis zu seinem Tode Abt von Clairvaux, einer der vier zisterziensischen Primarabteien. In dieser Funktion konnte er nicht nur zahlreiche Tochterklöster gewinnen, sondern auch intensiv an der institutionellen und spirituellen Formung seines Ordens mitwirken. Darüber hinaus hat er durch erbetene Vermittlertätigkeit wie durch unerwünschte Einmischung auf regionaler, nationaler und internationaler Ebene seinen Einfluß geltend gemacht. So hat er auf zahlreiche Bistumsbesetzungen in Frankreich eingewirkt, sich erfolgreich um die Beilegung einer jahrelangen europäischen Kirchenspaltung (1130–38) bemüht und wesentlich zum Zustandekommen des Zweiten Kreuzzugs (1147–49) beigetragen. – B.s vielfältige Aktivitäten nach außen widersprechen eigentlich seiner mönchischen, auf der Benediktsregel beruhenden Lebensform wie seinen auf Askese, Kontemplation und eine Gott und Menschen umfassende Liebe zielenden geistlichen Idealen. Den Zwiespalt zwischen seinen verschiedenen Wirkungsfeldern hat er selbst durchaus empfunden. Erstaunlicherweise konnte er daneben noch eine ausgedehnte Tätigkeit als begnadeter Redner und Schriftsteller entfalten. Hunderte von Predigten, acht Abhandlungen und mehr als 500 Briefe sind von ihm überliefert. Doch stellt sich die Frage, ob er deshalb schon als Theologe bezeichnet werden darf. Man hat das bezweifelt, zumal er sich klar gegen ein Streben nach Wissen um des bloßen Wissens willen ausgesprochen und Petrus Abaelard, den bedeutendsten Schultheologen seiner Zeit, mundtot gemacht hat. – Dennoch ist es berechtigt, B. unter die Theologen, ja unter die größten Denker des MA zu zählen. Man kann das, wenn man sich von den herkömmlichen Maßstäben der Schultheologie löst und B. in seiner Stellung als Abt von Clairvaux sieht. Das Nachdenken über die religiösen Fragen, die ihn und seine Mitbrüder als Mönche bewegen, bildet das Herzstück seiner Reflexionen; deshalb bezeichnet man sie treffend als »monastische Theologie«. In ihrem Mittelpunkt steht jenes heilbringende Wissen, das aus Liebe andere Menschen erbauen und aus Klugheit der eigenen Erbauung dienen möchte. Zu den alltäglichen Problemen, die B.s Leben als Mönch und sein Wirken als Abt begleiten, gehören das Erlebnis der Anfechtung durch den Körper, die Welt und eine fremde, feindliche Macht (»Teufel«), des eigenen Versagens angesichts der asketischen Forderung und der klösterlichen Regel, aber auch der Stärkung durch den Hl. Geist und der Bewährung in der Strenge des Mönchslebens. In der erfahrungsgesättigten Reflexion auf den mönchischen Alltag dringt B. tief in Probleme ein, die aus der Grundsituation des Christen vor Gott erwachsen. – Wie alle mittelalterlichen Theologen ist B. Schrifttheologe. Sein Denken und Argumentieren stützt sich immer auf die Hl. Schrift, und er leitet seine Hörer und Leser zum rechten Schriftverständnis an. Aus Stundengebet und Liturgie, aus den gemeinschaftlichen Schriftlesungen und aus einem vertieften Studium der Bibel hat er so gründliche Bibelkenntnisse erworben, daß er seine eigenen Erfahrungen und Gedanken mit Worten der Schrift ausspricht. Man kann geradezu von seinem »biblischen Stil« reden. Dabei benutzt er die Bibel nicht nur, wie die Schultheologie seiner Zeit häufig, als eine Sammlung von Sätzen, die man einzeln als Argumente verwenden kann. Er sieht in ihr vielmehr einen reichen Schatz an Erfahrungen. Sein Umgang mit der Schrift besteht nun nicht in der philologisch-historischen Bemühung um den Sinn des Bibeltexts. B. bevorzugt jenen Zugang zum Text, der in der Alten Kirche und im MA immer als der eigentlich wissenschaftliche gegolten hat: das Aufspüren eines tieferen, geistlichen Sinnes hinter dem vordergründigen Wortsinn. Dabei wird ihm die Schriftauslegung zu einer Auslegung der eigenen Situation durch die Schrift. Die Schrift gibt nämlich die Mittel an die Hand, eigene Erfahrungen sprachlich auszudrücken. Sie leitet dazu an, eigene und fremde Erfahrungen richtig zu verstehen, zu deuten und in einen Sinnzusammenhang einzuordnen. Sie hilft, eigene Probleme zu lösen, und regt dazu an, neue Erfahrungen zu machen. – Unter den vielen Erfahrungen, von denen B. berichtet und die er durchdenkt, ragen solche bedrückenden Unheils und beseligenden Heils hervor. Tiefstes Unheil bedeutet es für den Menschen, wenn er die Macht der Sünde über sich erfährt. Als Asket, der Forderungen erfüllen möchte, ist B. der Überzeugung, der menschliche Wille sei an sich frei. Um so enttäuschender ist die Beobachtung, daß der Wille gerade aus seiner ursprünglichen Freiheit heraus durch die Zustimmung zur Sünde zu deren Sklave wird. Mit den Worten des Apostels Paulus führt B. bewegte Klage über die Erfahrung des Zwanges, der aus dem eigenen Innern hervorgeht und das Handeln zum Bösen lenkt. – Daneben schildert er eingehend die entgegengesetzte, beglückende Erfahrung der Gottesbegegnung. Er beschreibt sie in einer Weise, die sie in die Tradition der Mystik stellt. Die beste Gelegenheit dazu bietet ihm die Auslegung des Hoheliedes in 86 vor seinem Konvent gehaltenen Predigten. Unter Rückgriff auf Origenes faßt er diese Sammlung von ursprünglich profanen Liebesliedern als ein Zwiegespräch Christi nicht nur mit der Kirche, sondern auch mit der gläubigen Seele auf. Die Bilderwelt des Hoheliedes bietet ihm das Material, um die liebende Beziehung zwischen Gott und dem einzelnen Gläubigen darzustellen. So entwickelt er an drei Arten von Küssen – Fußkuß, Handkuß und Mundkuß – die drei Stufen des mystischen Aufstiegs von der Reinigung über die Erleuchtung bis zur Vollendung in der Vereinigung mit Gott. Die Beziehung zu Gott hat für ihn wesentlich worthaften Charakter. Sie erschöpft sich aber nicht in der Begegnung mit dem »göttlichen Wort«, der göttlichen Natur Christi, sondern umfaßt gleichzeitig sein Menschsein. B. wendet sich der Niedrigkeit und dem Leiden des Gottessohnes in einer bisher unbekannten Offenheit und Intensität zu und entwirft im Anschluß an Paulus (1 Kor. 2,2; Gal. 6,14) eine ausgeprägte Kreuzestheologie. – Trotz seiner persönlichen Betroffenheit bewegen sich B.s Ausführungen nicht im Privaten oder gar im Beliebigen. Er gebraucht einen klaren und prägnanten Begriff religiöser Erfahrung, der ebenso von der Innerlichkeit und Affektbezogenheit des Erfahrungsvorgangs wie von der Passivität des erfahrenden Subjekts bestimmt ist. Durch B. wird die monastische Theologie zum Prototyp einer Erfahrungstheologie, deren Erschließungskraft sich nicht auf den Kreis der Mönche beschränkt, sondern sich auf jeden Christen bezieht. Ihre Wirkungen reichen über Luther, die Orthodoxie, den Pietismus und Schleiermacher bis in den neueren Protestantismus hinein.

Ulrich Köpf

Beza, Theodor
Théodore de Bèze;
geb. 24. 6. 1519 in Vézelay (Burgund);
gest. 13. 10. 1605 in Genf

B. verkörpert die Universalität großer Personen: Er ist Theologe und Reformator, Humanist und Dichter, Lehrer und Schulleiter, Politiker und Staatsmann, Jurist und Mitbegründer der modernen Verwaltung. Sein langes Leben läßt ihn in wichtigsten Stellungen das spätmittelalterliche Frankreich, die Reformationszeit und die nachfolgenden Glaubenskriege und nicht zuletzt den Beginn des 17. Jh. mit den gefestigten neuen Konfessionen durchleben. Wie sein reformierter Zürcher Glaubensgenosse Heinrich Bullinger steht B. an der Schnittstelle von Reformation und reformierter Kirche, von Glaubensaufbruch und Glaubensfestigung. Er wird als Sohn des begüterten Landvogts von Vézelay im Burgund geboren, vom deutschen Humanisten Melchior Volmar in Orléans unterrichtet und studiert Jurisprudenz. Als Lizentiat der Rechte zieht er 1539 nach Paris und betätigt sich als humanistischer Gelehrter. Schon durch Melchior Volmar mit reformatorischem Gedankengut in Kontakt gekommen (so mit Bullingers Schrift von 1529 *De Origine erroris in divorum ac simulachrorum cultu* […], *Über die Herkunft des falschen Heiligen- und Bilderkults*), erleidet er nach schwerer Krankheit eine religiös-existentielle Krise. Das führt ihn dazu – vielleicht vergleichbar Luthers Ringen nach einem gnädigen Gott –, auf seine bisher bezogenen Einkünfte aus Pfründen zu verzichten und 1548 nach seiner Flucht nach Genf die bisher geheimgehaltene Ehe mit Claudine Denosse öffentlich zu legalisieren. An der neu errichteten Akademie in Lausanne unterrichtet er Griechisch, findet daneben noch Zeit für religiös-literarische Arbeiten (so das Drama *Abraham sacrifiant*, 1550) und übersetzt zusammen mit Clément Marot die Psalmen, die dann versehen mit der Vertonung von Claude Bourgois den *Psautier huguenot* bilden. Dieses Werk erlebt einen ungeheuren Erfolg und wird zur Grundlage des reformierten französischen Kirchengesangs. 1559 wird B. Genfer Bürger und Rektor der Akademie und damit engster Mitarbeiter von Johannes Calvin. Mit ihm teilt er sich auch die Vorlesungstätigkeit und vor allem die theologische und kirchenpolitische Arbeit. Noch vor dem Tod Calvins 1564 wird er dessen Nachfolger auf Lebenszeit gewählt, seine Aufgabenlast wächst. Erst im hohen Alter reduziert er seine Vorlesungszahl. Leiter der Genfer Pfarrer (*Compagnie des Pasteurs*) und ihrer Kirche bleibt er bis zu seinem Tod 1605. B.s Bild in der kirchlichen Öffentlichkeit ist geprägt von seiner Beharrlichkeit in theologischen und kirchenpolitischen Fragen, wie der starken Kirchenzucht, im Abendmahlsstreit zwischen Lutheranern und Reformierten über die Art und Weise der Gegenwart Christi und in der doppelten Prädestinationslehre. Darüber geht leicht verloren, daß B. sich als Vertreter und Anwalt der französischsprachigen Reformierten versteht. 1560–63 wirkt er in Frankreich und nimmt 1561 als Diplomat am Religionsgespräch von Poissy unter Katharina von Medici teil. B.s Einfluß in der Republik Genf ist der eines Rates, nicht der eines theokratischen Herrschers. Durch seine brieflichen Kontakte spannt er wie Bullinger ein reformiertes Netzwerk quer durch Europa, von Schottland und England bis nach Polen, Ungarn und Siebenbürgen. Frucht dieser Kontakte ist der große Erfolg den 1566 die *Confessio Helvetica posterior* aus der Hand Bullingers in Europa feiert. Neben B.s dogmatischen und kirchenpolitischen Arbeiten dürfen seine Übersetzung des NT (zu Lebzeiten 5 A.!) und seine Mitarbeit an der Genfer Bibel nicht vergessen werden. U. a. verwendet B. dabei wiederentdeckte Handschriften (so den Codex Bezae Cantabrigiensis und den Codex Claramontanus). Vor allem diese bibeltheologische Arbeit bildet die Grundlage für das theologische und politische Werk B.s, dessen Schriften von Anfang an durch eine konzise Logik und an Aristoteles geschulter Argumentation hervortreten.

Michael Baumann

Boethius

Anicius Manlius Severinus Boethius;
geb. um 480 in Rom;
gest. 524/26 in Pavia (?)

»Was die Zierde einst war glückselig blühender Jugend, ist dem trauernden Greis Trost jetzt im schlimmen Geschick«. So spricht ein gerade 40jähriger B. zu Beginn seines berühmtesten Werkes *Über den Trost der Philosophie*. Mit der »Zierde der Jugend« ist all das gemeint, was zur Erziehung eines jungen Römers aus bester alter Senatorenfamilie gehört und darüber hinaus auch in der Spätantike noch unverzichtbare Zutat jeder ambitionierten Karriere in öffentlichen Ämtern darstellt. Bei B. kommt in frühen Jahren tatsächlich alles zusammen: Der Vater ist hoher Beamter aus der *gens Anicia*, sein Sohn darf in Alexandrien – vielleicht auch in Athen – studieren und publiziert bald erfolgreich philosophische Schriften. Kaum 30 Jahre alt, ernennt ihn Theoderich 510 zum Konsul. Zu B.' politischen Erfolgen gehört die Revision staatlich sanktionierter Maße und Gewichte und des Münzsystems. Er wendet sich nach einer erfolgreichen einjährigen Amtszeit wieder der Philosophie bzw. Theologie zu, in der er östliches und westliches Denken zusammenzubringen versucht. Der Hof in Konstantinopel, der nach größerem Einfluß am Hofe Theoderichs strebt, wird auf das politisch-philosophische Doppeltalent aufmerksam und unterstützt B. aus der Ferne. Um 520/22 ernennt ihn Theoderich zu seinem *magister officiorum*, seinem höchsten Hof- und Staatsbeamten. – Als verhängnisvoll erweist sich bald die zunehmend antiarianische (und damit faktisch antigotische) Gesetzgebung des oströmischen Kaisers Justin, die die Situation für oströmische Protegés wie B. brenzlig werden läßt. Als ein römischer Senator der Konspiration mit Konstantinopel angeklagt wird und B. ihn zu verteidigen sucht, benötigt er bald in der Tat »Trost im schlimmen Geschick«: B. wird verhaftet, zum Tode verurteilt, gefoltert und hingerichtet. – Der Gelehrte B. hatte sich zum Ziel gesetzt, die griechische, d. h. die platonische und aristotelische Philosophie den römischen Zeitgenossen mittels Kommentar und Übersetzung zugänglich zu machen. In der Tat, nach seinem Tod vermitteln seine Werke dieses Denken dem europäischen MA, und er legt mit seinen Übersetzungen und Kommentaren den Grundstein zur lateinischen Fachsprache mittelalterlicher Denker, so z. B. mit seiner vielrezipierten Übersetzung des Aristoteleskommentars des Porphyrios, die später im Zentrum des Universalienstreites stehen wird. Noch die Humanisten gehen bei B. in die Schule. Seine in den philosophischen Traktaten erörterten Begriffseinteilungen (z. B. in *De differentiis topicis*) sollten zur Grundlage der mittelalterlichen Logik- und Metaphysikdiskussion werden. B.' Name wird aber bis heute v. a. mit seinem – zumindest teilweise im Gefängnis entstandenen – Dialog *Consolatio Philosophiae* verbunden. Dabei versucht er, ohne auf biblische oder christliche Texte zurückzugreifen, eine zusammenfassende Apologie seines philosophischen Werkes im Dienste einer Synthese der Grundelemente platonisch-aristotelischer Philosophie. Dabei behandelt B. Themen wie Schicksal, Prädestination und Willensfreiheit, Offenbarung, Theodizee, das oberste Gut und die Differenz zwischen Gott und Welt etc. und schafft damit letztendlich das erste Werk der mittelalterlichen Scholastik.

Ulrich Volp

Böhme, Jacob
Geb. 1575 in Alt-Seidenberg (Oberlausitz);
gest. 17. 11. 1624 in Görlitz

»Der Ungrund ist ein ewig Nichts, und machet aber einen ewigen Anfang, als eine Sucht. Denn das Nichts ist eine Sucht nach etwas: Und da doch auch Nichts ist, das Etwas gebe, sondern die Sucht ist selber das Geben dessen, das doch auch ein Nichts ist, als bloß eine begehrende Sucht. […] Sie machet aus Nichts Etwas, und das nur in sich selber, und da doch die selbe Sucht auch ein Nichts ist, als nur bloß ein Wille: Er hat nichts, und ist auch nichts, das ihm etwas gebe, und hat auch keine Stätte, da er sich finde oder hinlege. So dann nun also eine Sucht im Nichts ist, so machet sie ihr selber den Willen zu etwas; und derselbe Wille ist ein Geist, als ein Gedancke, der gehet aus der Sucht, und ist der Sucht Sucher, denn er findet seine Mutter als die Sucht.« (VIII 97). – Über einen Denker zu schreiben, der uns solche Worte hinterlassen hat, ist von einer annähernd bewältigbaren und einer unlösbaren Schwierigkeit bestimmt: Während es mehr oder weniger gelingen kann, den Grund-Gedanken B.s trotz seiner zunächst befremdenden Originalität in der unmittelbaren Evidenz seiner Tiefe ans Licht zu heben, ist es geradezu unmöglich, die ursprüngliche Kraft seiner Worte, geschweige denn den gewaltigen Durchbruch der darin vermittelten Ursprungs-Erfahrung entsprechend wiederzugeben. Die folgende Darlegung will und kann daher nicht mehr als ein Versuch sein, sich in einer Interpretation der eingangs zitierten Sätze aus dem Kontext und als Zusammenfassung der gesamten Denkbewegung B.s seiner ursprünglichen Intuition anzunähern. – Ebenso erstaunlich wie – bei genauerem Zusehen – nicht anders erklärbar ist es, daß derartige Aussagen von einem Menschen stammen, der nicht nur keiner philosophischen Schule angehört, sondern nicht einmal eine höhere Schule besucht hat. Von Beruf Schuster und später Garnhändler kann B. seine Einsichten zunächst nicht in der rezipierenden Auseinandersetzung mit der philosophischen Tradition gewinnen; er schöpft sie vielmehr anfänglich aus dem Reichtum der unmittelbaren, existentiellen Erfahrung als der ursprünglichen Quelle allen Philosophierens. Während so bei B. wie bei den erstanfänglichen griechischen Denkern (Heraklit) der philosophische Gedanke als die notwendige Antwort auf eine radikal erlebte Infragestellung der eigenen Existenz neu hervorgeht, erweist sich der in seiner Einfalt tief sensible Schuster in der inhaltlichen Bestimmung der Ausgangsproblematik seines Denkens als ganz auf der Höhe der geistigen Entwicklung seiner Zeit: B. selbst (I 265 f.) stellt den »Durchbruch« seines Gedankens als die im »stürmisch harten Ringen« mit Gott von dessen Geist selbst eröffnete Befreiung aus einer »harten Melancholey, Traurigkeit und Trübsal« dar, in die ihn die »Anschawung der großen Tieffe dieser Welt« geführt hat, die »Betrachtung des kleinen Fueckleins des Menschen, was er doch gegen diesem grossen Wercke Himmels und Erden fuer Gott moechte geachtet sein«, und die Erfahrung, »daß in allen Dingen Boeses und Gutes war, Liebe und Zorn, in den Elementen so wol als in den Creaturen«. Was B. mit diesen Worten schildert, ist nichts weniger als eine an Einfühlsamkeit nicht zu übertreffende Erfahrung der Situation, in die der Mensch zu Beginn der Neuzeit aufgrund der Ablösung des ptolemäischen durch das kopernikanische Weltbild und der Auflösung der antik-mittelalterlichen Philosophie durch die nominalistische Destruktion des analogen Seinsverständnisses gekommen ist. Da B. erkennt, daß sowohl die naturwissenschaftliche wie die philosophische Umwälzung im Grunde den Verlust jenes

›festen Punktes‹ bedeuten, im Verhältnis zu dem bisher jedes Ding begründet, eingeordnet und so als gut oder böse bestimmt werden konnte, verdichtet sich in seiner Erfahrung die Entwicklung seiner Zeit zur Radikalität ihrer selbst: Die tiefe Wurzel von B.s Verzweiflung ist das Erschrecken darüber, daß alles Sein in die abgründige Tiefe des Nichts hineingehalten ist. B. erweist sich nun darin als die (von ihr selbst noch zu entdeckende) Radikalität der neuzeitlichen Philosophie, daß er die auch von ihm zunächst als bedrohliche Gefährdung aller Existenz empfundene Erfahrung des Nichts nicht wie sein Zeitgenosse Descartes durch das (die Problematik lediglich verschiebende) Auffinden eines neuen »unerschütterlichen Fundamentes« in der Selbstgewißheit des Erkenntnissubjekts verdrängt, sondern durch eine neue Sicht des Nichts in der Tiefe aller Dinge bewältigt. Diese rettende Ein-sicht in die Tiefe des Nichts eröffnet sich B. nach seinen eigenen Worten, als sein »Geist durch der Höllen Porten durchgebrochen ist bis in die innerste Geburt der Gottheit«. Wenn B. kommentiert, wie sein »Triumphiren im Geiste« nur »mit deme verglichen werden kann, wo mitten im Tode das Leben geboren wird«, so gibt er damit zu verstehen, daß sein Gedanke aus einem neuen Verständnis der ursprünglichen Bedeutung der christlichen Grundphänomene von Gottesgeburt und Auferstehung von den Toten hervorgeht. Im Bericht seines Biographen Abraham von Francke, August Hermannberg (S. 11), wonach sich B.s Durchbruch »zu dem innersten Grunde oder Centro der geheimen Natur« beim »gählichen Anblick eines zinnern Gefaesses (als des lieblich jovialischen Scheins)« ereignete, wird deutlich, daß sich B. die Tiefe seiner Einsicht durch eine neue Art eröffnet, die konkret gegebenen Dinge der Natur (I 266: »an allen Creaturen, so wol an Kraut und Gras«) und des menschlichen Alltags wahrzunehmen. Dieses »magische Sehen« (XIV 77) besteht darin, das Sein unmittelbar als das zu vernehmen, was es ursprünglich ist: der sich im unaufhörlich neuen Übergang von Geborenwerden und Vergehen ereignende Prozeß der Lebendigkeit. Die reine, aufmerksame Betrachtung des Entstehens des leiblichen Lebens wird somit zum Schlüssel für die Einsicht nicht nur in die Ursprungsgründe des Seins, sondern in deren Tiefe auch in die Abgründe des Nichts (vgl. I 380f.). Das zunächst bedrohlich empfundene Nichts offenbart sich als der Ort der »innersten Geburt der Gottheit«. – Beginnend mit seinem 1612, zwölf Jahre nach seiner Durchbruchserfahrung niedergeschriebenen, unter dem Titel *Aurora* bekannt werdenden Erstlingswerk *Morgen-Roete im Aufgangk* gelingt es B., gedanklich nachzuvollziehen, wie das als der »Aufgang« des Lebens zu verstehende *sein* in einem Geburtsprozeß aus *nichts* hervorgeht. Die eingangs zitierten Aussagen vermitteln einen überwältigenden Eindruck davon, wie das B.sche Denken seine das Nichts mit dem Sein vermittelnde Konzentrationsfähigkeit aus dem Vermögen der unmittelbaren Wahrnehmung jener Kraft bezieht, die aus nichts alles hervorbringen kann. Wenn B. sie hier als eine »begehrende Sucht« zur Sprache bringt, so ergibt sich dies aus der andernorts beschriebenen Eigenschaftslosigkeit (XV 6) des Nichts. Das Nichts ›ist‹ zwar aufgrund seiner uneingegrenzten Unterschieds- (XV 4) und Wesenlosigkeit (XIV 201), die »sanfte, stille und liebliche *ewige Freyheit*« (XX 90), damit zugleich aber auch die reine Armut und Demut (XV 9), weil es nicht nur nichts hat, das ihm etwas geben oder dem es sich geben könnte, sondern nicht einmal sich selbst hat. In dem aus der begehrenden *Sucht* hervorgehenden Willen zu *etwas sucht* das *nichts* sich selbst zu (emp-)*finden* (vgl. XVIII 7f.; beachte B.s etymologisierende Rückfüh-

rung von *Sucht* auf *suchen* und *Empfindung* bzw. *Empfindlichkeit* auf *finden*). Da der anfängliche Wille im Nichts »nichts hat, das er wollen kann, als nur sich selber« (XVIII 3) muß er zunächst sich auf sich selbst ausrichten und in der verhärtenden Einfassungsbewegung einer verneinenden »Begierde« wirken. Mit der dabei entstehenden Zentrierung bildet sich der Wirkgrund (XV 6: »Herz«; »ewiges Gemüth«) für eine entgegengesetzte, ausziehende Expansionskraft (»Scienz«; beachte B.s Rückführung von *Scientia* – Wissenschaft – auf *ziehen*), als deren Ergebnis ein leibhaftes Etwas positiv gesetzt wird (XV 25 ff.). In der streithaften Scheidung des finsteren Prinzips des Bösen vom lichthaften Prinzip des Guten vollzieht sich jener für alles Sein ur-sprüngliche Prozeß, in dem das Nichts zum »Un-grund« wird und sich in Etwas findet (XV 18). Die dadurch ermöglichte Selbstempfindlichkeit des Nichts ereignet sich in jener Erfahrung, die zugleich für den gesamten Leibwerdungsprozeß der ewigen Freiheit ursprünglich war und daher als das Umfassende des gesamten Lebendigkeitsprozesses zu verstehen ist: In der »freyen Lust der Weisheit Gottes« (XX 114), dem »Gefundenen des ewigen Nichts« (XV 5) findet das Nichts sein Wesen als die *Liebe*, weil es sich nur empfängt, wenn es sich hingibt und mit allem Gegebenen wiedervereinigt: »Das Nichts will aus sich, daß es offenbar sey, und das Etwas will in sich, daß es im Nichts empfindlich sey, auf daß die Einheit in ihme empfindlich werde.« (XVIII 8). – In der Seinsgenese wird die Freiheit des Nichts zur *Quelle*, aus der in einem *qual*vollen Steigerungsprozeß die sieben Natur-Gestalten (XV 24 ff.) hervorquellen und sich in der Menschwerdung Gottes vollenden. In der Wiedergeburt des ursprünglich androgynen Adam (XVII 117) in Christus wird der Streit der entgegengesetzten *Quali*täten zum »Liebe-Spiel« (XIV 233; beachte B.s Rückführung von *Qualität* auf *Qual* und *Quelle*) verklärt, als dessen *schall-haften* Einklang B. schließlich das ge-sprochene Wort vernimmt. Die in der Schrift *Über die Signatur der Dinge* (1621/22) entfaltete Natursprachelehre beruht auf der Einsicht, daß die laut-liche und selbst die schriftliche *Bezeich-nung* eines jeden Dinges dessen un-gründige *Wesen*sherkunft offenbart, weil sie selbst als Wieder*hall* des Zu-sammen-Stimmens von Begierde und Liebe bei ihrer *Geburt* hervorgeht (XIV 203). – Wenn B.s geistiger Schau nur bei einigen Denkern der deutschen Roman-tik (Baader, Schelling) und der russi-schen Religionsphilosophie (Solowjow, Berdjajew) eine philosophisch innova-tive Nachwirkung zuteil wurde und ge-genwärtig lediglich in José Sánchez de Murillos ›Tiefenphänomenologie‹ eine kongeniale Erneuerung findet, so liegt dies nicht primär an einer vermeintli-chen ›Dunkelheit‹ des Gedankens, son-dern findet seinen tieferen Grund viel-mehr in der Eigenart der B.schen Denk-form. Diese konnte nicht in den Rich-tungsstrom der abendländischen Philo-sophiegeschichte einfließen, weil sie eine dazu konträre Denkbewegung dar-stellt. Während das europäische Denken seit Parmenides seine Erkenntnisse aus der Aufstiegsbewegung von den sich wandelnden Sinnendingen in die Hö-hen eines unveränderlichen Geistprin-zips gewann, findet B. wieder zurück zu einem ursprünglicheren Denkweg, der einzig am Anfang der Denkgeschichte von Heraklit begangen worden war: Heraklit sucht die Einsicht nicht in der (meta-physischen) Bewegung über die Sinnenwirklichkeit hinaus, sondern im Vernehmen (Fragm. 50, 112: Hören) der »sich wurzelhaft zu verbergen lie-benden Wesensherkunft des leiblichen Aufgangs (*physis*)« eines jeden Sinnen-dinges (Fr. 123). Die Richtung jener im Rückgang auf die ursprünglich zu ver-nehmende ›Natur‹ (das Geborenwer-den) des Seins bestehenden Denkbewe-gung bringt Heraklit zur Sprache, in-

dem er von der Seele sagt, sie habe einen »tieffen Sinn« (Fr. 45: *bathys logos*; Böh-me, I 19). Wenn B. in seiner *Morgen-Roete im Aufgangk* zu der »Wurzel oder Mutter der Philosophiae, Astrologiae und Theologiae, aus rechtem Grund, oder Beschreibung der Natur« (Unter-titel) zurückfinden will und in der ein-gangs zitierten Aussage den (philoso-phischen) »Gedancken« als »der Sucht Sucher« benennt, erweist er sich darin als der einzige ›bathy-physische‹ Denker zwischen Heraklit und Nietzsche. B.s noch zu entdeckende Bedeutung für die (christliche) Philosophie besteht darin, daß er in einem ursprünglichen Ver-ständnis des biblischen Wortes von der »spielenden Weisheit Gottes« (Spr. 8,30) ein nicht-teleologisch-letztbegründend-argumentierendes Denken der ungrün-digen »Tieffe im Goettlichen Wesen« (I 23) entfaltete, durch das er die Wahr-heit des Christentums als das bathy-physische Phänomen schlechthin ent-decken konnte. Die Schwierigkeit der Vermittlung von B.s ›Bathyphysik‹ fin-det ihren Grund darin, daß dieses Den-ken eine derart unmittelbare Nähe zur ungründigen Tiefe des Nichts erreicht, die nicht in der Begrifflichkeit einer anderen Philosophie eingeholt werden kann. Eine ursprüngliche, nicht wir-kungsgeschichtlich, sondern ebenso am Phänomen selbst neu entzündete Wie-derholung der Tiefe von B.s Ungrund-Erfahrung vermittelt sich vielmehr im Medium der Musik: In der Freude am Spiel des grundlosen Aufgangs in den Konzerten Mozarts und – in tiefster Vollendung – in den gewaltig-zärtlich alles ur-sprünglich aus sich hervorbrin-genden und bergend in sich zurück-nehmenden Durchbrüchen des *geheim-nisvoll-abgründigen nichts* in den Sym-phonien Anton Bruckners, in denen je-ne ›Tieffe‹ erklingt, von der B. sah, daß in ihr »Gott selber nicht weiß, was er ist« (I 340).

Martin Thurner

Bonaventura
Giovanni di Fidenza;
geb. 1217 in Bagnoregio;
gest. 15. 7. 1274 in Lyon

Ein Italiener namens Giovanni di Fidenza trat im Jahre 1243 in den Franziskanerorden ein und siedelte nach Paris über, um bei dem berühmten Alexander von Hales zu studieren. Um 1253/54 taucht derselbe unter dem Namen »Bonaventura« auf, und zwar als Autor seines systematischen Werkes, *Commentarius in librum Sententiarum Petri Lombardi* und seines theologischen Handbuches *Breviloquium*. 1257 ernannten ihn die Franziskaner zum *generale minister* und testeten sein Vermittlungstalent gleich mit scharfen Auseinandersetzungen über das intellektuelle Erbe des Franziskus. 17 Jahre lang führte B. den Orden umsichtig und produzierte dabei eine Reihe von erbaulichen Schriften, die den Lebensstil der Bettelmönche zu verteidigen suchten, u. a. *Scripta authentica dubia vel spuria critice rescensita; Apologia pauperum*. In seinem letzten Werk, *Collationes in Hexaemeron*, porträtiert er Franziskus innerhalb des eschatologischen Schemas des Joachim von Fiore: Franziskus wird als die Erfüllung des eschatologischen Zeitalters gezeichnet und der Franziskanerorden bekommt die Führung der Kirche in den letzten Tagen aufgetragen. 1263 stellt B. die »offizielle Biographie« des Franziskus fertig (*Legenda maior*), woraufhin das Generalkapitel des Ordens die Vernichtung aller anderen Biographien verfügt. Papst Gregor X., der seine Wahl 1271 vor allem B. verdankt, ernennt ihn 1273 zum Kardinal Erzbischof von Albano. Beim II. Konzil von Lyon versucht B. noch einmal den Graben zwischen Ost- und Westkirche zu überbrücken, bevor er dort stirbt. 1482 wird er kanonisiert, 1588 ernennt man ihn zum *doctor ecclesiae* (*doctor seraphicus*). – In seinen theologischen Schriften ist B. der augustinischen Tradition ebenso verpflichtet wie es Anselm von Canterbury gewesen ist. Ergänzt wird dieses Denken von den relativ jungen franziskanischen Idealen der Einfachheit, Armut und Demut. Ohne seine Sympathie mit einzelnen grundlegenden Erkenntnissen der aristotelischen Philosophie zu verbergen, rezipiert er Aristoteles nicht mit dem gleichen Enthusiasmus wie sein Zeitgenosse Thomas von Aquin. Statt dessen bewahrt er eine mystische Erkenntnistheorie, die er aus Augustinus' Glauben an die Illumination des menschlichen Geistes durch das göttliche Licht ableitet, so z. B. in seinem *Itinerarium mentis in Deum* von 1259. Obwohl er offenbar von der Aristoteleslektüre profitiert hat, bleibt seine Begeisterung begrenzt, da Aristoteles von der göttlichen Erleuchtung des Menschen nichts zu berichten weiß. Während Thomas sich die aristotelische Lehre von der Sinneserfahrung aneignete, bleibt B. in dieser Frage Neuplatonist: Ähnlich wie (Pseudo-)Dionysius Areopagita (um 500) benutzt er Emanationsmetaphern, um göttliches Handeln zu beschreiben. Die Schöpfung ist für ihn Ergebnis eines »Überfließens« des Trinitätsgeheimnisses, die erste Person der Trinität der »fruchtbare Schoß des Seins«. Christus ist die absolute Selbstäußerung des Vaters und handelt als »Schablone« der Schöpfung. Naturwissenschaftliches Forschen ist für B. Teil der Theologie beziehungsweise letzten Endes immer aus ihr abgeleitet. Er versteht die menschliche Existenz in theonomen, nicht autonomen Begriffen, wobei die menschlichen Fähigkeiten von Erinnerung, Intelligenz und Wille im Sinne Augustinus' als Mikrokosmos göttlichen Lebens interpretiert werden. Das – durch und durch mystisch verstandene – Leben der Seele geht in der Anbetung der ultimativen Unbeschreiblichkeit Gottes auf. – Praktisch findet dieses Verständnis in B.s meditativem Lebenswandel in der Nachfolge des

Franziskus seinen Ausdruck, ein Ideal, das er als Berufung für die gesamte Menschheit ansieht. Dahinter steht eine »Spiritualität des Mitleidens«: Die Stigmata des Franziskus werden so selbst zur Offenbarung des Geheimnisses göttlicher Liebe. Sie offenbaren für B. eine Demut, die zur Grundlage des Mitleidens wird, indem sie jene Demut widerspiegeln, die zuallererst im Kreuze Christi ausgedrückt wird. Auch wenn nicht alle Menschen die Mönchskutte anziehen können, so predigt B. doch, daß für die Erlösung mönchische Demut für jeden Menschen notwendig sei. Die Lehre von der unbefleckten Empfängnis Marias lehnt er ab.

Guy Collins

Bonhoeffer, Dietrich

Geb. 4. 2. 1906 in Breslau; ermordet 9. 4. 1945 in Flossenbürg (Oberpfalz)

B.s Denken ist als »Reise in die Wirklichkeit« beschrieben worden. Geistliche Konzentration geht bei ihm nicht auf Kosten des Weltbezugs. Kirchliches Engagement und geistige Heimat im bildungsbürgerlichen Milieu der Familie sind gleichermaßen Horizont seines Lebens und Werks. B. wird in Breslau als sechstes von acht Kindern der Eheleute Karl und Paula B. geboren. Nach dem Abitur studiert B. Theologie in Tübingen und Berlin, wo er 1927 promoviert wird. Auf das Vikariat in der deutschen evangelischen Gemeinde in Barcelona folgt eine Assistententätigkeit an der Berliner Universität, die er im Sommer 1930 mit der Habilitation abschließt. Noch zu jung für die Ordination zum Pfarrer, erhält B. ein Stipendium und verbringt ein Studienjahr am Union Theological Seminary in New York. Im Herbst 1931 nimmt er seine Lehrtätigkeit als Privatdozent an der Berliner Theologischen Fakultät auf, wird Studentenpfarrer und unterrichtet Konfirmanden in einem Arbeiterbezirk.

Durch seine Auslandsaufenthalte prädestiniert, engagiert er sich in der ökumenischen Bewegung. Als Jugendsekretär des Weltbundes für Freundschaftsarbeit der Kirchen besucht er ökumenische Tagungen im In- und Ausland, während die Hetze national gesinnter Theologen in Deutschland gegen die »Vaterlandsverräter« in der ökumenischen Bewegung einen vorläufigen Höhepunkt erreicht. Ein primäres Ziel dieser Arbeit ist es, dem sich gerade in der Jugend ausbreitenden Nationalismus zu wehren. Auch sein familiärer Hintergrund bringt B. von Anfang an in eine Distanz zum »nationalen Aufbruch«. Bei der Reichstagswahl vom 5. 3. 1933 wählt er die katholische Zentrumspartei, weil diese um ihrer internationalen Bindungen willen allein noch eine gewisse Unabhängigkeit zu gewährleisten scheint. Bei den Auseinandersetzungen mit den Versuchen der Nationalsozialisten, mit Hilfe ihrer deutsch-christlichen Gefolgsleute die Gleichschaltungspolitik auch im Bereich der Kirche durchzusetzen, steht B. an vorderster Stelle. Bereits im April 1933 wendet er sich gegen die Forderung, das sog. Gesetz zur Wiederherstellung des Berufsbeamtentums, das die Entlassung aller »nichtarischen« Beamten vorsieht, auch in der Kirche in Geltung zu setzen. Der noch im Frühsommer 1933 veröffentlichte Vortrag *Die Kirche vor der Judenfrage* erhebt die Stimme gegen die Entrechtung der Juden und erwägt bereits die Möglichkeit eines »unmittelbar politischen« Handelns der Kirche, nämlich daß sie nicht nur die Opfer unter dem Rad verbindet, sondern »dem Rad selbst in die Speichen (fällt)« (DBW 12,349–358, bes. 353). In der Bekennenden Kirche gehen nur wenige so weit, über die Verteidigung des Bekenntnisses hinaus die nationalsozialistische Politik zu kritisieren. B. sieht sich bald isoliert, da engste Mitstreiter wie Martin Niemöller die Begeisterung für den nationalen Aufbruch teilen. Er übernimmt im

Herbst 1933 die Pfarrstelle der deutschen Auslandsgemeinde in London. – In die frühen dreißiger Jahre fällt die »Wendung vom Theologen zum Christen« (Bethge). B. findet einen neuen Zugang zur Bibel, v. a. zur Bergpredigt, mit dem eine kompetente Einschätzung der politischen Entwicklungen einhergeht. Sein als Leiter des Ministerbüros im Reichsjustizministerium tätiger Schwager Hans von Dohnanyi informiert ihn kontinuierlich über Interna. Im Frühjahr 1935 wird B. als Leiter eines der von der Bekennenden Kirche neu eingerichteten Predigerseminare nach Deutschland zurückgerufen. Er will die jungen Theologen begleiten und gegen die Angebote einer Anstellung durch die vom Kirchenministerium beherrschten Kirchenausschüsse stärken. B. ist der Auffassung, daß nur ein Leben nach der Bergpredigt eine Verheißung habe. Die Unrechtsherrschaft durch das eigene Leiden offenbar zu machen, scheint ihm der angemessene Weg zu sein. Das Predigerseminar soll nicht einfach ein Ort des Lernens, sondern bruderschaftlichen Lebens sein. Fast wie in einem Kloster ist der Tagesablauf fest geordnet. Neben den halbjährlich wechselnden Kandidaten soll ein kleiner Stamm dauerhaft in einem zu gründenden evangelischen Bruderhaus in Finkenwalde bleiben. Die Brüder unterstützen die draußen im Lande tätigen Pfarrer bei der Verkündigung. Ferner soll diese stets verfügbare Gruppe von Pastoren schnell einsatzbereit sein, wenn irgendwo, zum Beispiel durch Verhaftung, Not am Mann ist. Aufgrund einer Verfügung des Kirchenministers Kerrl versiegelt die Gestapo im Oktober 1937 das Finkenwalder Haus. B. kann die Arbeit noch einige Jahre unter schwierigen Bedingungen an verschiedenen Orten Pommerns fortführen, aber von 1939 an treten andere Aktivitäten mehr und mehr in den Vordergrund. – Schon seit 1938 weiß er durch seinen Schwager von den Um-

sturzvorbereitungen in der militärischen Abwehr, an denen dieser maßgeblich beteiligt ist. Dohnanyi war auf Veranlassung des führenden Verschwörers Oberst Hans Oster im Sommer 1939 als politischer Referent in die Zentralabteilung der Amtsgruppe Abwehr beim Oberkommando der Wehrmacht, den militärischen Geheimdienst unter Admiral Wilhelm Canaris, eingezogen worden. Durch Dohnanyis Vermittlung wird B. mit verschiedenen Geheimdienstaufgaben betreut und dadurch »unabkömmlich« gestellt, das heißt, er wird nicht in die Armee eingezogen. B. bereitet unter anderem Kanzelaufrufe für den Fall eines Umsturzes vor und unternimmt Reisen ins Ausland, um mit seinen ausländischen Freunden aus der ökumenischen Arbeit, insbesondere dem englischen Bischof George Bell von Chichester, Kontakt aufzunehmen. Der Zeitpunkt des geplanten Umsturzes muß aufgrund des Zögerns führender Militärs immer wieder verschoben werden; erst am 20. 7. 1944 kommt das Attentat zur Ausführung. Zu dieser Zeit ist B. bereits über ein Jahr in Haft. Am 5. 4. 1943 war er zusammen mit seiner Schwester Christine und seinem Schwager verhaftet worden. Bis zum Umsturz am 20. 7. 1944 besteht noch begründete Hoffnung, daß das Verfahren eingestellt würde. Seit dem Sommer 1944 ist der Gestapo und der SS jedoch der Umfang der umstürzlerischen Aktivitäten der Gruppe um Dohnanyi und Oster weitgehend bekannt. Wenige Tage vor dem Einmarsch der Amerikaner, am 9. 4. 1945, wird B. auf Befehl höchster Stellen wie fast alle anderen Mitglieder der Gruppe hingerichtet. Man wollte noch möglichst viele kompetente Zeugen der eigenen Verbrechen zum Schweigen bringen. – B.s literarisches Werk ist vielfältig. Die Dissertation *Sanctorum communio* (*Gemeinschaft der Heiligen*) von 1927 und die Habilitationsschrift *Akt und Sein* von 1931 zeigen ihn als selbständigen Denker, der Anregungen der

Offenbarungstheologie Karl Barths weiterzuentwickeln sucht. Die Predigten, Vorträge und Schriften seit 1933 stehen ganz in der Auseinandersetzung mit den nationalsozialistischen Versuchen, die Kirche gleichzuschalten. Das Wort Gottes als Zuspruch und Anspruch wird B. zum entscheidenden Orientierungspunkt. *Nachfolge* (1937) bietet eine Auslegung der Bergpredigt, an der sich nach B.s Auffassung alles entscheidet. Nur das Vertrauen auf die hier formulierten Verheißungen ermöglicht die Zukunft der Kirche. »Hier sitzt die einzige Kraftquelle, die den ganzen Zauber und Spuk einmal in die Luft sprengen kann, bis von dem Feuerwerk nur ein paar ausgebrannte Reste übrig bleiben« (DBW 13,272 f.). In *Gemeinsames Leben* (1939) verteidigt B. das klösterliche Leben im Finkenwalder Predigerseminar gegen den Vorwurf katholisierender Tendenzen. Erst postum 1949 erscheinen die *Ethik*-Fragmente, die B. in den Jahren der Beteiligung an den Umsturzvorbereitungen 1940–43 niedergeschrieben hatte. Darin werden die moralischen Konflikte der Menschen, die auf einen Umsturz hin arbeiteten, bedacht. B. entfaltet Strukturen eines verantwortlichen Lebens, das fähig ist, das Rechte und Gebotene zu tun und sich nicht um des eigenen reinen Gewissens willen zurückzieht. Dabei geht B. davon aus, daß ein Schweigen angesichts der hemmungslosen Kriegstreiberei Hitlers, der millionenfachen Ermordung der Juden und der Zerstörung der Grundordnungen des Lebens durch eine Willkürherrschaft nicht mehr möglich ist. Er, der aus Treue zur Bergpredigt den Kriegsdienst in Hitlers Armee verweigern wollte, sieht keine Möglichkeit mehr zu einem schuldfreien Handeln. Da Hitler nur mit Gewalt und Attentat, was im Sinne des christlichen Glaubens immer mit Schuld verbunden ist, zu stoppen ist, muß das um der Opfer willen getan werden, auch wenn man sich selbst Schuld auflädt. Denn um großer Prinzi-

pien und eines reinen Gewissens willen dem Rad nicht in die Speichen zu fallen, hieße ebenfalls schuldig werden. B. formuliert vier Merkmale, die das Tun des verantwortlichen und mündigen Christen kennzeichnen: Stellvertretung, Wirklichkeitsgemäßheit, Schuldübernahme und das Wagnis freier Tat (vgl. DBW 6,256–289). In den letzten beiden in der Haft verbrachten Lebensjahren richtet B. den Blick ganz in die Zukunft. Vielleicht spielt dabei eine Rolle, daß sich der knapp Siebenunddreißigjährige im Januar 1943 mit Maria von Wedemeyer, der achtzehnjährigen Tochter eines Gutsbesitzers aus der Neumark, verlobt. In ganz neuer, wenn auch sehr fragmentarischer Weise schildert er in den 1951 unter dem Titel *Widerstand und Ergebung* veröffentlichten Briefen aus der Tegeler Gefängniszelle seine Überlegungen zur zukünftigen Gestalt der Kirche, der Notwendigkeit einer nichtreligiösen Interpretation der Bibel und eines weltlichen Christentums. Die letzten Lebensjahre eröffnen B. neue Horizonte. Nun sind seine wichtigsten Gesprächspartner Menschen, die um die Klärung ihrer christlichen Prägungen ringen, zumeist ohne besonders kirchlich engagiert zu sein. B. kann das Gespräch führen, da er selbst mit solchen Zugängen zum christlichen Glauben groß geworden ist. – B. ist der weltweit wohl meistgelesene deutsche Theologe des 20. Jh., nicht zuletzt, weil bei ihm Biographie und Theologie unauflöslich miteinander verknüpft sind. Gerade weil B. seine Gedanken meist unmittelbar auf aktuelle Herausforderungen bezogen formuliert hat, ist er in sehr unterschiedlicher Weise wirksam geworden: als Theologe, der eine unpolitische Beschränkung auf das Geistliche, das Innerliche oder Jenseitige überwunden und das politische Engagement als elementar zum Christsein gehörig verstanden hat. Anderen ist er zum Kronzeugen gegen eine verweltlichte Kirche geworden, die mit ihrer

Verkündigung der »billigen Gnade« nicht den Sünder, sondern die Sünde rechtfertigt und das Christsein zur folgenlosen Sache verkümmern läßt. Ebenso hat er zur Beschreibung christlicher Existenz in einer religionslosen Zeit, in der das Christentum eine ganz neue, nicht mehr religiös-innerliche Gestalt annehmen wird, angeregt. Oder man konnte angesichts der Erfahrung von Unterdrückung und Verfolgung in seinen in der Haft entstandenen Briefen Trost und Ermutigung im eigenen Kampf finden. Vielleicht am stärksten wirkt er bis heute als Autor, der christliche Frömmigkeit und Lebensdeutung in ebenso prägnanter wie gegenwartsnaher Weise in Worte fassen konnte.

Christoph Strohm

Brenz, Johannes
Geb. 24. 6. 1499 in Weil der Stadt; gest. 11. 9. 1570 in Stuttgart

B. war Reformator der Reichsstadt Schwäbisch Hall, wichtigster Gewährsmann Martin Luthers in Südwestdeutschland und treibende Kraft beim Wiederaufbau der evangelischen Kirche des Herzogtums Württemberg nach dem Interim (1548). – B. entstammt der obersten Führungsschicht einer kleinen Reichsstadt. Er studiert in Heidelberg und wird dort wie Martin Butzer Zeuge der Heidelberger Disputation Luthers (1518). Fortan ganz für den Wittenberger gewonnen, übt B., seit 1522 Prediger an der Haller Michaelskirche, schon bald scharfe Kritik am überkommenen kirchlichen System. Seine frühe Verkündigung findet ihren Niederschlag u. a. in einem Bekenntnis (*Unterrichtung*, 1524), dem *Haller Kirchenordnungsentwurf* (1527) und dem *Haller Katechismus* (1528). Im Bauernkrieg mahnt B. zwar wie Luther zum Obrigkeitsgehorsam (Zweireichelehre), zeigt aber größeres Verständnis für die Forderungen der Aufständischen. Nach deren Niederlage mahnt er die Fürsten zur Milde. Auch bei der Verfolgung der Täufer votiert B. zurückhaltender als die Wittenberger: Ketzerei darf nicht mit dem Tod bestraft werden. B.' Aktionsradius reicht schon früh über Hall hinaus. Zu Beginn des Abendmahlsstreits zwischen Huldrych Zwingli und Luther erscheint er als Stimmführer jener Gruppe fränkisch-schwäbischer Pfarrer, die sich Johannes Oekolampad in den Weg stellen (*Syngramma Suevicum*). Für B. gefährdet dessen rein zeichenhafte Deutung der Einsetzungsworte die Gültigkeit des Wortes Gottes und damit letztlich die Realität der Menschwerdung Christi. Seit 1528 fungiert B. dann wiederholt als theologischer Berater auswärtiger Obrigkeiten (Brandenburg-Ansbach, Nürnberg, Kurpfalz, seit 1535 auch Württemberg). Dies bedingt eine deutliche Erweiterung seiner Wirkmöglichkeiten. 1529 nimmt B. am Marburger Religionsgespräch teil. Auch beim Augsburger Reichstag (1530) ist er dabei. Er kommt als Berater des Markgrafen von Brandenburg-Ansbach und arbeitet mit den kursächsischen Theologen (Philipp Melanchthon, Georg Spalatin, Johann Agricola) zusammen. So wirkt er z. B. bei der Endredaktion des *Augsburger Bekenntnisses* mit und unterstützt Melanchthon bei der Formulierung der *Apologie*. Obwohl B. seine Rechtfertigungslehre zunächst unabhängig von Melanchthon entwickelt hat, schließt er sich nach Augsburg vorübergehend an dessen Formulierungen an. Später sucht er aber wieder Anschluß an seine älteren Vorstellungen und kann so im Streit um die Theologie Andreas Osianders eine Mittelposition beziehen. Auch nach Augsburg ist B. bei allen wichtigen Religionsgesprächen zugegen (1537 Tag von Schmalkalden, 1540/41 Religionsgespräche von Hagenau, Worms und Regensburg). 1543 erhält Hall seine endgültige *Kirchenordnung* und B. eine Anstellung auf Lebenszeit. Dennoch ist der Zenit der Haller Stadtreformation damals bereits überschritten. 1546 bricht der Schmalkaldische Krieg (1546/47) aus. B. wird aus Hall verjagt. Zwar kann er zunächst noch einmal zurückkehren, mit dem Interim (1548) ist es aber auch damit vorbei. B. geht in den Untergrund und führt ein zwar unstetes, theologisch aber sehr produktives Exulantenleben. Dabei hält er sich meist im Umkreis des württembergischen Hofes auf. Das in dieser Zeit wachsende enge Vertrauensverhältnis zu Herzog Christoph (1515–68) wird von größter Bedeutung für den Wiederaufbau der württembergischen Kirche. 1551 verfaßt B. im Auftrag seines Herzogs ein Bekenntnis für das Konzil von Trient, die *Confessio Virtembergica*. Zwar verläuft die Beschickung des Konzils letztlich ergebnislos, durch die *Confessio* gewinnt der Herzog aber seine Handlungsfreiheit zurück. 1553 wird B. als Propst der Stuttgarter Stiftskirche erster Geistlicher des Herzogtums und beginnt mit dem Aufbau einer wohlgeordneten Landeskirche (1553 *Kirchenordnung*, 1556 ff. Klostervisitation, 1559 *»Große« Kirchenordnung*). Mit dem *Stuttgarter Bekenntnis* (1559) tritt die theologische Eigenständigkeit des durch B. gestalteten neuen Kirchenwesens dann vollends zutage (Lehre von der leiblichen Allgegenwart Christi). Zwar wird das Bekenntnis angefeindet (Melanchthon spricht von »Hechinger Latein«), die darin vollzogene Abgrenzung gegen den Calvinismus wird aber wichtig (1563 *Heidelberger Katechismus*). In drei großen Schriften entfaltet B. seit 1561 seine späte Christologie. Er ringt um eine schriftgemäße Begrifflichkeit, ist damit aber selbst im eigenen Lager nicht unumstritten. In seinen letzten Jahren widmet er sich der Konsolidierung des deutschen Luthertums. – B. überlebt fast alle Reformatoren der ersten Generation. Seine theologische Wirksamkeit reicht von den Anfängen der Reformation bis in das Vorfeld der Konkordienformel (1577). Daß die württembergische Theologie und Kirche in der lutherischen Frühorthodoxie eine führende Rolle spielen, ist nicht zuletzt B. zu verdanken. Er ist einer der Architekten des landesherrlichen Kirchenregimentes. Daß diese Konzeption auch Gefahren birgt, will er sich nicht eingestehen. Nachgewirkt haben vor allem seine Schriftauslegungen. Sie wurden nicht nur von orthodoxen Pfarrern, sondern auch von pietistischen Theologen (August Hermann Francke, Johann Albrecht Bengel) studiert. Dazu kam die breite Rezeption des B.schen Katechismus (1535). Einzelne Elemente seiner Kirchenordnung haben sich in Württemberg bis heute erhalten.

Christian Peters

Brigitta von Schweden

Brigitta Birgersdotter;
geb. 1303 in Fiusta in Uppland;
gest. 23. 7. 1373 in Rom

B. ist die einzige mittelalterliche Mystikerin Skandinaviens. Mit 14 Jahren heiratet sie Ulf Gulmarsson und hat mit ihm acht Kinder. Zunächst führt sie das Leben einer Adligen. Nach einer gemeinsamen Pilgerfahrt nach Santiago de Compostella entschließen sich Ulf und B. zum klösterlichen Leben. 1346 schenkt König Magnus B. die Burg Vadstena. Dort gründet B. ein Kloster nach einer ihr geoffenbarten Regel (*Ordo Sanctissimi Salvatoris*). Ursprünglich ist es ein Doppelkloster für Männer und Frauen. 1349 geht B. auf Befehl Christi nach Rom und bleibt dort bis zu ihrem Tod. B. war Franziskanertertiarin. B.s religiöse Autorität ist in ihren Offenbarungen begründet, die ihre Beichtväter aufgeschrieben haben. In Gesprächen mit Christus, Maria, Engeln wird ihr das Passionsgeschehen erzählt und kirchliche und politische Mißstände beklagt. Die Schilderung der Passion Christi geht bis zum Ausmalen sämtlicher Details. »Die Knochen der Hände und Füße ... wurden aus ihren Fugen nicht ohne großen und heftigen Schmerz gezogen ...« Brautmystik fehlt. Die Passionsmystik führt zu Mitleiden und Mittrauern. Die Wirkung des b. Schrifttums war im Spätmittelalter beträchtlich. 1502 wurden die »Offenbarungen« in Nürnberg neu verlegt. Die Königsberger Mystikerin Dorothea von Montau war von ihr beeinflußt. Ebenso zeigt der Isenheimer Altar von Matthias Grünewald eine Fülle von Symbolen aus dem Brigittenbuch.

Gerlinde Strohmaier-Wiederanders

Brunner, Emil
Geb. 23. 12. 1889 in Winterthur;
gest. 6. 4. 1966 in Zürich

»Die Predigt verkündet das Wort – ja wohl; aber sie sagt es dem *Menschen*.« Dieser Satz aus B.s programmatischem Aufsatz *Die andere Aufgabe der Theologie* (1929) nennt die beiden Pole, um die sein Denken kreist: das Wort Gottes in seiner Offenbarung und die konkrete Wirklichkeit des Menschen, an den es ergeht. In ihrem spannungsvollen Miteinander hat sich B.s Theologie durchgängig bewegt. – Dies gilt schon für den Studenten und jungen Pfarrer, der sich im Bann des Religiösen Sozialismus von Blumhardt, Kutter und Ragaz befand: Die Arbeiterschaft wird hier als Verkörperung des modernen Menschen, an den sich die Botschaft des Evangeliums richtet, gesehen. B. betreibt neben den theologischen auch ökonomische und philosophische Studien, längere Aufenthalte in England und den USA prägen ihn für sein weiteres Leben. 1921 habilitiert er sich mit der Schrift *Erlebnis, Erkenntnis und Glaube*. In ihrer Frontstellung *gegen* theologischen Psychologismus und Intellektualismus und *für* ein existenzielles und offenbarungsbezogenes Verständnis des christlichen Glaubens trifft sie sich mit den Anliegen der entstehenden Bewegung der »Dialektischen Theologie«. Die kritische Auseinandersetzung mit Schleiermacher in *Die Mystik und das Wort* (1924) läßt B. als deren Speerspitze erscheinen. In der Folge zeigen sich jedoch mehr und mehr die Differenzen zwischen Karl Barth und B., indem ersterer die Theologie auf die immanente Darstellung der Offenbarung Gottes beschränken will, während B. eben auch die »andere Aufgabe der Theologie«, die Auseinandersetzung mit dem modernen, nichtchristlichen Menschen, betont. Als B. in seiner Ethik das göttliche Gebot auch in natürlichen »Schöpfungsordnungen« findet (*Das Gebot und die Ordnungen*, 1932) und seine Überzeugung von einem »Anknüpfungspunkt« für das Wort Gottes im Wesen jedes Menschen offen mit dem Stichwort »Natürliche Theologie« verbindet (*Natur und Gnade*, 1934), schreibt Barth, der darin Parallelen zur Ideologie der »Deutschen Christen« sieht, ein energisches *Nein!* zu B.s Theologie. B. bleibt davon äußerlich unbeeindruckt und widmet sich in den Folgejahren weiter der Ausarbeitung einer anthropologisch fundierten christlichen Philosophie (*Der Mensch im Widerspruch*, 1937; *Offenbarung und Vernunft*, 1941). Sie fußt wesentlich auf dem bereits 1921 bei ihm sichtbaren existenziell-personalistischen Glaubensverständnis, dessen Konsequenzen auch auf den Wahrheitsbegriff (*Wahrheit als Begegnung*, 1938) und die Lehre von der Kirche (*Das Mißverständnis der Kirche*, 1951: Kirche ist »reine Persongemeinschaft«, nicht Institution) ausgedehnt werden. Die zusammenfassende Summe von B.s Werk bildet eine dreibändige *Dogmatik* (erschienen zwischen 1946 und 1960). – B., seit 1924 Professor in Zürich, hat durch Schriften, Vorlesungen und Predigten große Wirkung erzielt. Durch die Mitarbeit in der Ökumenischen Bewegung und Gastvorlesungen, u. a. von 1953–55 in Japan, wurde er zu einem der weltweit bekanntesten deutschsprachigen Theologen. Inzwischen hat sein Einfluß jedoch deutlich nachgelassen.

Friedrich Lohmann

Bucer, Martin
Geb. 11.11.1491 in Schlettstadt (Sélestat); gest. 28.2. (oder 1.3.) 1551 in Cambridge

Immer wieder – auch unter geringen Aussichten auf Erfolg – das Gespräch mit Gegnern in Glaubensdingen suchen und, wenn nicht die vollständige Übereinstimmung, zumindest ein Einvernehmen erreichen, das die ungehinderte Predigt des Wortes Gottes gewährleistet und den Aufbau des Reiches Christi ermöglicht – dies könnte als Motto über B.s Lebensweg stehen. Auch nachdem er sich in den 1530er und 1540er Jahren Anerkennung als protestantischer Kirchenorganisator und Wortführer bei Religionsgesprächen erarbeitet hatte, ließ B.s unermüdlicher Drang zur Vermittlung ihn immer wieder in den eigenen Reihen als Verräter der eigenen Sache und bei den Gegnern als wortgewandter Verschleierer strittiger Sachverhalte erscheinen, wovon sich sein Ruf bis in die Gegenwart nicht völlig erholt hat. Ein unvoreingenommener Blick in seine – noch nicht gänzlich edierten – Schriften läßt heute einen scharfsinnigen und vielseitigen Theologen von europäischer Weite erkennen, dessen angemessene Würdigung erst vor einigen Jahrzehnten begonnen hat. – B.s Leben war in vielerlei Hinsicht das rastlose Sich-Emporarbeiten und Sich-Behaupten eines Außenseiters. In ärmlichen Verhältnissen geboren, trat Butzer (später latinisierte er seinen Namen zu »Bucerus«, »Bucer« setzte sich im 20. Jh. durch) um 1507 in das observante Dominikanerkloster seiner Heimatstadt ein. Nach der für seinen Orden typischen gründlichen philosophischen und theologischen Ausbildung wurde der inzwischen als begabt erkannte junge Mönch für eine akademische Laufbahn innerhalb seines Ordens bestimmt und 1517 an der Heidelberger Universität immatrikuliert. – Im April 1518 nahm jedoch B.s Leben eine entscheidende Wendung: Er begegnete Martin Luther bei dessen Heidelberger Disputation und wurde dadurch endgültig für die Reformation gewonnen. Alle weiteren Schritte in seinem Leben geschahen im Dienste dieser neuen Glaubensüberzeugung. Er entschloß sich angesichts der allmählich wachsenden Feindschaft gegen Luther und seine Anhänger, Anfang 1521 aus dem Kloster auszutreten und die Lossprechung von seinem Ordensgelübde zu erreichen. Es folgten rasch aufeinander mehrere Aufenthalte im Dienste des evangelisch gesinnten Ritters Franz von Sickingen auf der Ebernburg und in Landstuhl, dazwischen eine kurze Tätigkeit als Hofkaplan des Pfalzgrafen Friedrich II., und schließlich im November 1522 die fast zufällig zustande gekommene Einladung, als Kaplan des evangelischen Predigers Heinrich Motherer an der Reformation der elsässischen Reichsstadt Weißenburg (Wissembourg) mitzuwirken. Den Übertritt ins evangelische Lager hatte B. mit seiner Eheschließung mit der ehemaligen Nonne Elisabeth Silbereisen im Sommer 1522 demonstrativ besiegelt. – Die Unstetigkeit in B.s Leben nahm hiermit aber noch kein Ende. Der Unmut des Weißenburger Rates über die vermeintlich aufgrund der evangelischen Predigt B.s und Motherers entstandene Auflehnung der Bevölkerung gegen Obrigkeit und Klerus, B.s Exkommunizierung durch den Speyrer Bischof im Frühjahr 1523 und schließlich die militärische Niederlage seines einstigen Gönners Sickingen am 7. 5. 1523 zwangen ihn, Weißenburg zusammen mit seiner schwangeren Frau fluchtartig zu verlassen. – Als Geflüchteter, gebannter und verheirateter Priester kam B. im

Mai 1523 nach Straßburg. In einer staunenswerten Entwicklung wurde er innerhalb weniger Jahre vom außenpolitisch unangenehmen Gast und Kleriker ohne Anstellung zum anerkannten Straßburger Kirchenmann, ja zur treibenden Kraft und zum federführenden Architekten der Reformation in Straßburg. Geleitet wurde B. hierbei von der Vision einer durch die Predigt des Wortes Gottes angebahnten umfassenden Erneuerung der gesamten Gesellschaft, bei der sich Kirche und Obrigkeit unverzichtbare gegenseitige Hilfe zu leisten hatten. Im Zentrum seiner Theologie stand die Rechtfertigung des Sünders allein durch den Glauben, die aber mit einer vom Hl. Geist bewirkten Hinwendung des erlösten Menschen zu seiner wahren Bestimmung, zum Dienst am Mitmenschen, untrennbar verbunden war. Denn Gott »als einen Vater erkennen und anrufen« implizierte für B. »daß wir alle Menschen als unsere Brüder auch erkennen und ihnen dienen«. So mußte die Verkündigung des reinen Evangeliums eindeutige Veränderungen in der Gestaltung des täglichen Lebens mit sich bringen. Zunächst als Prediger einer armen Gemeinde am Stadtrand, später als Pfarrer der zweitwichtigsten Kirche der Stadt und zuletzt als Superintendent Straßburgs setzte B. seine Kraft unermüdlich daran, diese Vision vom Aufbau des Reiches Christi in die Straßburger Wirklichkeit umzusetzen. – Dies bedeutete für ihn als allererste, dringlichste Maßnahme, für die Abschaffung der von ihm als Gotteslästerung verstandene altgläubige Messe zu kämpfen. Der Beschluß des Straßburger Rates vom Februar 1529, im Sinne der evangelischen Prädikanten die Messe zu verbieten, war ein erster wichtiger Erfolg des vorwärtsdrängenden Ankömmlings. – Zugleich schritt B. auf den weniger spektakulären und längerfristig angelegten Wegen der Bildung und der theologischen Erziehung zielbewußt voran: In Vorlesungen für gebildete Laien legte er die biblischen Bücher aus, setzte sich aber auch für die katechetische Unterrichtung der Kinder und für die Gründung von städtischen Lateinschulen ein, die 1538 zu einem zentralen Gymnasium zusammengefaßt wurden. Aus seiner Vorlesungstätigkeit entstanden gedruckte biblische Kommentare, u. a. über die Psalmen, die Evangelien und den Römerbrief. Schließlich bemühte er sich darum, der Straßburger Kirche tragfähige und verbindliche Strukturen zu geben; ein vorläufiger Höhepunkt dieses Vorhabens war die städtische Synode von 1533. B. verstand die Kirche als eine sichtbare, die ganze Stadt umfassende, an den ethischen Anweisungen des Wortes Gottes zu messende Gemeinschaft. Gerade mit den von ihm so beharrlich bekämpften Täufern teilte B. die Überzeugung, daß das christliche Bekenntnis notwendigerweise ethische Konsequenzen haben müsse. Deshalb mußte für die Kirche eine verbindliche Zuchtordnung geschaffen werden und bei diesem Vorhaben rechnete B. selbstverständlich mit der tatkräftigen Hilfe des Magistrats, denn die Obrigkeit war seiner Meinung nach gehalten, ihr möglichstes für die Errichtung des Reiches Christi zu tun. Enttäuscht von der fehlenden Bereitschaft seiner Straßburger Mitchristen, sich durch eine erneuerte, heilige Lebensführung des ihnen angebotenen Heils würdig zu erweisen, und überzeugt davon, daß die militärischen Mißerfolge des Schmalkaldischen Bundes eine Strafe Gottes für die ausbleibenden ethischen Früchte der Reformation waren, regte B. Ende der 1540er Jahre die Gründung von »christlichen Gemeinschaften« an, verbindlichen Keimzellen von entschiedenen Christen innerhalb der einzelnen Pfarrbezirke, die die vom Straßburger Magistrat vernachlässigte Durchführung einer strengen kirchlichen Zucht in die eigene Hand nehmen sollten. – Der Aufbau der Herrschaft Christi konnte sich für B. nicht auf

Straßburg beschränken: Er trug mit persönlichem Einsatz zur Einführung der Reformation in den Reichsstädten Ulm und Augsburg bei, verfaßte auch einen – später abgelehnten – Reformationsentwurf für das Kurfürstentum Köln und half schließlich dem Landgrafen Philipp, die Reformation in Hessen zu konsolidieren. – In Erinnerung geblieben ist vor allem B.s Rolle als Schlichter und Vermittler. Zwar trug er durch seine mit Zwingli geteilte Auffassung, daß Brot und Wein an Jesu Leib und Blut nur erinnerten und diese nicht enthielten, zur Entfachung des Abendmahlsstreites zwischen Oberdeutschen und Wittenbergern bei und war einige Jahre lang ein entschiedener, wenn auch manchmal verschleierter Parteigänger in diesem Konflikt, doch kämpfte B. in den 1530er Jahren unbeirrbar für dessen Überwindung. Dieses undankbare, ihm Feindschaft von allen Seiten einbringende und mehrmals vom endgültigen Scheitern bedrohte Bemühen mündete in die Wittenberger Konkordie von 1536. Ebenso beharrlich suchte B. als führender Teilnehmer der Religionsgespräche der 1540er Jahre wenigstens minimale theologische Brücken zum altgläubigen Lager zu bauen, in der Überzeugung, daß die erst einmal erlaubte freie Predigt des Evangeliums unaufhaltsam der Reformation den Weg bereiten würde. – B., dem zahlreiche evangelische Mitstreiter immer wieder vorgeworfen hatten, den Gegnern zuviel zu konzedieren und der eigenen Position die nötige Eindeutigkeit fehlen zu lassen, weigerte sich 1548 vehement, der vom Magistrat zum politischen Überleben Straßburgs geforderten Unterwerfung unter das Interim Karls V. zuzustimmen. Sein reformatorisches Projekt der letzten 26 Jahren verlassend, suchte B. im April 1549 Asyl in England, wo ihm eine Professur in Cambridge angeboten wurde. Auch hier machte er sich daran, eine die gesamte Gesellschaft und die Kirche umfassende Reforma-

tion zu entwerfen, die er unter dem Titel *De regno Christi* (Von der Herrschaft Christi) dem jungen König Edward VI. widmete. Von der Unrast und den abschließenden Enttäuschungen seines Lebens schwer gezeichnet, starb B. und wurde in der Cambridger Great St. Mary's Church beigesetzt.

Stephen Buckwalter

Buchman, Frank N. D.
Geb. 4. 6. 1878 in Pennsburg (Pennsylvania, USA); gest. 7. 8. 1961 in Freudenstadt (Deutschland)

B. ist Gründer der Moralischen Aufrüstung. Einer schweizerisch-amerikanischen Familie entstammend, studiert B. Theologie und baut nach seiner Ordination (1902) in einem der ärmsten Quartiere von Philadelphia eine Kirche und ein Heim für junge Männer auf. Das Experiment endet plötzlich, als der Vorstand B. beschuldigte, zu viel Geld für die Jungen auszugeben. Verbittert reist er nach Europa. In England hört er eine Predigerin so überzeugend von Kreuz Christi sprechen, daß es für ihn zum ersten Mal zur lebendigen Wirklichkeit wird. Eine Entschuldigung befreit ihn von seiner Bitterkeit. Was wie ein Ende aussah, entpuppt sich als ein Neuanfang. B.s Grundüberzeugung ist, daß jede Änderung im Sozialen und Politischen mit einer Änderung im Einzelnen beginnen müsse. Seine ersten Erfahrungen macht er an verschiedenen Universitäten Amerikas und Englands. Ursprünglich *Oxfordgruppe* genannt, wird die Bewegung – seit 1938 Moralische Aufrüstung genannt – bekannt durch die Begegnungen, die von 1946 an in Caux (Schweiz) stattfinden. Zunächst ist Versöhnung und Wiederaufbau in Europa im Zentrum, später werden viele Länder auf allen Kontinenten erfaßt. B. wird in seinen letzten Jahren von mehreren Regierungen – u. a. von den französischen, deutschen und japanischen – geehrt. Als er stirbt, schreibt das *Bulletin* der Bundesregierung, daß sein Name »mit der deutsch-französischen Verständigung für immer verknüpft« bleibe.

Pierre Spoerri

Bulgakow, Sergej Nikolajewitsch
Geb. 16.6. 1871 in Livny;
gest. 14. (oder 12.) 7. 1944 in Paris

Auf B.s Grabstein ist zu lesen: Durch den Glauben verstehen wir (Heb 11,3). B., dessen Vater Erzpriester und Mutter adeliger Abstammung sind, verläßt 1888 infolge einer religiösen Krise das Priesterseminar in Elec und beginnt 1890 in Moskau ein Studium der Volkswirtschaftslehre. Seit 1895 lehrt er an der Moskauer Technischen Hochschule. *O rynkach pri kapitalistiĕskom proisvodstve* (Über die Märkte in der kapitalistischen Produktion, 1897) macht ihn zu einem einflußreichen Marxisten. Auf Reisen lernt er Sozialdemokraten wie A. Bebel, K. Kautsky und K. Liebknecht kennen. Mit *Kapitalizm z zemledelie* (Kapitalismus und Landwirtschaft) promoviert, erhält er den Lehrstuhl für politische Ökonomie am Polytechnikum in Kiev. Die Aufsatzsammlung *Ot marksizma k idealizmu* (Vom Marxismus zum Idealismus, 1903) dokumentiert seinen Weg zum Glauben. Mit Berdjaev gibt er 1904 die Zeitschrift *Novyj put'* (Der neue Weg) und 1905 deren Nachfolgerin *Voprosy žizni* (Die Fragen des Lebens) heraus. Seine Habilitation zu dem Thema *Filosofija chozjaistva* (Philosophie der Wirtschaft) verteidigt er 1912. Fünf Jahre später publiziert er als ordentlicher Professor für politische Ökonomie an der Moskauer Universität sein erstes religionsphilosophisches Werk *Svet nevečernij* (Das abendlose Licht) und wird Mitglied des Landeskonzils der Russisch-Orthodoxen Kirche. Pfingsten 1918 durch Patriarch Tichon zum Priester geweiht, wird B. von der Universität ausgeschlossen und lehrt von 1919 bis zum Entzug der Lehrbefugnis 1921 in Simferopol auf der Krim politische Ökonomie und Theologie. Es folgen 1922 Verhaftung, Ausweisung und Flucht nach Prag, wo er am *Russkij Naučnyj Institut* Kirchenrecht und Theologie unterrichtet. Mit Gründung der theologischen Akademie *St. Serge* in Paris nimmt er einen Ruf auf den Lehrstuhl für Dogmatik an. B. begründet die anglikanisch-orthodoxe Bruderschaft *St. Alban's and St. Sergius* mit sowie die *Russkoe Studenčeskoe Christianskoe Dviženie* und nimmt am ersten orthodoxen Theologenkongreß in Athen 1937 sowie an ökumenischen Weltkonferenzen (Lausanne, 1927; Oxford, Edinburgh, 1937) teil. Trotz des Verlusts seiner Stimme 1939 kann der weithin bekannte Theologe im folgenden Jahr das Amt des Dekans der Akademie *St. Serge* übernehmen, welches er bis zu seinem plötzlichen Tod im Jahre 1944 innehat. – Zum Verständnis des Verhältnisses Gottes zur Welt entwickelt B. unter dem Einfluß Solovevs und Florenskijs seine Sophienlehre vom gottmenschlichen Grund des Alls, in der die Sophia das Bindeglied zwischen Schöpfer und Geschöpf darstellt, die sich uns u. a. in der Natur erschließt. Bereits in der Religionsphilosophie *Svet nevečernij* entwickelt B. die Sophiologie und entfaltet sie in der »kleinen« Trilogie *Drug ženicha* (Der Freund des Bräutigams), *Kupina neopalimaja* (Der brennende Dornbusch) und *Lestvica Iakovlja* (Die Jakobsleiter) und in der »großen« *Agnec božij* (Das Lamm Gottes), *Utežitel'* (Der Tröster) und *Nevesta agnca* (Die Braut des Lammes) samt Epilog *Apokalipsis Ioanna* (Die Johannesapokalypse). Im Streit um B.s Sophienlehre stellt sich der Pariser Metropolit Evlogij schützend vor ihn. B.s umfangreiches philosophisch-theologisches Werk beinhaltet eine organische Synthese von Gott und Welt, schärft das Bewußtsein christlicher Weltverantwortung und darf als immense Schatzkammer orthodoxer Dogmatik des 20. Jh. angesehen werden, die es noch zu erschließen gilt.

Stefan G. Reichelt

Bullinger, Heinrich

Geb. am 4.7. 1504 in Bremgarten; gest. am 17.9. 1575 in Zürich

B.s Bedeutung ist weitaus größer, als es sein eher geringer Bekanntheitsgrad vermuten läßt. Als Reformator der zweiten Generation und Nachfolger Zwinglis in Zürich übte er einen bedeutenden Einfluß aus, nicht nur auf die Zürcher, sondern auch auf die europäische Reformationsgeschichte – und darüber hinaus. – In Bremgarten (Schweiz) geboren, wendet sich B. in der Zeit des Erwerbs des *Magister artium* in Köln (Frühjahr 1522) dem evangelischen Glauben zu. Auf dem Hintergrund der durch Luthers Schriften ausgelösten Streitigkeiten gelangte er durch selbständiges Studium, angetrieben von der intellektuellen und existenziellen Frage nach dem authentischen, ursprünglichen »Wort Gottes« über das Studium der Kirchenväter zum *solus Christus* und zur *sola scriptura*. Nachdem Zwingli am 11. 10. 1531 in der Schlacht von Kappel stirbt, wird B. dessen Nachfolger in Zürich, und wirkt dort bis zu seinem Tod unermüdlich als Prediger, Lehrer, Organisator und Seelsorger. Nach der Niederlage von Kappel ging es in der Krisenzeit um eine Konsolidierung der reformatorischen Veränderungen nach innen, insbesondere um eine theologisch verantwortliche und politisch realisierbare Neubestimmung des Verhältnisses zwischen evangelischer Verkündigung und weltlicher Obrigkeit in Gestalt des Zürcher Rates. Auch nach außen trat B. nach Kräften für die evangelische Sache ein. Von seinen vielfältigen Beziehungen in ganz Europa zeugt sein umfangreicher Briefwechsel (über 12000 Briefe), der erst zu einem kleinen Teil ediert ist. Der *Consensus Tigurinus*, die Einigung in der Abendmahlsfrage mit Calvin von 1549, zeugt von B.s ökumenischem Bestreben. – Er entwickelte eine große literarische Produktivität. Neben seinen vielen theologischen Schriften erweist er sich u.a. durch seine »Reformationsgeschichte« auch als bedeutender Historiker. Drei theologische Schriften B.s sind wirkungsgeschichtlich von besonderer Bedeutung: In *De testamento seu foedere Dei unico et aeterno* (lat. 1534; dt.: *Von dem einigen und ewigen Testament oder Bund Gottes*) faßt B. seine Bundestheologie zusammen: Der eine Bund Gottes mit allen Menschen hat in Christus seinen Grund, aber bereits in der Verheißung an Adam seinen Anfang. Damit kann B. die Säuglingstaufe rechtfertigen, aber auch an der Einheit von AT und NT und der Verbundenheit von christlichem und jüdischem Glauben festhalten. Zugleich wird so das christliche Leben als ein Leben in der Heiligung organisch mit der von B. streng festgehaltenen *sola gratia* verbunden. B.s Bundesgedanke hat nicht nur Calvin und die spätere »Föderaltheologie« geprägt – bis hin zu Karl Barth –, sondern auch politische Wirkungen (Republikanismus) gezeitigt, die bis in die spätere USA hinein reichen. – Die *Dekaden* (dt.: *Hausbuch*), 50 Lehrpredigten zu den wichtigen Themen des evangelischen Glaubens, fanden weltweite Verbreitung: In Europa oft übersetzt und auch als Erbauungsbuch gelesen, fanden sie auf holländischen Handelsschiffen den Weg bis nach Sri Lanka. Ihre tiefste Wirkung ist im angelsächsischen Raum feststellbar. – Das *Zweite Helvetische Bekenntnis* (1566) schließlich wurde von vielen reformierten Kirchen – zum Teil als bindende Bekenntnisschrift – aufgenommen und ist von weitreichender historischer, theologischer und ökumenischer Bedeutung.

Peter Opitz

Bultmann, Rudolf Karl

Geb. 20. 8. 1884 in Wiefelstede
(Oldenburg);
gest. 30. 7. 1976 in Marburg

Wie können kritische Wissenschaft und
eine an der Bibel ausgerichtete Frömmigkeit miteinander in Einklang gebracht werden? – dies war die Frage, die
den Pastorensohn B. umtrieb. In Marburg 1910 promoviert und 1912 habilitiert wirkte er nach Professuren in Breslau (1916) und Gießen (1920) seit 1921
bis an sein Lebensende in Marburg. Es
ging ihm um die Versöhnung der biblischen Überlieferung mit den Prämissen
der modernen Wissenschaft. Je nachdem, welche Seite man hervorhebt, wird
man B. eher als erfolgreichen bzw. fol-
genreichen Exegeten oder als maßgeblichen Repräsentanten der Dialektischen
Theologie im Bunde mit Barth, Gogarten und anderen sehen. Letztlich
sind es zwei Seiten der einen Antwort
auf die Frage: Wie kann dem Menschen
die Bibel subjektiv bedeutsam werden
und warum ist die biblische Botschaft
für den Menschen objektiv im Hier und
Jetzt unverzichtbar? Die Eigenheit der
Theologie B.s wird vor aller Beschreibung seiner eigenen Argumentations-
linie an zwei seiner (latenten) Prämissen
deutlich. Diese liegen im Verständnis
von Wissenschaft und in einer Fixierung
(oder – je nach Lesart – Engführung)
seiner Bibellektüre. So fällt auf, daß B.
seinen Überlegungen ein ganz bestimmtes, letztlich gebrochenes Verständnis von Wissenschaft und Modernität zugrunde legte. Beides wird zwar
bestimmt von der Anerkennung des
technischen Fortschritts, letztlich jedoch relativiert durch die Einsicht, daß
Wissenschaft und Technik selbst Ausdrücke für ein bestimmtes Weltbild
sind, von dem der Glaube nicht abhängt. B. beschreibt sehr plastisch, daß
man nicht an die Geister und Wunder-
welt des NT glauben und gleichzeitig
elektrisches Licht, Radioapparate und
die medizinische Technik in Anspruch
nehmen könne. Dem naturwissenschaftlichen Weltbild korrespondiere
ein Selbstverständnis des modernen
Menschen, in dem dieser sich (im Ideal-
fall) als eine in sich ruhende, eigenständige Individualität wahrnehme. Die
entscheidende Frage ist nun jedoch, was
denn eigentlich diese Individualität des
menschlichen Seins ermöglicht und inhaltlich ausfüllt. Seine Antwort gewinnt
er auf dem Hintergrund der Prämisse
»Wissenschaftlichkeit« in einer anthropologischen Zugangsweise zur Lektüre
der Bibel – jenem Dokument, mit dem
B. eine andere weitreichende Prämisse
verknüpft. Zu beobachten ist eine fol-
genreiche Fixierung auf das NT, hinter
dem das AT nur noch in dem Schema
Weissagung und Erfüllung zur Geltung
kommen kann. Dies ist mit der universitären Verpflichtung auf neutestamentliche Exegese allein nicht zu erklären,
sondern für ihn von der Sache her nahe-
liegend. B.s Aufmerksamkeit richtet sich
auf ein Verständnis des »christlichen«
Glaubens, in dem der Einzelne, das Individuum vor Gott, seinem Gott, steht.
Der moderne Mensch mit der Frage
nach seiner Individualität trifft im NT
auf die maßgebliche Antwort, wie
menschliche Existenz im eigentlichen
Sinne überhaupt erst möglich wird. Die
Distanz zur hebräischen Überlieferung
ist offensichtlich. Allein aufgrund von
deren Betonung sozialer Zusammenhänge mußte B. die »Volk Gottes«-
Denkfigur der hebräischen Bibel höch-
stens als Vorläufer der entscheidenden
individuellen Heilszusage im Christus-
Geschehen erscheinen. Denn maßgebend ist die Stellung des Menschen als
Individuum vor dem Gott, der sich im
Christusgeschehen offenbart hat. – Damit wendet er sich gleichermaßen gegen
eine unkritische Bibelfrömmigkeit auf
der einen und die liberale Theologie auf
der anderen Seite. So sehr für ihn fest-
steht, daß für das Christentum die Orientierung an der Bibel konstitutiv ist, so

sehr fordert er den voraussetzungslosen historisch-kritischen Umgang mit deren Überlieferungsgestalt. Ein Biblizismus, der im wortwörtlichen Festhalten z. B. an den biblischen Heilungs- und Wundergeschichten ein historisches Fundament der Glaubensgewißheit erlangen will, verfehle gerade den Kern der biblischen Botschaft. Von historischen Ergebnissen sei der christliche Glaube weder positiv noch negativ abhängig. Entscheidend ist nicht die Historizität der im NT geschilderten Ereignisse, sondern ein Grundverständnis der Beziehung des Menschen zu Gott (und umgekehrt: der Beziehung Gottes zum Menschen). Um zu diesem Kern vorzudringen, ist es geradezu notwendig, mit historischer Ernsthaftigkeit die Zeitgebundenheit (und für B. damit zugleich: Widersprüchlichkeit zum modernen Selbstbewußtsein) der neutestamentlichen Aussagen über die Welt und den Menschen herauszuarbeiten. Die Wendung gegen den Biblizismus markiert jedoch nur die eine Frontstellung, gegen die B. sein theologisches Programm formuliert. Teilt er mit der liberalen Theologie deren Betonung historischer »Wahrhaftigkeit«, so darf andererseits der christliche Glaube nicht in ein allgemeines Religionsverständnis aufgelöst werden. Dies ist der Vorwurf an die liberale Theologie. Denn für B. steht fest, daß der zentrale Bezugsrahmen für evangelische Theologie in der Interpretation der Bibel, nicht aber im religiösen (Selbst)Bewußtsein des Menschen zu suchen und zu finden ist. Nicht Religionspsychologie oder –soziologie, sondern Exegese ist das Hauptgeschäft der Theologen. Mit Blick auf die Position Ernst Troeltschs kommt B. so beispielsweise zu der pointierten Festlegung: »Theologie ist sie (Anm.: die Position Troeltschs) nicht, wenn wenigstens Gott der Gegenstand der Theologie und der Theologe als Christ redet« (GuV I,5). – Das Spannungsgefüge ist deutlich. Hinter allen Überlegungen B.s steht letztlich das hermeneutische Problem, ob es jenseits aller kontextueller Einkleidungen eine Grundrelation »Gott – Mensch« gibt, die im NT zum Ausdruck gekommen ist. Unter Aufnahme sprachlicher Beschreibungskategorien der Existenzphilosophie Martin Heideggers und dessen Analyse menschlichen Seins gelangt B. zu der These: Es gibt eine solche Grundrelation von Gott und Mensch jenseits kontextueller Einkleidungen. Dies hat für die Lektüre des NT zur Folge, daß auch die dort anzutreffende Beschreibung des Verhältnisses von Gott und Mensch als kontextuelle Einkleidung eines kontextunabhängigen Kerns angesehen wird. Diese Einkleidung diskutiert B. unter den Stichworten »Mythos« bzw. »Entmythologisierung«, den kontextunabhängigen Kern unter den Stichworten »Gnade« (als Befreiung von Sünde) und »Liebe«. – Mit seinem Entmythologisierungsprogramm stellt er sich in eine Tradition, die in Marburg auf den jüdischen Religionsphilosophen Hermann Cohen zurückzuführen ist. Dieser hatte – quasi als Programm biblischer Didaktik für die Moderne – der Sache nach eine Entmythologisierung der hebräischen Bibel gefordert. Wie wendet B. diesen Ansatz Cohens nun auf das NT an? Sein Anliegen, Wissenschaft und individuelle Bibelfrömmigkeit zu versöhnen, geschieht zunächst auf Kosten der historischen Bedeutung des NT. Die Person Jesu, sein Handeln und seine Lehre, sei ebenso wie die Darstellungsweisen der Evangelisten bestimmt gewesen durch die mythische Denk- und Ausdrucksweise zu Beginn unserer Zeitrechnung. Himmel- und Höllenfahrt, Geister- und Dämonenglaube, die Wunder des NT – all dies sei »erledigt« im Sinne einer Begründung des christlichen Glaubens. Ein angemessenes Verständnis von Gottes Zuwendung zu den Menschen werde durch diese mythischen Motive geradezu verborgen. An den Geschehnissen des NT sei nicht nur logisch (»historistischer Fehlschluß«), sondern auch inhaltlich keine Glaubensgewißheit zu erlangen. Die Frage drängt sich auf: wo dann? Anders formuliert: Wenn das NT als kontextuelle, »mythische« Einkleidung der Beziehung »Gott-Mensch« interpretiert wird – worin besteht dann die Eigenart und Einzigartigkeit des Christentums und seines Glaubensangebots? Die Antwort B.s lautet: im Christusgeschehen – mit dem Kreuz als zentralem Symbol des Glaubens. Der Sinn dieses Geschehens liege darin, »daß da, wo der Mensch nicht handeln kann, Gott für ihn handelt, für ihn gehandelt hat« (1941, 50). Bezogen auf die gegenwärtige Situation des Menschen bedeutet dies: Das Christusgeschehen sei die Offenbarung der Liebe Gottes, die dem Menschen ein neues Selbstverständnis ermöglicht. In der Selbstdeutung des modernen Menschen sei eine eigentliche von einer uneigentlichen Existenzweise des Menschen zu unterscheiden. Der Mensch wird in seinem Arrangement des Alltags von der Annahme geleitet, seinen Lebenslauf weitgehend eigenständig gestalten zu können und zu müssen. Der Mensch geht davon aus, sich selbst, die Deutung seiner Existenz und des menschlichen Daseins schlechthin »machen« zu können. Dies aber ist Sünde (1941, 48), die aufgedeckt wird in den Krisen- und Grenzsituationen des Lebens. Dort erfährt der Mensch, daß er sich in diesem Sinne gerade nicht »machen« kann. Ohne diese Einsicht in seine Grenzen und Gnadenbedürftigkeit verfehlt der Mensch sich selbst. Die eigentliche Existenz wird ermöglicht durch das Offenbarungsgeschehen in Christus, durch das die eigene Existenz als Geschenk erfahrbar wird (1941, 51) – durch Gottes liebevolle Zuwendung zum Individuum. Der Mensch erfährt sich als frei von der Sünde, sich selbst »machen« zu wollen. Dies ist der Kern einer neuen Existenz »in Christus« und die Grundlage des Glaubens. Dieser Freiheit von der Sünde korrespondiert jedoch die (paradox formuliert: nahezu zwangsläufige) »Freiheit zum Gehorsam« (1941, 50). Hier zeigt sich im Anschluß an Luthers Überlegungen zur »Freiheit eines Christenmenschen« B.s Fundierung der Ethik im Christusgeschehen. Aufgrund der gnadenhaften Erfahrung einer neuen Existenz ergibt sich folgerichtig, daß Liebe zum Prüfkriterium für menschliches Alltagshandeln wird. – Gerade diese letztgenannte Denkfigur ist für das Anliegen B.s aufschlußreich. Auch seine Verknüpfung von Ethik und Offenbarung signalisiert, daß es ihm letztlich um die Begründung einer modernen, zeitgemäßen Frömmigkeitshaltung ging – einer Frömmigkeit, in der die biblische Botschaft im NT auf einen Kern hin elementarisiert, d. h. in der Sprache B.s: »entmythologisiert«, wird und die zugleich einem Ideal wissenschaftlicher Modernität Rechnung zu tragen vermag. Es geht um die Ermöglichung einer an der Bibel orientierten persönlichen Frömmigkeit. So könnte B.s Theologie – ganz entgegen der Kritik aus diesem Lager – überspitzt auch als »Pietismus für das 20. Jahrhundert« gekennzeichnet werden. Sein Vorgehen, mythologische Lebens- und Weltdeutungen der Antike aus den Begründungsstrategien für den Glauben auszuscheiden, kann geradezu als ein seelsorgerlicher Erneuerungsakt gegenüber einem Pietismus interpretiert werden, der mit einer wortgetreuen Bibellektüre angesichts zunehmender technischer Erkenntnisse und Möglichkeiten immer stärker in die Defensive geraten ist. Der Preis, den B. für dieses latente Anliegen bezahlen mußte, bestand darin, daß er sich als Theologieprofessor in einer doppelten oder – je nach Lesart – gespaltenen Existenz auf seinem Lehrstuhl einrichten mußte: einerseits das Programm, die historische Wahrhaftigkeit zum Maßstab wissenschaftlicher Theologie zu machen, andererseits das Programm, die Möglichkeit individueller, am NT ausgerichteter

Frömmigkeit aufzuzeigen. Der Anspruch historischer Wahrhaftigkeit zeigt sich vor allem in seinen historischen Forschungen zum NT und seiner Umgebung. Wegweisend wurden seine *Geschichte der synoptischen Tradition* (1921) und die Arbeit über *Das Urchristentum im Rahmen der antiken Religionen* (1949). Die Überlieferung des NT kann unter wissenschaftlichen Gesichtspunkten durchaus daraufhin interpretiert werden, welche historischen Erkenntnisse aus den Texten gewonnen werden können – z. B. formgeschichtlich im Hinblick auf die Rezeptionsprozesse in der frühen Christenheit. Zu berücksichtigen ist jedoch dabei immer, daß der historische Jesus und dessen Verkündigung immer nur die Voraussetzung einer Theologie des NT, nicht aber deren Grundlage bilden können. Ausdruck dieser Wahrhaftigkeitsforderung ist für B. in anthropologischer Hinsicht die Zumutung, daß das Individuum erst durch die Anerkennung der notwendigen Entmythologisierung zum Kern der biblischen Heilszusage durchzudringen vermag. An diesem Punkt liegt die Brücke zur Ermöglichung individueller Frömmigkeit, da nach der Auflösung des mythologischen Nebels deutlich wird: Glaubenserkenntnis ist nur im Durchgang durch die Selbsterkenntnis zu erlangen. Die neutestamentliche Heilsbotschaft in Christus, das Kerygma, verweist auf die untrennbare Verflechtung der Lehre vom Menschen mit der Lehre von Gott.

Blickt man auf die Rezeptionsgeschichte B.s, so wird deutlich, daß er wie wenige andere Theologen des 20. Jh. eine breite Debatte sowohl in Fachkreisen als auch in den christlichen Gemeinden ausgelöst hat. Die Diskussionen drehten sich dabei um die Stichworte »Mythos« und »Entmythologisierung« – dies unter dem provozierenden Vorzeichen »erledigt«. Vorgeworfen wurde B. u. a. die Auflösung des NT, die Zerstörung der Glaubensgrundlagen, die Abhängigkeit von der Existenzphilosophie und die Vernachlässigung der ›objektiven‹ Handlungsfreiheit Gottes. Innerhalb der akademischen Theologie hat B. eine breite Rezeption vor allem in der Exegese hervorgerufen. Mit dem Abstand mehrerer Theologengenerationen wird man zunächst eines hervorheben müssen: Wenn es B. um eines gewiß nicht ging, dann um die Zerstörung der Grundlagen individueller Frömmigkeit. Ganz im Gegenteil erweist sich seine Aufnahme zentraler Motive der Theologie Martin Luthers als Anspruch, eine am NT orientierte Frömmigkeit zuallererst zu ermöglichen. Dabei wurde er von den Widersprüchen zwischen einem antiken und modernen Welt- und Menschenbild dazu motiviert, nach einem von der konkreten Geschichte unabhängigen Kern der biblischen Heilsbotschaft zu suchen. Darin liegen die Bedeutung und die Problematik seiner Theologie gleichermaßen. Die Bedeutung besteht im Anschluß an Luther darin, daß er – mit seiner Bestimmung der Befreiung des Menschen aus seiner Selbstverfallenheit durch das Christusgeschehen – die Begründung des christlichen Glaubens auch von der Entwicklung moderner Wissenschaft und Technik unabhängig gemacht hat. Indirekt ist die Heilsbotschaft sogar eine Kritik an der Moderne, insofern in ihr der Glaube an den technischen Fortschritt vielfach zum schärfsten Ausdruck menschlicher »Sünde« geworden ist. In der Unterwerfung des Menschen unter die Annahme einer Machbarkeit des Lebens kommt eine Vergötterung des technisch Möglichen zum Ausdruck, die mit B. nur als Ausdruck der Eigenmächtigkeit interpretiert werden kann. Anthropologisch, d. h. auf die Situation des Menschen bezogen, verliert seine Theologie gewiß nicht an Aktualität – ganz im Gegenteil. Kritisch zu hinterfragen ist jedoch, ob seine zentrale hermeneutische Denkfigur, inmitten kontextabhängiger Geschichte nach einem anthropologisch fixierten, kontextunabhängigen Kern zu suchen, nicht auch noch ganz anders akzentuierte Rückbezüge auf die biblische Überlieferung zuläßt bzw. geradezu fordert. Es geht B. um die Frage, wo das Individuum in seiner Geschichtlichkeit die gnadenhafte Zuwendung Gottes zu den Menschen in der biblischen Überlieferung erfahren kann. Im Anschluß an Luther und in der Sprache der Existenzphilosophie sieht er die Antwort darauf einzig in der individuellen Erfahrung der Liebe Gottes – ausgedrückt in dem »in Christus sich ereignende(n) Geschehen« (1941, 51). Das Individuum erhält als Antwort nach der Frage seiner Existenz die Ermöglichung seiner Individualität (und von dort ausgehend einer auf dem Liebes-Code basierenden Sozialität). Eine an B. anknüpfende Aufnahme seines anthropologischen Ausgangspunkts könnte jedoch auch danach fragen, inwieweit eine solch gnadenhafte Zuwendung Gottes zum Individuum beispielsweise in der Thora oder der die Testamente übergreifenden biblischen Weisheit zum Ausdruck kommt. Dann wäre die Antwort auf die Existenzfrage ein Verweis auf eine Individualität durch eine inhaltlich qualifiziertere Sozialität. Dies könnte durchaus auch, keineswegs jedoch zwingend nur neutestamentlich entfaltet werden. Eine solche Akzentverlagerung wäre zweifelsohne B. mit B. gegen B. gelesen – aber auch eine Möglichkeit, von der Anthropologie aus die biblische Überlieferung auf vielleicht sogar konkurrierende Profile »eigentlichen« Seins und Ermöglichung von Frömmigkeit hin zu befragen, ohne in einem starren Biblizismus oder einer selbstvergnüglichen Religionsbespiegelung zu landen.

Ralf Koerrenz

Calixt, Georg
Geb. 14. 12. 1586 in Medelby;
gest. 19. 3. 1656 in Helmstedt

C.s Nachruhm gründet sich auf zwei Beiträge zur Theologiegeschichte: Er gilt als der bedeutendste Ökumeniker des älteren Luthertums und zugleich als Begründer einer eigenständigen Ethik innerhalb der Evangelischen Theologie. Beides hängt miteinander zusammen, und beides leitet sich her von der humanistischen Tradition der Universität Helmstedt, seinem Studienort und seiner langjährigen Wirkungsstätte als Professor für Kontroverstheologie (1614–56). Die aristotelische Logik mit ihren genauen Unterscheidungen und die analytische Methode halfen ihm, eine Theologie ganz eigener Art mit weitreichenden Wirkungen zu entwickeln. Die Grundlage legt er schon in seinem frühen dogmatischen Entwurf, der *Epitome Theologiae* von 1619. Hier definiert er Theologie als praktische Wissenschaft, die nicht mit dem Heilsglauben selbst gleichzusetzen ist, sondern ihn auslegt. Trotz des Festhaltens an der lutherischen Lehre von der Rechtfertigung allein durch den Glauben zeigt sich C. besonders an dem Zusammenwirken von Gott und Mensch beim Heilsgeschehen interessiert. Auch das reformatorische Schriftprinzip will er bewahren, nähert sich aber dem katholischen Traditionsprinzip, indem er ergänzend einen *consensus antiquitatis* einführt: In den übereinstimmenden Lehren der Alten Kirche, letztlich im Apostolischen Glaubensbekenntnis, ist bereits der heilsnotwendige Glaubensinhalt gegeben. – Ob C. mit diesen Entscheidungen schon sein späteres irenisches Wirken vorbereiten wollte, ist umstritten. Zunächst stand zwei Jahrzehnte lang die Polemik gegen die katholische Kirche im Vordergrund. Erst unter dem Eindruck des verheerenden Religionskrieges wirbt er 1633 in einem Gutachten für die gegenseitige Toleranz zwischen Katholiken und Protestanten. Noch weiter gehen seine Vorstellungen für einen Ausgleich zwischen Lutheranern und Reformierten: Sie sieht er bereits im Grund des Glaubens vereint. Sein Einsatz für konfessionelle Einheit scheitert jedoch spektakulär beim Religionsgespräch von Thorn 1645; danach wird sein Ansatz vom orthodoxen Luthertum als »Synkretismus« bekämpft. Erst die Aufklärung knüpft wieder an den Versuch an, die Lehrunterschiede zwischen den Konfessionen mit Hilfe der Lehre von den Fundamentalartikeln zu relativieren. – Auf längere Sicht ebenso bedeutend war C. mit seiner *Epitome Theologiae moralis* (1634), der ersten theologischen Ethik überhaupt, die allerdings unvollendet blieb. Ausgangspunkt ist der Wunsch nach Intensivierung der *praxis pietatis* angesichts des drohenden Weltendes. Er verbindet dies mit der humanistischen Betonung der Vernunft und der weiteren positiven Kräfte im Menschen. Als letzte Norm nennt er die Liebe, erneuert aber auch die Auffassung des Dekalogs und der neutestamentlichen Weisungen als eines verpflichtenden Naturgesetzes. – Auch zu weiteren theologischen Gebieten leistet C. Beiträge, die in seiner Zeit kontrovers bleiben und erst später breitere Anerkennung finden. Zu nennen ist seine Neudeutung der Heilsgeschichte als eine Geschichte der Bundesschlüsse Gottes mit den Menschen, die eine Parallele zur reformierten Föderaltheologie bildet, und seine Zurückhaltung gegenüber einer christologischen Interpretation des AT.

Martin Friedrich

Calov, Abraham

Calovius, Kalau; geb. 16. 4. 1612 in Mohrungen (Ostpreußen); gest. 25. 2. 1686 in Wittenberg

C.s späteres Wirken als unerbittlicher Kämpfer für ein reines Luthertum erklärt sich mit aus dem Umfeld, in dem dieser heranwuchs. Hier konnte der Lutheraner C. die Auswirkungen der absolutistischen Religionspolitik eines reformierten Kurfürsten von Brandenburg und eines katholischen Königs von Polen unmittelbar spüren. – Nach dem Schulbesuch in Mohrungen, Thorn und Königsberg studiert C. an der dortigen Universität ab 1626 Philosophie und Theologie. Zur Vervollkommnung seiner Studien wechselt er 1634 an die streng lutherisch orientierte Theologische Fakultät in Rostock, die ihm drei Jahre später den Doktorgrad verleiht. Zurück in seiner Heimat unterrichtet er an der Universität in Königsberg, womit er seinen Ruf als allseits angesehener akademischer Lehrer begründet. In jenen Königsberger Jahren profiliert sich C. zudem – so spätere, einseitige Urteile – zu einem Prototypen des »streitsüchtigen« Theologen schlechthin. Nachdem C. ab 1643 als Pastor und Rektor des akademischen Gymnasiums in Danzig gewirkt hat, nimmt er 1650 den ehrenvollen Ruf als Theologieprofessor an die Universität Wittenberg an. Bis zu seinem Tod (36 Jahre lang) lehrt C. an der Geburtsstätte der lutherischen Reformation und verhilft der Wittenberger Universität zu einer erneuten Blüte. Auch hier tritt er – zeitweise sogar im bewußten Widerspruch zur Obrigkeit – als Streiter für das Luthertum auf, der jegliche Versuche eines »Synkretismus« (d. h. einer Religionsvermischung) bekämpft. Jedoch ist die kontroverstheologische Literatur nur ein Bruchteil seines überaus umfangreichen Schaffens, das insgesamt mehr als 500 Titel zählt. Mit seiner zwölfbändigen, über 8000 Seiten umfassenden Dogmatik *Systema locorum theologicorum*, die in den Jahren 1655 bis 1677 erscheint, schafft C. ein Gipfelwerk der lutherisch-orthodoxen Theologie. C. selbst versteht sich vor allem als Schriftausleger. In einer Fülle von Kommentaren vertritt er konsequent die Lehre von der wörtlichen

Eingebung des Bibeltextes durch den Hl. Geist und wendet sich gegen Ansätze einer kritischen Exegese (hier vor allem in der gegen H. Grotius gerichteten *Biblia illustrata* von 1672 und 1676). Die von C. 1681/82 in drei Bänden herausgegebene Luther-Bibel wird über Jahrzehnte hinweg benutzt (nachweislich auch von J. S. Bach). Zeitgenossen loben C. als einen glänzenden, mitreißenden und fest an der Hl. Schrift orientierten Prediger. Die Reformvorschläge, die Ph. J. Spener in seinem zur Programmschrift des Pietismus gewordenen Büchlein *Pia desideria* 1675 veröffentlicht, begrüßt C. mit den Worten: »*Pia desideria vestra … sunt et mea desideria*« (Eure frommen Wünschen … sind auch meine Wünsche).

Volker Gummelt

Calvin, Johannes
Jean Calvin oder Cauvin;
geb. 10. 7. 1509 in Noyon (Pikardie);
gest. 27. 5. 1564 in Genf

Der führende französische Reformator des Protestantismus in der zweiten Generation wird als Sohn Gérard Cauvins, der als Notar im Dienst des Kathedralkapitels von Noyon steht, geboren. Mit dem Einkommen aus einer Pfründe versorgt, beginnt er wohl 1523 ein Studium in Paris, wo er zuerst am Collège de la Marche unter Mathurin Cordier Latein lernt und dann an das Collège de Montaigu wechselt. Er studiert bis ca. 1527 die *artes liberales* und kommt mit dem Geist der *devotio moderna* und dem Nominalismus in Berührung. Der Vater hat ein Theologiestudium vorgesehen, aber ein Streit mit dem Kathedralkapitel in Noyon und die Aussicht auf ein einträgliches Auskommen lassen ihn seine Pläne ändern. C. studiert 1528 bis 1531 die Rechte in Orléans und Bourges, den Zentren der humanistischen Jurisprudenz und angesehensten Zivilrechtsschulen in Frankreich. In Bourges beginnt er unter Anleitung des Humanisten Melchior Wolmar griechische Literatur zu lesen und sich humanistischen Studien zu widmen. Auf Wunsch seines Vaters setzt er das Jurastudium bis zur Promotion fort, aber als dieser im Mai 1531 stirbt, gibt er die Jurisprudenz auf und kehrt nach Paris zurück. Am Collège Royal vertieft er seine Kenntnisse der biblischen Sprachen sowie des klassischen und christlichen Altertums. Aus den Studien geht 1532 ein Kommentar zu Senecas *De clementia* (*Über die Milde*) hervor, mit dem sich C. einen Namen unter den Humanisten zu machen sucht. Hier sind keinerlei Hinweise auf evangelische Gesinnung festzustellen, obwohl er bereits Kontakte zur biblisch-humanistischen Reformbewegung um Jakob Faber Stapulensis und Gérard Roussel pflegt. Am 1. 11. 1533 hält sein Freund Nicolaus Cop als neuer Rektor der Universität die wohl von ihm (mit-)verfaßte Rektoratsrede über Jesu Seligpreisungen, die Luthers Unterscheidung von Gesetz und Evangelium aufnimmt und mit erasmianischem Gedankengut verbindet. Infolge der hervorgerufenen Unruhen muß C. aus Paris fliehen und verbringt mehrere Monate mit Studien in der Bibliothek eines Freundes in Angoulême. Erst jetzt wird er als Autor evangelischer Schriften greifbar. In seinem Psalmenkommentar von 1557 hat C. rückblickend über die Zeit nach dem Ende des Jurastudiums von einer durch Gott bewirkten *subita conversio ad docilitatem* berichtet, keiner plötzlichen, sondern einer unerwarteten Bekehrung zur Gelehrigkeit. Die Rede davon weist auf den fließenden Übergang von humanistischen Bemühungen um das klassische bzw. christliche Altertum zu biblisch-evangelischer Orientierung hin, die für C.s Zugang zur Reformation charakteristisch ist. Einen klaren Einschnitt im Übergang von katholisch-kirchenreformerischer Ausrichtung und evangelischer Orientierung bildet dann der programmatische

Verzicht auf die Pfründe in Noyon am 4. 5. 1534. Als der König nach der Verbreitung zwinglianischer Kritik an der römischen Messe im Winter 1534/35 die Protestantenverfolgungen verschärft, flieht C. im Januar 1535 nach Basel. Es entstehen mit den Vorreden, die er für die französische Bibelübersetzung seines Vetters Pierre Robert Olivétan 1535 schreibt, die ersten Darlegungen des evangelischen Standpunkts von seiner Hand. Die lateinische Vorrede zum AT grenzt sich scharf gegen das Papsttum ab, die französische Vorrede zum NT wendet sich an alle, die Christus und sein Evangelium lieben. Mit einem Schlag berühmt wird C. durch ein Werk, das im März 1536 veröffentlicht wird und an dem er sein Leben lang korrigierend, ergänzend und systematisierend weiterarbeitet: die *Institutio Christianae Religionis* (*Unterricht in der christlichen Frömmigkeit*). Durch die an König Franz I. gerichtete Vorrede erhält es den Charakter einer Apologie, die die Evangelischen gegen den Vorwurf von Neuerung und Umsturz verteidigt. Der Inhalt weist es jedoch als katechetisches Werk aus, das der Vermittlung der evangelischen Lehre dienen will. Am Aufbau von Luthers Kleinem Katechismus orientiert (Gesetz, Glauben, Gebet, Sakramente), sind zwei ebenfalls von Luther inspirierte Kapitel über die christliche Freiheit sowie die kirchliche und weltliche Gewalt bzw. Obrigkeit angefügt. – Im August 1536 führt ihn der erzwungene Umweg auf einer Reise nach Straßburg durch Genf, wo ihn der dort tätige Reformator Guillaume Farel mit flammenden Worten in die Pflicht nimmt. C. selbst sieht sich zwar lediglich als Gelehrten im Dienst des wahren Glaubens, entzieht sich dieser als göttliche Berufung empfundenen Aufgabe jedoch nicht. Im September 1536 beginnt er, in der Kathedrale St. Pierre über die Paulusbriefe zu lehren. Anfangs wirkt er lediglich als Lehrer der Hl. Schrift, nicht als Pastor, so auf der Disputation von Lausanne im Oktober, wo seine freie Rede über die Abendmahlslehre der Väter starken Eindruck hinterläßt. Inzwischen Geistlicher geworden, legt er am 16. 1. 1537 zusammen mit Farel und Ilié Coraud dem Kleinen Rat der Stadt Genf den Entwurf für eine umfassende Reform vor. Die vier Artikel sehen häufige Kommunion, Psalmengesang, Religionsunterricht und Vorschriften für den Ehestand vor. Besonderen Anstoß erregt die Forderung der Prediger, das Abendmahl zum Mittel der Kirchen- und Sittenzucht zu machen. Unbotmäßiges Verhalten soll, wenn es nicht bereut werde, zum Ausschluß vom Abendmahl führen. In den Stadtvierteln sollen Spitzel entsprechende Vorkommnisse melden. Ein von C. verfaßter Katechismus (franz. 1537; lat. 1538) sowie ein Glaubensbekenntnis, das alle Bürger zu unterzeichnen haben, sollen die Lehre sichern. Der Konflikt um die Forderungen der Prediger eskaliert, als C. und Farel am 21. 4. 1538, dem Ostersonntag, der widerspenstigen Bürgerschaft die Austeilung des Abendmahls verweigern. Die Prediger werden entlassen und aus der Stadt gewiesen. C. will zurück nach Basel, um sich dort seinen Studien zu widmen. Jedoch gibt er dem Drängen Martin Bucers nach, in Straßburg die Leitung der französischen Flüchtlingsgemeinde zu übernehmen. Die Straßburger Jahre 1538 bis 1541 werden eine Zeit des Lernens von dem älteren Bucer, dessen Freundschaft C. gewinnt. Mit der Straßburger Delegation nimmt C. an katholisch-lutherischen Religionsgesprächen Anfang der vierziger Jahre teil und macht die Bekanntschaft mit deutschen Reformatoren. Neben seinen pastoralen und katechetischen Pflichten findet er Zeit zu schriftstellerischer Tätigkeit. Aus der *Institutio* von 1536 wird unter dem Einfluß von Melanchthons *Loci communes* eine systematische Darlegung der christlichen Lehre, die Theologiestudenten als Lehrbuch dienen soll und in 17 Kapiteln biblische Schlüsselbegriffe darlegt. Neben dieser erweiterten lateinischen Fassung von 1539 schafft C. 1541 eine französische Übersetzung, die mit ihrer Wirkung auch die Entwicklung der französischen Sprache im 16. Jh. beeinflußt. Mit dem Römerbriefkommentar von 1540 erscheint der erste einer langen Reihe von Bibelkommentaren. Als Kardinal Jacopo Sadoleto die unruhige Situation in Genf nutzt, um die Genfer zur Rückkehr in die katholische Kirche aufzufordern, wird C. um eine Antwort gebeten. Die meisterhafte Darlegung führt dazu, daß C. erneut nach Genf gerufen wird. Nach seiner Ankunft am 13. 9. 1541 erarbeitet er einen Reformentwurf, *Les Ordonnances ecclésiastiques de l'église de Genève*. Grundlegend ist die Aufrichtung von vier Ämtern zur Leitung der Kirche: die *Pastoren* zum Dienst am Wort durch Predigt und Sakrament, vereint in der Vénérable Compagnie des Pasteurs, die sich regelmäßig zu Bibelstudium, pastoraler Beratung und Sittenzensur versammeln sollen; die *Doktoren*, deren Aufgabe der Unterricht in der christlichen Lehre auf allen Ebenen ist; die *Ältesten* zur Überwachung der Lebensführung, mit den Pastoren im Konsistorium tätig, das sich wöchentlich treffen und Abweichungen von der Lehre, moralischen Fehlern und Vernachlässigung des Kirchenbesuches entgegenwirken soll; die *Diakone* zur Fürsorge für Arme und Kranke und zur Verwaltung der dafür notwendigen Gelder. Die *Ordonnances* werden mit Modifikationen in Kraft gesetzt, jedoch rufen gerade die weitgehenden Befugnisse des Konsistoriums von Anfang an Widerstände hervor. Das Konsistorium darf den Ausschluß vom Abendmahl als äußerste Kirchenstrafe anwenden, während die weltlichen Behörden das alleinige Recht behalten, zivilrechtliche Strafen zu verhängen. Im Jahre 1542 folgt eine neue, von den Straßburger Gebräuchen beeinflußte Agende (*La Forme des prières*) sowie ein neuer Katechismus, in dem der geschulte Jurist C. jetzt ein gegenüber Luther selbständiges, deutlich positiveres Gesetzesverständnis vertritt. Das Gesetz offenbart nicht nur unsere Sündhaftigkeit, sondern es dient auch als Ansporn zu sittlichem Fortschritt und als Bundesordnung. Bis Mitte der fünfziger Jahre bleibt C.s Stellung in Genf umstritten. Seine rigorose Anwendung der Kirchenzucht auch gegenüber den führenden Familien der Stadt führt zu harten Konflikten, so daß er im September 1553 glaubt, erneut aus Genf verbannt zu werden. Neben dem Kampf mit den »libertinistischen« Gegnern sind es verschiedene Auseinandersetzungen um die rechte Lehre, die zum Teil C.s eigene Lehrbildung beeinflussen. Gegen die Kritik des französischen Flüchtlings Hieronymus Bolsec verteidigt C. 1551 seine Prädestinationslehre. Mit dem gelehrten Sebastian Castellio kommt es zum Konflikt um die Bibelauslegung und später auch um die Frage des Umgangs mit Häretikern. Großes Aufsehen erregt die Verurteilung des Antitrinitariers Michel Servets zum Feuertod. Servet war aus dem katholischen Lyon nach Genf geflohen, von C. erkannt und unter dessen Mitwirkung verurteilt worden. Daraus das Bild eines Gewaltregimentes unter Führung C.s zu folgern, ist jedoch unzutreffend, da die Bestrafung durch Reichsrecht gedeckt und von zahlreichen Schweizer Reformatoren und später auch von Melanchthon befürwortet worden ist. Die Ratswahlen im Frühjahr 1554 bringen Anhänger C.s an die Macht, und ein Versuch im Mai 1555, Unruhe gegen die zahlreichen in die Stadt strömenden französischen Flüchtlinge zu schüren, bietet die Gelegenheit, seine Feinde ihrer Führer zu berauben. Wer nicht fliehen kann, wird verhaftet oder gar enthauptet. Jetzt erst, im Jahre 1559, erhält C. das Bürgerrecht und kann sich stärker schriftstellerischen Tätigkeiten widmen. Sein späterer Nachfolger Theodor Beza nimmt ihm praktische Aufgaben ab, so die Leitung der 1559 gegründeten Genfer Akademie, die in den folgenden Jahrzehnten von zahlreichen zukünftigen Pfarrern aus Nord-, Mittel- und Südosteuropa besucht wird. C.s letzte Jahre sind jedoch verdunkelt durch eine sich rapide verschlechternde Gesundheit. Körperlich ruiniert durch eine immense Arbeitsintensität stirbt er 1564. Auf eigenen Wunsch wird er in einem nicht namentlich gekennzeichneten Grab bestattet.

C.s umfangreiches literarisches Œuvre läßt sich in drei Bereiche einteilen. Ein Teil des Werkes ist dem Aufbau einer reformierten Kirche in Genf und Frankreich bzw. Westeuropa gewidmet mit Katechismen, Gottesdienstordnungen sowie verschiedenen Visitations- und Kirchenordnungen, aber auch einer zivilen Ehegesetzgebung. Einen weiteren umfangreichen Teil bildet das kontroverstheologische Schrifttum, so die Auseinandersetzung mit den römisch-katholischen Theologen und Kardinal Sadoleto (1539) und Albert Pighius (1543), den Theologen der Sorbonne (1544), aber auch dem Konzil von Trient und dem Augsburger Interim. Darüber hinaus setzt er sich mit den Täufern, dem Humanismus insgesamt und einzelnen seiner Vertreter, den »Libertinisten«, den sog. Nikodemiten, Antitrinitariern und einzelnen Gnesiolutheranern auseinander. Der größte Teil seines Werkes ist der Auslegung der Hl. Schrift gewidmet. C. hat alle Schriften des NT mit Ausnahme der Johannesapokalypse und des 2./3. Johannesbriefes kommentiert. Auch die meisten Bücher des AT hat er in Form von Kommentaren und – später publizierten – Vorlesungen behandelt. Hinzu kommt eine umfassende Predigttätigkeit, deren schriftlicher Niederschlag zumindest in großen Teilen erhalten geblieben ist. – Eine Darlegung der Theologie C.s muß von der letzten zu Lebzeiten erschienenen, auf 80 Kapitel erweiterten Ausgabe der Institutio Christianae Religionis

(lat. 1559; franz. 1560) ausgehen. C. versteht sich primär als Schriftausleger und nicht als systematischer Theologe. Seine Theologie kann nicht als eine Art System aus einem Prinzip oder einer Lehre hergeleitet werden. Die vier Bücher der Institutio von 1559 orientieren sich am Aufbau des Apostolikums. Die Darstellung geht jedoch von der Unterscheidung zwischen der Erkenntnis Gottes als Schöpfer und der als Erlöser in Christus aus. In den das gesamte Werk einleitenden ersten Kapiteln des ersten Buches entfaltet C. den unauflöslichen Zusammenhang von Gottes- und Selbsterkenntnis (Inst. I,1,1). Gott erkennen heißt nicht, ihn an sich, sondern ihn in seinem Verhältnis zu uns erkennen. Die Erkenntnis Gottes als des Schöpfers ist dem natürlichen Menschen durch die Sünde weitestgehend verlorengegangen und geschieht darum faktisch nur aus der Hl. Schrift durch das Zeugnis des Hl. Geistes (I,1–7). In der Gotteslehre des ersten Buches wird das Bilderverbot hervorgehoben (I,11 f.). Bei der Entfaltung der Christologie im zweiten Buch fällt auf, daß C. nach der eingehenden Erörterung der Sünde und ihrer Folgen (II,1–5) bereits vor die Lehre vom Gesetz (II,7–8) eine allgemeine Christologie stellt (II,6). Dadurch erscheint das Gesetz als Element des kontinuierlichen Bundes Gottes und Wohltat, was durch die Verhältnisbestimmung von Altem und Neuem Bund (II,9–11) noch verstärkt wird. Erst dem gefallenen Menschen wird das Gesetz zum »Zuchtmeister«. Die Christologie im engeren Sinne geht vom Mittleramt Christi aus und konzentriert sich auf die Inkarnation, das dreifache Amt und das Erlösungswerk Christi (II,12–17). Das Schwergewicht der Institutio wie der Theologie C.s liegt auf der Darlegung der Mittel, durch welche die Glaubenden Anteil am Heilswerk Christi und an der Gemeinschaft mit ihm erlangen (IIIf.). C. beschreibt den Glauben als

Wirkung des Geistes und versteht ihn inhaltlich als durch den Geist gewirkte Christusgemeinschaft (III,1 f.). »Bei uns steht also jene Verbindung des Hauptes mit den Gliedern, jene Einwohnung Christi in unseren Herzen, kurz, jene verborgene Einung (*mystica unio*) an höchster Stelle, daß also Christus unser eigen wird und uns der Güter, die er selber inne hat, teilhaftig macht« (III,11,10). Im Folgenden werden die Konkretionen und Wirkungen der geistgewirkten Christusgemeinschaft im Glauben erläutert. Zuerst ist von der Wiedergeburt bzw. Buße zu sprechen (III,3–5), der C. den Ansatz einer christlichen Ethik bei der Gleichgestaltung mit Christus folgen läßt (III,6–10). Gleichgeordnet der Wiedergeburt bzw. Buße als Konkretion und Wirkung der geistgewirkten Christusgemeinschaft, aber davon klar unterschieden, trägt C. die Rechtfertigung allein aus Glauben vor (III,11–18), dann die christliche Freiheit (III,19), das Gebet (III,20) und schließlich auch die Prädestination (III,21–24). Trotz der Betonung der Heiligung durch die pointierte Voranstellung der Buße bzw. Wiedergeburt vor die Rechtfertigung hält C. klar am forensisch-relationalen Charakter der Rechtfertigung fest. Sie beruht nicht auf irgendwelchen positiven Veränderungen im Glaubenden, sondern allein auf dem Urteil des barmherzigen Gottes. Der Prädestinationslehre kommt keineswegs eine Schlüsselstellung in der Theologie C.s zu, wie das vielfach angenommen wurde. Vielmehr gehen die an Umfang das Vorangegangene weit übertreffenden Darlegungen im dritten und vierten Buch vom Glauben als geistgewirkter Christusgemeinschaft aus. Auch das vierte Buch über »die äußeren Mittel oder Beihilfen, mit denen uns Gott zu der Gemeinschaft mit Christus einlädt und in ihr erhält,« nimmt sowohl in der Themenangabe wie auch in den einzelnen Darlegungen darauf Bezug. In der Ekklesiologie betont C. die

Gemeinschaft mit Christus als Grundlage und Mitte der Gemeinschaft der Glaubenden (IV,1 f.; vgl. II,12,7), der wiederum Ämter, Kirchenregiment bzw. -ordnung und Kirchenzucht dienen (IV,3–12). In der Sakramentenlehre (IV,14–19) wird die Taufe als Zeichen der Einung mit Christus (IV,15,6) verstanden und diese als die eigentliche Frucht des Abendmahls bezeichnet (IV,17,2). Das abschließende Kapitel über das bürgerliche Regiment (IV,20) ist durch die Auseinandersetzung mit den Täufern, die jenes aus dem Zusammenhang mit der Herrschaft Christi lösen, bestimmt. Zwar unterscheidet C. mit Luther geistliches und weltliches Regiment, jedoch betont er stärker als dieser die gegenseitige Bezogenheit. Pflicht der weltlichen Obrigkeit ist es, für die rechte Gottesverehrung zu sorgen. Ein Widerstandsrecht gegen unrechtmäßiges Handeln der weltlichen Obrigkeit gibt es nur als Handeln untergeordneter Magistrate oder als Ungehorsam gegenüber Anordnungen, die dem Gebot Gottes zuwiderlaufen. – Die *Institutio* ist das wirkungsreichste Lehrbuch des reformierten Protestantismus. C. hat immer die Übereinstimmung mit Luther und Melanchthon zu wahren versucht. Als die Nachfolger Luthers nach der Einigung Genfs und Zürichs über die Abendmahlslehre im *Consensus Tigurinus* 1549 heftige Angriffe gegen ihn richteten, sah er sich seinerseits zu einer stärkeren Abgrenzung gezwungen. In der zweiten Hälfte des 16. Jh. sorgte vor allem C.s Werk für eine weitere Ausbreitung der Reformation, über die Schweiz und Deutschland hinaus nach Frankreich, England, Schottland, die Niederlande, Polen und Ungarn. Die Eigenart der Reformation C.s, vor allem das starke Interesse an der Reformation des Lebens über die der Lehre hinaus sowie der rhetorisch-lehrhafte Zug seines theologischen Werkes, kamen den Bedürfnissen der Zeit entgegen. Die krisenhafte Grundwahrnehmung der Menschen angesichts des Niedergangs der mittelalterlichen feudalen Welt und der Formierung der frühmodernen Territorialstaaten konnte im Calvinismus eine ihrem Ordnungsbedarf entsprechende Gestalt des Christentums finden. C.s Hochschätzung von Vernunft und Wissenschaft sowie sein konzentriertes Bemühen um ein umfassendes Verständnis der Hl. Schrift trug maßgeblich zum Aufschwung der Wissenschaften bei. Die spezifische Verbindung von strenger Ausrichtung auf die Ehre Gottes und Weltgestaltung hat sich in fast allen Kulturbereichen und im Wirtschaftsleben fruchtbar ausgewirkt. Darüber hinausgehend einen Zusammenhang zwischen bestimmten calvinistischen Lehren und dem Aufschwung des Kapitalismus anzunehmen, wie das Max Weber getan hat, bleibt jedoch ohne Nachweis.

Christoph Strohm

Cap(p)ellus, Ludovicus

Louis Cappel; geb. 15. 10. 1585 bei Sedan; gest. 18. 6. 1658 in Saumur

Das 17. Jh. ist mehr als nur die ›Vorgeschichte‹ der historisch-kritischen Bibelforschung, es ist die Epoche der entscheidenden Weichenstellungen für die moderne Bibelkritik. Das protestantische *sola scriptura*-Prinzip lenkte die Aufmerksamkeit auf den *sensus litteralis sive historicus* und warf zunächst in Allianz mit der humanistischen Kritik sehr wohl philologische und textkritische Fragen nach der Überlieferung des göttlichen Worts auf, die freilich durch das Insistieren der lutherischen Orthodoxie auf dem Dogma der Verbalinspiration vor allem des hebräischen Bibeltextes wiederum behindert wurden. Hier setzt um 1600 die biblische Textkritik an, zu deren Pionieren C. gehört. Nach den tastenden Versuchen der Katholiken Andreas Masius und seines Schülers Bento Pereira S. J. sowie der radikalen Verwerfung des hebräischen Textes zugun-

sten der griechischen Septuaginta und damit der Vulgata durch Jean Morin (Morinus) bringt das Werk C.' aus der Sicht der katholischen bzw. der nichtorthodoxen Kritik der Protestanten den entscheidenden Durchbruch in der Form einer philologisch, nicht kontroverstheologisch fundierten, geduldig abwägenden, freien Prüfung. – C. entstammt einer vornehmen Familie, der Vater Jacques, Seigneur du Tilloyen-Brie, Parlamentsrat in Paris, hatte sich den reformierten Hugenotten angeschlossen. Der Sohn studiert Theologie in Oxford und wird Pastor und Professor für Hebraistik an der Reformierten Hochschule von Saumur; sein älterer Bruder Jacques lehrt als Theologe an der Hochschule in Sedan, wo Bayle 1675 den Lehrstuhl für Philosophie übernehmen wird. Im Anschluß an Arbeiten des Rabbiners Elias Levita, der die Vokal- und Akzentzeichen des hebräischen AT den Masoreten des 6. Jh. zuschrieb, vertritt C. zunächst eine entschiedene Einschränkung des Inspirationsdogmas: Man müsse den hebräischen Textbestand selbst keineswegs aufgeben, aber derlei Zeichen seien rein säkulare Zusätze. Der ältere Buxtorf, große Autorität der Hebräischstudien in Basel, lehnt C.' Schrift *Arcanum punctationis revelatum* (Das aufgedeckte Geheimnis der Vokalzeichen) rundweg ab, Thomas Erpenius, ebenso prominenter Orientalist in Leiden, gibt sie 1624 heraus. Der jüngere Buxtorf hält in seinen Gegenschriften daran fest, daß die Punktation als Teil der authentischen Originalüberlieferung anzusehen sei. Die Debatte um eine Differenz von authentischer Offenbarung (inspirierter ›Urtext‹) und historischer Zutat (Überlieferung), die das orthodoxe Inspirationsdogma so erst hervorgerufen hatte, wird durch die Auseinandersetzung mit Morins *tabula rasa* vertieft und auf das NT ausgeweitet. C. schlägt zum erstenmal den Weg der wissenschaftlichen Textkritik ein, indem er alle erreichbaren Fassungen und Lesarten (*variae lectiones*) heranzieht (*recensio*) und so die Dynamik der Textüberlieferung herausarbeitet mit allen Fehlern, Verwechslungen und Verbesserungen, aber auch den Echtheitsbeweisen, wo sie rational plausibel scheinen. Die Ergebnisse legt er im Hauptwerk *Critica sacra* (Biblische Textkritik) ausführlich dar. Die Wahrheit über Gottes Wort sei durch den Aufweis der *multiplex varietas* nicht gefährdet, ja auch die textkritische Grundlegung der Exegese liege in Gottes Plan. Die von den Humanisten beförderte kritische Rationalität hält in die Theologie Einzug, und noch die Risiken werden theologisch aufgefangen. Das schon um 1640 vollendete Werk konnte nach Widerständen im eigenen protestantischen Lager erst zehn Jahre später erscheinen. C.' ältester Sohn Jean, katholischer Theologe und Oratorianer, mobilisierte dazu die Unterstützung von Morin, Petau und Mersenne. Gegen die Orthodoxen von Buxtorf d. J. (*Anticritica*, 1653) und Calov bis zu Löscher und Johann Gottlob Carpzov im frühen 18. Jh., die seine Wirkung in den deutschsprachigen Ländern lange Zeit blockierten, arbeitet C. an einem Kompromiß, der Schriftprinzip, Inspiration und die hebräische Überlieferung retten soll.

Herbert Jaumann

Capito, Wolfgang

Wolfgang Fabricius Köpfel;
geb. Dez. 1478 in Haguenau, Elsaß;
gest. 4. 11. 1541 in Straßburg

C. ist Straßburger Reformator und Hebraist. Er studiert in Ingolstadt (1501–04), Heidelberg (1504/05) und Freiburg i.Br. (1505–12), wo er 1515 Dr. theol. wird. Er ist Prediger bei den Benediktinern in Bruchsal (1512–15), im Basler (1515–20) und Mainzer (1520) Münster und bald darauf Kanzler des Erzbischofs Albrecht von Mainz (1520–23). 1521 wird er Probst des Thomasstiftes in Straßburg, wohin er sich erst 1523 zurückzieht, um bald darauf (1524) protestantischer Pfarrer der Jung St. Peters Kirche zu werden. 1516 steht C. Erasmus in seiner Ausgabe des NT bei, veröffentlicht ein zweibändiges Handbuch der hebräischen Sprache (1516/18), ist an der von Froben gedruckten Ausgabe der Schriften Luthers beteiligt (1518), Mitverfasser der *Confessio Tetrapolitana* (1530) und Hauptverfasser der auf der Berner Synode (1532) verabschiedeten theologischen Erklärung. Das Vorwort zur französischen Übersetzung der Olivetanbibel (1535) stammt von ihm. Er übersetzt ins Deutsche Erasmus' *Liber de sarcienda Ecclesiae concordia* (1533), schreibt einen deutschen und lateinischen Katechismus (1527) und Kommentare zu *Habakuk* (1526) und *Hosea* (1528). – C. ist Millenarist, befürwortet die Missionierung der Juden durch Christen und betont ähnlich wie Erasmus von Rotterdam die durch den Hl. Geist bewirkte gegenseitige Liebe und Einheit über die Lehrmeinungen, Zeremonien und das äußerliche Wort hinaus. Andererseits bestreitet er den freien Willen, und verwirft jede Haltung, die der weltlichen Macht gegenüber feindlich gesinnt ist oder die gesellschaftliche Ordnung gefährdet. Steht er bis zur zweiten Straßburger Synode (1533) den friedlichen Dissidenten freundlich gegenüber, so ändert er seine Haltung unter dem Einfluß Bucers und wendet sich sogar öffentlich mit einer Schrift gegen sie (1534).

Reinhard Bodenmann

Las Casas, Bartolomé de

Geb. 1484 in Sevilla;
gest. 1566 in Madrid

Der unermüdliche Vorkämpfer für die Bewahrung der Menschenwürde der Indios gilt heute als Ahnherr der lateinamerikanischen Befreiungstheologie. C. hatte sich zunächst allerdings selbst als

Feldkaplan und später Gutsbesitzer (*encomendero*) am kolonialen Projekt beteiligt (seit 1502). Abgestoßen von den Massakern an der Bevölkerung während der Eroberung Kubas (1512) bekehrt C. sich dann aber zu den Indios als den Armen Jesu Christi. Sie erscheinen ihm als »gekreuzigte Christusse«. In der Folge gibt er sein Landgut mitsamt der Indiosklaven zurück (1514) und tritt schließlich in den die Mißstände offen anprangernden Dominikanerorden ein (1522). – Die Conquistadores leiteten die Rechtmäßigkeit ihres Tuns aus der Entdeckung und der daraufhin erfolgten Schenkung der neuen Länder durch den Papst ab. Zudem galt die einheimische Bevölkerung ihnen als minderwertig. Die Gewalttätigkeiten suchten sie mit der Lehre vom gerechten Krieg zu legitimieren. Der zwischen der Neuen Welt und Spanien pendelnde C. erweist sich in dem sich an dieser Argumentation entzündenden Streit als geschickter Anwalt der Unterdrückten. In seinem ihm von der Krone verliehenen Amt als Schutzherr der Indios scheitert er allerdings ebenso wie bei seinen Versuchen einer friedlichen Evangelisierung und als Bischof von Chiapas am zähen Widerstand der Siedler. 1557 endgültig nach Spanien zurückgekehrt, erhebt C. weiterhin seine prophetische Stimme. Am Ende seines Lebens ist er überzeugt, daß es für die Indios besser sei, nicht evangelisiert zu werden, als weiter an das Kreuz des kolonialen Systems geschlagen zu werden.

Volker Küster

Castellio, Sebastian

Sébastien Chastillon (Chasteillon);
geb. 1515 in Saint-Martin-du-Fresne
(Dép. Aine, Savoyen);
gest. am 29. 12. 1563 in Basel

C. ist als Pionier humaner Toleranz einer der berühmtesten Außenseiter unter den unruhigen Geistern der frühen Neuzeit, ein ›Kämpfer gegen seine Zeit‹. Freilich kommt man nicht als Nonkonformist auf die Welt. Der gebürtige Bauernsohn aus einem Dorf bei Nantua in Savoyen erhält in den Jahren 1535–40 in Lyon, wohl dem lebendigsten Zentrum des Humanismus, des Buchdrucks und der Konflikte um die frühe Reformation in Frankreich, am Collège de la Trinité eine philologische Ausbildung in Griechisch und Latein und verkehrt in den Kreisen der Humanisten, Dichter und Theologen; anspielend auf den reinen Musenquell nennt er sich selbst bisweilen Sebastianus Castalio. Der Umgang mit den *evangéliques* und die Lektüre von Calvins *Institutio*, die 1536 in Basel erschienen ist, macht ihn zu einem Anhänger der so gefährlichen wie militanten neuen Ideen. Er geht nach Straßburg, einem nicht weniger offenen Treffpunkt von vielerlei Ideen und Doktrinen, der Stadt Bucers und des Pädagogen Johannes Sturm, der eben sein Gymnasium im Geist des evangelischen Humanismus gegründet hat, und schließt sich dem Reformator an, der aus Genf verbannt worden ist und sich einige Jahre als Flüchtling am Rhein aufhielt. Er wird zu seinem Mitarbeiter, ehe Guillaume Farel die Genfer Behörden davon überzeugt, C. 1541 zum Rektor des angesehenen Collège de Rive zu bestellen. Über das ehrgeizige Projekt des jungen Gelehrten, das NT neu ins Französische zu übersetzen, kommt es bald zu Differenzen mit Calvin, der das Imprimatur verweigert. Die *Dialogi sacri, latino-gallici* (Unterhaltungen über die Bibel) von 1543/45, für die Schulkinder der Stadt geschrieben, wurden zu seiner erfolgreichsten Schrift. Sie wurde auf den römischen Index gesetzt und bis gegen 1800 in mehr als 130 Ausgaben gedruckt. Für den Religions- und Lateinunterricht bestimmt, steht sie in der Tradition der humanistischen Schülergespräche von Petrus Mosellanus, Erasmus und Vives, als Dialogpartner treten aber nicht Schüler und Lehrer, sondern biblische Gestalten auf. Moralisch-religiöse, aber auch theologische Differenzen führen zum Bruch mit Calvin, dem entscheidenden Ereignis in C.s Leben. Er verliert seine Ämter und verläßt 1545 mit Frau und Kind unter Lebensgefahr den Gottesstaat der Reformierten wie manche vor ihm und danach. Er läßt sich in Basel nieder, wo er als Korrektor im Verlag von Johannes Oporin unterkommt, und erkauft die Sicherheit für Leib und Leben mit einer Existenz in bitterer Armut, die Montaigne später »die Schande unseres Jahrhunderts« genannt hat. Er hat Umgang mit anderen Glaubensflüchtlingen wie Celio Secondo Curione und dem niederländischen Täufer David Joris, der inkognito mit einer falschen Identität in Basel überlebte. Ihm selbst wird 1563 der Prozeß gemacht, er plant, nach Lausanne zu ziehen, und es ist möglich, daß sein Tod die Obrigkeit vor einer noch größeren Schande bewahrt hat. Erst 1553 erhält er eine Professur für Griechisch an der Universität. Er publiziert Übersetzungen der Bibel ins Lateinische (1551) und Französische (1555), die in Verbindung mit den ausführlichen Kommentaren zu den großen Leistungen der protestantischen Bibelhermeneutik zählen. Der profanen Philologie und Kritik gelten die Editionen und Übersetzungen von Xenophon, Herodot, Homer, Thukydides und Diodorus Siculus, die seit den vierziger Jahren in Basel erscheinen. Den größten Ruhm aber hat sich C. für seine Verteidigung geistiger Toleranz und die Kritik der Ketzerverfolgung verdient; er steht hier in einer Reihe mit dem älteren Zeitgenossen Sebastian Franck, der 1542 in Basel gestorben war, und etwa den Gegnern der Hexenprozesse im 17. Jh. Die Hauptschrift von 1554, *De haereticis, an sint persequendi* (im selben Jahr in deutscher Übersetzung: *Von Ketzeren / ob man auch die verfolgen solle*), entsteht in der Debatte um die skandalöse Hinrichtung des spanischen Juristen, Mediziners und Theo-

logen Miguel Servet, der als Wiedertäufer und Antitrinitarier verurteilt und am 27. 10. 1553 in Genf verbrannt worden ist. C. vertritt mit Hilfe zahlreicher Dokumente und Zitatbelege den Standpunkt, daß geistige Häresie mit dem weltlichen Schwert weder bestraft werden kann noch darf. Eine der eindrucksvollsten Formeln aber steht in dem postum erschienenen Traktat *Contra libellum Calvini*: »Einen Menschen töten, heißt nicht eine Lehre verteidigen, sondern einen Menschen töten« (Guggisberg 1997, 307).

Herbert Jaumann

Chakkarai, Vengal
Geb. 17. 1. 1880 in Madras
(heute Chennai);
gest. 14. 6. 1958 ebd.

Entscheidend für den Lebensweg von Ch. war seine eigene religiöse Erfahrung, die ihren äußeren Ausdruck darin fand, daß er sich am Ende seiner Studienzeit am Madras Christian College taufen ließ (1903). Mit diesem Schritt verband sich für ihn freilich weder eine pauschale Ablehnung seiner hinduistischen Tradition, noch Gleichgültigkeit gegenüber dem politischen Ergehen Indiens. Vielmehr wollte Ch. den christischen Glauben in Indien heimisch machen. – Das führte zu einer höchst eigenständigen Interpretation von Gestalt und Bedeutung Jesu. Besonders der Tod Jesu am Kreuz gewinnt auf dem Hintergrund hinduistischen Denkens eine neue Aussagekraft. Im Kreuz Jesu wird für Ch. erkennbar, daß nicht Stärke und Gewalt die Welt voranbringen und die Evolution bestimmen, sondern Leiden und Opfer. Es ist verständlich, daß im Kontext solcher Gedanken gerade Gandhis Form der politischen Aktivität attraktiv war. Ch. beteiligte sich aktiv an den von Gandhi geführten Aktionen der Non-Kooperation, und er zögerte nicht, als gelernter Jurist politische Verantwortung zu übernehmen. 1941/42 bekleidete er das Amt des Bürgermeisters von Madras. – Auch der Kirche wollte Ch. eine Gestalt geben, die indischer Tradition entsprach, was in der Gründung des Madras Christo Samaj und in der Mitarbeit in einem Kreis seinen Ausdruck fand, der das Christentum für Indien neu durchdenken wollte.

Friedrich Huber

Chakko, Sarah
Geb. 13. 2. 1905 in Trichur/Cochin; gest. 25. 1. 1954 in Lucknow

Ch., eine der bedeutendsten Frauen, die je aus der indischen Kirche hervorgingen, ist unter Hindus und Muslimen aufgewachsen, ganz in der Tradition der Orthodoxen Syrischen Kirche Südindiens erzogen und lernte später die Anglikanische und die Methodistische Kirche kennen. Ihr Engagement in diversen Gremien führte sie in die weltweite Ökumenische Bewegung. Ihr Verständnis für die Frauen vieler Länder befähigte sie, nachdrücklich für deren Belange einzutreten: Delegierte der Gründungsversammlung des Weltrates der Kirchen (ÖRK, 1948), Leiterin der Kommission »Leben und Arbeit der Frauen in der Kirche« (1950), Präsidiumsmitglied des ÖRK (1951). Ch. studierte von 1921–25 in Madras Englisch, Geschichte, Literatur, Volkswirtschaft, Völkerrecht, Pädagogik, 1936 in den USA Völkerrecht, Politikwissenschaft und Pädagogik. Ihre Lebensleistung besteht neben der herausragenden Bedeutung für die Ökumenische Bewegung in ihrem großen Einfluß auf die heranwachsende weibliche Jugend (SCM, YWCA). Schon als junge Lehrerin, ab 1945 auch als Direktorin des »Isabella Thoburn College« in Lucknow (Nordindien), ermutigte sie christliche Frauen, Verantwortung zu übernehmen und gemeinsam mit Frauen aus anderen Traditionen mündige Glieder der Gesellschaft zu werden (Überwindung des Analphabetismus, Erlernen eines Berufes). Ch. verzichtete auf eine eigene Familie; denn sie war sich dessen bewußt, daß die Frauen und Mädchen eine Zeit ungeheurer Umbrüche erlebten und wollte ihre ganze Kraft den Frauen in der Zeit der beginnenden Selbständigkeit Indiens widmen. Der ÖRK vergibt jährlich ein »Sarah Chakko-Stipendium«.

Barbara Roeber

Chateaubriand, Francois-René de
Geb. am 4. 9. 1768 in Saint-Malo; gest. am 4. 7. 1848 in Paris

Der aus dem bretonischen Provinzadel entstammende Ch. machte nach der Rückkehr aus der Emigration eine erstaunliche literarische und politische Karriere, die ihn zum Theoretiker der Restauration und zum wohl erfolgreichsten nachrevolutionären Apologeten des Christentums werden ließ. Sein Einfluß auf das romantische Christentum und auf die homiletische Praxis der restaurierten Kirche in Frankreich kann gar nicht überschätzt werden, obwohl ihn die offizielle Kirche deutlich auf Distanz hielt. Ch. entwickelte eine apologetische Strategie, die gegen das aufklärerische Religionskonzept die politische und kulturelle Legitimität der positiven Religion betonte. In den literarischen Schriften ebenso wie in den kulturphilosophischen und apologetischen Publikationen fällt seine eigenartige Verbindung aufklärerischer und romantischer Formen und Ideen auf. Vor allem der Erfolg der rasch populär gewordenen Romane *Atala* (1801) und *René* (1802) erklärt sich aus dieser Umsetzung aufklärerischer Versatzstücke. – Als die nachrevolutionäre Religionspolitik Napoleons den Ausgleich suchte, propagierte Ch. in seiner wichtigsten kulturpolitischen Schrift, *Le Génie du Christianisme ou beauté de la religion chrétienne* (1802) [=GCh], die überlieferte Religion gegen die Versuche der Revolutionsregierungen, die natürliche Religion der Aufklärung zur Grundlage eines offiziellen Kults zu machen. Dabei steht der moralische, ästhetische und soziale Nutzen des Christentums unter Zurücktreten aller dogmatischen Aspekte im Vordergrund. Ch. revidierte unter den neuen Umständen seinen in der Emigration publizierten Revolutionsessay (*Essai historique, politique et moral sur les révolutions anciennes et modernes* (1797, überarbeitet 1826), der noch ganz in der Tradition der Aufklärung der überlieferten Religion keine Zukunft mehr zugebilligt hatte. – Nunmehr sah Ch. allein in der überlieferten positiven Religion ein emotionales Potential, das der diagnostizierten Auflösung aller gesellschaftlichen Bande entgegengestellt werden konnte. Zum Leitbegriff von Ch.s Religionsschrift wird, wie in seinen gleichzeitig veröffentlichten Romanen, nicht mehr die Vernunft (*raison*), sondern das Geheimnis (*mystère*). Die politische, kulturelle und ästhetische Rehabilitierung der überlieferten Religion bleibt ambivalent und endet schließlich in ihrer Poetisierung. Die nachrevolutionäre Reflexion schwankt zwischen der nostalgischen Erinnerung an eine verlorene harmonische Gesellschaftsordnung und der Deutung des Christentums als entscheidendem und unentbehrlichem Faktor des kulturellen Fortschritts. Nirgendwo werden die Ambivalenzen der romantischen Religion deutlicher als in der von Ch. zur Perfektion getriebenen Interferenz politischer, ästhetischer und religiöser Sprache, die für die ganze Epoche bestimmend blieb. – Obwohl Ch. wiederholt darauf hingewiesen hatte, daß das GCh ausschließlich anthropologisch orientiert sei, wurde es häufig als theologischer Traktat gelesen. Ch. hat diesem Mißverständnis dadurch Vorschub geleistet, daß er die altehrwürdige Gattung der Apologie wählte, die den Autor

unvermeidlich theologischen Nachfragen aussetzte. Unter dem Eindruck des politischen Scheiterns der Aufklärung schien das GCh auf den ersten Blick nichts anderes als die Restauration der überlieferten Religion zu betreiben und die antiphilosophische Apologetik des 18. Jh. in aktualisierter Form wieder aufzugreifen. Der aufklärerischen Auffassung, das Christentum sei ein Hindernis in der Emanzipationsgeschichte der Menschheit, wird die Gegenthese gegenübergestellt, die historische Religion sei ganz im Gegenteil der Ausdruck der modernen Kultur schlechthin. Innerhalb der geschichtsphilosophischen Konstruktion des Fortschritts bleibend, verändert Ch. die Bewertung der positiven Religion mit nicht immer klar erkannten Folgen für den Religionsbegriff, die aus historischer Distanz die Faszination seiner Schrift ausmachen. Es bleibt unbestimmt, ob das Christentum als Fundierung oder nur noch als Ausdruck der Moderne in den Blick kommt. Die Moderne wird bei Ch. durch die Subjektivität charakterisiert, deren Entdeckung den weltgeschichtlichen Fortschritt des Christentums darstellt. Gleichzeitig verselbständigt sich die Beschreibung moderner Subjektivität aber zu einer Welterfahrung, in der das Christentum selbst ästhetisiert wird. – Ch. gab der spätaufklärerischen *sensibilité philosophique* eine entschieden negative Wendung, um sie der christlichen Dogmatik zu akkommodieren. Bezeichnenderweise ist die Lehre vom Sündenfall der einzige ausführlicher behandelte dogmatische *locus*, erlaubt er doch, Ch.s negative Anthropologie als Bedürfnis nach Religion zu explizieren. Die apologetische Strategie Ch.s beruht ganz auf dieser Voraussetzung. Gleichwohl ist die wiederholte Berufung auf Pascal kaum gerechtfertigt, denn Ch. entwirft eine historische Analyse moderner Welterfassung, die sich durchaus verselbständigt, ohne den Weg zu einer authentischen religiösen

Erfahrung zu öffnen. Die Begriffe *mélancolie* und *mystère* umschreiben den inneren und den äußeren Aspekt des konstitutiven Mangels der modernen Anthropologie, verwandeln ihn aber zugleich, ästhetisch umbesetzt, ins Positive. – Es ergibt sich der geradezu paradoxe Argumentationszwang, die Religion gleichzeitig als Begründung moderner Subjektivität und als Heilmittel dagegen in Anspruch nehmen zu müssen: Gerade hierin liegt freilich der innere Widerspruch des GCh, der der romantischen Ästhetisierung der Religion den Weg öffnete. Das GCh führt den Untertitel *Beautés de la Religion chrétienne* und kündigt damit seine Absicht einer poetischen Verteidigung der überlieferten Religion deutlich genug an. In der Wirkungsgeschichte der Religionsschrift haben stets die poetologischen Abschnitte eine entscheidende Rolle gespielt. Ch.s Poetik des Christentums läßt offen, ob der Akzent auf der Verteidigung des poetischen Nutzens des Christentums gegen die Vorurteile der Aufklärung liegt oder ob Ch. eine ästhetische Interpretation des Christentums intendiert, die bereits die objektive Distanz zur überlieferten Religion impliziert. Für beide Thesen lassen sich hinreichend Textbelege finden. – Ch. entwickelt eine Hermeneutik, die den Einfluß des Christentums in der Moderne auch dort nachweisen will, wo er auf den ersten Blick am wenigsten zu erwarten wäre. Schon im Revolutionsessay hat er die gesellschaftliche Notwendigkeit eines historisch gewachsenen Kults verteidigt, ihn allerdings dort noch mit der Notwendigkeit begründet, das einfache Volk zu erreichen, dem abstrakte Gedankengänge nicht zuzumuten seien. In der Religionsschrift wird nun dem christlichen Kult geradezu die Aufgabe zugewiesen, im Dissens zwischen Subjektivität und Objektivität, zwischen dem Einzelnen und der Gesellschaft zu vermitteln. In Ch.s Darstellung des Kults tritt ästhetische Emotion an die Stelle rationaler oder gar theologischer Interpretationselemente. Der poetisch interpretierte Kult gleicht defizitäre anthropologische Bedürfnisstrukturen aus. Fast unvermerkt und beiläufig zeichnet sich im GCh eine neue Begründung gesellschaftlichen Handelns ab, in der ästhetische und theologische Aspekte interferieren und die gerade in dieser Hinsicht für die politische Romantik des 19. Jh. kapitale Auswirkungen haben sollte. Unvermerkt gerät Ch. in das konservative Paradox, daß die Bemühung um geschichtliche Kontinuität den Verlust fraglos geltender Tradition dennoch voraussetzt. Ch.s Apologie des Christentums leitete eine Entwicklung ein, die von der umdeutenden Restitution altvertrauter christlicher Begriffe zu einer Poetisierung des Christentums und schließlich zum Konzept der ästhetischen Autonomie führte.

Reinhold R. Grimm

Cheikho, Louis

Luwīs Šayḫū; geb. 1859 in Mardin (Südostanatolien); gest. 1927 in Beirut

Nach einer humanistischen Schulausbildung an der Schule der Jesuiten in Ghazīr (nördl. von Beirut, die später in diese Stadt verlagert und 1875 Universität/Université Saint Joseph wurde) wurde Ch. nach Paris entsandt, um eine vielfältige Hochschulausbildung zu absolvieren, darunter in Philosophie, Theologie, französischen und klassischen Sprachen. Nach seiner Rückkehr begann Ch. an der o. a. Universität zu unterrichten. Früh zeigte er großes Interesse für die christlich-arabische Literatur, indem er sein Leben lang seine Landsleute und die europäische Welt auf die unerschöpflichen Schätze dieser Literatur und auf den bedeutenden Beitrag der Christen im Orient aufmerksam machte. Seine Leistungen auf diesem Gebiet sind unermeßlich, denn alles, was er unternahm, zielte darauf hin: So die Gründung der *Bibliothèque Orientale* der o. a. Universität, die das Arbeitszentrum der frankophonen Welt und der arabischen Intellektuellen vom Libanon und von den anderen Ländern wurde und bedeutende, auch handschriftliche Bestände beherbergte. Dann die Zeitschrift *al-Machreq* (*al-Mašriq*/ der Orient) im Jahre 1898, die von ihm gegründet wurde und eine immense Anzahl von Artikeln aus seiner Hand (fast ein Drittel) enthielt. Diese Zeitschrift hat die moderne arabische Renaissance maßgebend gefördert, Ost und West miteinander verbunden und die Rolle der christlichen Elite im Libanon und in der arabischen Welt im Dialog der Konfessionen und Kulturen hervorgehoben. – Er hinterließ ein riesiges Werk, das sich um folgende Gebiete dreht: religiöse und theologische Fragen, Diskussionsbeiträge, philosophische, schriftstellerische, historische und sprachliche Themen, Prosa und Dichtung. Alles erschien in der für die damalige Zeit besten Druckerei des Orients, der der Jesuiten (Imprimerie Catholique) in Beirut. Dieses große Werk ist in dem eben erwähnten Sinne zu verstehen, das die Leistung der christlichen Minderheit in der arabisch-islamischen Welt, von der vorislamischen Zeit an, deutlich machen wollte: Schon in seiner mehrbändigen Anthologie arabischer Texte *Maǧānī l-adab* (*Die literarischen Ernten*, Beirut 1882–83) und später in seinem Buch *Les poètes de la chrétienté* (*Šuʿarāʾ al-naṣrāniyya*, Beirut 1890) beabsichtigte er dasselbe. Dennoch stellt den Gipfel seiner Bemühungen in dieser Hinsicht sein dreibändiges, monumentales Werk *Le christianisme et la littérature chrétienne en Arabie avant l'Islam* (*al-Naṣrāniyya wa-ādābuhā bayna ʿArab al-Ǧāhiliyya*) dar, erschienen 1913, 1919, 1923, früher in Forts. in seiner o. a. Zeitschrift 1910 ff.). Hier erwarb sich der Jesuit große Verdienste, indem er alle möglichen Informationen, auch die der Archäologie und Epigraphik zu bewerten suchte, um die vielen Skeptiker, nicht nur im Orient, sondern auch im Westen, von seinen Grundsätzen zu überzeugen. – Jedoch wurde alles zu hastig geschrieben, zumal Ch. durch seine Herkunft, seine Erziehung, die christliche Umgebung, die sich mehr und mehr zu verteidigen hatte, nachdem das Osmanische Reich im Libanon immer strenger vorgegangen war, und sein persönliches Temperament zu Verallgemeinerungen neigte. So entstand der Eindruck einer nur teilweise durchgeführten Polemik oder sicherlich einer Apologetik des Christentums in Altarabien. All dies hinderte ihn daran, ganz objektiv zu sein, denn nur die peripheren Gebiete Arabiens, gegen Syrien vor allem und in einem geringfügigen Umfang gegen Mesopotamien zu, hatten starke christliche Impulse erfahren. Auf der Ebene der Ideen war die Prägung jedoch tiefer. Dies ohne Zweifel, dennoch fehlen die Texte, um es eindeutig zu bekräftigen (s. v. a. die Bibel). Ch.s Werk verdient nichtsdestoweniger Beachtung, da es viele Gesichtspunkte erhellt, solche Ergebnisse ermöglicht und den Forschern auf jeden Fall den Weg für weitere Investigationen ebnet.

Raif Georges Khoury

Comenius, Johann Amos

Jan Amos Komenský;
geb. 28. 3. 1592 in Nivnice (Ostmähren);
gest. 15. 11. 1670 in Amsterdam

»Alles, was ich für die Jugend geschrieben habe, habe ich nicht als Pädagoge, sondern als Theologe geschrieben.« Theologie und Pädagogik sind bei C. verwoben: Er verliert früh seine Eltern und besucht – als Waise von Verwandten aufgenommen – die Schulen der Brüderunität (Hus) in Strážnice und Prerau (Südmähren). 1611 immatrikuliert er sich an der Hohen Schule in

Herborn und studiert reformierte Theologie. Die Brüderunität unterhält keine eigene Fakultät, die deutsche Hohe Schule von Herborn ist darum auch die Ausbildungsstätte der Pfarrer der Brüderkirche Böhmens und Mährens. C.' Lehrer sind Johannes Piscator (Fischer, 1546–1625) und Johann Heinrich Alsted (1588–1638), beide Vertreter der reformierten Orthodoxie, wobei v. a. die Enzyklopädik Alsteds C. prägt. 1613 schreibt sich C. in Heidelberg ein, um beim Ireniker David Pareus zu studieren. 1616 wird C. zum Priester der Brüderunität ordiniert und gerät schon zu Beginn des Dreißigjährigen Krieges in dessen Wirren. An verschiedenen Orten als Lehrer, Pfarrer und Schulbuchautor tätig, flieht er mehrere Male vor den katholischen Truppen, verliert zweimal seine Frau, fast alle Kinder und mehrmals auch seinen ganzen Besitz. Er steht u. a. mit René Descartes in Kontakt und entwickelt eine frühe moderne Pädagogik, die die Entwicklung des Kindes berücksichtigt. Daneben vertritt er eine reformorthodoxe Theologie, die die Anliegen einer Verständigung der Konfessionen und die wissenschaftlichen Erkenntnisse der Zeit mit dem evangelischen Glauben zu vereinen sucht. Sichtbares Zeichen sind die Fragment gebliebenen Versuche seiner Pansophie *Allwissenschaft*. 1648 wird C. zum letzten Bischof der Brüderkirche ernannt, erlebt aber nurmehr deren völlige Zerstörung durch die Gegenreformation. C. flieht nach Amsterdam, wo er von 1656 bis zu seinem Tod bleibt. Hier vollendet er seine didaktischen Werke, arbeitet an seiner Pansophie, wird jedoch zusehends in die Streitigkeiten antitrinitarischer Splittergruppen (Sozinianer) hineingezogen.

Michael Baumann

Cranmer, Thomas
Geb. 2. 7. 1489 in Aslacton (Northampton);
gest. 21. 3. 1556 in Oxford

Als begabter Sohn eines verarmten Landedelmannes wird C. mit 14 Jahren auf die Universität von Cambridge geschickt, wo er sein Studium absolviert. Als seine erste Frau kurz nach der Heirat stirbt, widmet er sich ausschließlich der Theologie. In den zwanziger Jahren des 16. Jh. ist er in Cambridge Mitglied einer Diskussionsgruppe jüngerer Theologen (*Little Germany*), um die auch in England bekannt werdende Lehre Luthers zu studieren. Unter dem Einfluß der Reformation in Deutschland widmet sich C. dem Kirchenrecht und kommt bald zur Überzeugung, daß der päpstliche Supremat in der Kirche wider den Willen Gottes sei. Mit seiner Unterstützung im Nichtigkeitsverfahren der Ehe von König Heinrich VIII. mit Katharina von Aragonien beginnt für den bisher Unbekannten eine große Karriere in Kirche und Staat. Als ehrgeiziger Diplomat am kaiserlichen Hof in Deutschland lernt er 1532 den Nürnberger Reformator Andreas Osiander kennen, heiratet dessen Nichte (weil er Priester ist, hält er die Ehe jahrelang geheim) und akzeptiert nun vollkommen die Rechtfertigungslehre Luthers, ohne jedoch offiziell zum Protestantismus überzutreten. 1533 wird er unter dem Einfluß von Anna Boleyn und Thomas Cromwell zum Erzbischof von Canterbury ernannt. Als er die erste Ehe Heinrichs auflöst, ist der charakterlich zwielichtige C. zum beliebtesten und gehorsamsten Bischof des Königs aufgestiegen. Im Laufe der Jahre entfernt er sich jedoch immer weiter von der im allgemeinen katholischen Orthodoxie des Herrschers und nimmt auch Luthers Sakramententheologie an. Obwohl es dem König nicht bekannt wird, beschäftigt sich C. bereits mit der Zusammenstellung einer englischen Liturgie, die die überlieferte Messe ersetzen soll. Nach dem Tod Heinrichs (1547) nimmt er erstmals deutlich eine führende Stellung bei der Einführung der Reformation in England ein und ist gut vorbereitet. Für die ersten beiden Ausgaben des *Book of Common Prayer* ist C. maßgeblich verantwortlich. Als aber König Eduard VI. jung stirbt und seine streng katholische Schwester Maria den Thron besteigt, hat C., dessen Urteil seinerzeit die neue Königin für unehelich erklärte, natürlich wenig Hoffnung, den Thronwechsel zu überleben. Wie vorauszusehen war, wird er 1553 verhaftet und 1556 in einem Ketzerprozeß zum Tode verurteilt und läßt sich – plötzlich unsicher geworden – zunächst zu einem Widerruf seiner religiösen Einstellung verleiten. Als das Ende jedoch gnadenlos auf ihn zukommt, bekennt er sich auf dem Scheiterhaufen laut zum Protestantismus, was ihn zum bedeutendsten Märtyrer der anglikanischen Kirche macht. – C. veröffentlicht Zeit seines Lebens wenig. Sein 1550 verfaßte *Defence of the true and catholic doctrine of the sacrament* über die Abendmahlslehre ist gegen Stephen Gardiner, Bischof von Winchester, gerichtet. C. lehnt die katholische Lehre von der Transsubstantiation wie auch dem Meßopfer ab und glaubt an eine wahre geistige Gegenwart im Sakrament. Gardiners Antwort führt ein Jahr später zu einer weiteren Gegenschrift (*An answer unto a crafty cavillation by Stephen Gardiner*). C. ist auch fast eigenhändig für die neue englische Liturgie der reformierten anglikanischen Kirche verantwortlich, so wie sie in den *First and Second Prayer Books* (1549, 1552) zum Ausdruck kommt, und erstellt einen Großteil der Glaubensbekenntnisse von 1537 (*The institution of a Christian man*), 1543 (*A necessary erudition for any Christian man*) und 1552 (*Forty-Two Articles*). Als erster protestantischer Erzbischof der Kirche von England steht C. mehr unter dem Einfluß des spätmittelalterlichen Nominalismus als dem des Humanismus, was besonders in seiner Rechtstheorie zum Ausdruck kommt: im Gegensatz zum thomistischen Realismus vertritt er die Ansicht, daß das Recht dem Willen des menschlichen Gesetzgebers entspringt und nicht nur Reflexion des göttlichen Willens ist. Daher muß dem weltlichen Gesetzgeber Gehorsam geleistet werden, solange er nicht im direkten Widerspruch zur Hl. Schrift steht. Für ihn kann die Ablehnung des päpstlichen Supremats daher nur sofort zur Annahme des königlichen führen, was in der anglikanischen Kirche bis auf den heutigen Tag gilt.

Hans-Jürgen Feulner

Dante Alighieri

Durante da Alighiero di Bellincione d'Alighiero; geb. Mitte Mai 1265 in Florenz; gest. 1321 in Ravenna

D. wird gern als Erlebnisdichter mit erhabener Büste oder als konformistischer Metaphysikdesigner behandelt. Beiden Auffassungen ist entgegenzutreten. Zwar scheinen Werk und Leben D.s eng verbunden. Dies ist aber auf durchaus bewußte Stilisierung D.s zurückzuführen. So bezeugt er, als passionierte Figur in seiner *Comedia* auftretend, drastisch-realistisch erzählend, Widerfahrnisse im christlichen Jenseits. In der Jenseitsfiktion mit der ihr religiös eigenen Endgültigkeit werden Protagonisten des Lebens und dieses selbst als vieldimensionale Gesamtheit zugänglich. Dieser Vorgang folgt keiner Seinsordnung, sondern poetischer Anordnung: Liefert die irdische Welt Bruchstücke für eine Sprache, die (mit Vergil) über innerweltliche Realitäten hinauszielt, so kräftigt die Übereinstimmung von poetischer Inspiration und religiöser Begnadung den Zeichenprozeß immanent (Inbegriff davon ist seit dem Jugendwerk – *Vita Nuova* – Beatrice):

Amor mi spira (Purg. 24, 53). – D.s surreale Konstruktion der Anderen Welt macht Unmögliches möglich und Unwahrscheinliches selbstverständlich. – In der Rezeption tritt hinter dem Dichter der Denker D. oft zurück. Dies liegt wohl am fragmentarischen Charakter seiner theoretischen Schriften. Doch entspricht diese Form ihrem Gehalt, da es um unendlich erörterbare Themen geht *(De Monarchia; De vulgari eloquentia* – Über die Umgangssprache; *Il Convivio* – Das Gastmahl). Während die Scholastik diese Themen vollendend abzuschließen sucht, bleiben sie in D.s poetischer Logik offen: die Ordnungen von Staat und Gesellschaft – mit der Vorzugsstellung des Staates als vorläufiger Letztinstanz kollektiven Lebens, getragen von internationalem Recht und interkultureller Norm; die Zuordnung von weltlicher und geistlicher Herrschaft – mit der modern anmutenden Lösung funktional getrennter Bereiche; und schließlich die Suche nach der vollkommenen Sprache – mit hohem Einfluß auf die Bildung des neuzeitlichen Italienisch kreist sie zugleich um ein spekulatives Sprachdenken. – D.s poetischer Logik eignet ein Bewußtsein für die Kluft zwischen gedanklicher Bestimmung und tatsächlicher Bestimmtheit aller Ordnungen, zwischen Ideal und Leben. Hierfür darf man auf D.s politisches Leben verweisen, da dem politisch erfolglosen Verfolgten und zur Untätigkeit Verurteilten die Spannung zwischen Realität und Utopie, zwischen zerrissener Gegenwart und zukünftiger Vollendung aufs Bitterste deutlich gewesen sein muß. D.s Theologie betont die Brüche im Leben und sieht die Natur der Erkenntnis göttlicher Sprache eher als Epiphanie in Sprüngen denn als scholastische *summa*. – Angesichts von D.s intellektueller Physiognomie muß D.s poetische Sprache stärker als Erkenntnisarbeit bestimmt werden.

Christlicher Denker ist Dante als Dichter. Er sucht szientifische Neugier und erotisches Pathos, politische und persönliche Idiosynkrasie durch ein christlich-theologisches Wirklichkeitsverständnis zu läutern. Dieses verändert sich durch Einordnung solcher Elemente seinerseits, gewinnt aber durch seine Individualität zugleich lebensdienlichen Elan. (a) Der christliche Rahmen der *Comedia* besteht in der Anwendung der christlichen Jenseitsimaginationen, im Kriterienkatalog für die Plazierung im Jenseits und in der Auszeichnung des Erzähler-Ichs als religiös besonders begnadet (Inf. 2, Purg. 29 ff.). D.s christliche Energie beruht auf dem Anstoß durch die *memoria*, das Gedächtnis. Er erzeugt Gedächtnis, indem er dessen gedenkt, was niemand wissen kann: der unausgesprochenen und unaussprechlichen Gespräche mit den Toten. Liebe treibt dazu (manchmal in Gestalt von Haß), die Toten aufzusuchen, gute wie böse, und die Spuren ihres Lebens final auszusprechen. Dabei entstehen eschatologische Mitteilungen. Sie stellen die Geschichte der Gewesenen still, vergegenwärtigen sie. Dazu sind D.s ›Mitteilungen aus dem Jenseits‹ in der Lage, indem sie das absolute Urteilshaltung des christlichen Absoluten imitieren (nicht: sind). D. spricht nicht an Gottes Stelle, aber er spricht an der Stelle eines Gedenkens, das Gott in der Flüchtigkeit und Herrlichkeit menschlichen Daseins gesehen hat. Das Gedenken in seinen einzelnen Bildern ist bestimmt durch die Figur des *contrappasso*, des durch die göttliche Liebe hergestellten – im Gedicht stillgestellten – Ausgleichs, der die gelebten Leben antreibt, umgreift und erkennen läßt. Die konkrete Anschauung dieses Gedenkens ist in der epischen Erzählung das Gespräch mit den Toten. Es verdichtet deren Lebensspuren in kurze Worte, die D., als Figur seines Epos, hört und erfragt, Worte, die seine heilige Indiskretion provozieren, indem sie um Nachruhm buhlen (Inferno), Fürbitte erflehen (Purgatorio) oder aber aus erreichtem Heil überfließen (Paradiso). – Im Rahmen dieses Heilskosmos nimmt D. sich jedoch große Freiheit. So führt er seine Jugendgeliebte Beatrice als von der Gottesmutter persönlich für ihn bereitgestellte Reiseführerin, Retterin und himmlische Muse ein. Er stattet Figuren, die, nach kirchlichem Maßstab verdammt, kein Mitleid verdienen, mit Sympathiewerten aus (*Inf.* 10, *Purg.* 1 f.) – eine nonkonformistische Anwendung christlicher Barmherzigkeit. Die poetische Gerechtigkeit will sich hierin verwandt erweisen mit göttlicher Begnadung. D. nimmt auch die häretische Geschichtstheologie des Zisterzienserabts Joachim von Fiore in Dienst (*Purg.* 32, *Par.* 12). Dieser hatte Ende des 12. Jh. den baldigen Anbruch eines dritten christlichen Zeitalters gelehrt, genauer: die Formung einer Geistkirche, die sich von der real existierenden Institution deutlich abheben soll. Ähnlich eigenständig wie bei dieser Übernahme zeigt sich D. auch im ironischen Umgang mit orthodoxen und häretischen Theologen (*Par.* 10–13): Die Verfeindeten loben überkreuz Theologie und Mönchsorden des Gegners und reichen einander versöhnt die Hand zum Reigen, der einem kunstvollen Uhrwerk gleicht (*Par.* 10). (b) Politisch-Theologischen Sinn dokumentiert D. im Umgang mit den Ordnungen, die um 1300 in den Wirbel starker zentrifugaler Kräfte geraten. So spalten die aufkommende Geldwirtschaft und das Autonomiestreben eher kleiner politischer Einheiten die tragenden, durch Kampf gegeneinander ihrerseits geschwächten Institutionen. Die Realität zerstört schließlich Herrschaftsmetaphern und mit ihnen subtile kulturelle und soziale Orientierungsmuster. Konkurrierende Rechtsauffassungen und einander ausschließende politische Modelle, teilprivatisierte Universitäten und wetteifernde Handelsorganisationen erzeugen viele kleine Zentren in der bis dahin interkulturell geprägten Öffentlichkeit. – In dieser Be-

ziehung erscheint D.s *Comedia* unter anderem auch als ein Kompendium des kulturellen Orientierungswissens: urban bis in die – häufig als Landschaften verstandenen – Stadtviertel und Gärten, Sackgassen und Winkel seiner Spielräume zeigt der Text die wachsende Dominanz städtischen Lebens in Bildern von schiebenden und sich drängenden Massen (*Inf.* 5, 8, 18, 28 f., *Purg.* 2, 10, 13, 18). D. spricht das Wissen seiner Zeit in metaphorischen Eruptionen neu aus, um infernalische Wirrnis und Desorientierung zu läutern. Dabei nimmt er schlechthin alles persönlich, was in seiner Weltzeit geschieht, und annektiert es – ein poetischer Imperator – für sein Konzept: Sarkastischer Zorn ersinnt Höllenstrafen für die sozioökonomisch bestimmten Ausdifferenzierungen von Sünde (*Inf.* 11, *Inf.* 17–31: eine Phänomenologie des Betrugs in städtischer Zivilisation); florentinischer Verfassungspatriotismus erzeugt Lob- und Strafreden auf verschiedene Politikmodelle (*Inf.* 6, 12, 24, 29; *Purg.* 6, 7, 16, 20; *Par.* 15, 21, 29). (c) Der theologisch einschlägige Grundzug der *Comedia* ist in ihrer Auffassung von der Liebe als dem kosmischen, sozialen und ästhetischen Prinzip schlechthin, kurz: als der allerrealsten Realität zu sehen. Dies formulieren ausdrücklich der 17. und 18. Gesang des *Purgatorio*. Die Liebe »bewegt die Sonne und die andern Sterne« (*Par.* 33, 145), nie waren Schöpfer oder Geschöpfe je ohne sie, und sie hat auch am Inferno mitgeschaffen (*Inf.* 3, 6). In allen Kreisen des Daseins ist sie im Mittelpunkt, als wichtigstes Gut, als schönste Form und als soziales Band, sie wirkt aber auch am Rand der Ordnungen. Der Brand, der korrupte Kleriker verschlingt (*Inf.* 19), und das Feuer, in dem der Eros zur Caritas geläutert wird, sind Flammen von derselben Flamme. In der klaren Glut der *unio mystica* und in der eiskalten Asozialität der politischen und privaten Verräter differenziert sich derselbe *Amor*. Die harten qualitativen Unterschiede entstehen durch falsche Objektbesetzung und über- oder untertriebenen Eifer für das richtige Objekt (*Purg.* 17). Die Folgen dieser Verfehlungen bevölkern Inferno und Purgatorium; in den Himmeln erinnert man sich daran, daß Liebe nur als Passion erhebt (*Par.* 3–5, 9). Als Korrektiv zur Liebesmacht unabdingbar ist deshalb ausgleichende Gerechtigkeit. Ohne ihre strenge Form verliert sich die Liebe ans falsche Objekt oder verlegt sich aufs falsche Mittel. Begnadung durch Liebe ist aber das theologische Materialprinzip des Textes. (d) Nichts in der *Comedia* ist nur um des Stoffs willen da. Alles ist Form und erfüllt poetische Funktionen. Ein Beispiel dafür bietet *Inf.* 26: Im achten Graben des achten Höllenkreises treffen Vergil und D. auf hinterlistige Berater, die als sprechende Flämmchen zu ewigem Irrlichtern verdammt sind. Von einer doppelzüngigen Flamme erfährt D., daß sie Odysseus und Diomedes, epische Figuren Homers, beherbergt. Vergil mischt sich ins Gespräch mit einem Verweis auf sein eigenes Epos, die *Äneis*. Er bittet die Flammenseelen um Auskunft zu ihrer Todesart. Odysseus entspricht dieser Bitte, nicht ohne als treue Kreatur Homers zu betonen, daß ihm gegenüber Vergils Äneas epigonal wirkt. Dann erzählt Odysseus die Geschichte seiner im Schiffbruch endenden letzten Fahrt gen Westen. – Intertextueller Wortwechsel steigert die Realistik: Epischen Figuren werden Reden in den Mund gelegt, die sie in ihrem Stammtext nie hielten. Vergil spricht, als epische Figur D.s, von seinem eigenen Epos. D. tritt neben Epenfigur und Ependichter auf. So werden die Wirklichkeit der Texte und der Text der Wirklichkeit synoptisch lesbar und Odysseus' Suche nach den Weltgrenzen ist Bild der vielschichtigen Lesbarkeit von Realität.

Welche der zahlreichen deutschen Übersetzungen sind zu empfehlen? Entweder weichen sie vom Originalmetrum (Terzinen) ab oder vom genauen Gehalt der Verse. Da dieses Problem kaum lösbar ist, empfiehlt es sich, neben Gmelins Standardwerk (nichtreimende Übersetzung in Blankverse mit großem Kommentar) gereimte Übersetzungen nach *gusto* heranzuziehen. Auch Borchardts fiktiv-zeitgenössische Nachdichtung gibt viel zu denken. Die Herausforderungen einer Dantelektüre steigen in der Wiederholung an: »Bringt eine erste Lektüre nur Atemnot und eine gesunde Müdigkeit, so besorge man sich für die folgenden ein paar unverwüstliche Schweizer Nagelschuhe« (Mandelstam, 118). Das einzige abendländische Buch neben der Bibel, das ›göttlich‹ heißt, beschreibt einen Weg durch Abgründe, Verwerfungen und Erhebungen des Sprachumgangs. Er ist gangbar nur Schritt für Schritt. Spröde lächelt der Text seine Einladung zum Mitgehen. Man gehe geduldig oder gar nicht. Auch hierin ist D.s Weg der Nachfolge Christi zugedichtet.

Christian W. Senkel

Deissmann, (Gustav) Adolf
Geb. 7. 11. 1866 in Langenscheid/Lahn; gest. 5. 4. 1937 in Wünsdorf bei Berlin

D.s Arbeit und Bedeutung fällt in zwei völlig unterschiedliche Bereiche: die Erschließung der Welt der hellenistischen Papyri und Inschriften für das Verstehen des NT und die entstehende ökumenische Bewegung. Nach Studien in Tübingen und Berlin ist der Pfarrersohn selbst einige Zeit Pfarrer in Herborn, um 1892 als Schüler von G. Heinrici die Lizentiatenpromotion abzulegen (*Die neutestamentliche Formel »in Christo Jesu« untersucht*, 1892). 1897 auf einen Heidelberger Lehrstuhl berufen, wird D. 1908 Professor in Berlin. In einer Reihe bahnbrechender Arbeiten (*Bibelstudien*, Marburg 1895; *Neue Bibelstudien*, ebd. 1897) zeigt D., daß die sich vom klassischen Griechisch beträchtlich unterscheidende Sprache des NT kein sakrales »Bibelgriechisch« (oder »Judengriechisch«) gewesen ist, sondern weithin der normalen Umgangssprache der unteren Schichten entspricht. Zur Kenntnis dieser Gräzität zieht er in großer Zahl die oft erst kurz zuvor zugänglich gewordenen Papyri Ägyptens, aber auch Inschriften, Ostraka u.a. heran, Texte, deren Bedeutung er bleibend in die neutestamentliche Wissenschaft eingebracht hat. Zugleich erfolgt eine neue soziale Standortbestimmung des frühen Christentums als ausgesprochener »Unterschichtsbewegung« (*Das Urchristentum und die unteren Schichten*, ²1908). Höhepunkt dieser Arbeit ist *Licht vom Osten. Das Neue Testament und die neuentdeckten Texte der hellenistisch-römischen Welt*, 1908 (neubearb. ⁴1923), ein Werk, welches sofort die Aufmerksamkeit weiter Kreise findet und auch heute noch zu den lesenswerten und fast zeitlosen Klassikern der Exegese gehört (s. noch *Paulus. Eine kultur- und religionsgeschichtliche Skizze*, 1911. ²1925, wo auch D.s Thesen zur pln. Christusmystik zusammengefaßt sind). Das von D. anvisierte neue Wörterbuch zum NT auf der Grundlage dieser Erkenntnisse wurde später von Walter Bauer verwirklicht. Mit Beginn des Ersten Weltkrieges verabschiedet sich D. fast völlig von der historischen Arbeit und wird zu einem der führenden Vordenker der ökumenischen Bewegung. In unermüdlicher Reisetätigkeit, auf Konferenzen und in Publikationen arbeitet er für die ökumenische Sache. Für die Weltkirchenkonferenz für Praktisches Christentum Stockholm 1925 verfaßt er den offiziellen deutschen Konferenzbericht; seit 1929 ist er Mitglied des Ökumenischen Rates für Praktisches Christentum, einer Vorläuferorganisation des ÖRK.

Marco Frenschkowski

Denck, Hans
Geb. ca. 1500 in Heybach (Oberbayern); gest. Mitte November 1527 in Basel

Wie die unvollständigen Geburts- und Sterbedaten bereits andeuten, ist wenig über D. bekannt: Er wird teils den »Täufern«, teils den »Spiritualisten«, teils einfach dem »linken Flügel der Reformation« zugeordnet. Die Schwierigkeit einer eindeutigen Klassifizierung ergibt sich aus D.s eigenständiger Theologie, die zusehends auch sein Leben in Gefahr bringt. Nachdem was überliefert ist (weder über sein Elternhaus noch über seine Jugend ist irgendetwas bekannt) immatrikuliert sich D. am 10. 10. 1517 an der Universität Ingolstadt. Zwei Jahre später erwirbt er dort den Grad eines *baccalaureus*. Nach einem längeren Aufenthalt in Basel (ca. Ende 1522), zieht D. nach Nürnberg, wo er Rektor der Lateinschule wird, die mit der Sebalder Pfarrkirche verbunden ist. D. weilt noch nicht lange in Nürnberg, als 1524 zwei Lösungen zur Neugestaltung der Messe erscheinen. Propst D. Schleupner und A. Osiander lehnen beide Lösungen ab und führen eine neue Form der Messe ein. Aufgrund der von den beiden vereinbarten reformatorischen Neuordnung des Kirchenwesens verbietet D. seinen Schülern das Ministrieren in den Messen. Er kritisiert die reformatorische Rechtfertigungslehre, da sie die Menschen lediglich auf äußere Dinge (z.B. die Schrift, Predigt und Sakramente) verweise, nicht aber auf die eigene Erfahrung des Glaubens. D. sieht die Voraussetzung der menschlichen Erlösung nicht wie Luther in der Hl. Schrift, sondern im Wort Gottes. Da für ihn nur das Wort Gottes das Innere des Menschen erreichen kann, zählt alles andere (d. h. auch die Hl. Schrift) zum äußeren Bereich. Auf Anregung der Prediger verlangt der Rat eine schriftliche Äußerung, die D. in Form eines Bekenntnisses vorlegt. 1525 wird D. wegen seines *Nürnberger Bekenntnisses* seiner

Stellung enthoben und aus der Stadt verwiesen. Für ihn bedeutet dies die Trennung von seiner Frau, der Verlust seiner sozialen Absicherung sowie ein Leben im Untergrund. Der schnelle soziale Abstieg veranlaßt ihn jedoch nicht, sich durch Anpassung oder Anbiederung zu rehabilitieren. Das Gegenteil geschieht: 1527 werden auch in seinem Namen sieben Artikel an der Predigerkirche zu Worms befestigt. Wieder muß er aus der Stadt fliehen, doch es wird für ihn immer schwieriger, ein Versteck zu finden. Von Juni bis November flüchtet er von Basel, Zürcher Gebiet, Konstanz, Schaffhausen, Augsburg, Franken und wieder nach Basel zurück. Dort bittet er den Reformator Ökolampad, sich niederlassen zu dürfen. Die Bitte wird ihm gewährt, so daß D. noch kurz vor seinem Tod einen *Widerruf* verfassen kann. Seine letzte Schrift, die Ökolampad postum veröffentlicht, ist jedoch alles andere als ein Widerruf. »Sie ist in ihrer Prägnanz und eindeutigen Klarheit wohl die wertvollste von allen seinen Schriften« (Packull 1978, 128).

Ulrike Lange

Dibelius, Martin
Geb. 14. 9. 1883 in Dresden;
gest. 11. 11. 1947 in Heidelberg

D. wird im Studium außer von A. v. Harnack maßgeblich durch den Alttestamentler H. Gunkel beeinflußt. Dessen Gattungsforschung nimmt D., der 1906 mit einer alttestamentlichen Arbeit über die Lade Jahwes promoviert wird, in dem Buch *Die Formgeschichte des Evangeliums* (1919) auf. Hier verfolgt er das Wachstum der kleinen Einheiten, aus denen die Evangelien zusammengesetzt sind, um zugleich die Entstehung der Gattungen und das Motiv der Tradition aufzuzeigen. Er verweist auf die Predigt als das Mittel der Verbreitung der Jesusworte und auf die Mission als den Anlaß ihrer Sammlung.

Der Buchtitel gibt der neuen Forschungsrichtung, die unabhängig von D. auch R. Bultmann (1921) und K. L. Schmidt (1919) aufnehmen, bald den Namen »formgeschichtliche Schule«. In Kommentaren zu neutestamentlichen und frühchristlichen Schriften tritt das Interesse an Fragen urchristlicher Ethik in den Vordergrund und führt später zu einer grundsätzlichen Thematisierung des Verhältnisses von Evangelium und Welt. Das evangelische Ethos zielt primär auf die Verwandlung des Menschen, nicht der Welt. Alle Arbeiten D.' durchzieht eine religionsgeschichtliche Fragestellung. Die häufig dominierende Alternative eines eher jüdischen oder griechisch-hellenistischen Hintergrunds der neutestamentlichen Schriften wird zurückgewiesen. Wesentlich ist vielmehr, welche religionsgeschichtliche Gestalt das Aufgenommene hatte und wie es zum christlichen Glauben in Beziehung gesetzt wurde.

Friedrich Wilhelm Horn

Dionysios Areopagita
Pseudonym; lebte um 500

»Licht des göttlichen Dunkels« – in solchen Paradoxa dachte und schrieb einer der großen spätantiken Mystiker. Er gehört der Ostkirche an, und doch öffnete sich der lateinische Westen seiner eigentümlichen und andersartigen Geistigkeit in ganz besonderer Intensität. Heute ist davon nur mehr eines lebendig: D. war mit seiner Metaphysik von ›Licht und Dunkel‹ bestimmend für die Gotik, die man oft das ›Zeitalter der geistigen Schau‹ genannt hat, bestimmend für die »theoretisch-ideologischen Begründungen« gotischer Baukunst, deren »Theologie und Ästhetik des Lichts sich aus dionysischem Geist in architektonische Form übersetzte« (A. M. Ritter). Dieses ›zitierende‹ Umsetzen in Materielles – nicht so sehr Zitat in den Aufschriften eines Bauwerks – ist das Wesentliche;

man wird für die Gotik also, trotz bedenkenswerter Einwände aus jüngster Zeit, weiterhin sagen können: Ohne D. gäbe es keine Kathedrale.

Die enorme Wirkung des *Corpus Dionysiacum* ist offenkundig, Person und Leben des Verfassers jedoch entziehen sich dem forschenden Blick bis heute. Und das war Absicht: ›Dionysios vom Areopag‹ nannte er sich, suggerierte also, Zeitgenosse der Apostel zu sein, des Paulus Schüler und Konvertit vom Areopag, wo Paulus seine berühmte Rede vom ›unbekannten Gott‹ gehalten hatte (Apg 17,22–34) – und verlieh damit seinen Schriften die Autorität der Nähe Jesu. Dieser Anspruch überwog Jahrhunderte hindurch so manche Irritation, vor allem, daß kein Kirchenvater diese Schriften je erwähnte; – daß deren Inhalt D. als Neuplatoniker verrät (so die Hierarchien aus Triaden, die Schemata des intelligiblen und intelligenten Seins), war hingegen leicht erklärt: man sah in ihm, unter Umkehrung der Chronologie, die Quelle. Das Vertrauen auf die Echtheit stützten die schon frühen Kommentierungen und Übersetzungen (ins Syrische bereits vor 536, dann ins Armenische und ins Arabische) genauso wie die weit verbreitete Legende vom Martyrium des D. Den Zugang zum Westen aber eröffnete ein weiterer Irrtum: Ludwig der Fromme hielt den Areopagiten für identisch mit dem Schutzheiligen der Franken; er beauftragte daher um 832 Hilduin, den schwierigen griechischen Text ins Lateinische zu übertragen, und der Abt von St. Denis tat sein möglichstes; er schrieb zudem eine Biographie, die den Konvertiten, den Frankenapostel und den Verfasser des *Corpus* in eins setzte. Entscheidend förderte jedoch der wohl bedeutendste karolingische Gelehrte, Johannes Scottus Eriugena, die Kenntnis des D. mit einer Neuübersetzung und mit eigenen Arbeiten, die den tiefen Eindruck spiegeln, den D. auf ihn – ebenso wie auf Spätere – ausgeübt hat. D. wurde Anreger und starke geistige Kraft, vor allem der Mystik, in MA und Renaissance. Bedeutende Humanisten, wie Nikolaus von Kues und Marsilio Ficino, sahen in D. sogar den »größten Theologen«, weil er platonische Weisheit mit christlicher Wahrheit in idealer Weise vereint habe – ein Hauptkritikpunkt für den späten Luther (»er denkt mehr als Platoniker, denn als Christ«). Zweifler an der Echtheit wie Lorenzo Valla oder Erasmus blieben in der Minderzahl.

Ganz unbestreitbar steht D. am Ende einer langen Kette der Erkenntnissuche, für die die Lichterfahrung, zuerst von Platon philosophisch formuliert, zentral geworden ist. Den kaiserzeitlichen Platonikern war ›Licht‹ die transzendentale Wirklichkeit, die den Kosmos erschafft und den (wesensverwandten) menschlichen Geist ›erleuchtet‹, damit er die Wahrheit erkenne. Jedoch: ist der menschlichen Vernunft, in all ihrer Schwäche, Erkennen des Göttlichen überhaupt möglich? Diese Frage sucht D. zu klären in Auseinandersetzung mit der neuplatonischen Tradition, die er jedoch modifiziert mit Bedacht auf Wahrung christlichen Glaubens. Wesentlich ist sein offenkundiger Ehrgeiz, sich mit dem Denken des Heiden Proklos zu messen. – Auf dieser Grundlage errichtet D. einen mystischen Gottesstaat, dessen Bau, ein hierarchisches System mit streng geregeltem ›Vermittlungsprinzip‹, in vier Traktaten und zehn Briefen (die ›Kurzfassungen‹ einzelner Themen der Traktate sind) ausgeführt wird: Die *Himmlische Hierarchie* behandelt die intelligiblen Wesen, die Engel, die zwischen Gott und den Menschen vermitteln, und ihre straffe triadische Ordnung; auch Christus, als Gott Erleuchter der himmlischen Hierarchie, ist als Mensch dieser Vermittlung unterworfen. – Die *Kirchliche Hierarchie* deutet die Kirchenämter und die Sakramente; sie sind in Beziehung zur himmlischen Hierarchie gesehen, und doch fordert die Betonung der unterschiedlichen Grade an Reinheit, Erleuchtung und Vollkommenheit, sowie die Auffassung von Liturgie und Sakramenten als Symbole den Vergleich mit der Gnosis heraus. D.' Hierarchie-Vorstellungen sollten Grundlage für scholastische Debatten um Kirchenordnung und päpstlichen Primat werden (und Stein des Anstoßes für die Reformation); die himmlische Hierarchie galt aber auch als mystisches Vorbild für die monarchische Staatsordnung, im Frankreich des 12. Jh. ebenso, wie in der slavischen Welt noch des 16. Jh., wo Ivan IV. Groznyi (›der Schreckliche‹) D. als Autorität für den streng zentralistischen Staat und die Autokratie des Zaren anführen konnte. – Die *göttlichen Namen* untersuchen göttliche Attribute aus philosophischen Schriften und aus der Bibel, dem unantastbar-vollkommenen und zugleich geheimnisvollen Text, der durch die priesterliche Hierarchie (die ›Geweihten‹), ausgelegt werden muß; auch die Trinität ist göttlicher ›Name‹ (wodurch neuplatonische Emanationsdeutung vermieden wird). – Die *Mystische Theologie* kreist um ›geheime‹ Aussagen über Gott. – Paradoxa prägen, als einzig mögliche Form der Annäherung, D.' Gottesbegriff: Gott ist Sein jenseits des Seins; er ist vollkommen Selbstsein und zugleich Anderssein in seiner schöpferischen Aktivität; Gottes ›Hervorgehen‹ ist Differenzierung – die Trinität innere, die Schöpfung äußere Differenzierung; Schöpfung ist Selbstenthüllung Gottes, Offenbarung seiner Erkennbarkeit (alle Wesen sind ›Lichter‹, die Gottes Existenz bezeugen), zugleich aber ist Gott ›unerkennbar‹ und ›unsagbar‹. Daraus resultiert die Frage nach dem Verhältnis Gott-Mensch, von D. thematisiert in der Erörterung der mystischen *Vereinigung* mit dem Göttlichen: Sprach die Tradition vom göttlichen Intellekt als ›vollkommenem Licht‹, so geht D. den entscheidenden Schritt weiter: Gott ist für ihn transzendentes ›überlichtes Dunkel‹ (»Dun-

kel – aufgrund seiner Überhelle« [Beierwaltes]). Und anders als die platonische und gnostische Tradition – die der menschlichen Vernunft die Fähigkeit zuerkennt, durch mystische Transzendenz mit dem Geist in seinem reinsten Zustand eins zu werden – sieht D. einen wesensmäßigen ›Bruch‹: das ›göttliche Dunkel‹ entzieht sich völlig dem Erkennen; nur Annäherung, mystische Erfahrung des ›unfaßlichen und unaussprechlichen Urprinzips‹ in intuitiver ›Schau‹ ist möglich; selbst diese Erfahrung ist nur in Ausdrücken der sog. negativen Theologie (d. h. im Aufzählen dessen, was Gott nicht ist) mitteilbar. D.' Begriff ›Dunkel‹ umschreibt somit menschliches ›Nichtwissen‹ und wesensmäßige ›Unerkennbarkeit göttlicher Transzendenz‹ – und daran knüpft ein Nikolaus von Kues sein Denken, bereits mit seiner Erstlingsschrift über das ›Gelehrte Nichtwissen‹ (*De docta ignorantia*).

Christine Harrauer

Duns Scotus, Johannes
Geb. 1265/6 in Duns (?);
gest. 8. 11. 1308 in Köln

Den Ehrennamen »Doctor subtilis« hat man D. nicht zufällig zuerkannt: Sein theologisches Denken ist komplex wie kaum ein anderes. Dabei spielt neben der abstrakten Theorie auch die franziskanische Frömmigkeit eine große Rolle für ihn. Die Neigung zu den Franziskanern bringt er aus seiner Familie mit: Ein Onkel gehört dem Orden bereits in führender Funktion an, als D. mit fünfzehn Jahren eintritt. Während seines Studiums der Theologie in Oxford von 1288 bis 1301 wird er 1291 zum Priester geweiht. Hier und später auch noch einmal in Paris hält er die üblichen Vorlesungen über die *Sentenzen* des Petrus Lombardus. Hieraus erwächst ein Kommentar, den er als *Ordinatio* selbst zur Publikation vorbereitet. Darüber hinaus sind mehrere Mitschriften aus seiner Oxforder wie seiner Pariser Zeit erhalten, die das Bild seiner Lehre abrunden, aber auch weiter komplizieren. D. lehrt in einer Situation die von den großen Verurteilungen des konsequenten Aristotelismus (vor allem 1277 in Paris) geprägt ist: Er gehört zu denen, die die radikale Konsequenz ziehen, daß das Projekt der Harmonisierung von Christentum und heidnischer Philosophie gescheitert ist. Entsprechend scharf wird seine Kritik an einem unkontrollierten Aristotelismus. D. verwirft die Philosophie dabei keineswegs grundsätzlich – bis heute hat er sogar einen Platz in den philosophiegeschichtlichen Lehrbüchern, vor allem durch seine Lehre von der *distinctio formalis*, einer Hilfskonstruktion für die Universalienlehre, die in neuer Weise das Verhältnis der Allgemeinbegriffe und ihrer konkreten Verwirklichung bestimmt und dabei dem Einzelnen ein höheres Gewicht zuspricht als die bisher gängigen Theorien. Trotz solcher philosophischer Produktivität aber sieht er seine Hauptaufgabe darin, der Philosophie ihre Begrenztheit aufzuzeigen. Die natürliche Vernunft, so argumentiert er, kann nicht das letzte Ziel des menschlichen Lebens und Handelns aufzeigen, da dieses selbst ein übernatürliches ist, nämlich die ewige Seligkeit. Von hier aus bestimmt D. sein gesamtes Verständnis von Theologie. Theologie ist nicht eine theoretische, sondern eine praktische Wissenschaft, das heißt: Sie ist Wissenschaft vom Handeln des Menschen und von seinem Ziel. Dann aber ist eigentlicher Gegenstand der Theologie Gott, denn zum einen besteht die Seligkeit im Genießen Gottes (*fruitio Dei*), und zum anderen sind alle theologischen Wahrheiten in Gottes Erkenntnis enthalten und aufgehoben und die menschliche theologische Erkenntnis verdankt sich der Offenbarung Gottes. Der Tatsache, daß diese Offenbarung angemessen allein durch den Glauben, nicht aber

durch die natürliche Vernunft auf- und anzunehmen ist, entspricht es dann, daß D. gegenüber Thomas von Aquin auch in Gott nicht der Vernunft den Vorrang einräumt, sondern dem Willen. Diese Gottesauffassung wurde gerne als Voluntarismus kritisiert, doch geht es bei dem Gott des D. nicht um einen willkürlich handelnden Gott, denn Gottes Wille entspricht seinem Wesen und entspringt also letztlich der Gutheit Gottes. Näher kommt man einem Verständnis des Doctor subtilis, wenn man die Stoßrichtung bedenkt, die seine Überlegungen haben: Letztlich handelt es sich hier um eine Aktualisierung des augustinischen Erbes angesichts einer Situation, in der die konsequenten Aristoteliker in Paris ein Gottes- und Weltbild entworfen haben, in dem alles nach Notwendigkeit abläuft. Dem setzt D. eine Theologie der freien Souveränität Gottes entgegen. Diese konzentriert sich darin, daß bei D. auch zum ersten Mal die schon seit einiger Zeit gängige Unterscheidung von absoluter und gebundener Macht in Gott systematisches Gewicht erhält. Nach D. handelt Gott einerseits im allgemeinen regulär. Andererseits aber kann Gott sich jederzeit auch von den allgemein gültigen Gesetzen lösen, denn als oberster Gesetzgeber ist ihm das Gesetz so unterworfen, daß er es jederzeit, auch momenthaft umstürzen kann. Wichtigster Anwendungsfall hierfür ist die Rechtfertigungslehre, die bei D. im strengen Sinne als Akzeptationslehre zu verstehen ist: Gott unterliegt in der Rechtfertigung des Menschen keinen notwendigen Zwängen, sondern die Rechtfertigung eines Menschen geschieht aufgrund der freien Annahme des Menschen durch Gott. Trotz dieser Betonung der Souveränität Gottes ist die Heilssicherheit der Menschen freilich nicht gefährdet. Diese beruht darauf, daß Gott selbst sich an eine bestimmte Heilsordnung gebunden hat.

Der schottische Gelehrte, der mit dieser Dynamisierung des Gottesbildes und des Heilsgeschehens die Wende zum Spätmittelalter einläutet, ist zugleich auch ein Paradebeispiel dafür, daß selbst die größten Scholastiker keineswegs nur im Elfenbeinturm der Theorie saßen: Seine 1302 aufgenommene Pariser Lehrtätigkeit wurde kurzzeitig unterbrochen, weil der französische König Philipp der Schöne in seinen Kampf gegen Papst Bonifatius VIII. auch die Gelehrten der Pariser Universität hineinziehen wollte. D. verweigert aber die Unterschrift unter eine Petition des Königs gegen den Papst und muß daher die Universität vorübergehend verlassen. Freilich kann er schon bald wieder zurückkehren und 1305 auch zum Magister promoviert werden. Zwei Jahre später wechselt er nach Köln, um am dortigen Generalstudium der Franziskaner zu wirken. Doch bleibt ihm hier nicht viel Zeit, schon im folgenden Jahr stirbt er an der neuen Stätte seines Wirkens und wird an ihr begraben.

Volker Leppin

Ebedjesus

'Abdiso 'Bar Berika; geb. um 1250; gest. Nov. 1318

Über das Leben des E. wissen wir nicht viel. Er gehört der Hierarchie der Kirche des Ostens (sog. »Nestorianer« oder »Assyrer«) an. Als solcher hat er 1284/85 das Amt des Bischofs von Siggar und Bet 'Arbaje inne. Seit 1290/91 amtiert er als Metropolit von Nisibis und Armenien. Mit seinem gereimten Katalog der syrischen Schriftsteller geht er nicht nur als erster Literaturhistoriker der syrischen Literatur in die Geschichte ein, sondern stellt damit auch eine wichtige Quelle für die Erfassung dieser Literatur dar. – Darin nennt er am Ende seine eigenen Werke, die heute teilweise als verloren gelten. Erhalten haben sich neben einer Sammlung von 50 Gedichten (*Das Paradies von Eden*), deren Stil von

arabischen Vorbildern geprägt sein könnte, eine kurzgefaßte Sammlung der synodalen Kanones (ein Nomokanon), eine *Tafel der kirchlichen Rechtsordnungen und Gesetze* (ein Handbuch des ostsyrischen Kirchenrechts) und einige dogmatische Werke, deren bedeutendstes das *Buch der Perle über die Wahrheit des Christentums* ist, eine in den Jahren 1297/98 entstandene abschließende Darstellung der Theologie der Kirche des Ostens. Der Katholikos-Patriarch Jaballaha III. (1282–1317), ein Mongole auf dem Thron des Oberhauptes der Kirche des Ostens, der seine Stellung nicht unwesentlich seiner ethnischen Zugehörigkeit zu verdanken hat, kann E. zur Abfassung dieses Werkes bewegen. Der Zweck der Schrift wird im Auftrag des Patriarchen gleich mitgegeben: sie soll dem Patriarchen beim Unterricht zum praktischen Gebrauch in der Schule dienen. Aus diesem Grund sei sie in leichtverständlicher Sprache geschrieben und nicht umfangreich, hebt E. in der Vorrede hervor. Der Titel des Werkes ist nicht neu. Schon der Katholikos-Patriarch Timotheus I. (780–832) hat so sein Lehrschreiben an die Mönche des Klosters Mar Maron benannt. E. behandelt die Dogmatik in fünf Abschnitten (Gott, Schöpfung, Heilsökonomie, Sakramente, Letzte Dinge). Besonders interessant sind darin u. a. die Ausführungen zur Christologie und Mariologie. Maria sei weder »Mutter des Menschen« Jesus noch »Mutter Gottes«, sondern sie sei einzig richtig als »Mutter Christi« zu bezeichnen. Die Kirche des Ostens bekenne sich zu zwei Naturen und zwei Personen in Christus. Terminologisch ist auffallend, daß E. die Bezeichnung »Nestorianer« für seine Kirche kennt und benutzt, aber zugleich zurückweist: nicht sie sei Nestorius, sondern er sei ihr gefolgt. – Mit solchen Überlegungen weist das Werk des E. über die Jahrhunderte hinaus und trifft auf ähnlich geartete Überlegungen der Theologen der Kirche des Ostens im Prozeß der ökumenischen Gespräche heute, etwa bei den Treffen von Pro Oriente. Daß das *Buch der Perle der Wahrheit über das Christentum* darüberhinaus nichts eingebüßt hat von seiner Bedeutung als schlichtes Lehrbuch in den Schulen, bezeugt auch das Insistieren auf seiner ausschließlichen Verwendung in den Schulen der »lutherischen Nestorianer« (die bis dahin Luthers Kleinen Katechismus im Gebrauch hatten) seitens der Erneuerer der Kirche des Ostens in Persien vor dem Ersten Weltkrieg. E. verfolgte mit seiner schriftstellerischen Tätigkeit bewußt das Ziel, die syrische Sprache gegenüber der Kritik an ihr zugunsten der arabischen zu verteidigen als wesentliches Element der kirchlichen Identität der Kirche des Ostens. Daher verwundert es nicht, daß auch die Gedichtsammlung auf Wunsch des Katholikos-Patriarchen Jaballaha entstand. Noch heute ist die syrische Sprache von fundamentaler Bedeutung für das kirchliche Selbstverständnis der syrischen Kirchen.

Martin Tamcke

Ebeling, Gerhard
Geb. 6. 7. 1912 in Berlin

Die Frage nach dem *Wesen des christlichen Glaubens* geht den Menschen in seinem Menschsein an. Weil die Sprache des Glaubens nicht losgelöst von der Sprache der Welt zu Wort kommt, bedarf es einer *Theologischen Sprachlehre*. Das Bemühen um das rechte Verständnis und um das rechte Verhältnis von Gott und Mensch, Wort und Glaube, Wissenschaft und Verkündigung prägen das theologische Denken E.s. – Dem Studium in Marburg, Zürich und Berlin schließt sich 1938 die Promotion mit einer Arbeit zu Luthers Evangelienauslegung an. Ausgeführte *Lutherstudien* folgen diesen Anfängen später. 1946 habilitiert sich E. im Fach Kirchengeschichte und wird Professor in Tübin-

gen. Den Wechsel zur Systematischen Theologie sah E. der gesamttheologischen Aufgabe geschuldet. 1956 folgt E. dem Ruf nach Zürich. Nach kurzem Intermezzo (1965–68) in Tübingen kehrt er bis zur Emeritierung (1979) an den neuen Lehrstuhl für Fundamentaltheologie und Hermeneutik nach Zürich zurück. – Zentrales Werk E.s ist die dreibändige *Dogmatik des christlichen Glaubens* (1979). E. orientiert sich an einer relationalen Ontologie im Zusammensein von Gott, Welt und Mensch. Um dem notwendigen Ineinander von Glauben und Leben gerecht zu werden, bedarf es der Wiedergewinnung der Erfahrung für die Theologie. E.s Programm einer ›Erfahrung mit der Erfahrung‹, das sich durch seine Dogmatik ebenso wie durch seine vierbändige Aufsatzsammlung *Wort und Glaube* zieht, prägt die Theologie des ausgehenden 20. Jh. nachhaltig. – Im Wissen darum, daß die hermeneutische und fundamentaltheologische Suche nach dem Verstehen des Glaubens im Leben längst nicht erledigt ist, fordert E., daß Theologie immer neu getrieben werden, weil immer wieder neu gepredigt werden muß.

Doris Hiller

Eck, Johannes
Johannes Maier;
geb. 13. 11. 1486 in Egg/Günz;
gest. 10. 2. 1543 in Ingolstadt

E. ist *der* altgläubige theologische Gegner der reformatorischen Bewegung. Nach seinen Studien in Heidelberg und Tübingen wird er 1508 an die bayerische Landesuniversität in Ingolstadt als Theologieprofessor berufen: »Von der Hochschule und dem Schweiß des Schulbetriebs vermochte ich mich nicht zu trennen«, wird er später sagen. Zur schicksalhaften Wende seines Lebens wird, daß durch Indiskretion des Eichstätter Bischofs Gabriel von Eyb seine kritischen Anmerkungen zu Luthers Ablaßthesen in dessen Hände gelangen. Auf die »Spießchen« (Obelisci) E.s antwortet Luther mit »Sternchen« (Asterisci); Karlstadt mischt sich ein und verfaßt gegen E. 405 Thesen, eine Disputation wird vereinbart. Während Luther in seinen Thesen hierzu den Primat des Papstes auf gefälschten Dekreten aufgebaut und erst 400 Jahre alt sieht, hat nach E. die römische Kirche schon in den ersten Jahrhunderten die Oberhoheit innegehabt. Vom 27. 6. bis zum 16. 7. disputiert E. mit Karlstadt und Luther auf der Pleißenburg in Leipzig. Gegen Karlstadt verteidigt er die eigenständige Mitwirkung des menschlichen Willens gegenüber der göttlichen Gnade zu Werken des Heils; der Wille des Gerechten bringe auch allein aus sich nicht nur Sünde hervor. Gegen Luther verlegt er die Diskussion vor allem auf die Frage der Autorität des Papstes und der Konzilien und bringt Luther zu dem Eingeständnis, daß auch Konzilien in Glaubensdingen geirrt haben, wie man an der Verurteilung des Jan Hus sehe. – Seither ist E. in Schriften und Disputationen im ganzen süddeutschen Raum ein unermüdlicher Kämpfer gegen die Reformation. Die Differenz im Verständnis der Kirche rückt er in den Mittelpunkt seiner Auseinandersetzungen. 1521 begründet er in *De primatu Petri* aus Schrift und Tradition den Primat der römischen Kirche als gottgewollt, sein *Enchiridion locorum communium* (1525) gegen Melanchthons *Loci communes* ist die am weitesten verbreitete katholische Kontroversschrift seines Jahrhunderts. In *De sacrificio missae* will er den Opfercharakter der Messe begründen. All seine Schriften bringen eine Vielzahl biblischer und patristischer Belege, bieten aber oft mehr eine quantitative Aneinanderreihung als theologischen Tiefgang. – Nach der Leipziger Disputation wirkt er in Rom maßgebend an der Bannandrohungsbulle gegen Luther mit und ist anschließend mit deren Veröffentlichung in Deutschland betraut. Luther übergibt in Folge dessen sein Werk *Chrysopassus* neben dem kanonischen Recht und der Bulle öffentlich dem Feuer. Im Dienste des bayerischen Herzogs unternimmt E. weitere Romfahrten, um diesem dort Kirchenhoheitsprivilegien für eine wirksame Reform der Kirche in seinem Land zu erwirken. Im Dienste seines Landesherrn ist er auch am Augsburger Reichstag (1530) an der Ausarbeitung der katholischen Widerlegung (*Confutatio*) der *Confessio Augustana* beteiligt und zeigt in den schließlich gescheiterten Verhandlungen durchaus Kompromißbereitschaft. Der bayerischen Haltung entsprechend ist E. allerdings in späteren Jahren ein Gegner der kaiserlichen Versuche, mittels Religionsgesprächen eine Einigung in den Glaubensstreitigkeiten zu erlangen. – E. bietet in seinen Schriften eine Fülle von Quellenbelegen, steht also durchaus im Strom der neuen humanistisch ausgerichteten Theologie seiner Zeit. Durch seine denkerische Schärfe hat er seine Gegner zur Einnahme einer klaren Gegenposition gezwungen, ihrem Anliegen ist er oft freilich weniger gerecht geworden. Langfristig wirksam wurde, daß er die Auseinandersetzung auf die Fragen nach der Kirche und dem kirchlichen Amt gelenkt hat, also auf jene Problemkreise, die sich noch heute im ökumenischen Dialog als besonders sperrig erweisen.

Klaus Unterburger

Meister Eckhart

Geb. ca. 1260 in Hochheim (Thüringen); gest. vor dem 30. 4. 1328

Zusammen mit Johannes Tauler und Heinrich Seuse gehört E. zum Dreigestirn der sogenannten Deutschen Mystik, besser dominikanische Mystik genannt, da sie theologisches Gedankengut des Dominikanerordens, namentlich thomistisches, mit mystischen Ideen verbindet und hierin ihr eigentliches Charakteristikum findet. E. ist der Hauptvertreter dieser mystischen Richtung, und seine Wirkung ist nicht zu unterschätzen, die – vermittelt über das Gedankengebäude des Nikolaus von Kues (z. B. dessen Lehre von der *coincidentia oppositorum*) – bis in den deutschen Idealismus hinein reicht. Diese Wirkung gilt auch in Hinsicht auf die deutsche Sprache: Da von E. zahlreiche Schriften in Deutsch veröffentlicht wurden, erhielt das Deutsche einen gegenüber dem Lateinischen ganz neuen Stellenwert innerhalb der Theologie. E. wird um 1260 geboren; er stammt aus einem Hochheimer Rittergeschlecht. 15jährig tritt er in den Dominikanerorden ein, studiert an der Sorbonne, schließt das Studium 1302 mit dem Magistergrad ab und leitet danach ein Kloster in Erfurt. In Paris lehrt er ab 1311 als Magister (bereits 1293/94 als *Baccalaureus sententiarum*) Theologie und ist als Lehrer und Prediger in Straßburg und Köln (dort ab 1323) tätig. Er gerät über seine Lehre von der Seelengemeinschaft mit Gott in Häresieverdacht und hat sich in mehreren Prozessen u. a. in Köln und vor der Kurie zu verantworten. Der 1327 erfolgten Aufforderung zur Verteidigung durch Papst Johannes XXII. antwortet E. mit einer apologetischen Schrift, die 1329 durch eine päpstliche Bulle verurteilt wird; darin sind 28, z. T. aus dem Zusammenhang gerissene Sätze als häretisch indiziert. Erst seit der Kenntnis des gesamten, namentlich auch des lateinischen Schrifttums E.s (ca. seit der Mitte des 20. Jh.) und der mit ihr einsetzenden E.-Forschung ist eine revidierte Sicht seiner Theologie möglich. – Das Haupt- und Rahmenwerk E.s, das *Opus tripartitum*, ist unvollendet. Es sollte bestehen aus einem Thesenwerk (*opus propositionum*), das gleichsam den Verstehensrahmen für die beiden anderen Teile abgegeben hätte, einem Lehrfra-

genwerk (*opus quaestionum*) im Stile einer theologischen Summa und einem Auslegungswerk (*opus expositionum*) mit vornehmlich exegetischen Kommentaren und Predigten. Von großer Wirkung waren darüber hinaus einige Traktate, so die aus Gesprächen mit Erfurter Dominikanern hervorgegangenen *Reden der Unterweisung* und das zwischen 1308 und 1313 verfaßte *Buch der göttlichen Tröstung*. E.s theologischer Ausgangspunkt ist die völlige Selbstoffenbarung Gottes, die es zu rühmen und der es zu danken gilt. Diese Selbstmitteilung geschieht etwa in den Geschöpfen, die als Seiendes, als Dies-und-Das-Sein (*esse hoc et hoc*) am absoluten Sein teilhaben. Das Sein ist dort, wo es am vollsten, reinsten und mächtigsten ist, als Gott zu bezeichnen: Sein ist Gott. Gott ist das Denken als Fundament des Seins; damit ist das Denken dem Sein vorgeordnet. Der göttliche Geist hat also Vorrang gegenüber dem göttlichen Sein, was eine Konstituierung des Seins durch das Denken Gottes in einem zeitlosen Prozeß bedeutet. Dabei sind Gottesgrund und Seelengrund *actus primus*; Schöpferwille, Wahrheit und Wahrmachung sind dagegen Wirksamkeiten (*actus secundus*). – Noch ganz in der Tradition des christlichen Neuplatonismus lehrt E.: Im Urgrund wohnen Hervorgebrachtes und Hervorgehendes ein, die ansonsten zu unterscheiden sind. Alles Wirkliche ist im Ursprung als Idee oder Urbild enthalten. Der Mensch ist vernünftig und kunstbegabt und daher fähig, seine Idee als Licht in seinem Leben zu erfassen. Aus dieser metaphysischen Voraussetzung ergibt sich nun beinahe zwangsläufig die anthropologisch-theologische Konsequenz: Der Mensch, der die Vereinigung mit Gott anstrebt, hat dazu keine andere Möglichkeit, als sich von allen Bildern, auch und vor allem von den inneren Bildern freizumachen; dabei geht es nicht um eine Weltflucht im üblichen Sinne, sondern um die Anerkennung der Nichtigkeit des Eigenseins und die Konzentration auf das Sein Gottes. Alles Kreatürliche gilt es hinter sich zu lassen, um im Innersten ganz frei zu sein für die Ankunft der Gottheit. Diesen Zustand der Abgeschiedenheit kann E. auch Jungfräulichkeit nennen: »Juncvrouwe ist alsô vil gesprochen als ein mensche, der von allen vremden bilden ledic ist, alsô ledic, als er was, dô er niht enwas.« (Predigt Nr. 2). Durch diesen Eintritt in einen gewissermaßen vorsündlichen Zustand gelingt dem Menschen bzw. der Seele der Durchbruch zur wahren Gotteserkenntnis; selbst höchste Gottesprädikate wie Güte und Wahrheit werden dabei überwunden und Gott in seinem eigenen wahren Grund erfaßt: »Bekanntnisse brichet durch wârheit und güete und vellet ûf lûter wesen und nimet got blôz, als er âne namen ist.« (Predigt Nr. 6); ».. . sô ennimet si got niht, als er guot ist, si ennimet niht got, als er diu wârheit ist: si gründet und suochet vort und nimet git in sîner einunge und in sîner einoede; si nimet got in sîner wüestunge und in sînem eigenen grunde.« (Predigt Nr. 10). Wie E. die Kraft beschreibt, mittels derer diese Erkenntnis möglich ist, ist in der Geschichte der christlichen Mystik neu. In diesem Zusammenhang entwickelt er nämlich seine berühmte Lehre vom Seelengrund oder – unter diesem Namen ist sie noch geläufiger – vom Seelenfünklein (scintilla animae): »Ich hân underwîlen gesprochen, ez sî ein kraft in dem geiste, diu sî aleine vrî. Underwîlen hân ich gesprochen, ez sî ein lieht des geistes; underwîlen hân ich gesprochen, ez sî ein vünkelîn.« (Predigt Nr. 2). Weitere Bezeichnungen für den Seelengrund sind: Geist und Vernunft, Haupt oder Mann der Seele, Burg oder Bürglein in der Seele, Spitze des Geistes, Jüngling, der auferstehen soll. All diese Begriffe deuten auf die Einzigartigkeit und Unvergleichbarkeit des Seelengrundes hin sowie auf dessen Ungeschaffenheit; das mystische Paradox E.s diesbezüglich könnte auf folgenden Punkt gebracht werden: Ich werde sein, wo ich war, als ich nicht war. Im Seelengrund liegt die Ewigkeit des gottebenbildlichen Menschen beschlossen; aus dem Wissen um diesen Grund heraus ergeben sich das Streben und die Sehnsucht des Menschen, zu diesem Grund zurückzukehren. Zum Schluß läßt E. auch von den Bezeichnungen für den Seelengrund als reinem Hilfskonstrukt ab und bezeichnet das, was er damit hatte darstellen wollen, als »von allen namen vrî und von allen formen blôz, ledic und vrî zemâle, als got ledic und vrî ist in im selber.« (Predigt Nr. 2). Das Zurückziehen auf den Seelengrund ist also gleichzeitig ein Eintritt in die völlige Gottebenbildlichkeit. In dem Moment der unio geschieht eine Gottesgeburt in der Seele, so daß diese nicht mehr eigentlich menschlich, sondern göttlich ist. Diese Geburt geschieht nicht nach dem Willen des Menschen, sondern im Intellekt, ist daher auch kein ontologisches Gemeinsames von göttlichem und menschlichem Intellekt, sondern die Begegnung eines ungeschaffenen und eines geschaffenen Intellektes. Nur so ist es zu verstehen, daß der Seelengrund selbst der göttliche Rest in jedem Menschen ist, der auch nach dem Fall nicht verlorengegangen ist, sondern lediglich überlagert wurde von den Bildern der Welt. Gleichwohl erreicht der Mensch in diesem Leben nicht eine permanente Gottesanschauung. Die in der Gottesschau erreichte Gelassenheit ist kein Zustand oder eine Neigung, sondern sie ist ein immer wieder neu sich ereignendes Wortgeschehen; hier erweist sich E. einmal mehr als Schrifttheologe, denn nicht anders als im Hören auf das gepredigte Wort der Offenbarung geschieht die Menschwerdung des Logos im Menschen. Zudem (damit im unmittelbaren Zusammenhang zu sehen) steht allem menschlichen Sehnen und Streben die ewige Gerechtigkeit Christi gegenüber, die eine Gerechtigkeit Christi selbst ist und gleichzeitig uns gerecht macht. Gott bleibt trotz seiner steten Selbstmitteilung immer das Gegenüber, in der Nähe immer auch fern, ohne ein Anderes zu sein (*alius, non aliud*). Der Unterschied der Lehre E.s zur vorhergehenden Tradition ist gravierend. Zunächst handelt es sich bei E.s Weg nicht um einen solchen des Aufstieges, sondern des Abstieges. Der Mensch geht in sein Innerstes, seinen verborgensten Grund ein, um sein Ich zu verlassen, es darin aber nicht zu vernichten, sondern es in Gott untergehen zu lassen. Dann wird erstmals explizit nicht nur eine *vita contemplativa* propagiert; im Gegenteil ist auch und gerade in der *vita activa* eine Vereinigung mit Gott möglich, wo sie um des Nächsten willen ein Versenken in den Willen der Gottheit und ein Abgeschiedensein von dem ist, was die Welt diktiert. Die Gottesgeburt in der Seele zwingt nachgerade zu einer Fortsetzung im Lebensvollzug. Jedoch – und dies zeigt, wie sehr auch die Reformation bei allen zu beachtenden Unterschieden von E. beeinflußt war – ist die aus dem moralischen Lebenswandel resultierende Gerechtigkeit keine, die im Gericht zur Geltung gebracht werden könnte. Und schließlich sieht die *unio mystica* von Gott und Seele so aus, daß Gott in der menschlichen Seele geboren und darin der Mensch vergöttlicht wird (*Theosis*), ein Gedanke, den E. wohl im patristischen Schrifttum kennengelernt und weiterentwickelt haben dürfte. Es braucht nicht darauf hingewiesen zu werden, welch starken Einfluß hier die Vorstellung vom inkarnierten Logos nimmt. Jedenfalls rückt mit E. die Mystik weg von rein kontemplativer Vorstellung und von der *via negativa* in den Bereich von Aktivität und Personalität.

Athina Lexutt

Edwards, Jonathan

Geb. 5. 10. 1703 in East Windsor (Connecticut); gest. 22. 3. 1758 in Princeton (New Jersey)

Der tragische »Schleiermacher« Amerikas ist vorsichtiger Verteidiger der ersten großen amerikanischen Erweckungsbewegung. E. wächst im elterlichen Pfarrhaus in East Windsor mit intensiven Eindrücken aus der Natur auf, studiert in Yale Theologie und wird 1726 an der Seite seines einflußreichen Großvaters Solomon Stoddard Pfarrer von Northampton, Massachusetts. 1734/35 widerfährt seiner Gemeinde eine religiöse Erweckung, die E. in einem Bericht darstellt, der über Boston und London weite Kreise bis nach Europa zieht und auch in Deutschland gelesen wird: *A Faithful Narrative of the Surprising Work of God.* Danach sieht E. sich immer wieder genötigt, zu den umstrittenen Erweckungserscheinungen seiner Zeit Stellung zu nehmen (z. B. in *Religious Affections*). Seine differenzierte Auseinandersetzung mit dem Phänomen religiöser Erfahrung führt 1750 zur Entlassung. In Stockbridge, Massachusetts, betreut E. eine Gemeinde und Missionsstation (1751–57) und verfaßt seine wichtigsten theologischen und philosophischen Schriften: *Freedom of the Will, Nature of True Virtue* und *End for which God created the World.* 1758 verstirbt E. plötzlich nach kurzer Amtszeit als Präsident des Colleges von New Jersey in Princeton. – E. bietet eine eigenständige Vermittlung kirchlicher Lehre und aufklärerischer Impulse unterschiedlicher Provenienz (I. Newton, J. Locke, N. Malebranche, G. W. Leibniz) vor dem Hintergrund drängender Fragen kirchlichen Lebens. Die komplexe Rezeptionsgeschichte E.' erlaubt Einblicke in die Selbsteinschätzung amerikanischer Spiritualität.

Caroline Schröder

Elert, Werner

Geb. 19.8.1885 in Heldrungen;
gest. 21.11.1954 in Erlangen

Die Theologie des seit 1927 als Professor
in Erlangen lehrenden E. ist geprägt von
der lutherischen Unterscheidung von
Gesetz und Evangelium. Der Kern dieser Unterscheidung besteht in ihrem
Offenbarungsbegriff: Gegen die Rede
von einer Selbstoffenbarung Gottes und
einer Offenbarung »an und für sich«
betont E., daß sich Gottes Offenbarung
nur in der Zwiespältigkeit von Gesetz
und Evangelium ereignet. Offenbart das
Gesetz die menschliche Schuld und den
Zorn Gottes, so das Evangelium Gottes
bedingungslose Liebe und Gnade und
die Rechtfertigung des Menschen. Der
Widerstreit von Gesetz und Evangelium
ist so nach E. für menschliches Erkennen unaufhebbar. Dabei betont E. jedoch, daß Gottes Liebe und Gnade sein
endgültiges Wort und Werk sind. Der
Einebnung des Gegensatzes von Gesetz
und Evangelium bei Karl Barth wird
von E. vehement widersprochen. – Nicht
zuletzt motiviert durch seine Kriegserlebnisse als Feldgeistlicher im Ersten
Weltkrieg ist es E.s Anliegen, die existentiellen Erfahrungen des Menschen, die
er als Erfahrungen mit Gottes in der gefallenen Welt laut werdendem Gesetz
deutet, zum Gegenstand der Reflexion zu
machen. Für die Bezeugung des Evangeliums ist es für E. unerläßlich, Bezug
zu nehmen auf die konkrete Lebens-
wirklichkeit des Menschen, der Adressat
des Evangeliums ist. Sind allerdings die
existentiellen Erfahrungen des Menschen Erfahrungen mit Gottes Gesetz,
das dem Evangelium entgegensteht, so
kann die Botschaft von Jesus Christus in
keiner Weise an sie anknüpfen, sondern
muß ihnen entgegengesetzt werden.
   Die Bedeutung E.s liegt darin, daß er
in der Frage nach der Vermittlung des
Evangeliums die Unterscheidung von
Gesetz und Evangelium bedacht hat.

Michael Roth

Erasmus, Desiderius, von Rotterdam

Geb. vermutlich am 27./28.10.1466/
69 in Rotterdam;
gest. am 11.7.1536 in Basel

Das umfangreiche Werk des E., eines
der berühmtesten Europäer der Neuzeit,
ist von derartig unterschiedlichen Geistern teils in Anspruch genommen,
teils bekämpft worden, daß seine Einordnung in vorhandene Kategorien
zwangsläufig immer wieder Schiffbruch
erleiden muß. E. wird gegen seinen Willen nacheinander zu einer Leitfigur von
Reformation, Gegenreformation, Aufklärung, Säkularisierung, Naturrechts-
lehre, Freidenkertum und Voltairismus;
er gilt vielen als Kirchenvater der anglikanischen Kirche und Wegbereiter
des II. Vatikanums. Er liefert sich erbitterte Auseinandersetzungen mit Luther
und anderen Reformatoren und landet
nach seinem Tod auf dem Index der
römischen Kirche. Bereits zu Lebzeiten
fühlt sich E. mißverstanden, und er verbringt einen großen Teil seiner letzten
Lebensjahre damit, gegen seine eigenen
Interpreten vorzugehen.
   E. ist ohne Zweifel der bedeutendste
Humanist des 16. Jh. Von der älteren
Generation der Humanisten, zu der seine Lehrer zählen, unterscheidet er sich
durch sein konsequentes Bemühen um
eine Verbindung antiker Bildung mit
christlicher Theologie, von der jüngeren
Generation – seinen eigenen, die Reformation vorantreibenden Schülern
wie etwa Melanchthon – dadurch, daß
er den Bruch mit der von ihm selbst so
hartnäckig kritisierten römischen Kirche nie vollziehen konnte und wollte. –
E. entstammt einer Theologenfamilie,
was in den Jahren vor der Reformation
eine »illegitime Geburt« bedeutet. Der
Priester, der sein Vater ist, stirbt wie
seine Mutter früh, so daß E. nach der
Kapitel-Schule in Deventer, in der er die
devotio moderna kennenlernt, zunächst
bei den Brüdern vom gemeinsamen Leben in s'Hertogenbosch und dann bei

den Augustinerchorherren im Kloster Steyn aufwächst. 1492 wird er selbst zum Priester geweiht, verläßt das Kloster jedoch im folgenden Jahr als Sekretär des Bischofs von Kamerijk. Den regen geistigen Austausch mit den Brüdern, mit denen er leidenschaftlich Kirchenväterstellen und klassische antike Autoren diskutiert hat, vermißt er bald, so daß er sich um einen Studienplatz in Paris bemüht. Dort studiert er zunächst eine nominalistisch geprägte Theologie, findet aber nicht dort, sondern bei den Pariser Humanisten eine geistige Heimat. Man stachelt sich gegenseitig zu neuen philologischen Höchstleistungen im Lateinischen an, E. veröffentlicht seine ersten Texte. Zunächst ist er zwischen diesen beiden Welten, den geliebten *bonae litterae* und den als lebensnotwendig erkannten, aber ungeliebten *sacrae litterae* hin- und hergerissen. Er verfaßt bissige Schmähtexte gegen scholastische Theologen, habgierige Priester, leere Zeremonien, absurden Aberglauben und kirchliche Gebote, die den wahren Geboten Gottes im Weg stehen (so die *Colloquia* und das satirische *Lob der Torheit*). Die fruchtbare Verbindung zwischen Philologie und Theologie, für die er berühmt werden soll, gelingt offenbar in den Jahren nach seinem ersten Englandbesuch 1499/1500. Voller Ideen und Energie reist er in dieser Zeit durch Europa und produziert dabei Werke wie das *Enchiridion* (Erstausgabe 1502/3), das für viele Zeitgenossen eine Anleitung zu einem verinnerlichten Christsein wird. Zu seinem theologischen Programm gehört aber noch viel mehr ein »zurück zu den Quellen«, das ihn mit großer Sorgfalt an Editionen und Übersetzungen von Werken des von ihm verehrten Hieronymus, Cyprian, Arnobius, Hilarius, Chrysostomus, Irenäus, Origenes, Ambrosius und Augustinus arbeiten läßt. Seine bevorzugten Wohnorte bis 1517 heißen Paris, Oxford, Turin, Bologna, Venedig, Padua, Rom, Cambridge, Basel, Brüssel und Antwer-

pen. In Basel erscheint seine sensationelle Ausgabe des NT, die zur Grundlage der reformatorischen Bibelexegese und später von Luthers Bibelübersetzung wird. Er wird zum Ratgeber Karls V. ernannt und korrespondiert mit den Großen dieser Welt – 2000 dieser Briefe sind erhalten geblieben. 1517 zieht er nach Löwen um, wo man nach erasmischen Grundideen das *Collegium Trilingue* einrichtet – mit einem auf Latein-, Griechisch- und Hebräischstudien basierenden *curriculum*. E. scheint am Ziel seiner Wünsche angekommen zu sein. Da tritt in Wittenberg ein Mönch auf den Plan der Weltgeschichte, dessen Thesen die erasmische Kirchenkritik zu wiederholen scheinen, auch wenn sie weniger elegant formuliert sind. E. mischt sich auf die vornehme Art des berühmten Gelehrten in die rasch eskalierenden Ereignisse ein: In der Vorrede zur 1518er Ausgabe seines Bestsellers *Enchiridion* nimmt er Luther ohne Namensnennung in Schutz und mahnt ihn wohlwollend zur Vorsicht. Die Gegner Luthers reagieren sofort und bemühen sich nicht sonderlich, zwischen den beiden genauer zu unterscheiden: Das konservative Löwen wird zum heißen Pflaster für E. Luthers *De captivitate Babylonica* von 1520 und die bald darauf verhängte Reichsacht zementieren dessen Bruch mit der Kirche. Von den romtreuen Löwenern immer stärker attakiert, flüchtet E. irritiert nach Basel. Ulrich von Hutten wirft ihm daraufhin vor, Luther im Stich zu lassen. E. sehnt sich in dieser Situation nach einer sachlichen wissenschaftlichen Auseinandersetzung und verfaßt 1524 die Schrift *De libero arbitrio diatribe*. Darin mahnt er u. a. zur Vorsicht im Gebrauch der biblischen Schriften, weil diese geheimnisvolle Tiefen enthielten, in die der Mensch nicht vordringen könne; den Reformatoren gesteht er die zentrale Rolle der Gnade in der Heilslehre zu, aber die Werke des freien Willens möchte er auch ein wenig (*nonnihil*) an der

Erlösung beteiligt wissen. Luther antwortet mit einer aus der Perspektive des existentiell betroffenen, suchenden Christenmenschen formulierten Gegenschrift *De servo arbitrio*, die in ihrer Kompromißlosigkeit vor allem zeigt, in welch unterschiedlichen Welten die beiden leben: Nicht nur ist für Luther der menschliche Wille ein Reittier, dem entweder Gott oder der Satan die Richtung angibt, auch bezeichnet er E. als »Sophisten«, wenn der die Bibelexegese nur in gewissen Grenzen zulassen möchte. E. wendet sich von Luther ab und findet von jetzt an kaum noch Freunde. Die Reformatoren werfen ihm Verrat an der durch die erasmischen Schriften erst möglich gewordenen Reformation vor, die Romtreuen belegen ihn mit den gleichen Repressalien wie die Reformatoren. 1529 treibt ihn die bis nach Basel vorgerückte Reformation ins römisch-katholische, aber von ihm als spießbürgerlich empfundene Freiburg; er kehrt deshalb 1535 nach Basel zurück, wo er im folgenden Jahr stirbt.

Ulrich Volp

Evagrius Ponticus
Geb. um 345 in Ibora am Pontus;
gest. 399

E. gehört zunächst als Lektor dem Klerus des Basilius von Cäsarea an und wird nach dessen Tod in Konstantinopel Schüler und Diakon Gregors von Nazianz, der ihn so sehr schätzt, daß er ihm, als er bereits Mönch ist, Kleider und Geld vererbt. Nach dem Fortgang Gregors aus Konstantinopel bleibt er für eine Weile dort als Theologe und Redner, bis sich ein gefährliches Liebesverhältnis mit einer vornehmen Frau anbahnt. Rechtzeitig sucht er das Weite und flieht zu Melania der Älteren und Rufin nach Jerusalem, wo er sich endgültig für das Mönchsleben entscheidet. Schließlich läßt er sich in der ägyptischen Wüste in einer Anachoretenkolonie nieder und erarbeitet, befreundet mit vielen berühmten Mönchen, ein reiches Werk an Lehre und Schrifttum. Den Lebensunterhalt verdient er sich als Schreiber. Nach fünfzehn entbehrungsreichen Jahren stirbt er zu Beginn des Jahres 399. – Die Flucht aus der städtischen Bewegtheit in die Ruhe der Wüste läßt sich als Symbol, wenn nicht sogar als existentielle Ursache und Antrieb für die beinahe gesamte schriftstellerische und geistige Arbeit des E. auffassen. Das Drama seines Lebens wird zum Drama der Welt und ihrer Erkenntnis. Ausgangspunkt ist die Kosmogonie des von E. hochgeschätzten Origenes. Die Welt entsteht durch den Fall freier Vernunftwesen. Grund und Sinn allen Seins ist die Erkenntnis des unverrückbaren dreieinen Gottes durch diese. Die Erkenntnis gerät in Bewegung; sie verfehlt das Eine, und das Vernünftige wird seelisch. Je nach Ausmaß der Verfehlung erschafft Gott unterschiedliche Körper für die Seelen, die nunmehr die Aufgabe wahrnehmen sollen, über mehrere Stufen der Betrachtung zur ursprünglichen Erkenntnis zurückzukehren. Die Rückkehr zu bewältigen, die letztlich nur dem Mönch möglich ist, und seine Erfahrungen lehrhaft mitzuteilen, sieht der zum Wüstenbewohner gewordene E. als seine verbleibende Lebensaufgabe an. Scharfsinnig analysiert er die seelischen Affekte und weist den daraus sich ergebenden Weg zum Ziel des Erkennens. Der Mensch soll ein Gnostiker im besten Sinn werden. E. vollendet gewissermaßen die Theologie des Origenes, indem er sie in Praxis und Übung verwandelt. – In seinem Bewußtsein arbeiten stets dieselben leitenden Ideen. Das Mönchtum beginnt mit dem Verzicht auf Ehe und Besitz. Der Unruhe der städtischen Geselligkeit ist sodann die Ruhe in der einsamen Zelle entgegenzusetzen. Wenn der Drang nach fremden Orten zum Erliegen gekommen ist und der Mönch nicht mehr um stille Seßhaftigkeit ringen muß, kann er die äußere Ruhe, die *hesychía*, verinnerlichen und zum Ziel der Leidenschaftslosigkeit, der *apátheia*, vorantreiben. Die Übungen faßt E. unter dem Titel der *praktiké* zusammen. Wenn das Leben von Erkenntnis ausgeht und in Erkenntnis münden soll, ist es natürlich, daß die monastischen Ideale des geistigen Wachseins und des Alleinseins eine deutlich intellektuelle Interpretation erfahren. Was sie gefährdet, sind Zustände des Bewußtseins, die nicht mehr Erkenntnis und Wissen sind, sondern Ablenkungen von der Wirklichkeit. In der Erkenntnis der Wirklichkeit bewahrt der Mensch seine Identität. Er existiert als Erkenntnis. Die Ablenkungen von der Wirklichkeit dagegen führen ihn auch von sich selbst fort. Sie ereignen sich hauptsächlich in den Formen der Vorstellung und der Erinnerung. Durch sie ist der Mensch versucht, dort sein zu wollen, wo er nicht ist, sei es räumlich oder emotional. Die Angriffe auf die Identität lassen sich von einem aufmerksamen Geist bis ins kleinste Detail aufspüren. E. ist zu intelligent, um einem plumben Aberglauben zu verfallen, aber er hält die Störungen der Identität doch für Dämonen. Als bezeichnend allerdings hat zu gelten, daß er diese Dämonen oder auch ihre Wirkungen Gedanken (*logismoí*) nennt. Er faßt sie in acht Hauptbegriffen zusammen: Völlerei, Unzucht, Habsucht, Traurigkeit, Zorn, Langeweile, Eitelkeit und Hochmut. Daraus wird sich später die Lehre von den sogenannten Todsünden entwickeln. Ist es dem Mönch gelungen, nicht mehr durch Vorstellung oder Erinnerung von sich selbst zu dämonischen Zuständen abgebracht zu werden, hat er mit der *apátheia* auch die Liebe erreicht und kann nun zur Erkenntnis des letzten Zieles, des Ausgangspunktes aller Wirklichkeit, fortschreiten. Die Gotteserkenntnis bleibt in der Kunst der Physik, der Betrachtung der Schöpfung, noch mittelbar. Im Gebet erreicht der Mönch die Theologie, die unmittelbare und personale Gotteserkenntnis. Zum reinen Vernunftwesen geworden, verfließt er zuletzt in Gott wie Wasser im Meer. – Um ein wahrer Mensch, das heißt Mönch, zu werden und zu bleiben, sind die Fähigkeiten der Vorstellung und Erinnerung nicht allein negativ zu bewältigen. Es gilt ebenso zu lernen, richtig zu denken. Das richtige Denken findet E. wie alle Christen nicht auf natürliche Weise, sondern durch Studium der Hl. Schrift. Durch Allegorese sieht er dort das wahre Leben im geistlichen Felsen Christus vorgebildet. Die Früchte seiner Meditationen legt er in etlichen *Kommentaren* nieder, meist knappen *Scholien*, die, anders als schulmäßige Kommentare, aus der biblischen Formulierung einen besonderen Wert für die eigene Person gewinnen lassen. Der Hl. Schrift entnimmt er auch die Mittel, mit denen die Dämonen zu vertreiben sind und die von diesen ausgelösten Leidenschaften zum Erliegen gebracht werden können. In einem *Antirrheticus* richtet er eine Waffenkammer aus Zitaten ein. Gegen jede dämonisierte Situation hilft ein Bibelzitat. Was dinglich genommen als magische Handlung verstanden werden könnte, ist in einer intellektualisierten Lebensanschauung die natürliche Praxis des menschlichen Geistes, der durch das Wort über die Empfindungen des inneren Leibes herrschen will. – Erkenntnis ist eine Frage der Kraft. Wer das Ziel der Erkenntnis noch nicht erreicht hat, kann durch gnostische Sätze zu falschen Vorstellungen verleitet werden. Ein feiner psychologischer Sinn läßt E. vorsichtig mit seinem Wissen umgehen. Nicht alles will er mitteilen, und vieles drückt er so aus, daß der unreife Leser ahnungsvoll ins Staunen gerät, aber noch nichts versteht. Man mag von der esoterischen Dunkelheit der *Kepháleia gnostiká* fasziniert sein, fühlt sich aber vom stillen Mönch doch ein wenig abgewiesen, wenn man in der *Epistula fidei* versichert wird, es gebe eine genaue Wissenschaft davon, wie Gott die Dinge vom Nichtsein ins Sein führt, ohne im geringsten zu erfahren, worin sie denn bestehe. – E. schreibt nicht von Anfang an als Seelenführer und Mönchslehrer. In einem frühen Schriftstück, jener *Epistula fidei*, die als Brief 8 in der Korrespondenz des Basilius überkommen ist, führt er vor Augen, welcher Standpunkt in der damals aktuellen theologischen Debatte zu vertreten sei. In der Ruhe der Wüste vollendet er die Dogmatik zu Mystik und entwickelt sich dabei zum Meister der Brachylogie, der Kunst der kurzen Rede. Wie sein Lehrer Gregor von Nazianz vermeidet er die Umständlichkeit breiter Prosa. Die Weisheiten sind häufig als Gnomen und *Sentenzen* formuliert. Sie sollen mehr zur Meditation anregen als unterweisen. E. ist der erste, der aus Vätersprüchen eine literarische Sammlung zusammenstellt, die über Jahrhunderte hin beliebten und weiterentwickelten *Apophthegmata patrum*. Und er erfindet die Form der sogenannten *Centurie*, eine Sammlung von meist je neunzig gehaltvollen Sentenzen, in denen er Ergebnisse seiner Studien, Erfahrungen und Intuitionen zusammenfaßt. – Als in seinen letzten Lebensjahren der erste Streit um Origenes ausbricht, scheint er nicht in die Auseinandersetzungen verwickelt zu sein. Später werfen ihm seine nachgeborenen Gegner geistigen Hochmut vor; die Lektüre seiner Schriften bereitet so manchem Mönch Schwierigkeiten. Im Jahre 553 wird er schließlich vom V. Ökumenischen Konzil verurteilt. Man will vor allem seine Christologie nicht dulden. Die Verurteilung führt dazu, daß nicht wenige seiner griechischen Schriften unter dem Namen des unangefochtenen Asketen Nilus von Ankyra gerettet werden oder nur noch in meist syrischen und armenischen Übersetzungen erhalten sind.

Franz Xaver Risch

Fell, Margaret
Geb. 1614 in Marsh Grange (Dalton); gest. 23. 4. 1702 in Swarthmoor Hall

F. war mit Thomas F. (gest. 1658) verheiratet und hatte aus dieser Ehe sieben Töchter und einen Sohn. Letzterer bekämpfte seine Mutter später, die Töchter dagegen wurden Predigerinnen in der Quäkerbewegung, die 1647 begann, als George Fox seine besondere Lehre vom Inneren Licht entwickelte und mit viel Erfolg auf Predigtreisen verbreitete. 1669, nach Jahren gemeinsamer Missionstätigkeit, wird F. schließlich ihn heiraten. Doch zunächst wird die frühe Begegnung mit Fox zum geistlichen Schlüsselerlebnis. F. stellt von nun an ihr Leben in den Dienst einer Religion der Innerlichkeit. Ihr Haus wird zu einem Zentrum des sog. Quäkertums, der *Society of Friends*. Mit der Lehre vom Inneren Licht ist die Grundlage für eine radikale Gleichbewertung von Männern und Frauen im Hinblick auf kirchliche Ämter gegeben – die traditionelle Unterordnung wird als unerlöster Zustand verurteilt. Zur Predigt ist berechtigt, wer des Inneren Lichtes teilhaftig ist; das Geschlecht spielt dabei keine Rolle. Diese neue Freiheit konnte Gefängnisstrafen zur Folgen haben: Auch F. teilte vier Jahre lang dieses Schicksal so vieler verfolgter Quäkerinnen und Quäker. Immer wieder setzte sie sich beim König für religiöse Toleranz ein, bis 1687 die *Declaration of Indulgence for all Nonconformists* schließlich die Freiheit brachte. Bereits 1653 hatte sie mit dem sog. *Kendal Fundus* die materielle Grundlage für die Predigttätigkeit der Mitglieder geschaffen. Als 1656 wieder Juden nach England durften, suchte F. den Dialog (u. a. *A Loving Salutation, to the Seed of Abraham among the Jews*). Gewiß war auch sie von dem Gedanken beseelt, die Juden für das Christentum zu gewinnen, aber für ein Christentum des »Inneren Lichtes«, das Juden und Christen bereits verband. 1660, nach der Verhaftung von Fox, verfaßte sie eine Verteidigungsschrift: *A Declaration and an Information from us the people of God called Quakers, to the present Governors, the King and both Houses of Parliament, and all whom it may concern.* F. erläutert die christliche Motivation der Quäker, die sich weigern, priesterlichen »Mietlingen« den Zehnten zu entrichten und beim Namen Gottes zu schwören, wie sie auch jede Ehrenbezeugung (das Abnehmen des Hutes, die besondere Anrede) gegenüber der Obrigkeit ablehnen. Sie entsagen aller Waffengewalt, auch gegenüber jenen, die sie grausam verfolgen. 1666, als insbesondere Quäkerinnen verfolgt wurden, verfaßte F. die Kampfschrift: *Women's Speaking Justified, Proved and Allowed of by the Scriptures, all such as speak by the Spirit and Power of the Lord Jesus* und erwies sich als feministische Exegetin vor ihrer Zeit: »Die, die gegen das Sprechen von Frauen sprechen, sprechen gegen die Kirche Christi; jene, die widersprechen, wenn die Macht des Herrn und der Geist des Herrn in einer Frau spricht, nur aufgrund ihres Geschlechtes, weil sie eine Frau ist, ohne auf den Nachkommen zu blicken und den Geist und die Macht, die in ihr spricht: solche sprechen gegen Christus und seine Kirche, und gehören zur Nachkommenschaft der Schlange, dem Sitz der Feindschaft.« Die Haltung zur Frauengleichberechtigung wird für die Quäker zum Prüfstein, wie ernst es ihnen mit der Gleichheit aller Menschen wirklich ist – und F. zögert nicht, gegebenenfalls auch ihren eigenen Glaubensbrüdern zu widerstehen. So ist die »Nursing Mother of Quakerism« zur Wegbereiterin der allgemeinen Frauenemanzipation geworden, die erst zwei Jahrhunderte später verwirklicht wurde, nicht zuletzt durch die späteren Quäkerinnen in der Frauenbewegung.

Anne Jensen

Ficino, Marsilio

Geb. 19. 10. 1433 in Figline (Valdarno); gest. 1. 10. 1499 in Careggi (bei Florenz)

Als Sohn eines Arztes tritt F. in die Fußstapfen seines Vaters und studiert, wahrscheinlich in Florenz, neben aristotelischer Philosophie Medizin. Zu seinen Interessen gehören jedoch auch die Schriften des Epikur, Plato und des Neuplatonismus, Augustinus und Thomas von Aquin. 1473 wird er zum Priester geweiht und anschließend Kanoniker an der Kathedrale in Florenz. Viel bedeutender allerdings ist seine Funktion als Haupt der Platonischen Akademie in Florenz, die er der engen Verbundenheit mit der Medici Familie – er war der Lehrer des Lorenzo – zu verdanken hat. Diese stiftet Lorenzos Großvater Cosimo 1459 in Anlehnung an die auf Plato zurückgeführte und von Kaiser Justinian 529 geschlossene Akademie. In ihr wirken auch griechische Gelehrte, die nach der Eroberung Konstantinopels (1453) nach Italien flüchten und zahlreiche, bis dahin in Westeuropa unbekannte Plato-Texte mitbringen. Es ist daher nicht verwunderlich, daß F. Plato übersetzt und kommentiert, und 1484 die erste vollständig in eine westliche Sprache übertragene Plato-Ausgabe veröffentlicht werden kann. Eine Plotin-Übersetzung folgt (1492 gedruckt). F.s Hauptwerk ist die 1482 erscheinende *Theologia Platonica.* – Daß F. als eigenständiger Philosoph und nicht nur lediglich als Übersetzer und Interpret gesehen wird, ist P. O. Kristeller zu verdanken. Er stellt Korrekturen und Neuerungen heraus, die F. seiner ontologisch orientierten Metaphysik hinzugefügt hat; sich an Plotins Modell anlehnend, verwendet F. eine Hierarchie der Substanzen, die von Gott zur Materie absteigen. Dabei legt er besonderen Wert auf die Seele, die Bindeglied zwischen Gott und Geist auf der einen Seite und Natur und Materie auf der anderen Seite ist. Die Aufgabe des Menschen liegt im Aufsteigen der Seele durch Wissen und Liebe, das letztendlich zu Gott führt. Da dies nicht zu Lebzeiten erreicht werden kann, postuliert F. die Unsterblichkeit der Seele. Sein Kommentar zu Platos *Symposium* bildet die Basis für die Theorie der spirituellen oder Platonischen Liebe, die besonders die Literatur im 16. Jh. prägen soll. Die Verringerung der Stufen hinsichtlich Plotin erklärt Kristeller mit F.s Interesse am »symmetrischen und an der Seele orientierten Aufbau der Welt.« Die Bedeutung der Symmetrie sowie überhaupt der Geometrie und Optik für F. stellt S. Otto heraus. Im Unterschied zu Kristeller erklärt er, daß die Metaphysik F.s auf dem Gedanken der »Funktionalität« beruht, und weist nach, daß F. am Anfang einer Ontologie des Funktionalismus steht; in zentralen Äußerungen, vor allem in der *Theologia Platonica* (aber auch in *De amore*) geht F. von Gegebenheiten der Geometrie und Optik aus und zieht daraus Schlußfolgerungen für den Aufbau der Welt. Dies bedeutet eine Umkehrung der älteren ontologisch orientierten Metaphysik, bei der das Sein als in seinen Strukturen gegeben angenommen wird. Hin und wieder allerdings gibt es noch Spurenelemente, die darauf hinweisen, daß F. Begriffe unreflektiert aus der philosophischen Tradition übernimmt (wie etwa die Vierzahl der Kreise in *De amore*), so daß man wohl eher dazu neigen muß, von einer funktionalen Metaphysik mit ontologischen Elementen zu sprechen. Trotzdem ist F. ein wahres Kind seiner Zeit und sein Werk ein Paradigma »philosophisch gewordener Renaissance.«

Jutta Vinzent

Finney, Charles Grandison
Geb. 29. 8. 1792 in Warren (Conn.); gest. 1. 9. 1875 in Oberlin (Ohio)

F. ist erster hauptamtlicher Evangelist und Erweckungsprediger in den USA. Der ehemalige Jurist wird nach einem autodidaktischen Bibelstudium als Pastor der *Free Presbyterial Church* ordiniert. Sein eigenes Bekehrungserlebnis nach einem harten Willenskampf prägt seine spätere erweckliche Tätigkeit. Das optimistische, der Commonsense-Philosophie entnommene Menschenbild wirkt sich auf seine Evangelisationsmethode aus, die durch seine Meinung der menschlichen Möglichkeit, sich für den Glauben entscheiden zu können, geprägt ist. Seine evangelistischen »Feldzüge«, die sich über mehrere Wochen mit allabendlichen Veranstaltungen erstrecken, sollen durch Predigten über Sünde und Gericht eine Entscheidung der Hörer zum Glauben herausfordern. Die so Angesprochenen nehmen zum Zeichen ihres Umkehrwillens und Glaubens auf der Bußbank Platz. Nach großen Evangelisationsveranstaltungen in Philadelphia (1827), New York (1829) und Boston (1831) wird er 1835 als Dozent an das Oberlin-College in Ohio berufen. Hier formt er seine Lehre von der christlichen Vollkommenheit aus, die durch den Empfang eines zweiten Segens (Geisttaufe) ermöglicht wird, und erhält großen Einfluß auf die angloamerikanische Heiligungsbewegung, die in der zweiten Hälfte des 19. Jh. auch einen starken Einfluß auf die Gemeinschaftsbewegung in Deutschland ausübt. Sein bedeutendster Schüler ist D. L. Moody.

Klaus vom Orde

Flacius Illyricus, Matthias

Matija Vlačič ; geb. 3.3.1520
in Albona (Labin)/Istrien;
gest. 11.3.1575 in Frankfurt/M.

Der Kroate F. ist die wohl markanteste und umstrittenste Persönlichkeit der lutherischen »Spätreformation« in Deutschland. Als Retter des Luthertums gerühmt und ob seiner wissenschaftlichen Leistungen zu Recht bewundert, wurde er in den letzten Lebensjahren zu dem von seinen Glaubensgenossen am meisten gehaßten Theologen; Lukas Cranach d. J. verlieh auf einer Dessauer Abendmahlsszene dem Verräter Judas seine Züge. – Eigentlich wollte F. in ein italienisches Minoritenkloster eintreten, wendet sich aber auf Empfehlung seines Onkels, des Ordensprovinzials Baldo Lupetino, nach dem reformatorischen Deutschland, das ihm zur Wahlheimat wird. Nach humanistischen und biblisch-philologischen Studien in Venedig, Basel und Tübingen kommt F. 1541 nach Wittenberg, wo Luther und Melanchthon seine Lehrer werden. Durch Luthers seelsorgerlichen Zuspruch aus dreijähriger geistlicher und seelischer Anfechtung befreit, wird er zum eifrigen und – wo nötig – eifernden Verfechter der reformatorischen Rechtfertigungslehre. Bereits 1544 erhält der 24jährige einen Lehrstuhl für Hebräisch in Wittenberg, doch schon bald beendet der Schmalkaldische Krieg die ruhige wissenschaftliche Arbeit. Aus Protest gegen das Leipziger Interim gibt F. 1549 seine Stelle auf. Die seit Luthers Tod von Melanchthon geführten Wittenberger Theologen haben sich in dieser Kompromißformel zwar nachdrücklich zur reinen evangelischen Lehre bekannt, aber zugleich der erneuten Unterstellung unter die bischöfliche Jurisdiktion und der Wiedereinführung katholischer Zeremonien und Feiertage wie der lateinischen Messe, der Firmung und letzten Ölung, dem Fasten und dem Fronleichnamsfest zugestimmt; dabei handele es sich um »Adiaphora«, ethisch neutrale »Mitteldinge«, in denen man um des Erhalts der Lehre willen Zugeständnisse machen könne. F. hält dieses Nachgeben für unzulässig: wo es um das Bekenntnis gehe, könne es keine Adiaphora geben. Von Magdeburg aus fechten die »Gnesiolutheraner«, die strengen Nachfolger Luthers um F. und Nikolaus von Amsdorf, mit einer Vielzahl scharfer Pamphlete im »interimistischen Streit« gegen die »Philippisten«, die Parteigänger Melanchthons. Nicht zuletzt der von ihnen geschürte Widerstand gegen das Interim bereitet den abermaligen Frontenwechsel des sächsischen Kurfürsten vor, der zum Augsburger Religionsfrieden von 1555 führt. In einem Privatbrief an F. gesteht Melanchthon seinen Fehler ein; die Konkordienformel von 1577 macht sich F.' Urteil über die Adiaphora zu eigen. – Verschiedenen Einigungsversuchen zum Trotz lassen sich die Differenzen zwischen Gnesiolutheranern und Philippisten jedoch nicht beilegen. An allen Auseinandersetzungen der folgenden Jahre ist der streitbare F. beteiligt. So bekämpft er im »majoristischen Streit« (1552–58) die mißverständliche Formel Georg Majors von der Notwendigkeit der guten Werke zur Seligkeit, ohne freilich die entgegengesetzte Extremposition Amsdorfs zu teilen. Zwar betreibt F. keine Fundamentalopposition gegen die Wittenberger, mit denen er etwa in der Abwehr der effektiven Rechtfertigungslehre Andreas Osianders verbunden ist, doch wirkt seine ätzende, den heutigen Leser oft befremdende Polemik stark polarisierend; die Entfremdung zwischen den beiden sächsischen Kirchentümern und das Scheitern des Wormser Religionsgesprächs von 1557 fallen auf ihn zurück. 1561 verliert F. wegen seiner Unversöhnlichkeit, vor allem aber wegen seines Widerstandes gegen die Errichtung eines herzoglichen Konsistoriums – für ihn ein unzulässiger Eingriff in innerkirchliche Belange –

die Professur für NT in Jena, die ihm erst 1557 übertragen worden ist. Von Kurfürst August von Sachsen mit bitterem Haß verfolgt, führt er mit seiner großen Familie fortan ein unstetes Wanderleben. Von 1562–66 hält er sich in Regensburg auf, wo er vergeblich die Gründung einer lutherischen Akademie für Studenten aus Südosteuropa betreibt; der Protestantismus soll die Völker des Balkans einen und an das europäische Geistesleben anschließen. Die letzten Sympathien unter den lutherischen Theologen verliert F. durch seine mißverständliche Erbsündenlehre. Bereits 1560 hat er in einer Weimarer Disputation gegen den Philippisten Viktorin Strigel mit der von Melanchthon gebrauchten aristotelischen Begrifflichkeit erklärt, nach Adams Fall sei die Erbsünde nicht nur ein Akzidens, sondern geradezu die Substanz der menschlichen Natur geworden; der Wille des Menschen könne daher bei der Bekehrung nicht mit der göttlichen Gnade kooperieren. Obwohl er zwischen der wesenhaft guten »substantia materialis« und der durch die Sünde bestimmten »forma substantialis« zu differenzieren sucht, unterstellen ihm seine Gegner, er sehe im gefallenen Menschen nicht mehr ein Geschöpf Gottes, sondern des Teufels; wegen »Manichäismus« wird er 1573 aus Straßburg ausgewiesen. Sein letztes Asyl findet F. im Kloster der Weißen Frauen in Frankfurt; sein Tod verhindert den Vollzug des Ausweisungsbefehls. Zwei Jahre später wird seine Sündenlehre in der Konkordienformel verurteilt. – Bleibende Anerkennung finden dagegen F.' wissenschaftliche Leistungen als Begründer der protestantischen Kirchengeschichtsschreibung und als Exeget. Gegen den katholischen Vorwurf, die reformatorische Lehre sei eine unrechtmäßige Neuerung, betonte F. die Übereinstimmung der Reformatoren mit der ursprünglichen apostolischen Lehre, die in der römischen Kirche zunehmend ver-

fälscht worden sei. In seinem *Catalogus testium veritatis* (1556, [2]1562) benannte er 370 »Wahrheitszeugen« aus allen Jahrhunderten, um die Kontinuität zwischen apostolischer Kirche und Reformation zu belegen. Eine ausführliche Entfaltung erfuhr dieses Geschichtsbild in dem von F. angeregten Gemeinschaftsunternehmen der sogenannten *Magdeburger Zenturien* (13 Bde., 1559–74), einer nach Jahrhunderten gegliederten, materialreichen kritischen Kirchengeschichtsdarstellung; bahnbrechend wurde die hier erstmals durchgeführte Anordnung des Stoffes in Sachrubriken. F.' exegetisches Hauptwerk war die *Clavis Scripturae Sacrae* (1567), die ein biblisch-theologisches Wörterbuch und sieben Traktate über Regeln der Schriftauslegung enthielt. Mit diesem Werk gelang es F., der mit seiner Identifizierung von Bibel und Wort Gottes die altprotestantische Lehre von der Verbalinspiration vorbereitete, die immer noch verbreitete Allegorese zugunsten exakter philologischer Arbeit zurückzudrängen; Dilthey und Gadamer zählen ihn zu den Pionieren der modernen Hermeneutik. Von seinen wertvollen Bibelkommentaren gelangte nur die *Glossa compendiaria* zum NT (1570) zum Druck.

Wolf-Friedrich Schäufele

Fox, George
Geb. 1624 in Drayton-in-the-Clay (jetzt: Fenny Drayton; Leicestershire); gest. 13. 1. 1691 in London

Ob dem linken Flügel oder der radikalen Seite der Reformation zugeordnet, steht F., der Gründer der *Society of Friends* (Quäker), innerhalb der Neuentdeckung von individueller Verantwortung und Verinnerlichung des Glaubens bei gleichzeitiger Suche nach Antworten auf die gesellschaftliche Herausforderung der beginnenden Industrialisierung und Demokratisierung der Gesellschaft. Als F. geboren wird, regiert noch ein Monarch von Gottes Gnaden, zwei Jahre vor seinem Tod hat die glorreiche Revolution dem Parlament die absolute Macht in die Hand gegeben, Könige zu erheben und abzusetzen. F. entstammt einer Webersfamilie, zur damaligen Zeit eine gehobene Profession innerhalb eines kleinen Ortes, F. selbst geht in die Lehre bei einem Schuhmacher. Mit 19 Jahren, während der Graf von Stamford junge Männer nach Leicester beordert, um sich in die Armee des Parlaments einzuschreiben, entscheidet sich F. nicht für den Kampf für Demokratie, sondern kappt seine früheren Bindungen und macht sich auf die Suche – nach London, in die Stadt, in der die religiösen und politischen Neuerungen bereits diskutiert werden können. Der äußere Weg wird zugleich zu einer inneren Entdeckungsreise. Nach langem Ringen mit sich selbst, er hat inzwischen auch die Presbyterianerkirche seiner Heimat hinter sich gelassen, gelangt er 1646 zur Erkenntnis des inneren Lichts des lebendigen Christus, das ihn von seinen Depressionen befreit. Verbunden mit der Selbstvergewisserung ist die Einsicht, daß die theologische Ausbildung in Cambridge und Oxford noch nicht dazu ausreiche, jemanden zum Diener Christi zu berufen. 1647 beginnt seine von der Kirche unabhängige Predigt, die die eigene Seele als Ort von Gottes Anwesenheit preist und zugleich die sozialen Konsequenzen aus solcher Unabhängigkeit zieht. Er attackiert Beamte und Juristen, die das Volk knechten oder seiner Güter berauben. Repressionen folgen. 1649 wird er in Nottingham inhaftiert, was sein Ansehen unter den zu einer Gruppe sich formenden *Freunden der Wahrheit* (später abgekürzt als *Freunde*) nur steigert. 1652 läßt er sich in Swarthmore Hall im Haus des Vice-Chancellors des Herzogtums von Lancaster nieder. Dessen Witwe Margaret Fell heiratet er Jahre später, 1669. Doch immer noch ist er Verfolgungen ausge-

setzt. 1656 muß er 8 Monate im Gefängnis von Launceston verbringen. Die Nachstellungen halten ihn nicht davon ab, in unzähligen Reisen die Idee der *Society of Friends* zu verbreiten. Er reist 1669 nach Irland, 1671/2 nach West-Indien und Nordamerika, 1677 und 1684 nach Holland, Reisen, über die er ein bis heute bewegendes Tagebuch führt. Predigt und Auftreten strahlen sein Charisma aus: »Wenn F. predigt, dann hüte deine Geisen!« Menschen schreien, sind erschüttert, seine Richter zittern (daher der Name »Quäker«) und, wie in pietistischen Zirkeln auf dem Kontinent, lassen sich die Freunde nicht von kirchlichen oder behördlichen Institutionen von ihren Treffen abhalten. Seine Frau notiert nach seinem Tod: »Dem allmächtigen Gott hat es gefallen, meinen teuren Mann diesem Übel der verdorbenen Welt zu entreißen, deren Bürger er nicht war, auch wenn er aus ihr gerufen wurde. Er hatte sein Leben und Sein in einer anderen Region, und sein Zeugnis stand gegen die Welt.«

Markus Vinzent

Franck, Sebastian

Geb. 20. 11. 1499 in Donauwörth;
gest. 1542 in Basel

Priester und Prädikant, Theologe und Seifensieder, Reformator und doch keiner, Buchdrucker und Buchhändler, Spötter und Ketzer, Kämpfer und Ireniker: von Luther als böser, giftiger Bube und oberflächlicher, hohler und schlechter Mensch beschimpft – so widersprüchlich und doch faszinierend präsentiert sich F. der Nachwelt. Er war umgetrieben, getreten und vertrieben, an keinem Ort zu Hause wegen seines Glaubens – und fand nur prekäre Ruhe in sich selber, in seiner inneren, apokalyptisch gefärbten Mystik der späteren Jahre. – Geistesgeschichtlich zur »Dritten Kraft« zu rechnen (er übersetzt

1534 das *Lob der Torheit* des Erasmus ins Deutsche; 1539 erscheint sein *Kriegsbüchlein des Friedens*, worin er zeigt, daß der Krieg nicht in das Reich Christi gehört) zählt sich F. selber zum »4. Glauben« (neben lutherisch, zwinglisch und täuferisch). Dieser 4. Glaube propagiert eine ewige Allegorie, wo alles Gleichnis, alles Sakrament Gottes ist; ein Sich-Ereignen Gottes (bzw. Christi oder des Heiligen Geistes) in den Dingen und Lebewesen. Das Innen (»Christus in mir«) gibt dem Außen seine Kraft. Diese Gedanken entwickelt er in seinem theologischen Hauptwerk, den *Paradoxa* (1534), katechismusartig und doch unsystematisch, da die Erscheinungen der Welt keiner Ordnung folgen. Seine hellsichtige Kirchenkritik (die Nachfolge Christi erweise sich im Leiden und daher seien die verfolgten Täufer wohl gottnäher!) führt geradewegs zu G. Arnolds Kirchengeschichtsschreibung. – F. ist frühzeitig (von den Theologen und den Humanisten) ins Abseits gedrängt worden. Dies schafft für die Rezeptionsgeschichte einige Probleme. Zum Glück ist jetzt eine Gesamtausgabe seiner Werke im Entstehen. Eines scheint aber jetzt schon sicher: F. ist (wohl über die Vermittlung des Pietismus) einer der Vorläufer des modernen religiösen Individualismus.

Werner A. Sommer

Francke, August Hermann
Geb. 22.3.1663 in Lübeck;
gest. 8.6.1727 in Halle/Saale

F. ist durch ein Ereignis geprägt: seine Bekehrung im Jahr 1687. Sie scheidet F.s Leben in seinen eigenen Augen in zwei Teile: einen unfrommen vor und einen erlösten nach der Bekehrung. Davon ausgenommen sieht er nur sein erstes Bekehrungserlebnis, das er im Alter von 11 Jahren durch das Vorbild seiner Schwester hatte. Seit diesem Alter liest er J. Arndt, der ihn sein Leben lang begleitet. 1679 beginnt er in Erfurt sein Studium und setzt es in Kiel fort. Sein Interesse liegt nicht allein auf dem Gebiet der Theologie, sondern auch der Philosophie, der Geschichte und der Sprachen. Er erlernt ab 1682 das Hebräische in Hamburg und legt die Grundlage für den Hebräischunterricht, den er in Leipzig gibt, um sein Studium zu finanzieren, und für seine Dissertation über Hebräische Grammatik 1685. Die damit verbundene Lehrerlaubnis nutzt er, um gemeinsam mit Paul Anton ein *Collegium philobiblicum* zu geben, das die für das Verständnis der Bibel notwendigen philologischen Kenntnisse der Studenten ausweiten soll. Durch Anton kommt F. in Kontakt mit Ph. J. Spener. Dieser versucht auf das *Collegium* Einfluß zu nehmen, damit es der geistlichen Erbauung diene. Zwar gelingt ihm dies nicht, aber F. ist von ihm beeindruckt. Die Verbindung zwischen F. und Spener soll in der Folge reiche Früchte tragen. Dies zeigt sich bereits bei der von F. vorgenommenen Übersetzung der *Guida spirituale* des Quietisten Miguel de Molinos (1628–96), die Spener unterstützt. Im Herbst 1687 erhält F. erneut ein Stipendium zur Fortsetzung seiner theologischen Studien. Dabei wird ihm zur Auflage gemacht, bei dem Superintendenten Caspar Hermann Sandhagen in Lüneburg insbesondere exegetischen Fragen nachzugehen. In einer Situation, in der er durch Spener und Molinos zu innerer Umkehr und Ruhe angeregt, mit seinen bisherigen Studien aber unzufrieden ist, soll er eine Predigt über Joh 20,31 schreiben. Situation und gestellte Aufgabe führen F. in die Glaubenskrise. F. stellt fest, daß er selbst den Glauben, den er in der Predigt fordern wollte, nicht hat. Er empfindet seinen eigenen Glauben nicht als lebendig, sondern eingebildet. Die schreckliche Konsequenz dieser Feststellung ist der Verlust der Gottesgewißheit. Zudem erkennt er, daß sein Leben voller Sünde ist: »Ich fühlte es gar zu hart, was es sei, keinen Gott haben, an den sich das Herz halten könne; seine Sünden beweinen, und nicht wissen, warum, ... sein Elend und großen Jammer täglich sehen, und doch keinen Heiland und keine Zuflucht wissen« (F. im *Lebenslauf*). Die Bekehrung erlebt F. als unerwarteten Einbruch. Plötzlich ist er Gottes gewiß: »Wie man eine Hand umwendet, war all mein Zweifel hinweg.« Aus seinem neu gewonnenen Glauben heraus ist es ihm möglich, die Predigt zu halten. Seit diesem Erlebnis ist sein Wirken durch das gewonnene Gottesverhältnis geprägt. Predigt, Gespräche über den Glauben, publizistisches und praktisches Wirken sind davon getragen und gehen von dem Wunsch aus, den Willen Gottes gegen alle Widerstände zu tun. Zu diesem neuen Sein gehört außerdem ein verändertes Verhältnis zu den Wissenschaften. Als F. 1688 zum weiteren Studium erneut nach Hamburg geht, will er nicht mehr den theologischen Doktor erlangen, vielmehr ohne die Hilfe wissenschaftlicher Literatur direkt die Bibel lesen. – 1689 wendet sich F., nachdem er längere Zeit bei Spener in Dresden verbracht hat, erneut nach Leipzig. Er hält Seminare über neutestamentliche Briefe und verbindet die Auslegung mit seiner Lehre von der rechten Frömmigkeit. Neben Studenten beginnen sich auch Leipziger Bürger für diese Unterweisungen zu interessieren, was zu Untersuchungen der kursächsischen Regierung gegen F. führt. Sie untersagt ihm im März 1690 die Veranstaltungen, F. geht als zweiter Pfarrer der Augustinerkirche nach Erfurt und beginnt im selben Sinn zu wirken: christliche Unterweisung von Kindern, denen Erwachsene folgen; Gespräche über die Bibel, Seminare für Studenten. Die Studenten läßt er als Hauslehrer in Familien arbeiten, so daß sie die pietistische Lehre verbreiten. Jedoch wird auch in Erfurt von Seiten der Pfarrerschaft und des Rates gegen ihn vorgegangen. Nach dem

Verbot pietistischer Tätigkeit wird er 1691 der Stadt verwiesen. Durch den Einfluß Speners und durch Kontakte zur Berliner Regierung erhält F. Glauchau, einen Vorort von Halle (Saale), als Pfarrstelle und eine Professur für griechische und orientalische Sprachen an der Universität Halle. Mit Rückhalt der Berliner Regierung beginnt F., sein pietistisches Programm in mehreren Bereichen umzusetzen. – *Zum einen* in der Glauchauer Gemeinde, der er als Programmschrift 1693 das *Glauchische Gedenkbüchlein* widmet: unsittlichen Lebenswandel straft er mit Verbot des Abendmahls und verlängert den Katechismusunterricht auf ein Jahr. Er wirkt auf die Heiligung des Sonntages hin. Im Zentrum steht der Gottesdienst und in ihm die Predigt. F. gibt Anweisungen dafür, wie die Gemeinde sich auf das segensreiche Hören des Wortes Gottes durch Buße und Gebet vorbereiten soll. – *Zum anderen* zeigt es sich in F.s Gestaltung des Theologiestudiums. Die Wissenschaft gilt als Äußerlichkeit. Wesentlicher Inhalt des Studiums ist das Lesen der Hl. Schrift und darum das Erlernen der alten Sprachen. Durch die Bibel gelangt der Student zur Kenntnis Christi. Dabei leitet ihn der Hl. Geist als Lehrer. Ziel des Studiums ist es, wie F. selbst bekehrt zu werden, um dann als Vorbild zu leben (vgl. *De Theologia Mystica*, 1704 und *Methodus studii Theologici*, 1723). – *Zum dritten* in den Glauchauschen Anstalten. Deren Entstehung beginnt mit der Armenfürsorge im Pfarrhaus, die F. zu kurzen Predigten benutzt. Jedoch ist F.s Interesse über diese geringe Zeit zur Vermittlung der ihm wichtigen Glaubenslehren hinaus gerichtet. Daher gründet er 1695 eine Armenschule. Diese wird auch bald von Kindern des Bürgertums besucht. Kurz darauf eröffnet F. eine Internatsschule, das Pädagogium, für Kinder des Adels und des Bürgertums. Noch im selben Jahr nimmt F. außerdem Waisenkinder auf, für die er, dank einer Spende, ein

Haus erwerben kann. 1697 kommt eine Lateinschule hinzu, die auf das Studium an der Universität vorbereiten soll. Die Lehrkräfte für die Schulen bekommt F. aus den Reihen seiner Theologiestudenten, die im Waisenhaus kostenloses Mittagessen erhalten, dafür aber unterrichten müssen. 1699 wird für sie eine Lehrerbildungsanstalt, das *Seminarium praeceptorum*, eingerichtet, 1707 um das *Seminarium selectum praeceptorum* zur Ausbildung von Lehrern für höhere Klassen erweitert. F. kann den gesamten Bildungsweg eines Menschen innerhalb des von ihm eingerichteten Bildungssystems von der Grundschule bis zur Universität begleiten und inhaltlich bestimmen. Dies ist durchaus so vorgesehen, denn F. hofft, die ihm wichtigen pietistischen Bildungsinhalte vermitteln zu können und so insgesamt auf eine Bekehrung der Gesellschaft hinzuwirken. Diese Bildungsvorstellungen legt F. u. a. in seinem *Project zu einem Seminario Universali* von 1701 und der Schrift *Unterricht, wie die Kinder zu der wahren Gottseligkeit und Christlichen Klugheit anzuführen sind* von 1702 dar. – Im selben Sinn sollen auch die Verlagsbuchhandlung und Druckerei der Anstalten wirken. Diese druckt zuerst F.s Schriften, insbesondere seine *Predigten*, und die Schriften anderer Pietisten. Darüber hinaus hatten Verlag und Druckerei wirtschaftliche Bedeutung, da die Anstalten zu Beginn hauptsächlich von Spenden leben, F. aber an einer gesicherten Finanzierung gelegen ist. – Den Erfolg der Anstalten betrachtet F. zufolge seiner 1701 herausgegebenen Schrift *Die Fußstapfen des noch lebenden und waltenden liebreichen und treuen Gottes* nicht als sein, sondern als Gottes Werk. Als Ziel der Anstalten gilt ihm sittliche Besserung, Mission und die Verbreitung der Bibel durch billige Bibelausgaben. Alle will er zu Gott führen, aller Seelen vor dem Gericht retten. F.s Theologie ist eine solche der Tat, die eine Einheit von Glauben und Handeln verlangt. Am rechten Handeln erkennt man ihre Grundlage: das rechte Verhältnis zu Christus. Wer in Christus ist und in wem Christus lebt, der muß handeln wie F. Die Grundlage wurde mit seinem Bekehrungserlebnis gelegt. Darin findet sich der Universalschlüssel für den wahren christlichen Glauben: durch Anfechtung und Buße und Gebet gelangt man zur Erkenntnis Christi. Wenn man sich für Gottes Wirken bereit macht, dann nimmt Christus im Herzen des Menschen Wohnung. Durch seinen Tod hat er die Sünden der Menschen weggenommen. Der Mensch kann nun neu geboren werden und seine Bekehrung erleben. Solcherart aus Gottes Gnade wiedergeboren, muß man in Gebet und Lektüre der Hl. Schrift in ständigem Kontakt mit Gott bleiben. Gebet und Hl. Schrift gehören dabei eng zusammen, denn bei beiden wird durch die Führung des Hl. Geistes Christus gefunden. Christus ist die Mitte der Schrift, so F. in seinem Werk *Christus der Kern der Hl. Schrift* von 1702. Der Weg zu Christus wird nach der Bekehrung zu einem Weg in der Nachfolge Christi. F.s Theologie ist eine solche Tat, weil sie Theologie der Nachfolge ist. Ihre Aufgaben finden sich in der Hl. Schrift, deren wahrer Sinn allein den Wiedergeborenen verständlich ist. Sie ist Gesetzbuch für den Wiedergeborenen. F.s Armenfürsorge, sein Predigen, seine pädagogischen Bestrebungen, seine Einflußnahme auf Bürger und Adlige, alles ist Nachfolge, um die Welt zu Gott zu bringen und Seelen vor der Strafe im Jüngsten Gericht zu retten. Mit selbem Ziel bereist F. ganz Deutschland und knüpft Kontakte nach England und Rußland. Als Motto jeglichen Tuns gilt: »Alles zu Gottes Ehren und des Nächsten Nutzen«. Nachfolge zeigt sich zugleich auch im Leiden. F.s Theologie ist eine Theologie des Kreuzes Christi. Wer nicht leidet und sein Leiden nicht gern annimmt, folgt Christus nicht nach und ist nicht bekehrt. Er gehört im Gegensatz zu den Bekehrten, die F. auch »Kinder Gottes« nennt, zu den Kindern der Welt. Die Kinder Gottes leben stets in der Situation einer Minderheit. Ihr Kennzeichen ist die Anfeindung. Genau dies unterscheidet F. in seinen Augen von anderen Pfarrern. Sie sind für ihn »lau« wie er vor seiner Bekehrung. Dazu gehört eine sittlich falsche Einstellung. Im Gegensatz zur Lutherischen Orthodoxie gibt es für F. nichts sittlich Bedeutungsloses. Alles ist entweder gut oder böse. Böse ist, was von Gott ablenkt wie Tanz, Spiel und Romane. Diese sind Versuchungen des Teufels. Hingegen sind Wahrheitsliebe, Fleiß und Gehorsam als grundlegende Tugenden zu fördern. Entsprechend dieser Werte soll daher die Erziehung vorgehen. – Konflikte bleiben auch in Halle nicht aus. Eine von den Hallenser Stadtgeistlichen gegen F. eingeleitete Untersuchung endet 1692 mit einem Kompromiß, in dem F.s Rechtgläubigkeit anerkannt wird. – 1694 heiratet F. Anna Magdalena von Wurm. 1698 wird er Professor der Theologie in Halle, 1715 Pfarrer an St. Ulrich in Halle. – Nachfolger als Leiter der Glauchauschen Anstalten wird F.s Sohn Gotthilf August F., der diese Leitung gemeinsam mit F.s Schwiegersohn Johann Anastasius Freylinghausen ausübt. – Als Vorbild für preußische Erziehungsanstalten bestimmt Halle in der Folgezeit preußische Bildung. Dazu gehört auch die von F. geprägte Frömmigkeit, die nicht zuletzt durch die in Halle ausgebildeten Militärgeistlichen im preußischen Staat vermittelt wird. Wirksam werden so auch alle anderen Moralvorstellungen F.s.

Matthias Schwarzkopf

Frankfurter

Franckforter; Eyn deutsch Theologia; Ende 14. Jh.

Zunächst: der F. ist nicht der Verfasser von *Eyn deutsch Theologia*, wie es noch in einem 1975 herausgegebenen Textband heißt. Der F. ist überhaupt keine Person, sondern der Name eines anonym überlieferten geistlichen Traktats. Martin Luther hat ihn entdeckt: ohne Titel und Verfasserangabe. Dem Reformator war das Werk so wichtig, daß er es gleich zweimal edierte: zuerst im Jahre 1516 fragmentarisch, und zwar unter der Bezeichnung *Eyn geystlich edles Buchleynn*, sodann komplett 1518 unter dem Titel *Eyn deutsch Theologia*. Ein Augsburger Nachdruck vom 23. 9. 1518 nennt das Werk *Theologia teütsch*. In einer Handschrift aus dem Jahr 1497 wird der Traktat *Der Franckforter* genannt (ehem. Bronnbacher Hs., jetzt StB und UB Ffm., germ. 8°30, 84ᵛ-153ʳ). Textkritische Untersuchungen haben inzwischen ergeben, daß das Werk womöglich nicht in der zweiten Hälfte des 14. Jh. verfaßt wurde und dem geistigen Umfeld Meister Eckharts und Johannes Taulers stammt. Im Prolog wird der bis heute unbekannte Verfasser näher beschrieben: ein Deutschordenspriester, der Custos der Niederlassung in Frankfurt (Sachsenhausen) war. Als möglicher Autor wurden Heinrich von Bergen und der Heidelberger Theologieprofessor Johann (Lagenator) von Frankfurt (Johannes Lägeler, um 1380–1440) genannt. Der F. besteht aus Prolog, Register und dem eigentlichen Traktat. Je nach Textzeugen werden insgesamt 53 bis 56 Kapitel gezählt. Doch worum geht es im F.? Es geht um die Erarbeitung einer Kriteriologie, darum, wie es im Prolog wörtlich heißt: »Wie und woran man erkennen möge die wahrhaften, gerechten Gottesfreunde und auch die ungerechten, falschen freien Geister, die der hl. Kirche gar schädlich sind.« Angespielt wird dabei auf bestimmte im 14. Jh. im gesamten Abendland verbreitete mystische Kreise: die rechtgläubigen »Gottesfreunde« und die schon von Albertus Magnus als Ketzer erkannten »Brüder und Schwestern vom freien Geist«. Sie zu unterscheiden war nicht einfach; denn beide »Gruppen« bildeten keine eigene Organisationsform heraus, sondern ließen sich vielmehr von der Mystik anregen, Strukturen und äußere Formen zu vernachlässigen und einzig nach »Vergöttlichung« zu streben sowie aus der »Vergöttlichung« heraus zu leben. Der F. unterstreicht: »Vergöttlichung« heißt Freundschaft mit Gott haben. Wer Gottes Freund ist, lebt aus der Gemeinschaft mit Gott, genauer: aus einer Leben und Tod überdauernden Gemeinschaft, die dem Menschen von Gott selbst angeboten wird. Diese Gemeinschaft darf nicht pantheistisch mißverstanden, sondern »muß« individuell wahr- und in Freiheit angenommen werden. Dabei greift der F. das genuin neuplatonische Ideal der Selbstüberschreitung auf, beschreibt es als ein Gnadengeschehen und sucht in der Praxis jene Gottesfreundschaft zu konkretisieren, die in der Nachfolge Christi die Freiheit des Christen zur Entscheidung bringt. M. Luthers Empfehlung sicherte dem Text bis in die Gegenwart hinein große Verbreitung. Bereits 1521 wurde er ins Niederländische übersetzt, 1557 ins Lateinische, 1558 ins Französische. Kurz vor dem 30jährigen Krieg entstand – 1617 – eine schwedische Übersetzung, am Ende dieses großen europäischen Krieges eine englische, 1665 eine dänische und noch im 18. Jh. eine russische. 1908 wurde der F. ins Italienische, 1933 ins Chinesische und 1949 ins Japanische übersetzt.

Manfred Gerwing

Franz von Assisi

Giovanni Francesco Bernardone;
geb. 1181/82 in Assisi;
gest. 3. 10. 1226 ebd.

»So hat der Herr mir, dem Bruder Franziskus, gegeben, das Leben der Buße zu beginnen: denn als ich in Sünden war, kam es mir sehr bitter vor, Aussätzige zu sehen. Und der Herr selbst hat mich unter sie geführt, und ich habe ihnen Barmherzigkeit erwiesen. Und da ich fortging von ihnen, wurde mir das, was mir bitter vorkam, in Süßigkeit der Seele und des Leibes verwandelt. Und danach hielt ich eine Weile inne und verließ die Welt.« So blickt F. am Ende seines Lebens zurück auf den Prozeß der religiösen Lebenswende, die seinen Lebensgang geprägt hat. Der Kaufmannssohn löst sich aus dem sozialen Umfeld des aufstrebenden Bürgertums, von den Maßstäben des Reichtums und der politischen Macht, um sich den verachtetsten Mitmenschen zuzuwenden und gerade darin Erfüllung und Sinn zu finden. Die Pflege der Aussätzigen und die Erneuerung verfallener Kapellen sind die ersten Schritte eines Büßerlebens, das sich an der Schlichtheit des von Jesus seinen Jüngern vorgelebten »Evangeliums« orientiert. Die Lebenswende wird definitiv zum »Verlassen der Welt«, als sich F. 1206/07 öffentlich aus dem Rechtszusammenhang der Familie löst und sich unter den Schutz der Kirche stellt. Unter dem Eindruck von Jesu Aussendungsrede Mt 10, einem klassischen »Erweckungstext« in der Geschichte des christlichen Mönchtums, erhält seine Auffassung vom »evangelischen Leben« 1209 ihre abschließende Prägung durch die Verbindung von strikter persönlicher Armut und »apostolischer« Bußpredigt. – F. schließt sich keinem der alten Orden an, gewinnt aber Anhänger (und Anhängerinnen, Klara von Assisi) aus allen Ständen, die durch die Radikalität seiner Lebensweise und durch sein persönliches Charisma angezogen und überzeugt werden. Anders als ein Großteil der von ähnlichen Impulsen getriebenen religiösen Bewegungen seiner Zeit verbindet F. das Ideal der »evangelischen Armut« mit der unbedingten Treue zur Institution der römischen Kirche. Schon 1209/10 macht er sich mit elf Gefährten nach Rom auf und erhält von Innozenz III., dem an der Integration religiöser Aufbrüche in die kirchliche Disziplin liegt, eine erste mündliche Bestätigung seiner Lebensform. Später erweist sich F.' Kirchenbindung in der Bereitschaft, auch gegen seine ursprünglichen Vorstellungen an der Umformung der außerordentlich rasch anwachsenden Gemeinschaft der *fratres minores* (»Minderbrüder«) zum Bettelorden und an der Abfassung einer Ordensregel (1221 *Nichtbullierte Regel*; 1223 endgültige *Bullierte Regel*) mitzuwirken. Im Zuge dieses Institutionalisierungsprozesses legt F. die förmliche Leitung der Gemeinschaft nieder, ermahnt seine Brüder aber auch in der Folgezeit – zuletzt in seinem *Testament* – nachdrücklich, an den Idealen seines geistlichen Aufbruchs und insbesondere an der Verpflichtung zur gemeinschaftlichen Armut festzuhalten. – F. wirkt in erster Linie durch sein persönliches Auftreten, in dem sich existentieller religiöser Ernst mit Charme und Spontaneität verbindet und eine seltene Einheit von kindlicher Frömmigkeit und liebevoller Zuwendung zu Menschen und Tieren spürbar wird. Die Erinnerung daran bildet die Grundlage der literarischen Gestaltung seines Lebensbildes, die unmittelbar nach seinem Tode einsetzt. Wenn dabei die Verähnlichung mit Christus als Leitmotiv erscheint, entspricht das F.' eigenem Selbstverständnis; er erfährt seine letzten, durch Krankheit gezeichneten Jahre als Intensivierung der Nachfolge, die in der Stigmatisation als leiblichem Zeichen vollkommener Christusgemeinschaft gipfelt. Obwohl F. sich als *ignorans et idiota* (unwissend und ungebildet) bezeichnet, verfaßt er eine ganze Reihe kleiner Schriften, die seine Anhängerinnen und Anhänger – von ihm selbst dazu ermuntert – als kostbares Vermächtnis seiner charismatischen Persönlichkeit aufbewahren und überliefern. Sie zeigen, wie er mit schlichten sprachlichen Mitteln seiner religiösen Leidenschaft Ausdruck verleihen und sie poetisch steigern und verfeinern kann. Das gilt in besonderer Weise für den berühmten *Sonnengesang*, der fern von idyllischer Naturverklärung die Kreaturen, auch in ihrer bedrohlichen Potenz, hineinnimmt in das Lob des Schöpfers und Erlösers. – »Sein höchstes Streben, sein vornehmster Wunsch und seine oberste Lebensregel war, das heilige Evangelium in allem und durch alles zu beobachten« (Thomas von Celano). F., schon 1228 heiliggesprochen, hat durch die diesem Ziel entsprechende Übereinstimmung von Religion und Lebensform in seiner Zeit und über seine Zeit hinaus als christliche Persönlichkeit gewirkt. In ganz ungewöhnlicher Weise ist er schon von den Zeitgenossen in seiner religiösen Individualität wahrgenommen worden, wovon die genaue Schilderung seines Äußeren in den Legenden ebenso zeugt wie Cimabues unstilisiertes Porträt in der Unterkirche von S. Francesco in Assisi. Durch sein personhaftes Glaubenszeugnis hat F. überdies die religiöse Aufmerksamkeit in neuer Weise auf den Ursprung des Christentums in der Konkretion des Lebens Jesu gelenkt.

Hellmut Zschoch

Gertrud von Helfta

Geb. 6. 1. 1256;
gest. 1301/02 in Helfta

G. gehört zur Blüte der deutschen Frauenmystik im Kloster Helfta bei Eisleben im 13. Jh. Schon bald trägt sie den Beinamen »die Große«. – Im Alter von nur fünf Jahren wird sie dem Benediktinerinnenkloster übergeben, wo sie von Mechthild von Hackeborn eine ausgezeichnete Bildung erwirbt: Augustinus, Hieronymus, Gregor d. Gr. und Bernhard von Clairvaux sind ihr bald vertraut. Im Alter von 24 Jahren durchlebt sie eine innere Unruhe, ehe ihr am Abend des 27. 1. 1281 ihre erste mystische Vision zuteil wird; bis zu ihrem Tod kehren solche wieder, die sie ab 1289 niederschreibt bzw. von ihren Schwestern notieren läßt im *Legatus divinae pietatis* (*Gesandter der göttlichen Liebe*) sowie in den *Exercitia spiritualia* über den Aufstieg der Seele zu Gott. Schließlich entsteht der *Liber specialis gratiae* der Mechthild von Hackeborn unter wesentlicher Mitbeteiligung G.s, die in diesem Buch die mystischen Erfahrungen ihrer schwer erkrankten Lehrerin aufzeichnet. – G. beschreibt die liebende Vereinigung ihrer Seele mit dem Bräutigam Christus bzw. Gott in zeittypischer Minnesprache mit erotisch eingefärbten Bildern, verbunden mit praktischen Verhaltensregeln für das tägliche Klosterleben und mit ausformulierten Gebetstexten. Daß damit praktische Anleitungen zum mystischen Leben für ihre Mitschwestern gegeben waren, wird in den streng am Tagesablauf im Kloster bzw. am Kirchenjahreszyklus orientierten *Legatus* III und IV deutlich. *Legatus* V steht ganz in der Tradition der mittelalterlichen *ars-moriendi*-Literatur und erläutert anhand von Offenbarungen die rechte Bereitung zum Sterben, wobei der Tod die endgültige und dann nicht mehr aufhebbare (Wieder-)Vereinigung der Seele mit Gott ist. – G. formuliert hoch-poetisch und richtet sich konsequent auf das eigene religiöse Erleben aus, nicht einfach individualistisch, sondern stets als Mitteilung und zum Austausch. Bis heute ist G. als Lehrerin von Andacht, Meditation und Gebet von Bedeutung.

Jörg Ulrich

Ğibrān, Khalīl Ğibrān
Ğubrān (liban. Arab., Ğibrān ist daraus entstanden) und Ğabrān (purist. Hocharab.); geb. 1883 in Bšarrī (Libanon); gest. 1931 in New York

Ğ. spürte früh die Härte der Armut, die seine Mutter 1895 zwang, nach Boston zu emigrieren. Da lernte der Sohn Englisch und gab sich der Malerei hin. Er bekam Unterstützung von vielen und man empfahl ihm, die komplizierten Buchstaben in seinem Namen zu vereinfachen, so daß die arabische Form von Ğubrān Khalīl Ğubrān den letzten Teil verlor und die übrigen zu Kahlil Gibran wurden. Ğ. kehrte in den Libanon für vier Jahre zurück, in denen er eine Schule in Beirut besuchte, wo er gründlich Arabisch lernte. 1902 ging er wieder nach Boston. Von da an zog ihn Paris an, das er 1902 und vor allem 1908 besuchte und wo er sich mit der Malerei unter der Leitung des französischen Malers und Bildhauers Rodin beschäftigte. Er erfuhr vielfältige Unterstützung, vor allem von der amerikanischen Direktorin einer Schule, die ihm die Reise nach Paris ermöglichte und mit ihm Liebesbriefe austauschte. 1912 übersiedelte er nach New York und begann ein erstaunlich produktives Leben zu führen, das sowohl in der Malerei, als auch in der literarischen Tätigkeit große Werke hinterließ. Ein Großteil seiner Bilder, die sehr symbolistische und wie vergeistigte Formen annehmen, sind in einem ihm gewidmeten Museum seines Geburtsorts, andere in anderen Museen oder in privater Hand aufbewahrt. – Was sein literarisches Werk anbetrifft, so gliedert es sich in zwei Teile: einen arabischen und einen englischen. Beide Teile sind fast gleich stark vertreten und bringen ähnliche Akzente zum Vorschein. Er begann früh in Arabisch zu schreiben, eigentlich nach seiner Rückkehr von einem Libanon-Aufenthalt: 1905 *al-Mūsīqā* (*Die Musik*), 1906 *ʿArāʾis al-murūğ* (*Die Nymphen der Täler*),

1908 al-Arwāḥ al-mutamarrida (Die rebellischen Geister), 1912 al-Aǧniḥa l-mutakassira (Die zerbrochenen Flügel), in dem er die Geschichte seiner zerbrochenen Jugendliebe erzählte, 1914 Damʿa wa-ibtisāma (Träne und Lächeln), sowie ein großes Gedicht 1919 al-Mawākib (Die Prozessionen oder Reigen) – alle zunächst in New York veröffentlicht, eine Ausnahme bilden seine Bücher al-ʿAwāṣif (Die Stürme) und al-Badāʾiʿ wa-l-ṭarāʾif (Wunder und Kuriositäten). Der englische Teil folgte ab 1918 The Madman, 1920 The Forerunner, 1923 sein Meisterwerk The Prophet, 1926 Sand and Foam, 1928 Jesus the Son of Man, 1931 The Earth of Gods und postum 1932 The Wanderer, alle in New York in Erstausgaben, bevor sie durch einen libanesischen Geistlichen (Antonios Bašīr) in demselben sprachlichen Geist Ǧibrāns ins Arabische übersetzt wurden. Die meisten der vor allem englisch verfaßten Bücher sind in viele europäische (natürlich auch in die deutsche) und andere Weltsprachen übertragen worden, vor allem The Prophet, das in vielen Millionen Exemplaren verbreitet wurde: Ein besonderer Erfolg, der sich dadurch erklären läßt, daß das Buch eine Art Bibel für das Jahrhundert darstellt. Dazu entspricht es dem Bedürfnis vieler Leser, die es bei freudigen oder traurigen Anlässen ihres Lebens zitieren (seit einigen Jahren gibt es in Deutschland sogar einen Gibran-Kalender) und nach einer Lebensethik suchen, die sich dem Selbst und den anderen öffnet, einer Ethik der Toleranz, der Liebe, der Brüderlichkeit, der Menschlichkeit schlechthin, die klassisch einfach und zugänglich bleibt. – Ǧ. war kein Schwärmer, weil er eine Symbolik der Ideale vertrat, in der Malerei desinkarnierte Gestalten formt, die nach oben ziehen, aufsteigen wollen. Dies darf jedoch nicht isoliert betrachtet werden, sondern nur in Verbindung mit einem erstaunlichen Sinn für Realismus, mit einer kritischen und aufbau-

enden Analyse der tief verwurzelten Krankheiten der Gesellschaft. Für diese stellte er Entwicklungsmodelle auf, mit der Leistung, der fruchtbarmachenden Arbeit, als Grundlage. Auf diesem Gebiet bleibt der Autor in der Geschichte der modernen arabischen Kultur unerreicht, zumal er eine besondere und in der Geschichte der Weltkulturen seltene Leistung vollbrachte: die alte orientalische Welt der Bibel, mit der des Islams und darüberhinaus mit der des modernen Okzidents so zu verbinden, daß er dadurch einer der wichtigsten Bahnbrecher des Weltbürgertums darstellte, die wie er den Menschen in seiner Globalität zu beschreiben suchten. Deswegen verherrlichte er zunächst die klassischen Autoren Europas, und besonders die des Islams, wobei er von Avicenna (Ibn Sīnā) besonders angetan und geprägt war, dessen neuplatonische Lehre er am besten in seinem ganzen Werk verkörpert. Aus diesem Grund erschien ihm die Welt der Bibel, sprich die der Psalmen, der Sprüche als eine tägliche Nahrung für seine Sprache und für seine Weltanschauung. In Verbindung mit dieser globalisierenden Betrachtungsweise des Menschen ist seine besondere Neigung für die großen Gestalten der europäischen Welt zu verstehen, wobei ihm als Dichter diejenigen am nächsten standen, die sich der Dichtung und der Malerei hingegeben hatten, so wie er. – Was er schrieb, hatte all diese Ideale vor Augen: nach Denkmälern suchen, die in ihrem Leben eine einmalige Leistung vollbracht hatten, indem sie den anderen zeigten, wie man aus dem Nichts etwas hervorbringen kann: ein besonders beeindruckendes Kapitel von Texten, die wenig oder kaum Beachtung fanden, dreht sich um den folgenden Leitsatz, den er Paragraph für Paragraph wie eine mahnende Glocke wiederholt: »Unter den Menschen liebe ich die Tätigen«. Das ist es: Tätig sein, um eine positive Entwicklung im Aufgeklärtsein zu erreichen, die aus Bewahrung der

Wurzeln, aus deren Stärkung und Vermehrung besteht. Ğ. sprach sein »Wort« und wiederholte immer wieder – ohne zu ermüden – daß die Gesellschaft, die nicht führt, der führenden folgen muß, um das von ihr zu übernehmen, was ihr eine Besserung, eine Belebung ihres Wesens beschert. Daher seine unermüdlichen Appelle an den jetzigen Orient, so wie in seiner klassischen Zeit zu verfahren, in der übernommen und »richtig verdaut wurde«, so daß das Eingeführte Bestandteil des Wesens wurde, wie es der Westen in der Renaissance Europas mit der islamischen Kultur tat, damit es nicht wie ein Ballaststoff abgeworfen wird, ohne Nutzen zu gewähren. Daher sind starke Tradition, positive Entwicklung und innovatives Tätigsein seine Leitmotive, die Stärke und Selbständigkeit ergeben. Ein Autor, der ein immenses mystisch geprägtes Engagement für alle Grundsätze des Engagements für das Leben und der Ethik schlechthin zeigt, jedoch ohne die fesselnden, lähmenden Normen der Politik und der Kirchen, die er ständig anprangert. Seine mystisch aufbauenden Ideale verbindet er mit seinem tief führend denkenden Geist auf sehr harmonische Art und Weise und in einer vereinnahmenden und ungemein bilderreichen Sprache. Daher erscheint er als bester moderner Vetreter der »Logique enflammée« (»der flammenden Logik«) von Pascal, bei der eine poetische, plastische Sprache die Reflexion wunderbar kleidet, um sie ständig aktuell und ansprechend für jedermann zu belassen. Eine seltene geniale Mischung von Orient und Okzident, aus dem ihm die Pariser Luft Flügel verliehen hat. Ğ. bleibt aus all diesen Gründen der Apostel einer lebendigen Kultur und einer leistungsfähigen Identität.

Raif Georges Khoury

Goeze, Johan Melchior
Geb. 16. 10. 1717 in Halberstadt;
gest. 19. 5. 1786 in Hamburg

Der Pfarrerssohn G. studiert in Jena und Halle/Saale Theologie. Über Aschersleben und Magdeburg kommt er 1760 nach Hamburg, wo er Hauptpastor an der Katharinenkirche und bis 1770 auch Senior des Geistlichen Ministeriums wird. G. profiliert sich in Hamburg als streitbarer Verfechter der lutherischen Orthodoxie gegen die verschiedensten Richtungen der theologischen und philosophischen Aufklärung und gegen den von ihm diagnostizierten Verfall der Sitten. Er mischt sich von Hamburg aus in den Streit um die Wolfenbütteler *Fragmente eines Ungenannten*, durch deren Publikation G. E. Lessing eine große theologische Debatte initiiert hat. Während bis dahin verschiedenste Autoren den anonymen Verfasser der *Fragmente* (den verstorbenen Orientalisten H. S. Reimarus aus Hamburg, den Lessing sehr wohl kannte) zu widerlegen versucht hatten und dabei jeweils von Lessing kritisch-polemisch kommentiert wurden, greift G. nun Lessing als den Herausgeber der *Fragmente* frontal an; er bezichtigt ihn, »feindselige Angriffe auf unsere allerheiligste Religion« zu unternehmen. In G.s Schriften und Lessings *Anti-Goeze*-Aufsätzen kulminiert der sog. *Fragmentenstreit* der Jahre 1777/78.

Wolfgang Kröger

Gogarten, Friedrich
Geb. 13. 1. 1887 in Dortmund;
gest. 16. 10. 1967 in Göttingen

Der Titel *Zwischen den Zeiten*, den Gogarten für die gemeinsam mit Barth und Thurneysen herausgegebene Zeitschrift (1923–33) bereitstellte, ist bezeichnend für sein gesamtes Lebenswerk. Indem er den von ihm maßgebend mitgeprägten Aufbruch der

»Dialektischen Theologie« mit einer entschiedenen Rückbesinnung auf Luthers Theologie verbindet, gewinnt er gleichsam das Widerlager, um in eine kritische Auseinandersetzung mit den geistigen Strömungen der Neuzeit, insbesondere mit der idealistischen Philosophie einzutreten. Mit Hilfe der Unterscheidung von Gesetz und Evangelium und in enger Verklammerung von Rechtfertigung- und Schöpfungslehre wird die Theologie der Offenbarung auf das geschichtliche Offenbarwerden des Wortes Gottes hin zugespitzt. Es gilt den Menschen in der je konkreten weltlichen Situation zu behaften und zu einer »radikalen Weltlichkeit« zu befreien. Dieser Gedanke, der schon in den 20er Jahren auftaucht, wird in den nach dem Zweiten Weltkrieg vorgelegten Werken unter dem Begriff der Säkularisierung breit entfaltet. Mit dem Hauptwerk *Der Mensch zwischen Gott und Welt* (1952) erweist sich G. noch einmal als ein Denker des »Zwischen«: Einerseits sind Gottesverhältnis und Weltverhältnis strikt auseinander zu halten, geht es doch im Verhältnis von Schöpfer und Geschöpf um ein rein personales Gegenüber. Andererseits kommen sie dort zusammen, wo der Mensch, der in das durch Jesus Christus eröffnete Verhältnis der »Sohnschaft« (vgl. Gal 4,1–7) eintritt, für die Welt vor Gott Verantwortung übernimmt.

Johannes von Lüpke

Görres, Johann Joseph von

Geb. 25. 1. 1776 in Koblenz;
gest. 29. 1. 1848 in München

G.' erste Lebensphase ist geprägt von der Französischen Revolution, deren Ruf nach Freiheit er in den französisch gewordenen Rheinlanden propagiert; schon zu dieser Zeit erweist sich er als wortgewaltiger Publizist. Der Niedergang der Revolution und ein Aufenthalt im nachrevolutionären Paris im Jahre 1799/1800 führen bei G. zu einer tiefgreifenden Irritation. In den folgenden Jahren lebt er zurückgezogen als Lehrer in Koblenz; 1806–08 wirkt er als Privatdozent in Heidelberg. Dort kommt er in Berührung mit der Romantik, die alsbald eine der führenden Strömungen im deutschen Katholizismus werden soll und durch die er nun die christliche Tradition des MA und damit den christlichen Glauben überhaupt schätzen lernt. – Ins Licht einer breiteren Öffentlichkeit tritt G. 1814 durch den von ihm gegründeten *Rheinischen Merkur*, in dem er sich dem publizistischen Kampf gegen die napoleonische Besatzung verschreibt. Da er zugleich die reaktionäre preußische Vormacht kritisiert, wird das Blatt 1816 verboten. 1819 wird G. nach der Veröffentlichung seiner nicht revolutionären, aber doch nach religiös gebundener Freiheit rufenden Schrift *Teutschland und die Revolution* ins Exil getrieben. Nach einem Aufenthalt in der Schweiz geht er nach Straßburg, wo das neu erwachte, auf die Tradition bezogene Selbstbewußtsein des Katholizismus sein Zentrum hat. Hier findet er, der nach seiner Abwendung von der Revolution zunehmend Anhänger einer überkonfessionellen Religiosität geworden ist, 1824 endgültig zum katholischen Glauben zurück und arbeitet an der Zeitschrift *Der Katholik*, dem Hauptorgan dieser Strömung, mit. – 1827 wird G. durch König Ludwig I. zum Professor für »Allgemeine und Litterärgeschichte« an die neu gegründete Universität München berufen. Charakteristisch für seine wissenschaftliche Arbeit ist das 1836–42 entstandene Werk *Die christliche Mystik*, das nicht im strengen Sinn historisch orientiert ist, sondern die mittelalterliche Tradition in die Gegenwart hinein transparent machen will. Noch bedeutsamer ist G.' publizistische Tätigkeit: In München, dem geistigen Zentrum des deutschen Katholizismus, wird er zum Mittelpunkt des »G.-Kreises«, dem auch Ignaz von

Döllinger angehört. Aus diesem Kreis heraus werden seit 1838 die *Historisch-Politischen Blätter* publiziert. – Als die preußische Regierung 1837 den Kölner Erzbischof von Droste-Vischering wegen dessen unnachgiebiger Haltung im Streit um gemischtkonfessionelle Trauungen verhaften läßt, reagiert G. 1838 mit seiner Streitschrift *Athanasius*. Aus der Kritik an den Übergriffen des Staates in den Rechtsbereich der Kirche erwächst die Lehre von einer wechselseitigen Zuordnung von Staat und Kirche, die dem gemeinsamen Schutz der gesellschaftlichen und religiösen Ordnung dient. Der *Athanasius* schärft in ganz Deutschland das Problembewußtsein, das in der Revolution von 1848 zu einer Neudefinition des Verhältnisses von Staat und Kirche führt, die im wesentlichen bis heute gültig und tragfähig ist. – Das spätere G.-Bild ist schwankend: G. gilt als wissenschaftlicher Dilettant und als Gelehrter, als Freiheitskämpfer wie als Reaktionär. Die vielfältigen von G. ausgehenden Wirkungen finden in den Aktivitäten der am 100. Geburtstag des Namensgebers gegründeten G.-Gesellschaft ihren Nachhall.

Klaus Fitschen

Gracián, Baltasar S. J.

Geb. 8. 1. 1601 in Belmonte
(bei Calatayud);
gest. 6. 12. 1658 in Tarazona

Bei einem Begriff wie ›Weisheit‹ denken heute viele an fernliegende Gemeinplätze, die wahr sein mögen, aber alle und keinen betreffen. Auch deshalb ist es nicht sinnvoll, G. als Autor einer ›Weisheitslehre‹ vorzustellen. Ganz im Gegenteil, sein Werk bemüht sich um durchaus Unwahrscheinliches, und man sollte ihn eher den großen Soziologen wie Hobbes, Weber und Luhmann an die Seite stellen, die fragen, wie Gesellschaft möglich sei, wo es doch wahrscheinlicher wäre, daß die Menschen

einander totschlagen oder sich resigniert zurückziehen. Der Spanier des späten *Siglo de oro* versuchte zu erkunden, wie man in einer Welt aus Lüge, Irrtum und falschem Glanz und belastet mit der Hypothek der Erbsünde gegen alle Erwartung ein Leben führen kann, in dem menschliche Größe, eine authentische Persönlichkeit und verdientes Ansehen möglich sind. G. gehört zu den Autoren, die es sich und ihren Lesern enorm schwer machen. Daß man damit kurzfristig wenig Freunde gewinnt, mußte auch er erfahren, der in den Orden der Jesuiten eintrat, seine Ausbildung in Kollegien seiner Heimatprovinz Aragón erhielt und nach dem Gelübde (1635) u. a. in Valencia, Tarragona und Madrid als Lehrer, Rektor, Prediger und einfacher Feldgeistlicher tätig war. Er wird als schmächtig und blaß, vom vielen Studieren gekrümmt, magenleidend und kurzsichtig geschildert, viel bewundert für sein Wissen und den glänzend formulierten Scharfsinn, aber aus dem gleichen Grund von den Oberen mißtrauisch verfolgt und wiederholt gemaßregelt. Sein Leben ist die katholische Variante des aristotelischen Lakonismus über Philosophen-Biographien: Er wurde geboren, arbeitete und starb ... G. starb im Jesuitenkolleg des aragonesischen Städtchens Tarazona, vielleicht hatte man ihn zur Strafe in diese Einsamkeit versetzt. Huesca, nördlich von Zaragoza gelegen, ist die Stadt, mit der er am engsten verbunden ist. Hier lebt der mächtige Don Vincencio Juan de Lastanosa in seinem prächtigen Palast, Mäzen und Beschützer, Kunstkenner und Besitzer einer reichen Bibliothek, Gesprächspartner und Freund, und in Huesca entstehen die ersten Schriften: die Traktate *El Héroe* (1637) und *El Político Don Fernando el Católico* (1640; 1675 eine deutsche Übersetzung von Casper von Lohenstein), 1646 gefolgt von *El Discreto* (Der kluge Weltmann), der in Thematik, Aufbau und Stil dem *Oráculo manual y arte de prudencia* (*Handorakel*, 1647) sehr nahe kommt, dem Hauptwerk neben dem allegorischen Roman *El Criticón*, der 1651–57 in drei Bänden erscheint. Dem Aufbau in drei Teilen entspricht die Darstellung der drei Lebensalter des Menschen. Critilo und sein Begleiter und Schüler Andrenio durchwandern Spanien und andere Länder auf der Suche nach Felizinda, der Geliebten Critilos. Sie begegnen weiteren exemplarischen Figuren mit ›sprechenden‹ Namen und passieren zahlreiche symbolische Landschaften, Situationen und Ereignisse, ehe sie, in Rom, ihre Suche aufgeben – der Weg war das Ziel. Auch die Titelfiguren der Traktate verweisen auf Typen praktischer Lebensgestaltung, die komplementär aufeinander bezogen sind und deren Essenz in den 300 Aphorismen des *Handorakels* konzentriert ist. Der Weg zur Lebensklugheit führt über Mißtrauen, satirische Kritik und asketische Verweigerung, aber auch offene Neugier und Sympathie für die Welt und die Menschen. Erkenntnis ist als ›Entzifferung‹ konzipiert, die Transparenz herstellt: *el desengaño* (Ent-Täuschung), und diese Methode ist vom rhetorischen Stil ihres Vortrags nicht zu trennen. Er heißt *agudeza* (von *stilus acutus*), und G. hat darüber einen eigenen Traktat verfaßt, mit dem er zum Theoretiker des spanischen *Conceptismo* geworden ist. Es geht stets um innerweltliche Klugheit. An der jenseitigen Welt hat der fromme Jesuit keinen Grund zu zweifeln, aber eigentlich läßt er sie auf sich beruhen:»Man wende die menschlichen Mittel an, als ob es keine göttlichen, und die göttlichen, als ob es keine menschlichen gäbe« (*Handorakel*, Aph. 251). Und bei aller Skepsis gegen die Rollenspiele auf dem Welttheater ist *el arte de prudencia* das Ziel, die Strategie und Technik moralischer Klugheit, und nicht philosophischer Pessimismus, entgegen der Ansicht Schopenhauers, der mit seiner Übersetzung, mehr noch als Christian Thomasius, Goethe oder Nietzsche, für dauerhaften Ruhm G.s in deutscher Sprache gesorgt hat.

Herbert Jaumann

Gregor I., der Große

Gregorius; geb. um 540 in Rom; gest. 604 ebd.

G., dessen Namen sich bisher 15 weitere Päpste zu eigen gemacht haben, darf als letzter römischer Bischof der Antike und gleichzeitig als erster Papst des MA gelten. F.Chr. Baur schreibt 1859: »Er hat nicht nur durch das erfolgreiche Streben, die Verfassung der Kirche zu regeln, und ihren Einrichtungen eine festere Ordnung zu geben, Misbräuche abzustellen, Spaltungen zu heben, die Bande der Abhängigkeit vom römischen Stuhl enger zu knüpfen, alles Wichtigere seiner Entscheidung vorzubehalten, sehr bestimmend auf die folgende Zeit eingewirkt, sondern stellt auch in seiner ganz auf das kirchliche Leben und alle für die Kirche wichtigen Zeitverhältnisse sich erstreckenden Thätigkeit, und in der praktischen Gewandheit, mit welcher er Strenge und Milde, Liberalität und mönchische Beschränktheit, politische Klugheit und hierarchische Würde, Unterwürfigkeit und Herrschaft zu vereinigen wusste, schon ganz das persönliche Vorbild eines päpstlichen Herrschers im Geiste des Mittelalters dar.« – In seinen jungen Jahren ist G. zunächst ganz antiker Römer aus guter senatorischer Familie. Ihm wird noch nach antiker Tradition eine solide klassische Bildung zuteil, die ihm die Möglichkeit einer konventionellen politischen Karriere eröffnet. 573 wird er zum Präfekten (oder Prätor?) der Stadt Rom ernannt und die Rückendeckung der wohlhabenden Familie verspricht ihm noch Größeres. G.s Abneigung öffentlichen Ämtern gegenüber soll allerdings – im Zusammenhang mit seiner Wahl zum Bischof – noch legendär werden;

v. a. aber findet er in dieser Zeit Gefallen an den populären monastischen Ideen und so beschließt er, das Familienvermögen anders einzusetzen: Im Familienpalast richtet er eine mönchische Gemeinschaft ein und große Teile seines üppigen Grundbesitzes werden für weitere Klöster verwendet. Ende der 570er Jahre bemühen sich die Entscheidungsträger der römischen Kirche um G. und man schickt ihn, als sich die Heimatstadt wieder einmal in einer schwierigen Lage befindet, als Diplomat an den Hof nach Konstantinopel. G. läßt sich von einigen Mitbrüdern begleiten und nutzt die Jahre im Osten zum Knüpfen von Kontakten und emsigem Studium. Mit diesen internationalen Erfahrungen im Hintergrund wird er nach seiner Rückkehr bald zur einflußreichen Figur in Rom und eine naheliegende Wahl, als der römische Bischof 590 stirbt. – Auch wenn er selbst immer betont, er wäre lieber Mönch geblieben, ist er doch theologisch für die neue Aufgabe hervorragend gerüstet, was z. B. sein im selben Jahr erscheinendes *pastoraltheologisches Handbuch* (*Regula pastoralis*) zeigt, das mönchische Ideale mit den Erfordernissen der täglichen Praxis der Großkirche zu verbinden sucht. Entschlossen sucht er, wie Baur so richtig beobachtet, den kirchlichen Apparat zu reformieren, was faktisch auf eine Neuordnung der römischen Verwaltungs- und Sozialsysteme hinausläuft: Die Gesetzgebung Justinians (482–565) hat kirchliche und weltliche Verwaltung eng zusammenrücken lassen, so daß G. zu einer der entscheidenden politischen Figuren des Westens wird, nicht zuletzt gefördert durch seine persönlichen Kontakte in Konstantinopel. Sein Einfluß geht dabei weit über die Stadtgrenzen Roms hinaus, alleine schon durch den Grundbesitz der römischen Kirche in aller Welt, dessen Verwaltung er geschickt unter seine Kontrolle zu bringen versteht. Die afrikanischen Gemeinden reagieren mit vehementem Widerstand auf diese Politik; in England dagegen gelingt es G.s Mitarbeitern, beachtliche Missionserfolge zu erzielen und den Einfluß der römischen Kirche fest zu etablieren. – G.s Predigten aus diesen Jahren schöpfen aus seiner jahrelangen gelehrten Kirchenväterlektüre und ihre Publikation bewahrt letztendlich das patristische Erbe für das MA, das viele lateinische Kirchenväter häufig durch die durch pastorale Erfordernisse geprägten Brille G.s lesen. Immer wiederkehrende Stichworte sind Liebe, Konversion, Demut. 594 (?) erscheint G.s wohl populärstes Werk, die *Dialogi*, in denen er der Frage nachgeht, »ob denn in Italien auch Wunder geschehen seien«. Stilistisch ist hier der Graben zwischen klassischem und mönchischem Latein endgültig überwunden; historisch verdanken wir dem Werk vieles von dem, was wir über die Entstehung des westlichen Mönchtums wissen; inhaltlich begründet es G.s Reputation als »Vater des Aberglaubens«.

Ulrich Volp

Gregor von Nyssa
Geb. 335/40;
gest. vor 400

G. hat direkt oder indirekt zahlreiche östliche Theologen im syrischen und georgischen Bereich beeinflußt, aber auch Griechen wie Ps.-Dionysius Areopagita, Maximus Confessor oder Gregor Palamas. Im Westen war vor allem seine Schrift *De hominis opificio* wirksam, besonders bei Johannes Scotus Eriugena im 9. Jh., der dieses Werk unter dem Titel *De imagine* ins Lateinische übersetzte und in seinem Hauptwerk *Periphyseon* die Lehre von der sog. doppelten Schöpfung (die von Gott intendierte Schöpfung und die Schöpfung nach dem Fall mit der Geschlechterdifferenz) in das eigene Denken integrierte. G. hatte diese aus der alexandrinischen Tradition von Philo von

Alexandrien aufgenommen. Aus einer begüterten Familie Kappadokiens stammend, schlug G. zunächst die Laufbahn eines Rhetors ein, bevor er von seinem älteren Bruder Basilius, den er sehr verehrte und von dem er auch zahlreiche Bildungsimpulse erhielt, in die kirchenpolitischen Streitigkeiten hineingezogen wurde. 371/72 vertraute ihm Basilius den Bischofssitz von Nyssa an. G. stand theologisch u. a. auch in Opposition zu den Homöern, auf deren Betreiben er 375/76 auf zwei Synoden abgesetzt wurde. Als 378 ein religionspolitischer Umschwung einsetzte, führte G. nach dem Tod des Basilius dessen theologisches und kirchenpolitisches Werk fort, und sein Einfluß nahm seit 379 zu. – G. hat ein umfangreiches Werk hinterlassen, das seine rhetorische Bildung (Zweite Sophistik), das Interesse an den damaligen Naturwissenschaften sowie seine philosophische Bildung zeigt, die neben Elementen der Stoa und des Aristotelismus vor allem die (neu-)platonische Philosophie in die Durchdringung des Glaubens integrierte. Neben Festpredigten, biographischen Werken (etwa über seine Schwester Makrina) oder Briefen hat G. zentrale Themen der Theologie aufgegriffen: Mönchtum, Jungfräulichkeit, Kampf gegen sexuelle Freizügigkeit, Unsterblichkeit der Seele und sozialkritische Überlegungen zu Obdachlosen, Bettlern. Auch exegetische Fragestellungen oder christologische und trinitätstheologische Streitigkeiten um Apolinarius von Laodicea und Eunomius von Cyzicus beschäftigen ihn. Besonders in der Auseinandersetzung mit der Gotteslehre des Eunomius betont G., daß eine Erkenntnis der göttlichen *ousia* unmöglich ist, die in sich selbst unendlich ist, ein Gedanke, den G. durchaus aus Texten Plotins über die Unendlichkeit und Unbegrenztheit des Einen entwickelt haben konnte. Diese Grundkonzeption führte G. v. a. in seinen Spätwerken, der *Vita Moysis* und dem *Hoheliedkommentar*, dahingehend

weiter, daß sich der Mensch von den Bestimmungen der sog. zweiten Schöpfung befreien müsse, um in einer Hinwendung zum Geistigen Gottes Intention der Bildhaftigkeit und Teilhabe des Menschen am Göttlichen anzustreben. Weil Gott selbst unendlich ist, muß der Mensch in einem tugendhaften Leben, um die Teilhabe am Göttlichen erreichen zu können, selbst auf das Unendliche unendlich hinstreben, ohne Gott in seiner Unendlichkeit je erreichen zu können. Obwohl G. selbst nur schwer in die mystische Tradition eingereiht werden kann, weil bei ihm jede Art der *unio* mit Gott fehlt, haben seine Ansätze, die u. a. Ps.-Dionysius aufgriff, die mystische Tradition wesentlich geprägt. G. hat auf der Basis der alexandrinischen Tradition (besonders Philo, Origenes) und der Philosophie (vor allem des Neuplatonismus) einen theologischen Entwurf geliefert, dessen nachhaltige Wirkung kaum zu unterschätzen ist.

Thomas Böhm

Groote, Gerhard

Geb. 1340 in Deventer;
gest. 1384 ebd.

Als G. 44jährig an der Pest starb, lag die Bekehrung, die seinem Leben eine neue Richtung gegeben hatte, erst zehn Jahre zurück; nur drei Jahre hatte er als Prediger in der Öffentlichkeit gestanden. Dennoch sollten seine Ideale in der auf ihn zurückgehenden Bewegung der »Devotio moderna« die spätmittelalterliche Frömmigkeit in den Niederlanden, Deutschland und Nordfrankreich nachhaltig prägen. – Der früh verwaiste Patriziersohn bezieht 1355 die Universität Paris. Dort und vielleicht in Köln, Prag und Orléans studiert er die Rechte, aber auch Medizin und Theologie. Das ererbte Vermögen gestattet ihm ein ausschweifendes Leben. 1366/67 vertritt er seine Vaterstadt in einem Rechtsstreit an der Kurie in Avignon; mit der Übertragung verschiedener Pfründen, u. a. in Aachen und Utrecht, wechselt er in die kirchliche Laufbahn. Nachdem er 1372 glücklich von einer lebensbedrohlichen Krankheit genesen ist, vollzieht er 1374 in Utrecht unter dem Einfluß seines Freundes Heinrich Egher von Kalkar eine Lebenswende. G. legt eine Generalbeichte ab, verzichtet auf sein Vermögen und seine Pfründen und zieht sich für drei Jahre als Gast in das Kartäuserkloster Monnikhuizen zurück. Über der Lektüre mystischer Schriften von Heinrich Seuse und Jan van Ruysbroek, den er 1377 in Groenendaal besucht, entwickelt er sein Ideal der »Herzens-Innigkeit« in Selbstverleugnung und Suche nach Einheit mit Gott. Bezeichnenderweise wählt G. nicht den Weg ins Kloster, sondern in die »Welt«. 1379 zum Diakon geweiht – die Priesterweihe scheut er –, bereist G. im Auftrag des Bischofs von Utrecht als Missionsprediger die südlichen Niederlande; dabei ruft er die Menschen zu Buße und Bekehrung, geißelt Mißstände in Welt- und Ordensklerus und bekämpft leidenschaftlich die häretischen »Brüder des freien Geistes«. Am 14. 8. 1383 tritt er als Synodalprediger in Utrecht gegen das verbreitete Priesterkonkubinat auf. Kurz darauf zwingt ihn ein von seinen Gegnern erwirktes Predigtverbot zum Rückzug aus der Öffentlichkeit. – G.s Frömmigkeit findet rasch viele Nachfolger. 1374 entsteht in seinem Haus in Deventer die erste Gemeinschaft der »Schwestern vom gemeinsamen Leben«, der er 1379 Regeln gibt. Ab 1380 geht aus G.s Freundeskreis in Deventer dann auch der erste Konvent der »Brüder vom gemeinsamen Leben« hervor. Rasch kommt es auch in anderen Städten zur Gründung von »Süstern-« bzw. »Fraterhäusern«, in denen fromme Laien und Kleriker ohne Ordensgelübde ein Gemeinschaftsleben mit Handarbeit, Meditation und erbaulicher Lektüre führen. Die hier gepflegte »moderne Frömmigkeit« (»Devotio moderna«) gründet

sich auf eine popularisierte, ethisierte Mystik und zeichnet sich durch Individualisierung, Verinnerlichung, peinlich genaue Selbstforschung und Versenkung in das Leben und Leiden Jesu aus; die berühmte *Nachfolge Christi* des Thomas von Kempen geht vielleicht noch auf Aufzeichnungen G.s zurück. Wertvollen Rückhalt finden die Bruderhäuser bei den aus ihren Kreisen begründeten Augustinerchorherrenstiften der Windesheimer Kongregation. Mit der Reformation werden die meisten Bruder- und Schwesternhäuser aufgehoben, die Windesheimer Kongregation erlischt 1685. Doch inspiriert die *Devotio moderna* maßgeblich den Reformkatholizismus, insbesondere die Exerzitien des Jesuitenordens.

Wolf-Friedrich Schäufele

Grotius, Hugo

Huigh de Groot; geb. 10. 4. 1583 in Delft; gest. 28. 8. 1645 in Rostock

Zur Legende wurde seine Flucht 1621 aus der Festung Loevestein in einer Bücherkiste, die Kotzebue in einem Schauspiel verarbeitete (1803). G.' Inhaftierung 1618 bedeutete das Ende seiner politischen Laufbahn in Holland mit dem Sturz Oldenbarnevelds, an dessen Friedenswillen und Toleranz G. festhalten wird. In den Gedichten, die während seiner Studienzeit in Leiden entstehen, ahmt G. spätantike Beispiele nach. Er ediert poetische Texte und arbeitet nach dem Vorbild Plutarchs an den *Parallela*, einem Vergleich zwischen der griechisch-römischen Gesellschaft und der Holländischen Republik. Er wendet sich aber trotz seiner humanistischen Kenntnisse der politischen Laufbahn zu, arbeitet ab 1599 als Rechtsanwalt in Den Haag, wird 1607 Staatsanwalt der Provinzen Holland und Zeeland und 1613 Ratspensionär von Rotterdam und erhält damit einen Sitz in den Staaten von Holland. Im Exil nimmt G. 1634 die Josephsgeschichte auf, um ein Drama über den weisen Staatsmann im Exil zu schreiben. Dessen und damit G.' Rechtsauffassung kommen zur Sprache, und am Ende erhalten die Brüder Josephs Land, aber auch das Recht der freien Religionsausübung und des freien Wegzugs. Das Stück endet mit dem Ausblick auf die Flucht des Jesuskindes nach Ägypten und der Hoffnung, daß Nil und Jordan zusammenfließen und die Religionen sich vereinigen. Mit seinem humanistischen, auf Konsens und Ausgleich zielenden Standpunkt nähert er sich der Position der Arminianer, die bis 1618 von Oldenbarneveld und den Staaten unterstützt wurden. Sie forderten in der Remonstranz, die sie 1609 bei den Staaten einreichten, Toleranz, die nur durch die staatliche Einflußnahme auf kirchliche Belange zu gewährleisten ist. Die calvinistische Orthodoxie in Holland verstand hingegen die Kirche als unabhängig vom Staat und lehnte jeden staatlichen Einfluß, insbesondere eine von den Staaten verabschiedete Kirchenordnung ab. In *De imperio summarum potestatum circa sacra* ordnet G. die Kirche in ihrer öffentlichen Funktion der staatlichen Aufsicht unter. Da die Regenten der niederländischen Provinzen reformiert sind, spricht für G. nichts dagegen, sie für die Aufrechterhaltung von Eintracht und Friede in der Kirche verantwortlich zu machen. Seine Ausführungen entsprechen der naturrechtlichen Argumentation, die er in *De jure belli ac paci* entfaltet hat. Diese Schrift ist grundlegend geworden für das moderne Naturrecht und hat die Systeme von Pufendorf und Thomasius wesentlich beeinflußt. Die zu G.' Lebzeiten verbreitetste Schrift aber war seine Apologie *De veritate religionis christianae*. G. entwickelt das Konzept einer vernünftigen Religion als Ausgangspunkt einer Verständigung, welche die verschiedenen Konfessionen einschließt und die Vernunftgemäßheit des Christentums aufzeigen will. In der Tradition der altkirchlichen Apologien zieht er hierzu eine Fülle antiker Quellen heran. Die Reduktion auf vernünftige Prinzipien hat ihm den Vorwurf des Sozianismus eingebracht, aber auch zu seiner Rezeption in der Aufklärung geführt. Von einem anonym veröffentlichten Werk des Sozinus ist G. abhängig, wenn er die Glaubwürdigkeit des NT darlegt. Er verzichtet auf die Inspirationslehre und weist stattdessen auf die Authentizität der biblischen Texte, auf die Zuverlässigkeit der Autoren und die Faktizität der Geschichte und der Wunder Jesu. G. versteht die Evangelisten als unabhängige Autoren, die das Material in den Zusammenhang ihrer Erzählung einbinden.

Silke-Petra Bergjan

Guardini, Romano

Geb. 17. 2. 1885 in Verona;
gest. 1. 10. 1968 in München

G. als einem Außenseiter der akademischen Theologie ist es gelungen, katholische Theologie und Kirche aus der Mitte der biblischen Botschaft heraus zu einer fruchtbaren Begegnung mit der Kultur des 20. Jh. zu führen. Als er 1923 auf den Berliner Lehrstuhl für *Religionsphilosophie und Katholische* (später *Christliche*) *Weltanschauung* berufen wird (bis zur Zwangspensionierung 1939, ab 1945 in Tübingen und 1948 in München bis 1962), ist er bereits mit der als Klassiker einzustufenden Schrift *Vom Geist der Liturgie* (1918) und den Vorträgen *Vom Sinn der Kirche* (1922) als Impulsgeber der Liturgischen Bewegung und als prägende Persönlichkeit der katholischen Jugendbewegung hervorgetreten. Die christliche Weltanschauung ist eine Philosophie und Theologie umfassende Erkenntnisbemühung, die er in beide Richtungen sowie in ihrem Zueinander und Unterschiedensein in seinen Vorlesungen, aus denen die Mehrzahl seiner Bücher hervorgeht, und Seminaren durchdenkt. Er definiert sie als die methodische Reflexion jenes Blickes, den der Christ vom Standpunkt Christi aus auf die Welt tut: als eine Begegnung von Glaube und Welt. Innerhalb dieses Bemühens um christliche Weltanschauung als Begegnung mit der Welt und ihrer Kultur legt G. exemplarische Interpretationen von Werken der Dichtung (insbesondere zu Dante, Hölderlin, Dostojewskij, Mörike und Rilke) und analoge Interpretationen philosophischer Werke (hier vor allem zu Sokrates, Augustinus, Pascal und Kierkegaard) vor. Der dialogische Ansatz G.s zeigt sich in seinem Bemühen, mit dem jeweiligen Dichter oder Denker in ein Gespräch über die Sache zu treten, die im Zentrum seines Schaffens steht. Gemäß dem Programm christlicher Weltanschauung nimmt G. dabei auch selber Stellung. G.s Beschäftigung mit Dichtung und bildender Kunst ist in die kunsttheoretische Schrift *Das Wesen des Kunstwerks* (1947) eingegangen, die sich u. a. durch vorausweisende Überlegungen zur Rezeption des Kunstwerks durch den Betrachter ausweist. G. war u.a. den Architekten Rudolf Schwarz und Mies van der Rohe freundschaftlich verbunden. – Das philosophische Hauptwerk *Der Gegensatz* (1925, in den Grundgedanken aber bereits 1914) bemüht sich um eine Hermeneutik des Individuellen. Die Gegensatzpaare, die er als Signum des Lebendig-Konkreten phänomenologisch einführt, durchziehen in vielen Spielarten seine Schriften. Sein feiner Sensus für das Konkrete auch in der geschichtlichen Situation spiegelt sich in den kulturphilosophischen Schriften *Briefe vom Comer See* (1927), *Das Ende der Neuzeit* (1950) und *Die Macht* (1951), sowie in seiner klaren Analyse der nationalsozialistischen Ideologie in dem Beitrag *Die religiöse Offenheit der Gegenwart* (1934, bisher unveröffentlicht) und *Der Heilbringer in Mythos, Offenbarung und Po-*

litik (1946). Die Analyse des Totalitarismus bewegt ihn dazu, das Faktum der menschlichen Personalität, ihrer Freiheit und Würde ins Zentrum seiner christlichen Anthropologie zu stellen (unveröffentlichte Vorlesungen unter dem Titel *Der Mensch*, 1933–39) und so den Hörern einen geistigen Rückhalt zu geben. Mit *Welt und Person* (1939) legt G. den Entwurf einer Anthropologie vor, der das hohe philosophische Problemniveau der sog. neuen Frage nach dem Menschen (Scheler, Pleßner) hält und den Menschen als im Anruf Gottes erschaffene und deshalb auf ein menschliches und letztlich göttliches Du verwiesene Person erschließt. Nach dem Krieg tritt die *Sorge um den Menschen* (so der Titel zweier Aufsatzsammlungen 1962 und 1966) angesichts ungeheuer gewachsener technischer Potentiale und der damit einhergehenden weitgehend unbewältigten menschlichen Macht ins Zentrum seiner kulturphilosophischen Reflexion. Mit den von der Öffentlichkeit der Nachkriegszeit viel beachteten politischen Reden *Waage des Daseins* (1946) zum Gedenken der Weißen Rose, *Verantwortung* (1952) zur jüdischen Frage und *Freiheit* (1960) zum Gedenken der Männer und Frauen des 20. Juli 1944, sowie *Europa – Wirklichkeit und Aufgabe* (1962) hat G. wichtige Beiträge zur geistigen Orientierung im Deutschland nach 1945 gegeben. Die schon im Frühwerk grundgelegte Ethik entfaltet er in den Vorlesungen dieser Jahre in einem mehrsemestrigen Kolleg (*Ethik* 1993). Wie immer bemüht G. sich um grundsätzliche Klärungen: Er stellt den Hörern u. a. das Gute und das Gewissen als Urphänomene des Sittlichen so anschaulich vor Augen, daß sie für jeden wachen Hörer konkret wahrnehmbar werden. Die Vorlesungen zeigen das immer wieder anzutreffende Ringen um das existentielle Begreifen des Hörers. G. sucht hier wie auch schon in früheren Vorlesungen das Einvernehmen in der Sache mit dem Auditorium zu erreichen, indem er seinen Gegenstand in ansteigender Linie fokussiert, die Einwände vorwegnehmend aufgreift und mit seiner klaren und durchgeformten Sprache auch dem Nichtfachmann das Verstehen ermöglicht. – Als Theologe hat G., seinem Programm christlicher Weltanschauung entsprechend, vor allem mit seinen Predigten *Der Herr* (1937) die Person Jesu Christi ins Zentrum gestellt. Wiederum bemüht er sich darum, seinen Hörern und Lesern eine konkrete Wahrnehmung, hier der Person Jesu, und so eine Begegnung zu ermöglichen. Denn *Das Wesen des Christentums* (1938) ist nicht eine Idee, sondern eine Person. Im Anspruch dieser historischen Person trifft den Menschen der Anruf des lebendigen Gottes und damit eine Botschaft, die als Offenbarung von aller – dennoch positiv gewürdigten – Religion prinzipiell unterschieden ist (*Die Offenbarung*, 1940; *Religion und Offenbarung*, 1958). Der Glaube ist die Antwort auf diesen Anruf Gottes, der sich durch die ganze Heilsgeschichte bis heute zieht. G. bemüht sich als geistlicher Autor (*Vom Leben des Glaubens*, 1935; *Vorschule des Betens*, 1943) gerade in der Situation des Zweifels einen Weg zum Glauben zu bahnen. Viele dieser Schriften werden von Christen verschiedener Konfessionen als eine Hilfe gerade in der von G. schon früh diagnostizierten Zeit enttraditionalisierten Christentums empfunden. Auch seine liturgischen Schriften, die sich sowohl um eine Einübung in den liturgischen Vollzug bemühen (*Von heiligen Zeichen*, 1922) wie über die anthropologischen und kulturellen Bedingungen von Liturgie (*Liturgische Bildung*, 1923) nachdenken, sind konfessionsübergreifend anerkannt. G. ist zum Wegbereiter des II. Vatikanums geworden aufgrund seines theologischen Neuansatzes wie seiner großen geistigen Offenheit für die Freude und Hoffnung der Menschen.

Gunda Brüske

Gunkel, Johannes Friedrich Hermann
Geb. 23.5.1862 in Springe (Niedersachsen);
gest. 11.3.1932 in Halle/S.

Der Alttestamentler G. verbindet Intuition mit Methode. Seine Vorliebe für deutsche Lyrik und die ästhetische Form der Literatur fließen ebenso in seine Arbeit ein wie sein Interesse für politische Geschichte. Zusammen mit seinem Freund H. Gressmann gehört er zu den Hauptrepräsentanten der »Religionsgeschichtlichen Schule« und zählt zu den Begründern der Form- und Gattungsforschung am AT. Er widmet sich der biblischen Religion in ihrem geschichtlichen Lebenszusammenhang, wobei er auch über die Grenzen Israels hinaus blickt und die Umwelt der Bibel miteinbezieht. Anregungen verdankt er A. Eichhorn, dem er sein Buch *Schöpfung und Chaos in Urzeit und Endzeit* (1895, [2]1921) widmet, ein Meilenstein in der Behandlung der Johannes-Apokalypse. Dem Panbabylonismus tritt er mit historischen Differenzierungen wie mit der Überzeugung entgegen, daß Israel das Volk der Offenbarung ist. *Zum religionsgeschichtlichen Verständnis des Neuen Testaments* (1903, [3]1930) bringt G., inzwischen a.o. Professor in Berlin (1894–1907), ins Kreuzfeuer der Kritik, da er das Christentum als synkretistische Religion beschreibt, eine These, die durch R. Bultmann Gemeingut wird. Angeregt von Herder und ausgehend von dem Gedanken, daß Menschen sich schriftlich wie mündlich immer in geprägten Formen äußern (= Gattungen; so auch im AT und NT), bricht er einer alttestamentlichen Literaturgeschichte Bahn: Etwa in *Das Märchen im Alten Testament* (1917, Nachdr. 1987) aus seiner Zeit als o. Professor in Gießen (1907–20) spürt er Formen wie Sage, Mythos, Märchen, Rechtssätze, Stammbäume etc. und deren »Sitz im Leben« auf und rekonstruiert das gesellschaftliche und kulturelle Leben Israels. In dem A. v. Harnack gewidmeten *Genesis-Kommentar* (1901, ⁹1977) gibt er das Muster für alle spätere Analyse biblischer Gattungen vor. Während seines Ordinariats in Halle (1920–27) vollendet er nach langjährigen Vorarbeiten *Die Psalmen* (1926, ⁵1968), deren intensive, lebendige und intuitive Erklärungen den »Menschenfänger« (W. Baumgartner) G. vor Augen führen.

Angelika Berlejung

Hamann, Johann Georg
Geb. 27. 8. 1730 in Königsberg;
gest. 21. 6. 1788 in Münster (Westf.)

Sein Name wurde für H. zu einer höchst bedeutungsvollen Zufälligkeit. Er war ihm so wenig wichtig, daß er ihn spielerisch durch eine Vielzahl von Pseudonymen ersetzen konnte. Am bekanntesten wurde er als »Magus in Norden«; andere Selbstbezeichnungen sind: »Liebhaber der langen Weile«, »Prediger in der Wüsten«, »apokryphische Sibylle« – unter immer wieder neuen Masken hat H. seine Schriften veröffentlicht und sich selbst zugleich der Öffentlichkeit zu entziehen gesucht. In diesem Spiel der Namen erwies sich nicht zuletzt auch der Anfangsbuchstabe des eigenen Namens als vieldeutig und beziehungsreich. Als Mann des Buchstabens h hat H. eine *Neue Apologie des Buchstaben h von ihm selbst* (1773) vorgelegt, die in ihrer Sprachform und ihrem eigentümlichen Witz durchaus repräsentativ ist für seine Autorschaft. – Am Detail des Buchstabens stellen sich die sprachphilosophischen und sprachtheologischen Grundfragen, von denen H.s Denken insgesamt bewegt ist. Indem er nach dem Verhältnis von Buchstabe und Geist fragt, geht es ihm in theologischer Hinsicht um die Einheit von menschlichem Wort und Gottes Wort, von Selbsterkenntnis und Gotteserkenntnis sowie in erkenntnistheoretischer Hinsicht um die Einheit von Sinnlichkeit und Verstand. Vernunft ist nicht ohne sinnliche, an Laute und Buchstaben gebundene Kommunikation. Die Frage der Orthographie, ob der Buchstabe h auch dann geschrieben werden solle, wenn er nicht ausgesprochen wird, wird in dieser Perspektive zur Herausforderung an das Selbstverständnis menschlicher Vernunft. Welche Konsequenzen hat es, wenn die Vernunft nur das duldet, was sie selbst aussprechen, nach ihren eigenen Gesetzen machen und erfassen kann? Es ist nicht nur der stumme Buchstabe h, der vor diesem Gerichtshof der Vernunft nicht bestehen kann. Wenn H. ihm eine *Apologie* widmet, betrachtet er ihn als Stellvertreter all dessen, was im Namen der »allgemeinen« Vernunft als zu vernachlässigende Größe verurteilt und vernichtet wird. Er weiß sich als Anwalt des Stummen, all dessen, was nicht für sich selbst eintreten kann und daher dem herrschenden System der Aufklärung zum Opfer fällt. Dabei ist sein Eintreten für den kaum hörbaren Laut entscheidend theologisch motiviert: Das h gilt ihm als Medium des göttlichen Wortes, das der Mensch gleichfalls nicht aussprechen kann, von dem er jedoch abhängig ist, so wahr er von Gott selbst ins Leben gerufen ist. Es steht für den Hauch, durch den Gott seine Schöpfung belebt und erhält. Wer diesen Hauch für nichts achtet, setzt sich selbst an die Stelle des Schöpfers und betreibt, indem er sich von dem ihn tragenden schöpferischen Grund lossagt, sein eigenes Todesurteil. – Für H., der vom Glauben an die göttliche Vorsehung zutiefst erfüllt war, wurde der scheinbar zufällige Name zum Programm, zum Ausdruck seiner »individuellen Vernunft«, die eben darin vernünftig ist, daß sie sich anreden, bei ihrem Namen rufen läßt. Die Anrede, die ihn in diesem Sinne zur Vernunft kommen läßt, verdichtet sich in einer Leseerfahrung, die ihm 1758 in London im Zuge einer fortlaufenden Bibellektüre zuteil geworden ist: H.

sieht sich als »Brudermörder« schuldhaft in die Geschichte des Kreuzestodes Jesu Christi verstrickt und erfährt durch die »Höllenfahrt« (N II,164) dieser Selbsterkenntnis hindurch die Gnade, die den Sünder der quälenden Selbstreflexion entreißt und der Liebe Gottes gewiß werden läßt. In dem »kreuzweis ausgemittelten Verhältnis der tiefsten Erniedrigung und erhabensten Erhöhung« (N III,407) findet er nicht nur den Trost, durch den sich der Knoten seiner Lebensgeschichte löst; hier erkennt er zugleich Zentrum und Wende der Geschichte Gottes mit der Menschheit überhaupt. In der Konzentration auf den Tiefpunkt, an dem sich Gottes Liebe in das Elend des Menschen hinein begibt, erschließt sich ein denkbar weiter Kommunikationsraum, innerhalb dessen Theologie und Weltweisheit sich wechselseitig herausfordern. – In der Radikalität seines theologischen, auf das Wort Gottes bezogenen Denkens ist H. vor allem der Theologie Luthers verpflichtet. Aber er ist nicht nur Theologe. Schon während seines Studiums in seiner Heimatstadt Königsberg interessiert er sich für die ganze Vielfalt der Wissenschaften und Künste; nicht zuletzt gewinnt er eine beachtliche Kompetenz in alten und neuen Sprachen, durch die sich ihm die Welt der Literatur erschließt. Zeit seines Lebens bleibt er ein leidenschaftlicher, unersättlicher Leser, der Bücher der verschiedensten Wissensgebiete und Gattungen verschlingt. In H.s Denken ist Raum z. B. für die sokratische Weisheit (*Sokratische Denkwürdigkeiten*, 1759), für Philologie und Ästhetik (*Aesthetica in nuce*, 1762), für Sprachwissenschaft (vgl. vor allem die Beiträge zur Debatte um den göttlichen oder menschlichen Ursprung der Sprache), aber auch für Naturwissenschaft, Ökonomie und Politik. So weiträumig, so komplex, so beziehungsreich sein geistiger Kosmos angelegt ist, so wenig gewinnt er die Kohärenz und Stimmigkeit eines systematisch geordneten Gan-

zen. »System ist schon an sich ein Hindernis der Wahrheit«, schreibt H. an Jacobi (18. 2. 1786) und bringt damit wohl auch das persönliche Unvermögen zum Ausdruck, seine groß angelegten Projekte zum Abschluß zu bringen. Mit dem Studium wird H. ebensowenig fertig wie mit dem Versuch, auf Kants *Kritik der reinen Vernunft* mit einer *Metakritik über den Purismum der Vernunft* (1784) zu antworten. Immer wieder kommt er über Entwürfe, *Einfälle und Zweifel*, über Fragmente nicht hinaus. H.s Schriften, die in der Weise einer Collage eine Vielzahl von heterogenen Zitaten und schwer zu entschlüsselnden Anspielungen in sich vereinigen, inszenieren gleichsam den Wortwechsel, dem sich sein Denken verdankt. Als Sprachhandlungen ziehen sie ihre Leser ins Gespräch, fordern sie zur Stellungnahme und zum Weiterdenken heraus. – Gerade so, in dieser gebrochenen und offenen Form, bringt H. das theologische Urmotiv seiner Autorschaft um so deutlicher zum Ausdruck. Während die menschliche Weisheit auf das Ganze auszugreifen sucht, indem sie sich über das Geringe hinwegsetzt, ist es für die Weisheit des Kreuzes, der H. zu entsprechen sucht, charakteristisch, daß sie die törichten, schwachen, niedrigen und verächtlichen Dinge erwählt, um sich in ihnen als mächtig zu erweisen (1Kor 1,27f.; *Londoner Schriften*, 61). Die »Herunterlassung Gottes«, die auf dem Weg zum Kreuz offenbar wird, ist die Grundbewegung des Redens und Handelns Gottes überhaupt. Sie ist charakteristisch für das Buch der Natur ebenso wie für das Buch der Hl. Schrift. In beiden begegnet das schöpferische, poetische Wort im Medium kreatürlicher Materie. Gerade im Geringsten, in den »Brocken«, will das Bedeutungsvollste im Sinne der göttlichen Selbstmitteilung gefunden werden. H.s »ganzes Christentum« ist »ein Geschmack an Zeichen, und an den Elementen des Wassers, des Brots, des Weins« (18. 1.

1778 an Lavater). Als »Magus in Norden« läßt sich der Königsberger vom Stern des Wortes Gottes leiten, folgt er den zeichenhaften Spuren, die auf die leibhafte, sakramentale Gegenwart Gottes hindeuten. – Das Licht dieses Wortes freilich scheint an einem dunklen Ort (vgl. 2Petr 1,19). H. bezieht sich so auf den Prozeß der Aufklärung, daß er ihn gegenläufig liest: nicht so sehr in Richtung auf das, was sich im Lichte menschlicher Rationalität verdeutlicht, sondern vielmehr in der Wahrnehmung dessen, was sich diesem Licht verbirgt, sei es, daß es im Dunkel der Voraussetzungen liegt, von denen die Vernunft zehrt, sei es, daß es in das Dunkel der unbeabsichtigten Folgen fällt, die so lange nicht zu sehen sind, wie der Gesichtskreis der Vernunft sich auf das beschränkt, was sie kraft eigenen Vermögens hervorbringen kann. Es gilt, die Vernunft im Kontext der »ganzen Existenz« (N III,191) zu sehen: als ein nicht nur spontanes, sondern zunächst und in bleibender Abhängigkeit rezeptives Vermögen. Sie ist keineswegs selbstursprüngliches Sonnenlicht. Auf die Frage *Was ist Aufklärung?* antwortet H., indem er zugleich die berühmte *Beantwortung* seines Königsberger Zeitgenossen Kant zurückweist: Kant biete lediglich »ein kaltes unfruchtbares Mondlicht ohne Aufklärung für den faulen Verstand und ohne Wärme für den feigen Willen«; »wahre Aufklärung« aber bestehe »in einem Ausgange des unmündigen Menschen aus einer allerhöchst selbstverschuldeten Vormundschaft« (18. 12. 1784 an Kraus). – H.s persönliche Lebensverhältnisse mögen zu dieser kritischen Zeitgenossenschaft beigetragen haben. Es war ein Leben an der Peripherie, exzentrisch, in mancherlei Hinsicht aus dem Rahmen fallend: Die beengten häuslichen Verhältnisse im ehelichen, aber nicht legalisierten Zusammenleben mit der Magd seines Vaters und den vier gemeinsamen Kindern sowie auch die untergeordnete berufliche

Stellung als Übersetzer und Packhofverwalter beim Königsberger Zoll kontrastieren scharf mit der Weite des geistigen Horizontes, den H. vor allem in seinem Briefwechsel wahrgenommen hat. Als Gesprächspartner sind hier neben Kant und Herder vor allem Lavater und Jacobi, aber auch Mendelssohn und Claudius zu nennen. Seine letzte Reise, die durch den Tod in Münster endete, sollte ihn nach Weimar zu Goethe führen. Dieser hielt den dunklen, schwer verständlichen Schriftsteller für den »hellsten Kopf seiner Zeit«. Und er ist mit dieser Wertschätzung nicht der einzige geblieben. H.s Einflüsse reichen weit und tief; sie sind erkennbar nicht nur bei Kierkegaard, der sich explizit auf H.s Verständnis religiöser Existenz und Mitteilung beruft, sondern auch bei Nietzsche, dessen radikale Vernunft- und Theologiekritik auf H.s irreguläre Weisheit des Kreuzes zurückdeutet, auch wenn sie ihr im entscheidenden widerspricht. Vor allem aber ist H.s Beitrag aus der Geschichte des philosophischen und theologischen Sprachdenkens nicht wegzudenken. Herder hat in dieser Hinsicht wichtige Vermittlungsdienste geleistet, allerdings auch dazu beigetragen, daß das sperrige Original hinter den glatteren und eingängigeren Rezeptionsgestalten vielfach zurückgetreten und vergessen worden ist.

Johannes von Lüpke

Harnack, Adolf von

Geb. 7. 5. 1851 in Dorpat (Tartu); gest. 10. 6. 1930 in Heidelberg

»In drei Hauptberufen stehend, habe ich diese Arbeit in abgestohlenen Stunden, ja in halben Stunden niederschreiben müssen und manchmal an der Vollendung verzweifelt. Der Abschluß des Werks ist mir doch vergönnt worden, und ich kann nur hoffen, daß die Spuren seiner mühsamen Entstehung nicht allzu deutlich sind.« So steht es im Vorwort von H.s berühmter Monographie über *Marcion* (1921). Die drei »Hauptberufe« sind schnell aufgezählt: H. war ordentlicher Professor der Kirchengeschichte an der Friedrich-Wilhelms-Universität in Berlin, Generaldirektor der Preußischen Staatsbibliothek und Präsident der Kaiser-Wilhelm-Gesellschaft. Wie kein zweiter Gelehrter seiner Generation hat H. als Wissenschaftler und Wissenschaftsorganisator gewirkt. – Der Sohn des Dorpater Theologieprofessors Theodosius Harnack wird in die aristokratisch-bildungsbürgerliche Welt des Baltikums hineingeboren. Der Ruf des Vaters an die Erlanger Theologische Fakultät führt die Familie 1853 nach Franken. 1866 kehrt sie in die Heimat zurück. Der berufliche Weg des begabten Schülers scheint früh vorgezeichnet: Er will Theologe werden. 1869 immatrikuliert er sich in Dorpat und setzt im Herbst 1872 sein Studium in Leipzig fort. Der kirchliche Positivismus und die orthodoxe lutherische Dogmatik seines Vaters bieten H. keine wissenschaftliche Perspektive. Er wendet sich A. Ritschl zu und übernimmt von ihm die strikte Ablehnung mystischer und metaphysischer Grundlagen der Theologie. Nur die historisch-kritische Methode scheint ihm geeignet, zum Proprium der christlichen Religion, dem von dem Ballast der antiken Überlieferung befreiten Evangelium Jesu Christi, vorzudringen. – In Promotion und Habilitation behandelt H. quellenkritische Fragen zur Geschichte der Gnosis. Seit 1874 ist er Privatdozent in Leipzig. Ein Jahr zuvor hat H. zusammen mit einigen Freunden einen ersten Plan für die *Theologische Literaturzeitung* entworfen, die der theologischen Wissenschaft neue Impulse geben soll. 1876 wird der gerade Fünfundzwanzigjährige zum außerordentlichen Professor ernannt. In Leipzig schart sich ein Kreis treuer Schüler um ihn, zu dem Martin Rade zählt, mit dem H. eine lebenslange Freundschaft verbindet. Aus theolo-

gisch-konfessionellen Gründen lehnt er Rufe nach Breslau und Dorpat ab, um 1879 als ordentlicher Professor für Kirchengeschichte nach Gießen zu gehen. 1886 wechselt er an die Universität Marburg. Als 1887 eine Mehrheit von vier Professoren der Berliner Theologischen Fakultät sich entscheidet, H. an die Friedrich-Wilhelms-Universität zu berufen, kommt es zum Skandal: Die dem Ministerium unterbreitete Liste mit H. auf dem ersten Platz stößt auf den Widerstand des Evangelischen Oberkirchenrates, der an dem Verfahren beteiligt ist und an H.s Einstellung zum Kanon des NT, zur Auferstehung Christi und dem Taufsakrament Anstoß nimmt. Eine Machtprobe zwischen Staat und Kirche bahnt sich an. Der »Fall H.« wird zu einem Präzedenzfall staatlich garantierter Freiheit von Forschung und Lehre. Erst durch die Intervention des Reichskanzlers Bismarck und des jungen Kaisers Wilhelm II. kann 1888 H.s Berufung nach Berlin erfolgen. Er wolle keine »Mucker«, läßt Seine Majestät aus dem Manöverquartier verlauten. – In seiner Berliner Zeit erreicht H. den Höhepunkt seiner wissenschaftlichen Karriere. Er steigt zur überragenden Autorität der theologischen Wissenschaft auf und ist Gutachter des Unterrichtsministeriums bei der Besetzung kirchenhistorischer Professuren. Er vollendet seine Dogmengeschichte, deren erster Band bereits 1885 erschienen ist, schreibt die dreibändige Geschichte der altchristlichen Literatur (1893–1904) und veröffentlicht seine Vorlesungen über das *Wesen des Christentums*, die sofort zu einem Bestseller werden. In Monographien und Aufsätzen macht er die historisch-kritische Historiographie zur theologischen Leitdisziplin und verwandelt die protestantische Theologie in eine Kulturwissenschaft des Christentums. Unermüdlich verbreitet H. seine These von der kontinuierlichen Hellenisierung der frühen Kirche und versucht, durch eine fast ausschließlich historisch orientierte Theologie der Kirchen- und Dogmengeschichte eine sichere wissenschaftliche Grundlage zu geben. Dabei kommt der patristischen Quellenforschung eine herausragende Bedeutung zu, die von H. auf eine neue Grundlage gestellt wird. So begründet er 1891 in der Berliner Akademie die Editionsreihe der *Griechischen Christlichen Schriftsteller der ersten drei Jahrhunderte.* Die sogenannte »Kirchenväterausgabe« ist für H. das entscheidende Instrument zur historisch zuverlässigen Rekonstruktion der »paläontologischen Schicht des Christentums« und seiner theologisch-dogmatischen Konditionierung. – H. ist nicht nur ein Mann der Wissenschaft, sondern auch der Kirche. In Schriften, die sich an ein größeres Publikum wenden, versucht er, die christliche Lehre in einer zunehmend säkularisierten und naturwissenschaftlich geprägten Gesellschaft als individuell erfahrbare Heilsbotschaft zu bewahren. Doch seine innerkirchliche Rolle bleibt umstritten. Der protestantischen Orthodoxie ist auch seine akademische Lehre, die bei den angehenden Theologen eine heilsame Krise bewirken soll, ein Stein des Anstoßes. Vor allem seine radikale Historisierung des frühen Christentums und die dogmengeschichtliche Relativierung rufen die Kritik konservativer kirchlicher Traditionalisten hervor. Die Auseinandersetzungen, die 1892 im sog. »Apostolikumstreit« um das Bekenntnis geführt werden, haben die Einrichtung einer kirchlich-orthodoxen ›Strafprofessur‹ an der Berliner Universität zur Folge. Auch in späteren Jahren kommt es zu Zusammenstößen. – 1890 wird H. ordentliches Mitglied der Preußischen Akademie der Wissenschaften, jedoch nicht als Theologe, sondern als Kirchenhistoriker: Die theologische Wissenschaft spielt in der damaligen Akademiepolitik nur dann eine Rolle, wenn sie zur Historisierung ihres Gegenstandes beiträgt. In kurzer Zeit steigt H. zu

einem der bedeutendsten Repräsentanten der Wissenschaftsorganisation im Deutschen Kaiserreich auf. Er ist an zahlreichen Unternehmungen der philosophisch-historischen Klasse beteiligt. Beim Akademiejubiläum des Jahres 1900 ist H. der offizielle Historiograph und Festredner. Seine zweibändige, über tausendseitige Akademiegeschichte gilt auch heute noch als Standardwerk. Er hat entscheidenden Anteil an der Reorganisation der Akademie und kann das Ministerium überzeugen, wissenschaftliche Beamtenstellen neu zu schaffen, die die effiziente Durchführung großer Forschungsvorhaben garantieren sollen. 1905 veröffentlicht H. seinen programmatischen Aufsatz *Vom Großbetrieb der Wissenschaft,* in dem er für eine straff organisierte Großforschung und für internationale Kooperation plädiert. 1905 wird er gegen den Widerstand der Wissenschaftlichen Bibliothekare zum Generaldirektor der Königlichen Bibliothek in Berlin, der späteren Preußischen Staatsbibliothek, ernannt, und 1911 wählt man ihn zum Präsidenten der *Kaiser-Wilhelm-Gesellschaft zur Förderung der Wissenschaften.* In dieser Funktion ist H. mit Grundsatzfragen des zeitgenössischen Wissenschaftsmanagement befaßt und unterstützt die Anliegen der naturwissenschaftlichen und technischen Disziplinen. In Zusammenarbeit mit dem preußischen Unterrichtsministerium fördert er die Verwendung privater Spenden für wissenschaftliche Zwecke. Dem Wissenschaftspolitiker kommt zugute, daß er über ein weitgespanntes Netz persönlicher Beziehungen verfügt und Zugang zum Kaiser hat, den er zu bestimmten Zeiten fast täglich sieht und dessen Wohlwollen er nicht zuletzt durch eine geschickte Gesprächsführung für seine Anliegen zu nutzen versteht. 1914 erhält H. anläßlich der Einweihung des Neubaus der Königlichen Bibliothek den erblichen Adelstitel. Dennoch widerspricht H. in theologischen Fragen dem

Kaiser bisweilen heftig und straft damit seine Widersacher, die ihn als »Hoftheologen« diffamieren, Lügen. – H. vertritt in theologischen und politischen Fragen liberale Positionen und sucht das Gespräch mit Vertretern des deutschen Reformkatholizismus, engagiert sich im Evangelisch-Sozialen Kongreß für den sozialen Frieden und unterstützt die Emanzipation der Frauen und Arbeiter. Einer Partei schließt sich der Mann der ›überparteilichen‹ Mitte nicht an, der das Gemeinwohl über Partikularinteressen stellt und der auf die Macht des vernünftigen Wortes setzt. H. gehört einer jüngeren, ›monarchistischen‹ Generation erfolgreicher Wissenschaftler an, die sich im Kaiserreich eingerichtet haben und durchaus ›loyalitätsbedürftig‹ das persönliche Regiment Wilhelms II. anerkennen. Wie viele Hochschullehrer seiner Zeit grenzt sich H. vom ultramontanen, antisemitischen und sozialistischen Milieu ab. Zugleich vertraut er auf die Entwicklungsfähigkeit der deutschen Nation und die Integrationskraft eines säkularisierten protestantischen Bildungsideals. Er arbeitet für die Weltgeltung deutscher Wissenschaft, verteidigt die Überlegenheit des an der klassischen Antike orientierten Bildungsideales und propagiert die Identität von Protestantismus und nationaler Größe. – Nach dem Hiat des Ersten Weltkrieges stellt sich H. demonstrativ in den Dienst des neuen Staates und ist deshalb schlimmen Anfeindungen konservativer Kreise ausgesetzt. 1921, kurz vor seinem siebzigsten Geburtstag, wird er als Hochschullehrer emeritiert. Einige Wochen zuvor ist er auf eigenen Wunsch aus dem Amt des Generaldirektors der Staatsbibliothek ausgeschieden. Jetzt widmet er sich ganz seinen Forschungen und der Kaiser-Wilhelm-Gesellschaft. Zudem beteiligt er sich an der Gründung der Notgemeinschaft der Deutschen Wissenschaft, der späteren Deutschen Forschungsgemeinschaft. Ihren Hauptausschuß leitet er bis

1929. 1930 stirbt H. in Heidelberg während der 18. Jahresversammlung der Kaiser-Wilhelm-Gesellschaft. – Nach 1918 macht sich in Theologenkreisen immer stärkerer Widerstand gegen H.s Historismus und Relativismus bemerkbar. K. Barth, E. Brunner, R. Bultmann und F. Gogarten versuchen, der Theologie in bewußter Abgrenzung zu H. neue Perspektiven zu öffnen und polemisieren gegen den »Geschichtspantheismus der liberalen Theologie«. Ist H.s wissenschaftliches Vermächtnis kontrovers, so bleiben seine wissenschaftsorganisatorischen Leistungen unstrittig. Es ist nicht sein geringstes Verdienst, daß er Wissenschaftspolitik immer auch als Kulturpolitik verstanden und verfochten hat.

Stefan Rebenich

Herbert von Cherbury, Edward
Geb. 3. 3. 1583 in Eyton-on-Severn (Shropshire);
gest. 20. 8. 1648 in London

H. entstammt dem englisch-walisischen Landadel. 1596 bezieht er das University College in Oxford. Zwei Jahre später heiratet er eine Verwandte, um eine Testamentsbestimmung zu erfüllen, an welche der Erhalt eines großen Familienbesitzes geknüpft ist. Nach der Studienzeit wohnt die Familie in London, wo H. an den Hof gezogen und zum Ritter geschlagen wird. Nach zehn Jahren Familienleben geht er auf Reisen. In Paris lernt er die Intellektuellen und den französischen Adel kennen, ficht im jülisch-clevischen Erbfolgekrieg auf Seiten der Niederländer, versucht, Soldaten für den Herzog von Savoyen zu rekrutieren, was ihm eine Arretierung in Frankreich einhandelt, und wird englischer Botschafter in Paris. Nachdem er als Baron von Cherbury zum englischen Peer erhoben wird, kehrt er auf seine Güter zurück. Weitere politische Ambitionen darf er nicht hegen, da er zu wenig royalistisch eingestellt ist. – H. entwickelt seine rationale Religionsphilosophie, um den religiösen Skeptizismus zu überwinden, den er bei den *libertins* in Frankreich kennengelernt hat, andererseits, um das irrational-bedrohliche Bild eines Gottes abzuwenden, der vor der Erschaffung der Welt schon einen Teil seiner Geschöpfe zur ewigen Verdammnis vorherbestimmte. Ein Kern religiöser Wahrheiten muß von jedem vernünftigen Menschen anerkannt werden, weil sie in jeder Kultur gelten und deshalb mit der menschlichen Natur notwendig verbunden und damit wahr sind: 1. Es gibt ein höchstes Wesen; 2. Dieses Wesen muß verehrt werden; 3. Tugend, verbunden mit Frömmigkeit, ist der vorzüglichste Teil des Gottesdienstes; 4. Sünden und Laster müssen durch Buße gesühnt werden; 5. Es gibt Lohn oder Strafe in einem jenseitigen Leben. – Für H. ist die wahre Kirche überall da, wo diese fünf Artikel in Geltung stehen (also auch etwa bei manchen vorchristlichen Heiden). Das bedeutet aber nicht, daß er solche Offenbarungen ablehnt, welche die fünf Artikel erweitern (er selbst beteuert, seine Autobiographie erst veröffentlicht zu haben, nachdem er durch ein göttliches Zeichen dazu ermutigt worden sei!). Die Grundartikel sollen allerdings den Menschen ein dringend nötiges Kriterium an die Hand geben, mit dessen Hilfe sie das tatsächliche Vorhandensein solcher Offenbarungen erkennen können. Denn immer wieder haben Priesterschaften Offenbarungen behauptet, um ihre Macht zu festigen. Jetzt aber können die Laien feststellen, wo Gott wirklich gesprochen hat – nämlich nur dort, wo eine behauptete Offenbarung dazu geführt hat, daß die fünf Artikel tiefere Wurzeln in den Herzen der Menschen schlugen. H. spricht sich nirgends darüber aus, welche Offenbarungen er selbst aufgrund dieses Kriteriums anerkennt. Daraus schließen manche seiner Interpreten, ihm sei das

Christentum gleichgültig gewesen. Aber ob diese Auffassung seiner Gedanken richtig ist, bleibt fraglich. – Mit seinen Anschauungen hätte H. auch gut der Haustheologe spiritualistischer, christlicher Gruppen werden können. Statt dessen verwandeln die späteren Deisten sein *Kriterium* aller Offenbarungen (die fünf Artikel) in den *Inhalt* der allein wahren Religion und setzen die damit gewonnene natürliche Religion in einen Gegensatz gegen jedes Kirchentum, welches die Anerkennung von weiteren Glaubensinhalten fordert.

Joachim Weinhardt

Herder, Johann Gottfried
Geb. 25. 8. 1744 in Mohrungen (Ostpreußen);
gest. 18. 12. 1803 in Weimar

H. studiert in Königsberg u. a. bei Kant und schließt Freundschaft mit Johann Georg Hamann, dem Gesprächspartner und genialen Kritiker Kants. Welch philosophisch-theologisches Dreigestirn! Die evangelische Theologie wird sich allerdings später für Kant entscheiden und ihn zum ›Philosophen des Protestantismus‹ aufbauen. Die Polyhistoren und biblischen Archäologen Hamann und H. bleiben nur zweite Wahl. Leider! Dabei beginnt H.s Karriere mit einem Paukenschlag. – Eine von der Berliner Akademie der Wissenschaften 1769 ausgeschriebene Preisfrage gibt H. die Gelegenheit, seine konkret-lebensweltlich verankerte Sprachauffassung den Gebildeten seiner Zeit zur Prüfung vorzulegen. In der Schrift *Abhandlung über den Ursprung der Sprache* (1772) plädiert H. für ein historisches Bildungsmodell der Sprache: Jede Ausbildung einer Nationalsprache und einer Lebensform ist abhängig vom Genius loci der Lebenswelt, ist abhängig von den regionalen Daten wie Klima, Geographie und Sozialstruktur. Zusammengenommen tragen die Nationalsprachen zur allgemeinen Sprachentwicklung der Menschheit bei. – H. trifft sich mit seinem Freund und Lehrer Hamann in der archäologischen Übereinkunft, die Poesie sei die Muttersprache des menschlichen Geschlechts. Am Anfang steht die Anrede durch die kreatürliche Natur, die Bilderschrift, die sich schrittweise zu einer abstrakten Sprachform entwickelt. Nach einer bissigen Rezension durch Hamann eröffnet ihm H. in einem Brief, daß die ins Spiel gebrachte Ursprungskategorie, die eine Stiftung durch den Menschen nahelegt, lediglich eine ironische Maske für die Akademie der Wissenschaften war, die H. in der Tat ironisch revoziert, wenn er eine Pluralität von Ursprüngen (Gaier) in der Preisschrift behauptet. – Zu den im engeren Sinne theologischen Arbeiten H.s – er wird 1776 auf eine Vermittlung Goethes hin zum Generalsuperintendenten in Weimar berufen – zählen neben den *Briefen, das Studium der Theologie betreffend* (1780/81) seine Forschungen zum AT; zunächst die monströse, im hohen Ton des Sturm und Drang gehaltene Schrift *Älteste Urkunde des Menschengeschlechts* (1774–76), eine – was die Rezeption behinderte – überzogene Generalabrechnung biblischer Wissenschaft der Göttinger Schule um J. D. Michaelis; hier ist freilich bereits angelegt, was in dem reiferen Werk *Vom Geist der hebräischen Poesie* (1782–84) herausgestellt wird. H.s Entdeckung lautet: Hieroglyphe. Dem Schöpfungspoem aus Gen 1 ist eine den Schöpfungstagen entsprechend angeordnete siebengliedrige Bildfigur eingezeichnet, durch die Gott anfänglich mit dem Menschen kommuniziert:

Licht
Himmelhöhe   Erdniedere
        Lichter
Wasser-,   Erdgeschöpfe
Luft-, Himmelsge-
schöpfe
        Sabbat

Es ist diese Entdeckung, diese dem Schöpfungsbericht eingezeichnete Poetik, die H.s gesamtes Forschen strukturiert. So sind etwa seine geschichtsphilosophischen Arbeiten diesem parallelen Schema entsprechend angeordnet (Pfaff):

        Patriarchenzeit
Ägypten   Phönizien
        Antike
Mittelalter   Renaissance
        Sabbat der Zeit

Und liest man die Hieroglyphe vertikal, Licht, Lichter, Sabbat, dann wird auch verständlich, warum in H.s Texten zum NT Christus als Schöpfungsmittler, als Verdichtung von Gen 1, gelesen wird: Licht Lichter. – H.s frühe Geschichtsschrift, *Auch eine Philosophie der Geschichte zur Bildung der Menschheit*, 1774 anonym herausgegeben, bildet das Gründungsdokument einer humanistischen Geschichtsphilosophie. In polemischen Volten zu der von der Aufklärungsphilosophie vertretenen Auffassung, die Geschichte entwickle sich in einem kontinuierlichen Fortschrittsprozeß auf ein vollkommenes Ende zu, votiert H. für ein organisch verknüpftes Epochenschema. H. liest die idealtypischen Manifestationen, in denen der ›Genius der Erleuchtung‹ Gestalt findet, an den Bauformen und Lebensformen der Epochen ab (Huizing). In H.s *Universalgeschichte der Bildung der Welt* wird dabei jeder Epoche ihr unverzichtbarer Eigenwert zuerkannt, weil, so die Grundüberzeugung, jede Entwicklung, jede Metamorphose, auch immer mit einem Verlust erkauft werde. Analog zum Übergang vom Kindes- zum Knabenalter stellt nach H. auch die Metamorphose des Weltgeistes von der Patriarchenzeit zu den Hochkonjunkturen Ägyptens und Phöniziens eine Entwicklung dar, die ihren Preis hat: Der Patriarchengeist ›der ersten Hütte‹, der Müßiggang der Hirten, wird in Ägypten ersetzt vom Ackerfleiß der Bauern und der mühseligen Pyramidenindustrie. Und in Phönizien wandelt sich ›die stehende Pyramide‹ in den ›sprechenden Mast‹ der Handelsschiffe und hat dabei die kaufmännische Unbehaustheit zur Folge. Aus der Ägyptischen und phönizischen Kultur, nach H. ›Zwillinge‹ der Mutterkultur Palästinas, entwickelt sich das Zwischenland der Kultur, Griechenland, das in dem Schauplatz (Agora) eine idealtypische Manifestation findet. Die durch die Kreuzzüge mitgebildete ›nordsüdliche Welt‹ des MA besitzt nach H. ihren angemessenen Ausdruck in der Kathedrale, und die Architektur der Fläche, der französische Garten, steht schließlich für die Revolution der Denkungsart, die Natur selbst nach eigenen Gesetzen ordnen und erzeugen zu können. – H.s Geschichtsphilosophie hat jede Überlegenheitsunterstellung gegenwärtiger Zeitalter der Vergangenheit gegenüber grundsätzlich ruiniert. Darin besteht deren unverzichtbare Stärke. In breit ausgeschriebener Gestalt und um naturphilosophische Studien erweitert erscheint die Geschichtsphilosophie als *Ideen zur Philosophie der Geschichte der Menschheit* (1784–91). – Zwischen den *Ideen zur Philosophie der Geschichte der Menschheit* und der abschließenden *Adrastea*, einer Physiognomik des 18. Jh., verfaßt H. die *Briefe zur Beförderung der Humanität* (1793–97). Bricht die universalgeschichtliche Betrachtung der ›Ideen‹ mit dem MA recht unvermittelt ab, dann deshalb, weil H. vor dem Hintergrund der verstärkt despotische Züge annehmenden Französischen Revolution sich einerseits seines Glaubens an den Fortschritt der Humanität versichern will und zugleich die Idee beim Publikum retten möchte. H. greift dabei auf die Darstellungsform eines fiktiven Briefwechsels zurück, um die Leser an den Prozeß der Einsichtgewinnung hautnah beteiligen zu können. – H. wartet bis heute auf seine

Neuentdeckung. Dabei scheinen mir die Möglichkeiten nicht ungünstig. H. darf als Gründervater theologischer Ästhetik und Poetik neu gezeugt werden. Das steht heute an. – Der nüchterne Kant, der introvertierte Hamann und der Emphatiker H., dieses Dreigestirn auf einen Fixstern – wie geschehen – zu reduzieren, ist Vergeudung.

Klaas Huizing

Hildegard von Bingen
Geb. 1098 in Bermersheim;
gest. 17. 9. 1179 in Bingen

H. zählt zu den einflußreichsten Gestalten des 12. Jh. im Ordenswesen, der Theologiegeschichte, der Volksseelsorge und auch der (Kirchen-)Politik. Das Bild von der Heilkundlerin und »Kräuterfrau«, das in Teilen der modernen Hildegardrezeption dominiert, entspricht dagegen der historischen und theologiegeschichtlichen Wirklichkeit nur am Rande. – Über H.s Leben sind wir nicht nur durch ihre erhaltenen Briefe, sondern auch durch eine kurz nach ihrem Tod entstandene Vita, in die autobiographische Fragmente eingeflossen sind, recht gut informiert. H. wird als zehntes Kind einer hochadeligen Familie geboren und wohl im Alter von 8 Jahren in eine Klause am Benediktinerkloster Disibodenberg bei Sobernheim gegeben. Hier genießt sie durch ihre Lehrerin Jutta von Sponheim eine gute Ausbildung und legt 1115 die Ordensgelübde ab. Als Jutta 1136 stirbt, wird H. ihre Nachfolgerin als Lehrerin in der inzwischen zu einem kleinen Frauenkonvent angewachsenen Klause. Seit 1141 beginnt H. damit, ihre Visionen, die sie nach eigener Aussage schon von Kindesbeinen an gehabt hat, niederzuschreiben bzw. niederschreiben zu lassen, was ihr im Jahre 1148 nach Prüfung und Entscheidung durch Papst Eugen III. auch offiziell genehmigt wird. An dieser kirchlichen Approbation der

Visionen ist auch Bernhard von Clairvaux, Lehrer Eugens III., als Fürsprecher der H. mit beteiligt. 1150 zieht H. mit 20 adeligen Schwestern gegen den Widerstand des Disibodenberger Männerkonventes an den Rupertsberg bei Bingen um. Die geistlich und materiell schwierige Anfangszeit bewältigt sie durch strenges Insistieren auf der Regel nach innen und durch Verhandlungsgeschick nach außen. Als H. 1158 vom Mainzer Erzbischof eine Besitzurkunde über das Rupertsberger Klostergut und eine Verfassungsurkunde über die weitgehende Unabhängigkeit vom Mutterkloster erhält, steht ihre Bingener Gründung endlich auf einer rechtlich soliden Basis, auch wenn die Sorge um geistliche und materielle Probleme des Klosters bis zu ihrem Tode immer wieder eine Rolle spielen sollte. 1165 gründet H. zusätzlich das ehemalige Augustinerkloster in Eibingen bei Rüdesheim neu und versorgt von Bingen aus den hier entstehenden Frauenkonvent durch regelmäßige Besuche.

Die 60er und 70er Jahre bilden den eigentlichen Höhepunkt von H.s Wirken. Ausweislich ihrer zahlreichen überlieferten Briefe betätigt sie sich als Seelsorgerin und Ratgeberin in allen nur denkbaren Lebensfragen und erwirbt ein hohes Ansehen im Volk. Gut bezeugt sind ihre öffentlichen Predigtauftritte vor jeweils großer Zuhörerzahl. In der Gestaltung des benediktinischen Klosterlebens ihrer Zeit wirkt sie als Ansprechpartnerin von Äbten und Äbtissinnen. Im Kampf der katholischen Kirche mit der seit 1164 auftretenden »neuen Häresie« des Katharismus stellt sie sich in Köln öffentlich gegen die »Irrlehrer«. Auf dem Parkett der Politik schaltet sich H. in das vom Staufer Friedrich Barbarossa seit 1159 herbeigeführte Papstschisma ein, in welchem sie – nach anfänglicher Neutralität – entschieden für Alexander III. gegen die kaiserlichen Päpste Partei nimmt. Die Unerschrockenheit, mit der sie in diesem Konflikt Barbarossa gegenübertritt, findet sowohl in ihrer hochadeligen Herkunft als auch in ihrem prophetischen Sendungsbewußtsein eine Erklärung. Aber auch gegenüber den Oberen der Kirche beweist H. Durchsetzungsvermögen: Berühmt geworden ist eine kurz vor Ende ihres Lebens spielende Episode: Das Mainzer Domkapitel verlangt die Exhumierung eines auf dem Rupertsberger Friedhof liegenden exkommunizierten Edelmannes, die H. mit dem Hinweis verweigert, daß dieser sich vor seinem Tode mit der Kirche ausgesöhnt und die Sakramente empfangen habe. Gleichwohl versuchen die Mainzer Prälaten, die Ausgrabung des Toten durch Verhängung des Interdikts über das Rupertsberger Kloster zu erzwingen. H., die sich im Recht sieht, nimmt jedoch diese schwere Strafe auf sich und erwirkt eine schriftliche Befreiung vom Interdikt durch den Erzbischof Christian von Mainz. – H. ist auf dem Bingener Rupertsberg im Kreise ihrer Schwestern gestorben. Ihre Reliquien werden heute in der Pfarrkirche in Eibingen aufbewahrt.

Von entscheidender Bedeutung für das Verständnis von H.s Denken sind ihre drei Visionsschriften, die von Inhalt und Anlage her so aufeinander abgestimmt sind, daß man in der Forschung von einer »Visionstrilogie« gesprochen hat. Das erste und bekannteste dieser drei Werke ist die *Scivias* (*Wisse die Wege*). Hier entfaltet H. in Bildern von großer Gestaltungskraft die gesamte »Landkarte« der Theologie. Im ersten Teil behandelt sie die Schöpfung und den Fall der Engel, die Erschaffung des Menschen und den Sündenfall, im zweiten Teil das Werk der Erlösung durch Christus und die Vermittlung des Heils durch die Kirche, im dritten schließlich die Errichtung der Gotteskräfte in den Gläubigen und die Wiederkunft Christi, der in den Wolken des Himmels erscheint und als Liebe den Kreislauf des Kosmos vollendet. – Die zweite Visionsschrift H.s ist der *Liber vitae meritorum* (*Buch der Lebensverdienste*), eine Tugendlehre in Bildern, die als Kampfspiel zwischen den personifiziert dargestellten Lastern und den Tugenden gestaltet ist. In diesem Werk zeigt H. eindrucksvoll die Folgen menschlichen Tuns auf und schildert die soziale und kosmologische Unordnung, die durch die Sündentaten verursacht wird, wie auch die Harmonie, die durch die Befolgung der Tugenden erhalten bleibt bzw. neu entsteht. – Diese Harmonie zwischen Schöpfung und Schöpfer beschreibt sie in ausführlichen Passagen, in denen sie über die irdische Schönheit, den Glanz, die Blühkraft (*viriditas*) und die Leuchtkraft der geschaffenen Dinge jubelt. – Die dritte Schrift aus der Visionstrilogie, der *Liber divinorum operum* (*Welt und Mensch*), entfaltet schließlich die Kosmologie H. s. In einer ersten Vision sieht sie den Schöpfergott als Mensch mit ausgebreiteten Armen, der mit Haupt, Händen und Füßen in die Kosmoskreise hineinragt und so das Universum zugleich ausfüllt und hält. Dieses hat von Gott das Leben erhalten und erhält es weiter; durch die Menschwerdung Gottes ist die Welt vom Licht durchflutet; das Universum befindet sich in unauflösbarem Zusammenhang mit dem dreieinigen Schöpfergott. – Die Frage, was man sich unter den Visionen der H. eigentlich genau vorzustellen habe, hat schon die Zeitgenossen bewegt. H. selbst hat gegen Ende ihres Lebens darauf hingewiesen, daß sie die mitgeteilten Bilder nicht in ekstatischem Zustand sehe, sondern wachend und im Vollbesitz ihrer Sinne. Wenn man ergänzend auf den traditionell-theologischen Hintergrund aller drei Visionstexte und auf deren streng systematische Zuordnung aufmerksam macht, kann man die Visionen gut als bebilderten systematisch-theologischen Gesamtentwurf deuten, wobei im »Denken in Bildern« die für H. spezifische Zugangsweise und Aus-

drucksform der Theologie zu sehen ist. Das bedeutet, daß H.s Visionen von denen der mittelalterlichen Frauenmystik deutlich zu unterscheiden sind. – Die weiteren erhaltenen Werke H.s zeugen von dem immensen Gedankenspektrum und auch Arbeitspensum der Äbtissin vom Rupertsberg. Die naturkundlichen Schriften *Causae et curae* (*Heilkunde*) und *Physica* (*Naturkunde*) zeigen eine erstaunliche Kenntnis von Natur und Mensch, die stets im theologisch-kosmologischen Gesamtzusammenhang in den Blick kommen. Deshalb beginnt auch die *Heilkunde* mit der Schöpfung der Welt und dem Aufbau des Kosmos, ehe sie dann auf die einzelnen Krankheiten eingeht, die als Symptome einer Störung des Mensch-Gott-Verhältnisses interpretiert werden. Als Weisung für eine gesunde Lebensführung empfiehlt H. das Maßhalten und die Ausgewogenheit in Verhalten und Ernährung. Das Leitbild des Arztes ist Christus, der Heilbringer des Kosmos. – Die *Naturkunde* ist ein der Volkstradition zuzuordnendes Arzneibuch, in welchem H. in über 500 Kapiteln ihre detaillierten Beobachtungen zu Botanik und Zoologie mitteilt und die mögliche Nutzanwendung des jeweiligen Tieres oder der jeweiligen Pflanze für den Menschen erörtert. Dabei erstaunt, in welch hohem Maße ihre Beobachtungen (etwa zur Fischfauna im Rheingau) und Empfehlungen (etwa zur Heilkraft bestimmter Pflanzen) mit den modernen Erkenntnissen der Heilkunde übereinstimmen. – Neben den naturkundlichen Schriften sind unter den Werken noch eine Auslegung der Benediktsregel und eine Erklärung des athanasianischen Glaubensbekenntnisses zu nennen, ferner eine Lebensbeschreibung des Heiligen Disibod, des Gründers des Disibodenberger Klosters, eine Vita des Heiligen Rupert sowie ein geistliches Singspiel (*Ordo virtutum*) und Texte zu zahlreichen Liedern; unter letzteren nehmen die Marienlieder schon zahlenmäßig eine besondere Stellung ein.

H.s bis heute andauernde Faszination findet ihre Begründung in der Geschlossenheit des von ihr entworfenen Gottes-, Welt- und Menschenbildes, in dem kein Bereich isoliert vom anderen gedacht werden kann. Dabei stellt sie sich zugleich der Frage nach der Lesbarkeit der Welt und der Erfahrbarkeit der Schöpfungsordnung. In dieser Hinsicht geht von ihrem Werk in der Tat eine erhebliche, bis heute andauernde Orientierungskraft aus.

Jörg Ulrich

Hugo von St. Viktor
Geb. 1097;
gest. am 11. 2. 1141 in Paris

Als junger Mann in das erst kurze Zeit vorher gegründete Augustinerchorherrenstift von St. Viktor in Paris eingetreten, prägt er die junge Schule des Pariser Stiftes entscheidend mit. H., der über ein umfassendes profanes wie biblisch-theologisches Wissen verfügt, will die weltliche Wissenschaft und damit das Erbe der Antike in den Dienst eines mystischen Aufstiegs der Seele zur Kontemplation Gottes stellen. Dabei steht die Bibel, zu deren Auslegung und vertieftem Verständnis die weltlichen Wissenschaften dienen sollen, im Zentrum seiner Denkbemühungen. – In seinem Frühwerk *Lehrbuch über das Studium des Lesens* (*Didascalicon de studio legendi*) von 1125, einer Anleitung zur Lektüre profaner wie der biblischen Schriften und zugleich die Skizze einer systematischen Wissenschaftslehre, stellt er das System der profanen wissenschaftlichen Disziplinen und das der Bibelwissenschaften einander wie zwei separate Studienzirkel gegenüber. Verbunden sind beide Teile durch das gleiche Ziel der Selbsterkenntnis und Erziehung des Menschen zur Weisheit. Erst dadurch, daß diese Erziehung in

eine Gesamtschau der Heilsgeschichte eingebettet ist, gewinnt das ganze System der Wissenschaften ein theologisches Profil, das allerdings erst in dem Hauptwerk H.s *Über die Sakramente des christlichen Glaubens* (*De sacramentis christianae fidei*) von 1130–37 entfaltet wird. Das in diesem Werk – »eines der ersten theologischen Summen des Christentums« – entfaltete System ist nicht logisch-systematisch, sondern heilsgeschichtlich aufgebaut. Da das zentrale Thema der Hl. Schrift, als deren Auslegung sich das System versteht, das Werk der Erlösung ist, das gleich nach der Schöpfung und dem Fall des Menschen begonnen wurde, folgt die Darstellung der gesamten christlichen Lehre den von H. angenommenen sechs Phasen der Welt- und Heilsgeschichte (Schöpfung, Fall, Zeit der Natur, Zeit des Gesetzes, Zeit der Gnade und Endzeit) und zielt auf die Wiederherstellung der durch den Fall verdorbenen Menschennatur. Erkenntnisgrundlage der Theologie ist dabei die Hl. Schrift, die H. nach einer Hermeneutik des dreifachen Schriftsinns auslegt: Der historische Schriftsinn bezieht sich auf den Wortsinn des vorliegenden Bibeltextes und wird mithilfe der Wissenschaften Grammatik, Rhetorik und Dialektik (Trivium) ermittelt. Die Allegorese, die anhand eines symbolischen Verständnisses des Textes dessen tieferen, mystischen Sinn, der über die sinnliche Wirklichkeit hinausweist, erhebt, und die Tropologie, die die moralisch-ethischen Folgerungen für die Praxis zieht, beziehen sich auf den Sachgehalt der Hl. Schrift und erheben diesen mithilfe der Sachwissenschaften Arithmetik, Musik, Geometrie und Astronomie (Quadrivium). – Die Wissenschaft wird von H. letztlich christologisch begründet, denn Christus ist als die Wahrheit selbst der eine wahre Erkenntnisgrund aller Dinge. Wenn H. auch keine Schule im eigentlichen Sinne gebildet hat, so hat doch sein Versuch, christliche Bibelauslegung und allgemeine Welt- und Wirklichkeitserfahrung in den Dienst des Aufstiegs zur Schau des Göttlichen zu stellen und somit Glauben und Weltwissenschaft harmonisch miteinander zu verbinden, auf die folgende mittelalterliche Theologie großen Einfluß gehabt.

Holger Strutwolf

Hus, Johannes
Geb. um 1369 (oder 1371)
in Husinec (Südböhmen);
gest. 1415 in Konstanz

Nach Schulbesuch und Studium, das er als Magister abschloß, wird H. 1400 zum Priester geweiht. Zwei Tätigkeitsfelder, die sich zunehmend durchdringen, bestimmen sein Leben und Wirken in Prag: H. ist Universitätslehrer und volkssprachiger Prediger an der Bethlehemskapelle. Unter dem Eindruck der Gedanken John Wyclifs exponiert sich H. zunehmend kirchenkritisch und schafft sich dadurch Gegner im böhmischen Hochklerus, der seinerseits durch die Zustände während des Großen Abendländischen Schismas auf Störungen sensibel reagiert. 1409 erreicht H. eine Statutenänderung an der Prager Universität zugunsten der Tschechen, die mit dem Auszug der ausländischen Studenten und Professoren quittiert wird. Bei König Wenzel und im Volk schafft sich H. dadurch zwar Freunde, doch durch seine zunehmend scharfe Kleruskritik wird ihm der Prager Erzbischof zum Feind. Dieser verfügt das Verbot von Wyclifs Schriften und trifft damit auch H. Dessen fortgesetzte Predigttätigkeit veranlaßt den Erzbischof, ihn zu bannen. Der Konflikt verschärft sich, bis H. bei den Mächtigen jegliche Sympathie verspielt hat. Eine böhmische Burg als Rückzugsort gibt ihm schließlich noch Gelegenheit, sein Hauptwerk *De ecclesia* zu verfassen, in dem er eine spiritualisierende und auf das biblische Zeugnis konzentrierte Darstellung seiner Kirchenlehre entfaltet. Auf Weisung des ungarischen und deutschen Königs Sigismund, dem Bruder und Erben Wenzels, hat sich H. nun vor dem Konzil in Konstanz zu rechtfertigen. Kaum ist H. am Konzilsort eingetroffen, versucht man mit allen Mitteln gegen ihn, der einen königlichen Geleitbrief hat, vorzugehen. Im Rahmen der Konzilsverhandlungen über die Fragen des Glaubens, im Zuge derer Wyclifs Lehre erneut verurteilt wird, kommt es zu mehrmaligem Verhör durch das Konzil. Dabei erfüllt sich nie die Hoffnung von H. auf die Möglichkeit einer Darlegung seiner Lehre, denn das Konzil will nur seinen uneingeschränkten Widerruf. Doch dagegen wehrt sich H. aus Prinzipientreue und leistet damit seiner Verurteilung zum Ketzer Vorschub. 1415 stirbt H. auf dem Scheiterhaufen. Seine Standhaftigkeit und die durch das Konzil kaum gelösten kirchlichen Probleme lassen daraufhin seine Anhängerschaft in Böhmen gewaltig anwachsen. Die kirchlichen und politischen Ziele der Hussitenbewegung werden zu einer der größten Herausforderungen des 15. Jh. Die Zeiten intensivster Auseinandersetzung mit dem Erbe, das H. hinterlassen hat, sind außerdem das 16. und das 19. Jh. Luther bezeichnet H. als »Sanctus Dei martyr« und sieht sich in der Nachfolge des H. Auch wird dies mit der Darstellung des Schwanes auf Lutherbildern in Kombination mit der Legende unterstrichen, H. habe im Feuer gesagt: »Ich, der ich eine Gans bin, bratet ihr jetzt, aber einst wird ein Schwan kommen, den werdet ihr ungebraten lassen müssen«. Die Werke von H. werden im 16. Jh. allerdings erst weithin bekannt, als der Humanist O. Brunfels aus der Bibliothek des verstorbenen U. v. Hutten die Handschriften mit Werken von H. und seinen Briefen aus Konstanz in Druck gibt. Im 19. Jh. spielt H. vor allem beim Erwachen des tschechischen Nationalbewußtseins als Identifikationsfigur eine Rolle. Der Fall H. findet auch musikalische (z. B. das Oratorium *Johann H.* op. 82 von Carl Loewe, 1843) und literarische Bearbeitung (z. B. das Drama *Gott, Kaiser und Bauer* von Gyulio Hay, 1932, und das satirische Schauspiel *Vom freien Leben träumt Jan H.* von Wolfgang Wilhelm Schütz, 1977).

Andreas Gößner

Ignatius von Antiochien
Sieben pseudepigraphische Briefe;
ca. 170

Wenn man – wie das seit etwa hundert Jahren üblich geworden ist – ohne viel Bedenken den Mitteilungen des Kirchenhistorikers Eusebius von Cäsarea (gest. 339/40) Glauben schenkt, dann wurde I. im Jahre 69 als Bischof der Kirche von Antiochien in Syrien eingesetzt, während der Regierung des Kaisers Trajan (98–117) um seines Christennamens willen zum Tode verurteilt und gefesselt von Syrien durch Kleinasien und Nordgriechenland zum Tierkampf nach Rom geschafft. Die Reise des ruhmreichen Märtyrerbischofs setzt die Christenheit ganz Kleinasiens in Bewegung: Die Gemeinden der durchreisten Orte, in denen er trotz der schweren Bewachung predigen kann, übertreffen einander in christlicher Gastfreundschaft, Diakone geben dem Gefangenentransport das Ehrengeleit, in Smyrna genießt der Todgeweihte während eines längeren Aufenthalts die »leiblichen und geistigen Erquickungen«, die ihm der damals berühmteste Bischof Kleinasiens, Polykarp, verschafft. Hier empfängt er hochrangige Gesandtschaften aus Bischof, Presbytern und Diakonen benachbarter Kirchen und gibt ihnen inhaltsschwere Dankesbriefe mit, so den Ephesern, Magnesiern und Trallianern. Ein beschwörender Brief geht voraus nach Rom, um die dortige Gemeinde davon abzuhalten, bei Hofe etwas zur Rettung des von Martyriumssehnsucht Erfüllten zu unternehmen. Von der späteren Reisestation Troas folgen die Danksagungen an die Gastgeber in Philadelphia und Smyrna. Die Danksagung nimmt I. allerdings nur zum Anlaß, den Gemeinden mit äußerster Leidenschaft eine Botschaft einzuhämmern, die sie vor der drohenden Zerstörung retten soll. Gnostische Irrlehrer, »tückisch beißende Hunde«, sind in die Kirchen eingedrungen und rauben mit ihrem rationalistischen Kalkül den Gläubigen die Erlösungshoffnung: Wie könnte ein als Mensch Geborener und am Kreuz Gestorbener ein göttlicher Erlöser sein? Wie könnte er göttliches, ewiges Leben garantieren? – I. setzt kein theologisches Argument gegen das gnostische Raisonnement. Er steigert vielmehr den traditionellen Erlöserglauben zum paradoxen Bekenntnis: »Ein einziger ist der Heiland, zugleich fleischlich und pneumatisch; gezeugt ward der Unerzeugte, ins Fleisch gekommen ist Gott, in den Tod das wahrhaftige Leben« – Jesus Christus, unser Herr« (*An die Epheser* 7). D. h.: Der einzige, absolut transzendente und unsterbliche Gott hat in Jesus Christus den Tod gelitten. Die hier formulierte Paradoxie des leidenden Leidensunfähigen löst die christliche Dogmengeschichte aus. Sie ist der stets wiederholte und stets in der Aporie endende Versuch, eine rationale Lösung für dieses Bekenntnis zu finden. – Für die Wahrheit dieses Glaubens bürgt die nach himmlischem Urbild gesetzte kirchliche Hierarchie, die I. in jedem seiner Briefe propagiert. Er ist der erste kirchliche Autor, der sie bezeugt, und zwar in einer Form mit enormer geschichtlicher Wirkung. Die Glaubenseinheit der katholischen Kirche kann nur gerettet werden, wenn sich alle dem einzigen Bischof unterordnen, dieser steht an Gottes Stelle, ist Abbild und Repräsentant Gottes. Wo man seinem Wort gehorcht, gehorcht man Gott und gewinnt Anteil an Gott! Ohne den Bischof, ohne seinen Auftrag darf niemand in der Kirche etwas tun, nicht die zum Beirat herabgestuften Presbyter, nicht die »besonders lieben Diakone«, schon gar nicht »die Menge«. Gültig ist nur seine Eucharistiefeier, nur sie gewährt das notwendige »Gegengift gegen den Tod, die Arznei der Unsterblichkeit« (*An die Epheser* 20). Das alles verkündet I. mit unüberbietbarer Autorität. Als pneumatisch begabter Blutzeuge redet er »mit Gottes Stimme«, der Geist Gottes selbst spricht durch ihn. – Eine historische Nachricht über seinen Tod in Rom gibt es nicht. Aber der Briefschreiber hat mit asianisch-barocker Rhetorik das Verlangen des Verurteilten nach tausend Toden, nach »Feuer und Kreuz und Rudeln von Bestien, Zerreißen der Knochen, Zerschlagen der Glieder, Zermalmung des ganzen Körpers«, so gesteigert, daß niemand je am Martertod zweifeln kann: »Laßt mich ein Fraß für Bestien sein, durch die es möglich ist, zu Gott zu gelangen! Weizen Gottes bin ich und durch die Zähne von Bestien werde ich gemahlen, damit ich als reines Brot Christi erfunden werde« (*An die Römer* 4 f.).

Die Wirkung der Briefe war außerordentlich. Die ignatianische Auffassung von der Hierarchie, scheinbar göttlich legitimiert, von Jesus Christus und der Eucharistie wurde die allgemein verbreitete, die »katholische«, und ist es in großen Teilen der Christenheit bis heute geblieben, auch wenn die Briefe im MA fast gänzlich vergessen wurden. Erst 1646 wurden sie aus der einzigen verbliebenen griechischen Handschrift veröffentlicht, und zwar zusammen mit einer Anzahl im 4. Jh. hinzugefügter Briefe. Kritischen Historikern galten sie deswegen als Fälschung, bis sich seit dem scheinbar gelungenen Nachweis ihrer Echtheit in den letzten Jahrzehnten des 19. Jh. die Überzeugung von ihrer Ursprünglichkeit fast allgemein durchsetzte. Jüngste Studien

haben jedoch die Angaben des Kirchenhistorikers Eusebius als reine Spekulation erwiesen. Die Briefe sind, wie sich aus inneren Kriterien erkennen läßt, um 170 von einem hochgelehrten und literarisch bestens gebildeten, aber unbekannten Kirchenmann verfaßt und unter die unanfechtbare Autorität des erfundenen antiochenischen Märtyrerbischofs I. gestellt worden, um durch die Propagierung des monarchischen Bischofsamtes in einer Hierarchie göttlichen Rechts die Glaubenseinheit der durch die gnostischen Abspaltungen bedrohten katholischen Kirchen zu sichern. Selten hat ein Autor solchen Erfolg gehabt.

Reinhard M. Hübner

Ignatius von Loyola
Íñigo (Ignacio, Ignatius)
López de Loyola;
geb. 1491 in Azpeitia (Nordspanien);
gest. 31. 7. 1556 in Rom

I. ist Ordenspriester, Gründer und seit 1541 erster Generaloberer des Ordens der Gesellschaft Jesu (Societas Jesu, Jesuiten) in Rom. Nach seiner Bekehrung zu einem religiösen Leben (Pamplona, 1521) gibt er auf Grund seiner geistlichen und mystischen Erfahrungen noch ohne theologische Ausbildung anderen Menschen geistliche Übungen, reist ins heilige Land, studiert in Paris Theologie, nennt sich I. und gründet dort mit Freunden eine Gemeinschaft, die 1540 und 1550 als »Gesellschaft Jesu« päpstlich bestätigt wird. Im Lauf seines Lebens legt er die Anweisungen zu seinen »Geistlichen Übungen« (Exerzitien) schriftlich nieder, diktiert eine Autobiographie, hat (als Generaloberer unter Mitwirkung seines Sekretärs Polanco) eine reiche Korrespondenz und ist Hauptverfasser der Satzungen (Konstitutionen) des Jesuitenordens. Seine mystisch-spirituellen Erfahrungen während eines kurzen Zeitabschnitts sind uns in seinem Geistlichen Tagebuch überliefert. Seinen mystischen Erlebnissen verdankt er die Gewißheit um den Glauben und die Sendung durch den dreifaltigen Gott. Sein theologisches Hauptwerk sind die Exerzitien. Das Neue an ihnen sind nicht die Meditationen über die Sünde und das Leben Jesu, sondern ihre Kernbetrachtungen über die Nachfolge Jesu und die Liebe sowie vor allem ihre Gesamtkonzeption: Wer diese geistlichen Übungen unter kundiger Anleitung macht, kann zu religiösen Erfahrungen gelangen, durch die ihm Gott mitteilt, welchen persönlichen Lebensweg er einschlagen soll. Dazu muß er lernen, gegenüber seinen Neigungen und Vorlieben indifferent zu werden und seine im Gebet erlebten inneren Bewegungen richtig zu interpretieren. Diesem Zweck dient die Lehre der Unterscheidung der Geister, die zum Kern der ignatianischen Theologie gehört und vor allem in Regeln zum rechten Umgang mit den verschiedenen Weisen von Hochstimmung und Niedergeschlagenheit (Trost und Trostlosigkeit) im religiösen Leben und Erleben besteht. Ziel ist individuelle Glaubenserfahrung und freie Lebensentscheidung in voller Kirchlichkeit. Kennzeichnend für I. ist die Bejahung des unbedingten Vorrangs Gottes (und damit der Gnade und der Kirche) und zugleich der menschlich-weltlichen Wirklichkeit. Dies kommt gut in dem ihm zugeschriebenen Satz zum Ausdruck, man solle so auf Gott vertrauen, wie wenn alles von Gott abhinge, zugleich aber auch so auf sich selbst, wie wenn alles von einem selbst abhinge. Seine apostolische Zweckorientierung ist so stark, daß er ihr auch die mystische Erfahrung unterordnet. In dieser theologisch-spirituellen Konzeption des I. gründen die Charakteristika des Jesuitenordens: Verzicht auf gemeinsames Chorgebet und auf Bindungen an klösterliche Bräuche zugunsten größerer seelsorglicher Flexibilität, apostolische Ausrichtung auf dringliche Aufgaben mit möglichst universaler Wirkung, Einsatz aller legitimen menschlichen Mittel bei gleichzeitiger Betonung des Vorrangs des Wirkens Gottes, Dienst an der universalen Kirche, Bereitschaft für Aufträge des Papstes. Da es darum geht, Gott in allem zu finden, soll der Jesuit als aktiv Tätiger zugleich kontemplativ (*in actione contemplativus*) sein.

Harald Schöndorf SJ

Irenäus von Lyon

Eirēnaíos; geb. um 140 in Kleinasien (Smyrna, Ephesus?); gest. um 200 (?)

Geprägt von eindrücklichen Jugenderinnerungen an den Märtyrerbischof Polykarp von Smyrna und von der theologischen wie liturgischen Tradition des westlichen Kleinasien kommt I. zu einem unbekannten Zeitpunkt in den Westen. In der Zeit Mark Aurels ist er Presbyter in der gallischen Metropole Lyon und daselbst, nach der Christenverfolgung in Vienne und Lyon im Jahre 177, Bischof. Er avanciert nicht nur zu einem der wichtigsten kirchlichen Theologen des 2. Jh., sondern auch zu einem Vorreiter in kirchenpolitischen und -theoretischen Fragen, der zwischen Phänomenen (Montanismus) und Traditionen (Ostertermin) der kleinasiatischen Kirche, mit der seine Gemeinde enge Beziehungen pflegt, und der römischen Position zu vermitteln sucht. – Hauptwerk des I. ist der *élenchos kai anatropé tēs pseudōnýmou gnóseōs*, die Bloßstellung und Widerlegung der fälschlich so benannten Gnosis in fünf Büchern (kurz: *Adversus haereses*). I. setzt sich mit der »New-Age-Bewegung« der Antike auseinander, besonders mit der valentinianischen Schule des Ptolemäus, die in Rom aktiv war. I. will zeigen, daß die Häresien theologisch weder mit Christus noch mit den Aposteln übereinstimmen und vom Gotteszeugnis der alttestamentlichen Schriften grundsätzlich abgewichen sind. Die später entstandene Darlegung der apostolischen Verkündigung (*epídeixis tou apostolikóu kērýgmatos*) ist katechetisch ausgerichtet. In Kurzform erbringt I. die Beweise für die göttliche Wahrheit, um den Glauben des Adressaten zu befestigen. – Die Theologie des I. ist vom Grundgedanken der Einheit und der Ganzheit geprägt. Gott ist einer, ganz und gar gut, gerecht, gnädig, allwissend, allmächtig; Gottes Offenbarung ist eine einzige durch die ganze Geschichte hindurch; Jesus Christus ist der eine sich offenbarende Gott, ganz Gott und ganz Mensch, der eine und einzige Erlöser der einen Schöpfung; die Schöpfung ist eine, ganz und gar Eigentum und Wirkbereich Gottes; der Mensch ist einer, ganz und gar Geschöpf und Ziel der Erlösung Gottes; die Kirche ist eine in Leben und Lehre. Anders seine Gegner: Wie immer deren theologische Entwürfe im Einzelnen auch aussehen mögen, nach der Analyse des I. richten sie sich samt und sonders gegen den biblisch-kirchlichen Glaubensgrundsatz, daß der eine Gott der allmächtige Schöpfer der Welt und deshalb ihr Erlöser ist; sie zerbrechen die eine Person Jesu Christi im Erlösungsakt und lassen das menschliche Heil auf die wesentlich göttlichen Bestandteile des Menschen beschränkt bleiben. Diese Einzelprobleme verdichten sich in der Frage nach der göttlichen Wahrheit. Denn nur sie kann den Menschen erlösen und ihm Heilsgewißheit verschaffen. Die theologische Arbeit sowohl des I. als auch seiner Gegner ist deshalb darauf aus, diese eine und allein gültige Wahrheit darzustellen. I.' Lösung sieht in Grundzügen folgendermaßen aus: Die Verkündigung der göttlichen Wahrheit durch die Kirche basiert auf den göttlich inspirierten Hl. Schriften und auf dem »Kanon der Wahrheit«. Beide sind direkt aufeinander bezogen. Der »Kanon

der Wahrheit« (kein im Wortlaut festliegendes Glaubensbekenntnis, sondern die essentiellen Grunddaten des christlichen Glaubens und Lebens: s. *epid* 3–7) speist sich inhaltlich aus den eindeutigen Schriftworten und dem einhelligen Zeugnis der Schöpfung. Auf der anderen Seite brauchen die zweideutigen Schriftworte ein sicheres Auslegungskriterium. Solch »biblische Theologie« ist für I. immer zugleich heilsgeschichtliche Theologie, Theologie der *oikonomía* Gottes. Denn angesichts der menschlichen Unheilsgeschichte seit dem Sündenfall wird der Nachweis der Kontinuität des Handelns Gottes gegenüber der häretischen Behauptung der Diskontinuität unumgänglich. Eine Gesamtschau der Heilsgeschichte erwächst nach I. dadurch, daß die einzelnen Heilstaten Gottes einander in Form der *anakefalaíōsis*, der wiederholenden und heilvoll überbietenden Wiederherstellung, zugeordnet werden können. Denn erst mit der *anakefalaíōsis* tritt die Zielbestimmung der einzelnen Heilstaten und damit die Einheit der ganzen oikonomía eindeutig vor Augen. Dreh- und Angelpunkt dieses Modells sind die Erschaffung und der Fall Adams und seine *anakefalaíōsis* durch Menschwerdung und Kreuzigung Jesu Christi, des menschgewordenen Logos. Durch seinen Tod am Kreuz offenbart er sich als Schöpfungsmittler, der am unbegrenzten Wesen Gott-Vaters des Schöpfers von Ewigkeit her teilhat, alles umfaßt und dem Kosmos seit je her ordnend Bestand verleiht. Jesus Christus offenbart Gottes vorherwissende Allmacht über die Zeit; er verbindet die einzelnen Offenbarungen Gottes zu einem Ganzen, indem er die prophetischen Ankündigungen erfüllt, die entscheidenden Ereignisse der Menschheitsgeschichte durch sein Leben und Sterben in sich wiederholt und in seiner Auferstehung von den Toten zum Heil wendet. Dadurch erweist er den von Gott gelenkten und zielgerichtet geplanten

Lauf der Zeiten als einheitlichen Zusammenhang. »Am Kreuz erfüllt Jesus Christus als Mensch das Gebot der Gottesliebe, erweist den Gehorsam gegen Gott als Bestimmung wahren Menschseins; er vergibt als Gott den Menschen ihre Sünden und führt sie in ihre ursprüngliche Bestimmung zurück, im Gehorsam gegen Gott zu leben, um an der Unvergänglichkeit Gottes teilzunehmen. Die Kirche partizipiert an Gottes Wahrheit, weil Gott in der Offenbarung seines Wesens und seiner Allmacht die Kirche konstituiert. Deshalb ist sie, die allein eine ununterbrochene Kette von zuverlässigen Wahrheitszeugen (v.a. von Bischöfen und Märtyrern) aufweisen kann, dafür zuständig, daß Gottes Wirken als Einheit verstanden, verkündigt und tradiert wird. – Auf I. griffen in der Folgezeit nicht nur antihäretische Kirchenschriftsteller ausgiebig zurück. Sein Traditions- und Sukzessionsdenken sowie seine Mariologie wirken in der römischen Kirche bis heute nach. Seine kreuzestheologisch formulierte Kosmologie beeinflußte große Kirchenmänner des Ostens wie z.B. Gregor von Nyssa.

Daniel Wanke

Iwand, Hans Joachim

Geb. 11.7.1899 in
Schreibendorf (Schlesien);
gest. 2.5.1960 in Bonn

I. hat die *Glaubensgerechtigkeit* nach Luthers Lehre gelehrt, gepredigt und gelebt: »Gott allein kann seine Gerechtigkeit schenken, auch als die unsrige bleibt sie seine.« Das damit angezeigte Spannungsfeld von fremder, menschlicher Handhabe entzogener und zugleich zugesprochener Gerechtigkeit, die ihre Wirkungen auch in persönlicher Existenz und im öffentlichen Leben zeigt, durchzieht I.s Leben und Werk. Er leitet im Dritten Reich Predigerseminare der Bekennenden Kirche in

Bloestau (Ostpreußen) und Dortmund. Ab 1945 lehrt er Systematische Theologie in Göttingen, ab 1952 in Bonn. Eine breite kirchliche Wirkung haben die von ihm herausgegebenen Göttinger Predigtmeditationen. Für sein öffentliches Wirken wird »Versöhnung« zum Schlüsselwort. Er ist maßgeblicher Verfasser des Darmstädter Wortes des Bruderrates der evangelischen Kirche in Deutschland (1947), das das hintergründig wirksame Bündnis von Kirche und Konservatismus kündigt. Auf öffentlich wie kirchlich damals höchst umstrittenen Reisen in den ehemaligen Ostblock bittet er um Vergebung für deutsche Untaten. Mit Ernst Wolf und Karl Barth streitet er an der Seite der kirchlichen Bruderschaften gegen die Atombewaffnung der Bundesrepublik in den fünfziger Jahren.

Gert Ulrich Brinkmann

Jansenius, Cornelius d. J.

Geb. 28.10.1585 in Leerdam;
gest. 6.5.1638 in Ypern

Während seiner Studienzeit in Löwen (1602–09) lernt J. den umstrittenen Augustinismus des Bajus kennen und erlebt den zwischen Dominikanern (Báñez) und Jesuiten (bes. Molina) ausgetragenen Gnadenstreit mit, das zentrale theologische Thema der frühen Neuzeit, das nicht nur Katholizismus und Protestantismus spaltet, sondern auch innerprotestantisch sowie innerkatholisch kontrovers ist: Die Zuordnung von göttlichem Gnadenwirken und menschlicher Handlungsfreiheit. – J. lernt in Frankreich Jean Duvergier de Hauranne kennen, mit dem er 1609–16 die Kirchenväter studiert. Durch Hauranne, später nach der ihm übertragenen Abtei *Saint-Cyran* genannt, wird J. von den Reformideen und der christozentrischen Mystik der französischen Oratorianer (Bérulle) geprägt, in deren Geist die Äbtissin Angélique Arnauld seit

1609 das Zisterzienserinnenkloster Port Royal bei Paris reformierte, das nach 1640 Zentrum des Jansenismus wird. – Seit den 20er Jahren arbeitet J. an seinem Hauptwerk *Augustinus* (postum 1640 publiziert). Darin behandelt er den Kampf Augustinus' gegen den Pelagianismus, dessen Sündenlehre und Gnadenlehre und arbeitet die völlige Heilsunfähigkeit des Sünders heraus, die ausschließlich durch die Wirksamkeit von Gottes unwiderstehlicher Gnade überwunden werden kann. Ausgehend vom absoluten Vorrang Augustinus' unter den Kirchenlehrern, formuliert er im Epilog deutliche Kritik an der synergistischen Gnadenlehre in der zeitgenössischen Theologie der Jesuiten. – Die theologische Diskussion um J.s' *Augustinus* führt zum Streit um den *Jansenismus*, der sich bis nach 1750 hinzieht und zunehmend von politischen Faktoren mitbestimmt wird. J. selbst hat sich als Mitautor des *Mars Gallicus* schon 1635 Kardinal Richelieu zum Feind gemacht, dessen antispanische Koalition mit den protestantischen Staaten im 30jährigen Krieg in dieser (unter dem Pseudonym Alexander Patricius Armacanus publizierten) Schrift massiv kritisiert wird; Richelieu und die Jesuiten eröffnen bereits 1641 die publizistische Kampagne. Obwohl sich J. selbst unzweideutig vom Protestantismus abgegrenzt hat (*Alexipharmacum*, 1630; *Notarum spongia*, 1631), wird die im *Augustinus* vorgetragene Sünden- und Gnadenlehre als calvinistisch bezeichnet und ihre Anhänger damit den vom Staat unterdrückten Hugenotten gleichgestellt. Seine berühmtesten Apologeten findet das 1643 durch Papst Urban VIII. verbotene Werk in Saint-Cyran, Arnauld und Pascal. Richelieus Nachfolger, Kardinal Mazarin, der die Mehrheit des französischen Klerus für seine antijansenistische Politik gewinnen kann, veranlaßt gemeinsam mit den Jesuiten Papst Innozenz X. 1653 zur Bulle *Cum occasione* (Verurteilung von fünf dem Jansenismus zugeschriebenen Lehrsätzen: DH 2001–2007; später mehrfach wiederholt und bekräftigt). J.' Werk belegt die anhaltende Ausstrahlungskraft Augustins'. Die theologischen Debatten um den Jansenismus machen die Randständigkeit des genuinen Augustinismus im nachtridentinischen Katholizismus deutlich und zeigen den Unwillen des katholischen Lehramtes, die Weise des Zusammenwirkens von Gnade und Freiheit definitiv zu klären.

Rochus Leonhardt

Joachim von Fiore
Geb. um 1135 Celino (Kalabrien); gest. 1202 S. Martin de Giove (Canale b. Turin)

Für kaum einen Theologen gilt so sehr, dass die Kraft seiner Gedanken daran abgelesen werden kann, was man in der Geschichte ihres Fortwirkens durch Neu-, Um- und Falschinterpretation daraus gemacht hat. Dabei ist J., 1177–88 Abt des Benediktinerklosters Corazzo, um 1189 Gründer des Klosters S. Giovanni in Fiore, ein zutiefst seiner Zeit verbundener Denker, der nicht von ungefähr als Vorkämpfer für ein Reformmönchtum seine kirchen- und theologiegeschichtliche Karriere begann. Von den epochentypischen Schwerpunktthemen mittelalterlicher Eschatologie (die Gewißheit der Auferstehung der Toten; die Zugehörigkeit des Auferstehungsleibes zur Einheit und Ganzheit der menschlichen Natur; Seligkeit als Vollendungsform des ganzen Menschen, verstanden als Besitz Gottes in Liebe und Anschauung; die Wiederkunft Christi als endzeitlicher Richter sowie das Endgericht über die Welt) geleitet und vom Vorrang der universalkosmischen vor der individual-anthropologischen Perspektive geprägt, formuliert J. mittels einer symbolistischen Exegese eine prophetische, chiliastisch getönte Geschichtsauffassung in Gestalt einer trinitarischen Geschichtstheologie, die dem verheißenen »ewigen Evangelium« (Apk 14,6) als der eigentlichen Botschaft Jesu einen exponierten heilsgeschichtlichen Status einräumen will. Dafür nimmt J. eine Periodisierung der Geschichte unter Zuhilfenahme der Trinitätslehre vor. An Vorgänger in der Kirchenväterzeit und Mönchstheologen des 12. Jh. anknüpfend, gliedert er die innerweltliche Geschichte in drei, den göttlichen Personen zugewiesene, an ihren Rändern einander überschneidende Zeitalter bzw. Reiche oder Stände (ordines), die wiederum durch eine Mehrzahl von biblischen oder kirchlichen Repräsentanten sowie komplizierte Generationenfolgen gekennzeichnet sind. Bereits in den mittelalterlichen Handschriften hat man dieser Komplexität nur durch vielzählige Übersichtshilfen wie Tabellen und Schemata nachkommen können (Abbildungen bei Lerner, S. XXVIII-XXXV, 163–168, 171 f., 110 f., 178, 215–217). Nach dem »Zeitalter des Vaters« (AT, Moses, Usias; Synagoge, Gesetz, Dienst, Wissen) folgt das »Zeitalter des Sohnes« (NT, Petrus; Kirche, Evangelium, Glaube, Gnade, Weisheit). Für das Jahr 1260 errechnet, eröffnet das asketisch-kontemplative Mönchtum (Apostel Johannes; Benedikt von Nursia, Bernhard von Clairvaux) das »Zeitalter des Hl. Geistes«, das die Fülle des Heils erfahren läßt: vollständige Einhaltung der Bergpredigt, Geist der Armut, Sieg des geistlichen Verständnisses der Schrift, Überflüssigwerden der Sakramente, Bekehrung der Juden, Wiedervereinigung mit den Griechen, Beendigung aller Kriege. Anders als es bei späteren säkularisierten Rezeptionsformen dieser Gedanken geschieht, wertet J. dieses »Dritte Reich« nicht als Endstufe innerweltlicher Utopien, sondern als Vorstufe des Endes aller Zeiten im Letzten Gericht. Seine tritheistisch fehlinterpretierbare Trinitätstheologie wird vom III. Laterankonzil (1215) verurteilt. J.s Spiritualismus und Apokalyptik mit antihierarchischer Kirchenkritik verbunden zu haben, ist erst Tat des radikalen Franziskanertums gegen Mitte des 13. Jh. Vermittler joachimitischen Gedankenguts sind etwa Gerardo di San Borgonino, Mechthild von Magdeburg, Cola di Rienzo, später Th. Müntzer und J. Boehme, allerdings e converso als Joachim-Kritiker auch Bonaventura (Collationes in Hexaemeron) und Thomas von Aquin (bes. Summa theol. I-II, 100, 9). Der Joachimitismus der Neuzeit tritt einerseits auf als innerzeitlicher Messianismus, der aktiv-sozialkämpferisch eine Transformation der ganzen Gesellschaft erstrebt, andererseits als mystisch-gnostischer Spiritualismus, in dem es um geistliche Versenkung geht, die alles Sichtbar-Kirchliche funktionslos, wenn nicht gar unerträglich macht. G. E. Lessing (Erziehung des Menschengeschlechts §§ 85–89), J. G. Herder, G. W. F. Hegel und F. W. Schelling (System der Weltalter) sind wichtige J.-Rezipienten im deutschsprachigen Raum, für Rußland kann Solowjew, für Frankreich können C. Saint-Simon, G. Sand und J. Michelet genannt werden. Die intensivste theologische Auseinandersetzung mit J. in neuerer Zeit findet man bei H. de Lubac. Neben einer eschatologisch unstatthaften Transposition des Ewigen ins Zeitliche und die Verwandlung der christlichen Hoffnung in eine innerweltliche Utopie bemängelt er ekklesiologisch an J.s Denken – »ein tief subversiver Geist« – eine Selbstzerstörung der Kirche, insofern die konkrete Kirche zu einer vorletzten Wirklichkeit ohne echte, verbindliche oder gar definitive Größe erklärt werde.

Matthias Laarmann

Johannes XXIII.

Angelo Giuseppe Roncalli;
geb. 25. 11. 1881 in Sotto il Monte bei
Bergamo; gest. 3. 6. 1963 in Rom

Als der Patriarch von Venedig 1958
überraschend Papst wird, wählt er den
Namen J. Als Motiv dafür kommt persönliche Erinnerung an die Kirche seines Heimatortes in Frage, aber auch die
humorvoll-listige Anknüpfung an den
letzten kanonischen Namensvorgänger
J. XXII. (1316–1334), den »Fuchs von
Cahors«. Listig fädelt jedenfalls der neue
Papst die überraschende Ankündigung
eines Konzils ein: Ein Frühlingswind
habe ihn, den als Übergangspapst geplanten 77jährigen, angeweht. J. inspiriert den Konzilsverlauf, indem er die
Gegenwart als Anbruch einer gottge-
wollten neuen Ordnung deutet, als
Chance für eine Kirche, die an der Zeit
ist (*aggiornamento*). Nicht nur bewahren will der Papst die Schätze der Tradition, sondern sie mit vollen Händen an
die Gegenwart verteilen (Volkssprache
im Wortgottesdienst der Messe, aktivere
Gemeindebeteiligung). Kollegiale Leitung, kontroverse Debatten und eine
sich an die Menschen außerhalb der
Mauern des Tagungsortes mitteilende
Aufbruchstimmung prägen das Konzil. – An amtlichen Äußerungen sind
zwei Enzykliken zu nennen: Die Sozial-
enzyklika *Mater et magistra* von 1961
hat eine pragmatischere Ausrichtung als
ihre Vorgängerinnen von 1891 und
1931, sie knüpft mit diskreter Zustimmung an die Lebensbedingungen der
modernen pluralistischen Gesellschaf-
ten an. Charakteristischer für den Ron-
calli-Pontifikat ist wohl die Enzyklika
Pacem in terris von 1963. Entstanden
nach der Kuba-Krise, in der J. zu vermitteln suchte, ruft sie passioniert zum
Weltfrieden, dem die katholische Kirche
beispielhaft voranleuchten soll. Anders
als in Verlautbarungen früherer Päpste
ist der Friede nun als das Werk aller
Menschen, »die guten Willens sind«,

verstanden (ökumenische Öffnung).
Der Adressatenkreis ist damit stark erweitert; überdies formuliert die Enzyklika auch Zeichen der Zeit (Emanzipation von Frauen und Arbeiterschaft, Ende des Kolonialismus in einer auf neue
Weise familiären Menschheit), um die
Erkenntnis des auch in Modernität und
Pluralismus wirksamen göttlichen Geistes zu ermöglichen. – Zu seiner Art der
Amtsführung gehört unabdingbar auch
das seelsorgerliche (Kultur-)Verhalten
J.'; *San Giovanni fuori le mura*, wie er
aufgrund seiner spontanen Exkursionen
mit freundlichem Spott genannt wird,
versteht es, mit Kontakten zu Intellektuellen und Künstlern und durch
Tabubrüche unterschiedlicher Art (Ge-
fangenenbesuche, Einladung des Chef-
redakteurs der sowjetischen Zeitung *Ist-
westija*) den Eisernen Vorhang in den
Herzen der Menschen zu heben. J.' länd-
liche Herkunft, seine eher unspektaku-
läre Laufbahn und seine Nuntiatur in
osteuropäischen Ländern mit römisch-
katholischer Minderheit haben wohl zu
seiner durch Humor geprägten Lebens-
nähe beigetragen. – Über dem Charisma J.' darf man die institutionelle
Seite seiner Liberalität nicht übersehen.
So sind beispielsweise zum Konzil verschiedenste Beobachter eingeladen. Ein
»Sekretariat für die Einheit der Christen« unter Augustinus Kardinal Bea
wird eingerichtet. Die Erweiterung des
Kardinalskollegiums um fast 100%
führt dazu, daß mehr und mehr Nicht-
europäer aufgenommen werden. – Die
Frage, inwieweit die Nachfolger J.' dessen Auffassungen aufgenommen und
im Sinn des Konzils weiterbearbeitet
haben, steht an. Während zum Beispiel
Johannes-Paul II. durch außereuropäi-
sches Engagement die Weltzuwendung
J.' formal fortsetzt, wird deren Inhalt,
von der erwiesenen Dialogbereitschaft
mit den ehemals kommunistischen
Staaten abgesehen, zurückgenommen:
Dient hier kurialer Zentralismus als
modernes Mittel antimodernen Zwek-

ken? – Auch wenn dem so wäre – Frühlingsluft gehört zu den Elementen natürlichen und geistlichen Lebens, die wiederkehren.

Christian W. Senkel

Johannes Chrysostomus
Geb. um 349 in Antiochien;
gest. am 14.9.407 im pontischen Komana

Im 6. Jh. seiner einzigartigen Redegabe wegen mit dem Beinamen Chrysostomus (»Goldmund«) bedacht, hat sich J. dem geschichtlichen Gedächtnis als Lichtgestalt unter den Bischöfen seiner Zeit eingeprägt, als ein Kirchenmann, »der dem geistlichen Auftrag seines Amtes bis zum letzten treu bleibt und dem dabei jede Rücksichtnahme auf politische Umstände und die Großen dieser Welt als Verrat erschienen wäre« (H. v. Campenhausen). Er hätte es wohl vorgezogen, bis zum Ende bei dem zu bleiben, was nicht nur seinem Wesen entsprach, sondern wozu er auch (u. a. bei dem heidnischen Rhetor Libanius und in einem Asketenzirkel um Diodor, den späteren Bischof von Tarsus) ausgebildet war und was er vor allem als antiochenischer Presbyter (seit 386) auch zu praktizieren vermochte: Bibelauslegung in der Form der Predigt, Erziehung seiner Gemeinde, Beistand der Hilfsbedürftigen. Doch dann beruft man ihn (397) in die Funktion eines »Hofbischofs« in der Reichshauptstadt Konstantinopel, in der es, wie sich rasch zeigt, noch anderer Gaben bedarf, als sie ihm zu Gebote stehen: politischen Scharfblicks und taktischer Raffinesse vor allem. Weil er jedoch viel zu gewissenhaft und auch zu beharrlich ist, um die ihm mit seinem Amt auferlegten Leitungsaufgaben etwa nicht ernst zu nehmen, ist sein Scheitern vorprogrammiert. Seinem Ansehen bei der Nachwelt tut das freilich keinen Abbruch. Wie vielmehr seinen Gegnern nichts

anderes übrig bleibt, als ihn postum wieder in die Kirchengemeinschaft aufzunehmen und seine Gebeine im Triumphzug nach Konstantinopel zu überführen (438), so trägt auch die byzantinische Hauptliturgie (*Chrysostomus-Liturgie*) alsbald seinen Namen. Vor allem schlägt sich das hohe Ansehen in einer ungewöhnlich reichen handschriftlichen Überlieferung seines literarischen Œuvres nieder, des umfangreichsten, das je ein griechischer Kirchenvater hinterlassen hat: 17 Abhandlungen, mehr als 700 sicher authentische Predigten, vier Kommentare zu biblischen Büchern und 241 Briefe. – Was macht J. zu einem bemerkenswerten christlichen Denker? Dogmatische Fragen spielen ja in seinem Lebenskampf kaum eine Rolle. Auch sucht man bei ihm vergebens nach theoretischen Erwägungen etwa zur Schriftauslegung, auch wenn seine Predigtpraxis, wie sich zeigt, auf soliden theoretischen Grundlagen aufruht. Dafür gelingt es ihm, den man den eigentlichen Bibelmann der Alten Kirche genannt hat (A. Harnack), das wesentlich Christliche scharf zu erfassen und zu einer geschlossenen Sicht zu gelangen, in der auch das aufblühende Mönchtum mit seiner besonderen Berufung und seinen besonderen Gaben einen festen Platz hat. Er vermag in seiner Schriftauslegung die Vision von Eindeutigkeit, von Verbindlichkeit, von Authentie zu vermitteln, ohne zwangsläufig aus der »Welt« herauszuführen, und in diesem Zusammenhang Zentralgedanken der Bibel, wie dem der Begegnung mit Christus im Armen (Mt 25, 31–46) oder der paulinischen »Lehre« von der Kirche, als aus vielen Charismen und Charismatikern erbauten »Leibes Christi« ein klares Profil zu geben. So stößt er auch, selbst tief im Mönchtum verwurzelt, gelegentlich bis an die Grenze sozialkritischer Überlegungen zur Sklaverei oder zum Privateigentum und vergißt nicht, bei aller Nähe zur Popularphilosophie, immer wieder auch den

Unterschied zu betonen, z. B. mit dem Hinweis auf den »sozialen« Charakter des Christentums.

Adolf Martin Ritter

Johannes vom Kreuz
Geb. 1542 in Fontiberos bei Ávila; gest. 1591 in Ubeda

J. ist als Mystiker, Seelenführer und Dichter bekannt. Als christlicher Denker kommt ihm eine ebenso große Bedeutung zu. Das Denken des Kirchenlehrers ist eine für die Kirche verbindliche Theologie der Mystik, die in sich selbst ein Lobpreis Gottes ist. Sein Hauptanliegen besteht darin, die Menschen auf ihrem Weg zur Vereinigung der Seele mit dem Gott Jesu Christi durch den Vollzug von Glaube, Hoffnung und Liebe zu führen. Das sanjuanische Denken erschließt den Wesenskern christlicher Mystik: Die mystische Vereinigung der Seele mit Gott vernichtet die Kreatürlichkeit des Geschaffenen nicht, sondern setzt sie voraus und vollendet sie. Das für das christliche Denken charakteristische In-Über-Verhältnis von Gott zu seinem Ebenbild wird im mystographischen Zeugnis und im mystologischen Denken von J. exemplifiziert und reflektiert. J. ist »Metaphysiker der Liebesmystik« (Irene Behn). Gott wirkt im Geschöpf so, daß es an seiner Liebeswirklichkeit auf übernatürliche Weise Anteil hat (Brautsymbolik). In ihr wird die Beziehung von Personen nicht aufgehoben, sondern ihre Verschiedenheit bildet die Voraussetzung für die liebende Verbindung. Das endliche Sein ist in einer unaufhebbaren ontologischen Positivität gedacht. Das Geschöpf begreift sich aus seiner wesenhaften Beziehung zu seinem Schöpfer heraus. Geschöpfliches Sein ist Sein als Geschenk. Die relationale Identität und ontologische Abhängigkeit betrifft das menschliche Sein im Ganzen. Der Mensch verliert auch in der Vollendung sein endliches Personsein nicht. Die Rede von der Vergöttlichung des Menschen muß bei J. in diesem Sinne von der Partizipationsphilosophie her verstanden werden. Der Mensch kann nicht Gott werden, wie Gott selbst Gott ist, er wird aus Gnade das, was Gott von Natur aus ist. Die Berufung des Menschen heißt, gemäß der Teilhabe Gott zu werden, doch die Vergöttlichung ist Vermenschlichung. – Die Vereinigung muß in ihrer Unbegreiflichkeit theologisch auf dem Hintergrund der Lehre von der *Seinsanalogie* gedacht werden; umgekehrt wird sie in einer sekundären Reflexion zu einer Bestätigung und Vertiefung der mittelalterlichen Lehre von der *analogia entis*; das Denken des Mystikers erweist sich letztlich als Ausdruck einer »Religiösität der analogia entis«, als »analogia-entis-Andacht zum übergeschöpflichen Gott« (Przywara). – Der Mensch muß mit all seinen Dimensionen durch den Läuterungsprozeß hindurch, damit der ganze Mensch in die Liebeseinheit mit Gott hinein verwandelt werden kann. Die radikale Rede vom »Nichts« und von der »Dunklen Nacht« in den Schriften von J. hat einen pädagogischen Sinn der Seelenführung im Sinne paulinischer Negation und darf nicht als eine Geringschätzung des endlichen Seins oder gar als eine Identifikation des endlichen Seins mit der Sünde verstanden werden. Der Mensch wird zur radikalen Umkehr aufgerufen, damit Gott ohne Widerstände im Geschöpf seine Gnade bewirken kann. Die Negation hat einen instrumentellen Charakter auf dem Weg zu Gott als dem Ein und Alles der Seele; sie ermöglicht den Empfang des übernatürlichen Seins, durch das der Mensch wieder im ursprünglichen Sinn Ebenbild Gottes sein kann. Theologisch wird diese gnadenhafte Seinsmitteilung als Einwohnung der Trinität in der Seele verstanden, die identisch mit der Vergöttlichung ist. Die Einheit der Seele mit Gott vollzieht sich nicht am trinitarischen Offenbarungsgeschehen vorbei zu einer differenzlosen Einheitsmystik hin. Das zentrale Medium für die Vereinigung ist der reine Glaube, verstanden als Glaube der Kirche. Der gelebte Glaube führt den Glaubenden in das Zentrum der Liebe Gottes. Glaubensakt und Glaubensinhalt sind bei J. untrennbar miteinander verbunden.

Matthias Behrens

Johannes Scot(t)us Eriugena

Geb. um 810 in Irland;
gest. nach 877, angebl. in Malmesbury

Im von der Völkerwanderung verschonten Irland geboren und umfassend gebildet, kam J. um 845 ins Westfrankenreich, wo er in Karl dem Kahlen (reg. 840–77) einen intellektuell aufgeschlossenen Förderer fand. 850 baten führende Bischöfe J. um eine Widerlegung von Gottschalks radikaler Prädestinationslehre; J. tat mehr als das, er sprach Gott unter Berufung auf seine Einfachheit jedes zeitliche Vorher-Wissen und Vorher-Bestimmen ab; die kirchliche Verurteilung dieser radikalen Lösung hatte für J. – den Freund des Königs – keine Folgen. Ab 860 übersetzte J. die Schriften des Ps.-Dionysius Areopagita und andere Grundwerke der griechischen Theologie (u. a. von Gregor von Nyssa und Maximus Confessor) ins Lateinische. Durch diese Übersetzungen, vor allem aber durch sein etwa 866/67 vollendetes Hauptwerk: *Periphyseon* oder *De divisione naturae* (*Über die [Einteilung der] Wirklichkeit[en]*) erschloß J. dem lateinischen Westen die Gedankenwelt der neuplatonischen Metaphysik. Nach dem Tod Karls des Kahlen (877) soll J. nach England gegangen und als Abt von Malmesbury gestorben sein. – In seinen fünf Büchern *Periphyseon*, dem ersten umfassenden metaphysischen Entwurf des nachantiken Denkens, erneuert J. den Neuplatonismus im Geiste seiner christlichen Rezeption. Thema dieser Schrift ist die Bestimmung der dynamischen Struktur der Wirklichkeit als ganzer in ihrem Verhältnis zu Gott und zum Menschen. Dabei übernimmt J. als erster lateinischer Denker die *negative Theologie* in ihrer radikalen Form, wie sie nach Platon Plotin, Proklos und Ps.-Dionysius ausgebildet hatten. Für diese Lehre ist Gott das Eine, das in seiner Absolutheit »jenseits« aller stets vielheitlichen Bestimmungen und sprachlichen Ausdrücke steht, zuletzt auch »jenseits des Seins« und »jenseits des Denkens«; J. nennt Gott darum konsequent das *überseiende* oder *transzendente Nichts*. Zugang zu diesem unsagbaren Absoluten haben wir nur, weil die gesamte Wirklichkeit *Theophanie*, also Erscheinung des verborgenen göttlichen Einen ist. Wir nähern uns dem transzendenten Einen in drei Schritten, indem wir ihm (1) zunächst alle positiven Bestimmungen seiner Erscheinungen zusprechen, weil es deren Ursprung ist, (2) ihm dieselben Bestimmungen dann aber wieder absprechen, weil sie ihm in seiner Absolutheit nicht zukommen, um (3) zuletzt Bejahung und Verneinung in der formal bejahenden, ihrem Gehalt nach aber verneinenden Transzendenzaussage zu verbinden und zugleich zu übersteigen; so ist Gott z. B. als Grund aller Vollkommenheit gut, an sich selbst aber nicht gut, sondern in seiner Transzendenz über alles Bestimmte und Denkbare *mehr als* gut oder »*über*-gut« und ebenso *über*seiend, *über*weise, *über*schön, *über*göttlich usw. Darum sind *alle* positiven Aussagen über Gott – auch über seine Trinität, Schöpfung und Menschwerdung – nur Metaphern, in denen wir die Theophanien auf ihren jenseitigen Urgrund gleichsam zurückprojizieren, weshalb diesem zuletzt nur die Verneinung aller Bestimmungen angemessen ist. Diesem Grundgedanken des Platonismus gibt J. aber dadurch eine ganz neue Wendung, daß er die Verneinung aller Bestimmungen Gott selbst als seine ihm eigene Tätigkeit zuschreibt, in der sich das unbestimmbare Eine auf sich selbst bezieht, und zwar in der Weise, daß es die von ihm selbst verneinten Bestimmungen schöpferisch aus sich hervorbringt und in ihnen erscheint. Das Nichts, aus dem Gott alles erschafft, ist darum *er selbst*: Das überseiende Nichts des bestimmungslosen Einen bringt die Wirklichkeit hervor, in der es erscheint, ohne seine Transzendenz aufzuheben, so daß die Wirklichkeit als Theophanie »Erscheinen des Nicht-Erscheinenden« ist. Dieser Hervorgang vollzieht sich in zwei Stufen: Die erste Stufe ist die Welt der ewigen und unveränderlichen Urbilder und Wesensgründe, der geistigen Ideen, durch die Gott alles geschaffen hat; die Einheit aller Ideen ist Gottes Wort bzw. die göttliche Vernunft. Im Erschaffen des Wortes und der ihm immanenten Ideen erschafft die überseiende, bestimmungslose Gottheit sich selbst als die Fülle des Seins, schließt das Eine sich auf zur sich als Geist auf sich selbst beziehenden Trinität. Die zweite Stufe des Hervorgangs der Wirklichkeit ist das Hervortreten der in Raum und Zeit erscheinenden vergänglichen Dinge, das J. als Selbstauswicklung der Ideenwelt denkt, in der sich das höchst Allgemeine ausfaltet und besondert, wodurch zugleich die vielen Einzeldinge in die Einheit ihres allgemeinen Wesens zurückkehren; das Materielle entsteht dabei J. zufolge durch eine Verbindung rein geistiger Wesenheiten. Diesen zweistufigen Hervorgang der Wirklichkeit deutet J. zugleich als die Rückkehr der einzelnen Dinge in die sie begründenden Ideen und der Ideen in das überseiende göttliche Eine, so daß die Hervorbringung der geistigen und der materiellen Welt die Selbstvermittlung der überseienden Gottheit ist, in der diese sich selbst erkennt. Weil Gott aber kein bestimmtes und d. h. begrenztes Etwas ist, ist seine Selbsterkenntnis kein Wissen, sondern ein alles Wissen übersteigendes Nicht-

wissen: In der Verneinung aller denkbaren Seinsgehalte weiß Gott sich als das alles Seiende und Denkbare zugleich setzende und aufhebende Nichts der reinen Transzendenz. – Den Menschen denkt J. mit größter Originalität als einen zweiten Gott: Er ist verbindende Mitte beider Welten, weil er durch Leib und Sinnlichkeit zur raum-zeitlichen Erscheinungswelt gehört, durch seinen Geist aber zur ewigen Ideenwelt. Sinn und Ziel des menschlichen Lebens ist umfassende Welt- und Selbsterkenntnis. Das eigentliche Wesen der Dinge entzieht sich jedoch jeder begrifflichen Erkenntnis, weil es in dem unbestimmbaren Einen gründet. Das Erkennen erfaßt darum nicht das Wassein, sondern vielmehr die dialektische Struktur des Hervorgangs und der Entfaltung aller Dinge aus dem überseienden Nichts der Gottheit und ihrer Rückkehr zu Gott. Diese Erkenntnis ist aber zugleich die Erkenntnis des göttlichen Wortes, das diese Entfaltung vollzieht; in ihr erfaßt das Denken sich selbst, aber nicht in seinem Wassein, weil es kein Was ist, sondern über-gegenständliche und unendliche reine Tätigkeit, so daß die menschliche Selbsterkenntnis wie die göttliche zuletzt ein sich wissendes Nichtwissen ist. Das Erkennen gelangt zu seiner Vollendung, indem es mit dem von ihm Erkannten, der Entfaltung der Wirklichkeit aus dem Einen, identisch wird; in dieser Vollendung, in der er die welterschaffende Tätigkeit des göttlichen Wortes mitvollzieht, erfaßt der Mensch sein Selbst als einen individuellen, vollständigen Inbegriff der gesamten Wirklichkeit und sieht auch in jedem anderen einen solchen Inbegriff der Totalität, in dem das bestimmungslose Eine erscheint. In dieser geistigen All-Durchdringung, in der jeder zugleich vollkommen bei sich selbst und bei allem anderen ist, besteht J. zufolge die volle Glückseligkeit. Die biblischen Aussagen über die jenseitige Vollendung des Menschen und die eschatologische

Neugestaltung der Welt interpretiert J. als allegorische Umschreibung dieses vollkommenen Zustands konkreter Totalität, in der Gott alles in allem ist. – J.' innovative Neuformulierung des Neuplatonismus wurde im 12.–13. Jh. teilweise pantheistisch mißverstanden und 1225 vom Papst verurteilt; trotzdem beeinflußte sie Meister Eckhart und besonders nachhaltig Nikolaus von Kues; ihr Einfluß auf den deutschen Idealismus bedarf noch genauerer Erforschung.

Jens Halfwassen

Jung-Stilling, Johann Heinrich
Geb. 12. 9. 1740 in Grund (Siegerland); gest. 2. 4. 1817 in Karlsruhe

Der 1777 erschienene Bestseller *Heinrich Stillings Jugend – eine wahrhafte Geschichte* zählte Nietzsche zusammen mit Werken Goethes, Lichtenbergs, Stifters und Kellers zu seinem »Schatz der deutschen Prosa«. In der Tat spricht dieses Buch bis heute den Leser an und nimmt in der Geschichte der deutschen Autobiographie eine prominente Stellung ein. Der Autor schildert in idyllen- und romanhafter Form, wie J.-S., das Kind einer einfachen Bauernfamilie, in Einklang mit der Natur aufwächst. Dabei – und dann vor allem in den weiteren Bänden seiner Lebensgeschichte – ist es das Anliegen des Autors, den Leser auf die spezielle Vorsehung Gottes hinzuweisen. Im Gang seiner Lebensgeschichte erblickte J.-S. den Beweis für diese Vorsehung Gottes. Er hatte es nämlich nach mühevollen Lehr- und Wanderjahren zum Arzt, zum Professor für Kameralwissenschaften und schließlich zum Berater und freien religiösen Schriftsteller im Dienste des Kurfürsten Karl Friedrich in Heidelberg gebracht. Der Erfolg der *Jugend* – seit dem J.-S. seinen Namen mit *Stilling* ergänzte – veranlaßte ihn, zahlreiche allegorische Romane zu verfassen, die in Nachah-

mung von Bunyans *Pilgerreise* den prüfungsreichen Lebensweg des Christen zu Gott beschreiben (z. B. *Die Geschichte des Herrn von Morgenthau*, 1779). In der Forschung ist dabei umstritten, inwiefern J.-S. dem Pietismus oder einer »frommen Aufklärung« zuzuordnen ist. Auf jeden Fall sprach sich J.-S. unter dem Eindruck der Folgen der französischen Revolution zunehmend gegen die rationalistische Aufklärung aus und erwartete die baldige Wiederkunft Christi, das Strafgericht und die Errichtung eines Friedensreichs. Durch Zeitschriften, durch Romane, beispielsweise durch den Roman *Heimweh* von 1794–96, und durch seine Korrespondenz entfaltete J.-S. dahingehend eine äußerst weitreichende Verkündigungstätigkeit, was ihm den Titel »Patriarch der Erweckung« eintrug.

Martin Ernst Hirzel

Kagawa, Toyuhiko
Geb. 10. 7. 1888 in Kobe; gest. 23. 4. 1960 in Tokio

Im Gegensatz zu der seit dem 19. Jh. in Japan wieder gesetzlich verordneten Kaiserverehrung (Staats-Shintoismus bzw. Tennoismus) war es im Protestantismus und auch in der sogenannten »Nicht-Kirche-Bewegung« Ziel, Christentum und japanische Kultur aufeinander zu beziehen und gleichzeitig nationalistische Töne in der Religion zu vermeiden. In diesem Kontext entscheidet sich der in einer traditionsreichen Samurai-Familie erzogene und an Buddhismus und Konfuzianismus geschulte K. nach Phasen existentieller Verzweiflung für ein Theologiestudium. Kurz vor der Ordination (als Mitglied der Presbyterianischen Kirche) läßt er sich jedoch im Armenviertel Kobes nieder, um die Predigt mit einem Leben nach dem Liebes- und Armutsideal zu verbinden. 1917 tritt er der Gewerkschaftsbewegung bei und beteiligt sich am Hafenarbeiterstreik. 1926 gründet K. die »Reich-Gottes-Bewegung«, in der Laien interkonfessionell gleichzeitig für die Evangelisation und die Leitung von Arbeiter- und Bauerngenossenschaften ausgebildet werden. Sein Wirken und sein »utopischer Marxismus« ziehen soziale und politische Kreise (Einfluß auf die pazifistische Grundhaltung der japanischen Nachkriegspolitik bis heute, Entwicklung der Ökumene). – Inkarnation ist für K. Selbstverwirklichung Gottes im Endlichen, von der nur Jesus volles Bewußtsein hatte. Gal 2,20 interpretiert er als »sozialistische Mystik«, im Vordergrund steht die Kreuzesliebe, nicht Christologie und Auferstehung. Eine Sündenlehre kennt er nicht.

Sybille Fritsch-Oppermann

Karlstadt, Andreas Bodenstein von
Geb. 1486 in Karlstadt/M.;
gest. 24. 12. 1541 in Basel

»Er ist ein unbeständiger Mensch« – »Er hat einen aufrührerischen, mörderischen, rottischen Geist bei sich«. Derartige Verdikte Luthers über K. – geäußert in der Schrift *Wider die himmlischen Propheten* – bestimmten über Jahrhunderte hinweg die allgemeine Beurteilung K. s. Erst der Forschung des 20. Jh. gelang es, jenes Urteil schrittweise zu revidieren und K. als einen Reformator mit einem »hohen Maß an Originalität« zu würdigen. – Geboren in dem kleinen fränkischen Karlstadt/M. (daher die spätere Selbstbenennung Karlstadt) studiert er ab 1499 in Erfurt, dann in Köln. Spätestens im Jahre 1505 wechselt K. an die erst 1502 gegründete Wittenberger Universität. Hier macht er eine schnelle geistliche und akademische Karriere. 1510 erhält K. im geforderten Mindestalter die Priesterweihe und wird zum Doktor der Theologie promoviert. Im Jahr darauf bekommt der ausgezeichnete Kenner der Scholastik eine Theologieprofessur an der Universität und damit verbunden die Stelle eines Archidiakons am Wittenberger Allerheiligen Stift. Nebenher schafft es K., sich auch in der Jurisprudenz weiterzubilden. Während eines längeren Rom-Aufenthaltes (1515–16) erlangt er an der Kurie den Doktorgrad der weltlichen und kirchlichen Rechte. – Nach Wittenberg zurückgekehrt kann auch K. sich nicht dem Einfluß seines Kollegen Luther entziehen, an dessen Promotion zum Doktor der Theologie er 1512 mitgewirkt hat. Von Luther angeregt treibt er intensive Augustinus-Studien und wird – so wie jener – ein begeisterter Anhänger der Theologie des Kirchenvaters. Daneben beschäftigt sich K. eingehend mit der deutschen Mystik, insbesondere mit den Predigten des Johannes Tauler, dessen Gedanken ihn ebenfalls zeitlebens beeinflussen. Ihren großen gemeinsamen Auftritt haben Luther und K. im Sommer 1519 im Rahmen der sog. Leipziger Disputation. Abwechselnd diskutieren sie dort mit dem Ingolstädter Theologieprofessor Johann Eck, wobei es zwischen K. und Eck im Gegensatz zu Luther und Eck fast zu einer Einigung gekommen wäre. – Die große Krise der nie spannungsarmen Beziehung K.s zu Luther entwickelt sich während dessen Wartburg-Aufenthalt (1521–22). K. setzt sich in jenen Monaten an die Spitze der Reformbewegung Wittenbergs. Aufsehen erregt er zu Weihnachten 1521, indem er das Abendmahl in beiderlei Gestalt und ohne Meßgewand feiert. Im Januar 1522 heiratet der eigentlich dem Zölibat verpflichtete Priester K. die aus einer unbegüterten Landadelsfamilie stammende Anna von Mochau. Wenige Tage später erläßt der Wittenberger Rat eine neue, von K. mitverfaßte Ordnung, in der u. a. die Beseitigung der Bilder aus den Kirchen gefordert wird. Im Februar 1522 kommt es zum Bildersturm in der Stadt. Diesen sog. Wittenberger Unruhen setzt Luther mit seiner Rückkehr von der Wartburg im März 1522 ein schnelles Ende. Für K. bedeutet dies einen tiefen Einschnitt in seine Wirksamkeit: Er erhält ein Predigt- und Druckverbot und darf lediglich an der Universität lehren. Als auch hier Spannungen auftreten (K. weigert sich, Promotionen vorzunehmen), verläßt er im Frühjahr 1523 Wittenberg und geht nach Orlamünde. An diesem Ort kann er als Pfarrer seine Vorstellungen von einer Reformation, die vor allem durch die Laien getragen wird, verwirklichen. Im August 1524 finden mehrere Begegnungen zwischen ihm und Luther statt, jedoch wird nicht die von Luther erhoffte Verständigung erreicht. Einen Monat später muß K. Kursachsen verlassen. Nach kurzen Aufenthalten u. a. in Zürich, Basel und Straßburg gelingt es ihm, sich für einige Monate in Rothenburg ob der Tauber zu halten. In jener Zeit veröffentlicht K. mehrere Traktate vor allem zum Abendmahl, in denen er klar Luthers Auffassung von der wirklichen Gegenwart Christi in diesem Sakrament ablehnt und ähnlich der Auffassung Zwinglis eine symbolische Deutung der Einsetzungsworte vertritt. Dies fordert die Reaktion Luthers heraus, der in *Wider die himmlischen Propheten* nicht nur K.s Verständnis vom Abendmahl, sondern auch von der Bilderverehrung verurteilt. Im Frühjahr 1525 gerät K. zwischen die Fronten der Bauernaufstände. Er geht nach Wittenberg zurück und findet Unterschlupf im Hause Luthers. Doch dieser fordert für das gewährte Asyl Gegenleistungen. K. darf fortan weder schreiben noch predigen noch lehren. Zudem soll er öffentlichen Widerruf leisten. In den folgenden Jahren ernährt sich K. als glückloser Bauer und Krämer in verschiedenen Dörfern in der Umgebung Wittenbergs. Zu Anfang des Jahres 1529 droht ihm eine Verhaftung, und er flieht aus Kursachsen. K. zieht gen Norden und nimmt u. a. Kontakt mit dem Täufer Melchior Hoffmann auf. Schließlich findet er mit Zwinglis Hilfe Ende 1530 eine feste Anstellung am Zürcher Großmünster. In einer Vorrede vom Dezember 1530 bekennt sich der einstige Wittenberger Theologieprofessor öffentlich zur Zürcher Reformation. Im Juni 1534 wird K. Professor für AT in Basel und Pfarrer an der dortigen St. Peterskirche. Hier stirbt er am Hl. Abend des Jahres 1541 an der Pest. – Es ist sehr zu bedauern, daß die heutige kritische Aufarbeitung des vielfältigen Schaffens dieses Reformators dadurch erschwert wird, daß trotz mehrfacher Ansätze bisher keine kritische Gesamtausgabe seiner Werke vorliegt.

Volker Gummelt

Katharina von Siena

Caterina di Iacopo di Benincasa;
geb. 25. 3. 1347 in Siena;
gest. 29. 4. 1380 in Rom

K., Heilige und Schutzpatronin Italiens, verbindet das Leben einer Mystikerin mit einem geharnischten politischen Engagement auf höchster Ebene. Sie soll schon mit sechs Jahren ihre erste Vision Christi erfahren haben. Gegen den Willen ihrer Eltern verbringt sie ihre Zeit mit Meditation und Gebet. Nach dem Tod ihrer Schwester entscheidet sich K. mit 17 Jahren endgültig gegen die Ehe und bittet um Aufnahme bei den Dominikanertertiarinnen, den sog. ›Mantellate‹. Diese Wahl erlaubt ihr, sich inmitten der Gemeinde sozialen Aufgaben zu widmen. Um K. bildet sich ein spiritueller Kreis, dessen »mamma« sie ist. Ratsuchenden gibt sie in Briefen konkrete Anweisungen zum Tagesablauf: »Teil deine Zeit ein: die Nacht der Nachtwache, nachdem du dem Körper den gebührenden Schlaf gegeben hast; den Morgen der Kirche beim liebevollen Gebet. (...) Davon halte dich nichts ab außer Notwendigkeit, Gehorsam oder Nächstenliebe« (Brief 49 Meattini). Daneben sendet sie auch Briefe an wichtige politische und kirchliche Persönlichkeiten und macht sich insbesondere für einen neuen Kreuzzug stark. Auf diese Weise wird K. über Siena hinaus bekannt: als religiöse Respektsperson mit einer besonderen Sensibilität für das soziale und politische Zeitgeschehen. – Im Alter von 27 Jahren erhält K. vom Generalkapitel der Dominikaner in Florenz einen geistlichen Führer zugewiesen, Raimund von Capua. Von diesem Zeitpunkt an weiten sich ihre politischen Aktivitäten aus. K. tritt in Briefkontakt mit Papst Gregor XI., der sich in Avignon aufhält. Sie übernimmt dabei eine ähnliche Rolle wie die kurz zuvor verstorbene Birgitta von Schweden: die der Visionärin und Verkünderin von Gottes Willen. 1376 sucht K. den Papst persönlich in Avignon auf. In den Briefen an ihn plädiert sie für einen Kreuzzug, für eine Reform der moralisch verkommenen Kirche, für Frieden mit Florenz und für die Rückkehr des Papstes nach Rom. Obwohl ihre politischen Vorstellungen naiv und unrealistisch erscheinen, mag K. die Rückkehr der päpstlichen Kurie nach Rom (Jan. 1377) mitbeinflußt haben. Auch mit dem nachfolgenden Papst Urban VI. unterhält sie einen intensiven Briefkontakt. – Aus K.s umfangreicher Korrespondenz sind rund 380 Briefe erhalten, die ihre Aktivitäten spiegeln. Auf die Ermahnung und die Ratschläge an den Adressaten folgten persönliche Nachrichten (die jedoch selten mitüberliefert sind). Die zentralen spirituellen Motive der Briefe sind in den *Dialogo* (*Il libro*) eingeflossen: die Vereinigung mit Gott durch die Liebe; die innere ›Zelle‹ der Selbsterkenntnis‹, die zur Gotteserkenntnis führt; Christus am Kreuz als ›Brücke‹ zu Gott, die über den ›Strom‹ des Sündenfalls führt. Der *Dialogo* – Zwiegespräch der Seele mit Gott – ist nach dem Schema Frage-Antwort-Dank gestaltet. Der größte Teil des Textes gehört der Stimme Gottes (der Überlieferung nach soll K. den Dialog während einer Ekstase diktiert haben). Wenn also

K. in den Briefen für sich beansprucht, Gottes Willen kundzutun, setzt sie dies im *Dialogo* auch literarisch um. Der Stil ist ausgesprochen reich an Bildern in der Tradition der Mystik: Gott ist ein Baum, dessen Wurzeln fest im Boden gründen und dessen Krone sich im Himmel verliert. Die Seele ist eine Zitadelle mit drei Toren: Gedächtnis, Intellekt, Wille (man denkt an Augustinus). K.s vielfältige theologische Bildung dürfte z. T. auf mündlicher Vermittlung beruhen. – K. stirbt 1378 in Rom mit 33 Jahren. Ihr politisches Engagement – für eine Frau ihrer Zeit höchst ungewöhnlich – muß aus ihrer Sicht als konkrete Umsetzung ihres Strebens nach Nähe zu Gott verstanden werden.

Karin Schlapbach

Kierkegaard, Sören
Geb. 5. 5. 1813 in Kopenhagen;
gest. 11. 11. 1855 ebd.

K. ist das jüngste von sieben Kindern des zu Wohlstand gelangten Textilkaufmanns Michael Peterson K. und seiner zweiten Frau Ane Sörensdatter Lund. Die Schwermut des Vaters lastet auf dem Sohn, der erst nach dessen Tod (1838) das Theologiestudium (1830–40) vollendet. Er bleibt trotz eines Verlobungsintermezzos (1840/41, mit Regine Olsen 1823–1904) unverheiratet und kann bis zum frühzeitigen Tod (1855) seinen Lebensunterhalt vom ererbten Vermögen des Vaters bestreiten. K.s Werk zielt nicht darauf, den systematischen Zusammenhang christlicher Wahrheit abzuklären, sondern zu einem vertieften Sich-selbst-Verstehen in ihr anzuleiten (Existenzdialektik). Im Zentrum seiner Philosophie steht die Dialektik von Freiheit und Unfreiheit. »Das Selbst ist Freiheit«, kann K. sagen, zugleich aber die immanent unaufhebbare, positive Dialektik von Freiheit und Unfreiheit hervorheben: Der Mensch ist in seinem Wollen unfrei, gerade weil er nicht unbefangen seine geschöpfliche Identität annehmen kann, sondern selber Autor und Konstrukteur seiner Existenz sein will. Das Mißlingen dieses Projektes beschreibt K. als »Verzweiflung« (verzweifelte Selbstverfehlung vor Gott: Sünde; *Die Krankheit zum Tode*, 1849). Sünde ist demnach keine moralische Verfehlung, auch kein abstraktes Negatives, das aufzuheben ist (Hegel), ebensowenig mangelhaftes Erkennen des Guten (Unwissenheit, vgl. Sokrates), sondern eine Willensbestimmung. Trotz und Schwachheit sind Signaturen eines Wollens, das nicht unbefangen bei sich selber ist, sondern im Horizont seiner Selbstbestimmung immer schon Deformationen ausgesetzt ist (»Erbsünde«). Aus ihr ergibt sich die Universalität der Verzweiflung, mithin der Sünde. – Schon im *Begriff Angst* (1844) nähert sich K. der Sündenlehre, indem er die Freiheitsstruktur im zeitlichen Selbstverhältnis analysiert. Das Selbst existiert im Zwiespalt seiner Synthesis-Struktur als Zusammensetzung von gegensätzlichen Sphären (Endliches/Unendliches, Freiheit/Notwendigkeit, Leibliches/Seelisches u. a.). Ein immanent-harmonisches Ausloten dieser Sphären ist dem Menschen unmöglich (daher die Angst). Deshalb ist es das Höchste der Freiheit, Gottes zu bedürfen und die – ästhetisch präsente – Vielfalt des Wollenkönnens zu überwinden. Die positive Einholung der Freiheitsaufgabe wird als *Wiederholung* bezeichnet (1843), ihre christlich-ethische Realisierung durch den Begriff *Liebe* konkretisiert (1847). – K.s Denken zielt auf eine reflektierte Selbstwahrnehmung der nicht ins Denken aufhebbaren Zeitlichkeit des Existierens. Weder die mystische Versenkung noch die bloß dichterische, fiktive Behandlung der Existenzfrage (Goethe; Romantiker) noch die Flucht in den Begriff (Hegel) lösen nach K. die Aufgabe des Existierens, d. h. des gültigen und ernsthaften Zu-sich-Kommens des Selbst. Vielmehr

bedarf es einer Lebenskonzeption, in der sich der Einzelne als bewußt und unaufhebbar vor Gott existierend weiß und sich damit begnügt, Mensch im Horizont seiner konkreten Geschöpflichkeit zu sein. – Freiheit erweist sich als Zentralbegriff des Denkens K.s, von dem her sich seine Anthropologie, seine Existenzdialektik, aber auch sein Christentumsverständnis erschließt (nicht zufällig steht der Freiheitsbegriff auch im Zentrum der neueren K.-Forschung, vgl. Disse 1991; Dietz 1993; Bösch 1994; Bongardt 1995; Bösl 1997; Glöckner 1998). – Schon in seinem ersten großen Werk, dem zweibändigen *Entweder-Oder* (1843), geht es K. um die lebensphilosophische Frage von Existenz und Freiheit im Kontext der Stadientheorie. Stadien sind Existenzsphären, in denen sich das Selbst in bestimmter Weise zu sich selbst verhält: ästhetisch, ethisch oder religiös. Die scharfe Auseinandersetzung K.s mit dem Ästhetizismus ist bedingt durch seine eigene Abkehr von der Romantik (1841, mit Hegel). K. zielt auf eine Lebenskunst, die Existenz nicht »phantastisch« verflüchtigt (in eine schöngeistige Ästhetisierung der Lebenswelt), aber auch nicht einer hedonistischen Genußphilosophie frönt, sei sie auch noch so sublim. – Wirkungsgeschichtlich zeigt sich das Interesse an K. in der Existenzphilosophie und im Dialogischen Personalismus des 20. Jh. (F. Ebner u. a.), aber auch in der Tiefenpsychologie (R. May; F. Riemann; E. Drewermann). Die Dialektische Theologie (K. Barth; E. Brunner; Fr. Gogarten) verstand K. von seinem *Climacus*-Pseudonym her als Kronzeugen radikaler Gottesferne des Menschen. K.s positive Deutung der Religiosität des Menschen und dessen unaufhebbarer Gottesbeziehung war im Horizont der Dialektischen Theologie nicht verwertbar. Aber auch der Existentialismus hat K. verquer rezipiert, nämlich unter Absehung von seiner theologischen Pointe. – Die bleibende Bedeutung K.s liegt zweifellos in seiner Auseinandersetzung mit Romantik und Postmoderne (Ästhetisierung der Lebenswelt), weniger mit dem offiziellen Christentum. Denn seine schroffe, aber konsequente Kritik der Christenheit (1854/55) trifft nur eine Gesellschaft, die vorgibt, christlich zu sein, ohne es in Wahrheit zu sein.

Walter R. Dietz

Knox, John
Geb. 1514 in Haddington (Schottland); gest. 24. 11. 1572 in Edinburgh

Mit seiner gegen die katholische Regentin von Schottland, Mary of Guise, gerichteten *First Blast of the Trumpet against the Monstrous Regiment of Women* (Genf, 1558), mit der weithin auf ihn zurückzuführenden Kirchenordnung, dem *First Book of Discipline*, seinem einzigen theologischen Werk *Treatise on Predestination* und *The History of the Reformation of Religion within the Realm of Scotland* schreibt sich K. als Reformator Schottlands in die Geschichte, ein Ruhm, der ihm erst postum zugewachsen ist. Nachdem er seine Universitätsstudien in Glasgow und evtl. auch St. Andrews abgeschlossen hat, wird er Notar in seiner Heimatstadt. 1544 gibt er dieses Amt auf, wird Privatlehrer und unter dem Einfluß von G. Wishart glühender Anhänger der Reformation und Prediger von St. Andrews. Von französischen Truppen nach Frankreich verschleppt, 1549 zurückgekehrt, muß er nach dem Amtsantritt Marias erneut die Insel verlassen. Erst 1560, nach ihrem Tod, kann K. von seinem Exil auf dem Kontinent (Genf und Frankfurt) wieder in seine Heimat gelangen. Er verantwortet die *Scottish Confession*, die tief vom calvinistischen Geist Genfs durchatmet ist, vom Schottischen Parlament jedoch anerkannt wird. Auch nachdem Maria, Queen of Scots, ihr Königreich wieder in Besitz nimmt, steht K. zu seiner weltkritischen

Position und brandmarkt den Prunk des Hofes. Er kann sich behaupten und ist nach ihrem Rücktritt der gesuchte Prediger für die Krönungsfeier des jungen James IV.

Markus Vinzent

Lessing, Gotthold Ephraim
Geb. 22. 1. 1729 in Kamenz; gest. 15. 2. 1781 in Braunschweig

»Ich bin ein Liebhaber der Theologie und kein Theolog«. Schriftsteller ist er, Sekretär, Bibliothekar, auch Journalist – Theologe aber nur wenige Semester und die nicht mit Ernst. Das Theologiestudium, das er in Leipzig 1746 aufnimmt, bleibt Episode in seinem Leben – nicht so sehr weil er zwei Jahre später an die medizinische Fakultät wechselt, sondern vor allem weil ihn von Anfang an das literarische Leben der sächsischen Metropole weit mehr fesselt als das akademische Curriculum. Engster Freund wird der entfernte Verwandte Christoph Mylius, ein umtriebiger Journalist und Schriftsteller; der animiert und fördert die literarischen Neigungen des Pfarrerssohns, die dessen Familie mit zunehmendem Entsetzen beobachtet. Im November 1748 zieht er in das aufgeklärte Berlin Friedrichs des Großen und widmet sich ganz der Schriftstellerei. Er beginnt die Arbeit an dem kleinen Theaterstück *Die Juden*, in dem der biblische Samariterstoff nicht nur im Ausgangspunkt bei einem Raubüberfall anklingt; charakteristischer ist, daß der edle Helfer des überfallenen Barons einer Gruppe entstammt, der solches Verhalten niemand auf der Bühne (und wohl kaum einer im Publikum) zutrauen will: dem Judentum. Auch das Stück über den Freigeist will Vorurteile an der offenkundigen Moralität der kritisch Beäugten zerbrechen lassen: Der deistisch denkende Adrast demonstriert auf der Bühne, daß seine Philosophie ihn keineswegs davon abhält, sich gut und edel zu verhalten. Solche Betonung der Moralität ist es auch, die L. den Zugang zu einer Frömmigkeit eröffnet, zu welcher man ihm auf den ersten Blick wenig Nähe zutrauen würde: 1750 macht er sich an die Niederschrift seiner Gedanken über die Herrnhuter. Wie all die anderen frühen theologischen Äußerungen verdankt sich auch dies letztlich der Auseinandersetzung mit dem schroff orthodoxen Vater, der den Pietismus als Schwärmerei abtut. L. aber sieht in Zinzendorf einen, der statt zu »vernünfteln« das Gute tut. In den folgenden Jahrzehnten tritt die Theologie nie ganz aus dem Blick L.s, aber doch in den Hintergrund: Es sind vor allem Fragen der Literaturästhetik, die ihn während der Episode als Sekretär des preußischen Kommandanten von Breslau 1760–65 und als Dramaturg am Hamburger Nationaltheater 1767–70 beschäftigen. Es entsteht die grundlegende theoretische Schrift zum Unterschied von bildender und literarischer Kunst, der Laokoon, und vor allem mit der Miß Sara Simpson das erste bürgerliche Trauerspiel. Vor allem die beständigen Schwierigkeiten, einen Lebensunterhalt zu finanzieren, bringen ihn dazu, im April 1770 eine Stelle als Bibliothekar in Wolfenbüttel anzutreten. Die »Zentralgestalt der deutschen Aufklärung« (Barner) sitzt in der Provinz, verfügt aber über eine der bedeutendsten Bibliotheken der Zeit. Noch entsteht die Emilia Galotti, jenes Stück, das Goethes Werther kurz darauf am Abend seines Selbstmordes auf dem Schreibtisch liegen hat. Doch den Schwerpunkt bilden nun wieder die gelehrt-theologischen Themen. Die Funktion als Bibliothekar zwingt geradezu dazu: 1770 publiziert L. eine Handschrift aus der Abendmahlskontroverse um Berengar im 11. Jh. – und nutzt dies zu einer erstaunlich konfessionellen Deutung im Sinne des Luthertums. Daß er nicht zum Orthodoxen mutiert ist, zeigt er wenig später: Die Kinder des Hamburger Orientalisten Hermann Samuel Reimarus spielen ihm ein deistisch gefärbtes religionsphilosophisches Manuskript ihres Vaters zu, und L. veröffentlicht es stückweise, in dramaturgisch raffinierter Reihenfolge als Fragmente eines Ungenannten in seinen Wolfenbütteler Beiträgen Zur Geschichte und Litteratur. Nach dem Fragment über die Duldung der Deisten (1774) folgen drei Jahre später bibelkritische Texte, schließlich die ärgste Provokation: Behauptung und philologische Beweisführung, daß Christus gar nicht auferstanden, vielmehr sein Leichnam von den Jüngern aus dem Grab gestohlen worden sei. Die Publikation löst eine der heftigsten öffentlichen Debatten um theologische Fragen aus, die Deutschland je erlebt hat. Rede und Gegenrede wechseln einander ab, L. betont, er wolle nicht die Ansichten des Reimarus gutheißen, aber er legt den Finger in die Wunde der Probleme, die sich mit der Entwicklung des historischen Blicks auf die biblischen Schriften unausweichlich stellen. Daß der »garstige breite Graben« zwischen den biblischen Ereignissen und der Gegenwart jede Unmittelbarkeit verhindert, wettert er gegen den Hannoveraner Lyceumsdirektor Johann Daniel Schumann, der gegen alle Kritik den »Beweis des Geistes und der Kraft« eingeklagt hat. Und L. kehrt zu seiner alten, die Ethik betonenden Position zurück, indem er das auch von Spener geschätzte Testamentum Johannis zitiert: »Kinderchen, liebt euch«. Mitten in diesen Auseinandersetzungen erfährt L. aber auch die tiefste persönliche Katastrophe seines Lebens. Nach langem Warten hat er 1776 die Kaufmannswitwe Eva König heiraten können, und am 25. Dezember 1777 ist sie sogar mit einem Jungen niedergekommen, doch der stirbt binnen vierundzwanzig Stunden. Ohne im Schmerz seine Ironie zu verlieren, schreibt L. an einen Freund: »Meine Freude war nur kurz: Und ich verlor ihn so ungern, diesen Sohn! denn er hatte so viel Verstand! so viel Verstand! ... War es nicht Verstand, daß man ihn mit eisern Zangen auf die Welt ziehen mußte? daß er sobald Unrat merkte? – War es nicht Verstand, daß er die erste Gelegenheit ergriff, sich wieder davon zu machen?« Und als wenig später auch noch seine Frau stirbt, seufzt er nur noch: »und diese Erfahrung habe ich nun auch gemacht. Ich freue mich, daß mir viel dergleichen Erfahrungen nicht mehr übrig sein können zu machen; und bin ganz leicht«.

Der Fragmentenstreit läßt ihm keine Ruhe, erreicht vielmehr durch das Eingreifen des Hamburger Hauptpastors Johann Melchior Goeze im Dezember 1777 eine neue Qualität. Nicht mehr wie bei den anderen, mit denen L. gestritten hat, sind die Fragmente selbst Zielscheibe der Kritik, jetzt ist es ihr Herausgeber, L., dessen Gegensätze zu den Fragmenten Goeze nach allen Regeln der gelehrsamen Kunst auseinandernimmt. Zwischen beiden, die sich aus Hamburg kennen und durchaus achten, entspinnt sich ein Streit, in dem L. den Pastor immer wieder der Lächerlichkeit preisgibt und dessen lehrhaftem Gestus die Forderung nach wirklichem Gespräch entgegensetzt: »Ich unterbreche den Hrn. Pastor: aber der Hr. Pastor hält sich nicht für unterbrochen. Er redet fort, ohne sich zu bekümmern, ob unsere Worte zusammen klappen, oder nicht«. Doch unter der Schicht der Polemik geht es auch um grundsätzliche Fragen. L. bezweifelt, daß Goeze so ohne weiteres Luther für seine Sache in Anspruch nehmen kann, behauptet, die Befreiungstat Luthers gegenüber mittelalterlichen Autoritäten werde durch die aufgeklärte Kritik weitergeführt. Der Streit kommt nicht zu einem natürlichen Ende, weil der Braunschweigische Herzog L. weiter Publikationen in dieser Sache untersagt. Doch der weiß einen Ausweg: »Ich muß versuchen, ob man mich auf meiner alten Kanzel, auf dem Theater wenigstens, noch ungestört will

predigen lassen«, schreibt er seiner Freundin Elise Reimarus am 6. September 1778. Es entsteht der Nathan, in dem insbesondere die Ringparabel L.s Botschaft vorführt: die Parabel von den drei gleichen Ringen, die ein Vater seinen Söhnen vererbte, weil er sich nicht hatte entscheiden wollen, welchem von ihnen er den echten Ring überlassen wollte, ein altes Familienstück, dessen Stein »die geheime Kraft« besaß, »vor Gott und Menschen angenehm zu machen«. Die Bewährung müssen die drei Söhne nun darin finden, daß sie in ihrem eigenen Tun diese geheime Kraft an den Tag legen. Freilich endet L. nicht mit der Aporie aus schlichter Ethik und Unwissenheit über die Wahrheitsfrage, denn gegenüber seiner Vorlage bei Boccaccio führt er in die Ringparabel einen Richter ein, der die Frage einst entscheiden wird: In eschatologischer Perspektive kommt der Blick auf Gott als den einzigen Richter über die Wahrheit der Religion in den Blick. Auch dies aber bleibt nicht L.s einziges Schlußwort zum Fragmentenstreit. Daneben tritt die Erziehung des Menschengeschlechts, in der er den Ablauf der Geschichte als gottgeleiteten Weg zu fortschreitender Erkenntnis schildert und auf eine Epoche hofft, in der der menschliche Geist ohne äußere Hilfe die Wahrheit der christlichen Botschaft einzusehen vermag. Hier wird neben der Betonung der ethischen Dimension noch einmal die spekulative Seite in L.s Theologieverständnis deutlich. Aber bis in seine letzte Schaffensperiode hinein läßt L. sich nicht auf eine Auffassung allein festlegen. Seine Theologie ist eine Theologie des Gesprächs, in der er je nach Gesprächspartner toleranter Aufklärer ebenso sein kann wie konfessioneller Lutheraner oder, kurz vor seinem Tod, Freund Spinozas. Seine Liebe zur Theologie bedeutet für ihn auch: stets nach der Wahrheit zu suchen, statt sie ein für allemal festhalten zu wollen.

Volker Leppin

Loisy, Alfred Firmin
Geb. 28. 2. 1857 in Ambrières
(Haute Marne); gest. 1. 6. 1940
in Ceffonds (Haute Marne)

L. wird als »Vater des katholischen Modernismus« bezeichnet (F. Heiler), weil er im französischen Katholizismus – seiner Zeit weit voraus – konsequent die Berechtigung wissenschaftlicher Bibelkritik gegen jegliche kirchliche Bevormundung verfolgte. Entscheidenden Einfluß hatte auf ihn E. Renan, dessen Vorlesungen er am Collège de France in Paris hörte, und die deutsche protestantische Bibelkritik (Holtzmann-Schule). – Nach seinem Theologiestudium am Grand Séminaire von Châlons (1874–79) sowie am Institut Catholique von Paris und seiner Lehrtätigkeit für hebräische Sprache (1881–89) studierte er Assyrologie. Als Voraussetzung für seine Ernennung auf den vakanten Lehrstuhl für Bibelwissenschaften am Institut Catholique arbeitete er seine 1889/90 gehaltenen Vorlesungen über die Geschichte des alttestamentlichen Kanons um, nachdem seine erste Dissertation über die Inspiration der hl. Schriften (1884) abgelehnt worden war. Sein Professorenamt (1890–93) mußte er auf kirchliche Weisung aufgeben, weil er die exklusive Inspirationslehre, damit auch die Irrtumslosigkeit der Bibel bestritt. Damit war er frei für eine äußerst fruchtbare Forschertätigkeit. Da nach L. die in der Bibel enthaltene göttliche Offenbarung dem Fassungsvermögen des antiken Menschen angepaßt sei, müsse die Frage nach der Irrtumslosigkeit als falsch gestellt bezeichnet werden. – L. erkennt einerseits die eschatologische Ausrichtung von Jesu Leben und Lehre, andererseits gelangt er über die Beschäftigung mit Kardinal Newman zu einem vertieften Verständnis der Dogmenentwicklung. Diese Erkenntnisse legt er seiner weit verbreiteten Schrift L'Evangile et l'Eglise (1902) in Antwort auf A. v. Harnacks berühmtes Buch *Das Wesen des Christentums* (1900) zugrunde. L. verfolgt darin die als notwendig erkannte Entwicklung von Jesu Predigt vom Reiche Gottes zur kirchlichen Institution gegen Harnacks individualistisches Jesusbild. In seinem Johanneskommentar arbeitet L. die Lehrreden Jesu als mystische Meditationen heraus und unterstreicht den übergeschichtlichen Charakter des vierten Evangeliums (*Le Quatrième Evangile*, 1903). Diese beiden Schriften führten 1908 zu seiner Exkommunikation, wobei er schon im Syllabus *Lamentabili* (1907) und in der den Modernismus insgesamt treffenden Enzyklika *Pascendi* (1907) Zielscheibe oberhirtlicher Verdammung wurde. 25 Jahre später (1932) wurde sein Gesamtwerk – einschließlich seiner dreibändigen Autobiographie – indiziert. In seinem Kommentar zu den synoptischen Evangelien (1907/08) bestreitet er die Historizität der Passions- und Auferstehungserzählungen mit der Feststellung, daß sich darin Reflexionen der nachösterlichen Gemeinde zur Verteidigung des Auferstehungsglaubens widerspiegeln. Die Auferstehung Jesu ist Lehre des christlichen Glaubens, keine historische Tatsache. Jesu Ethik ist der eschatologischen Reich-Gottes-Idee untergeordnet. – 1909 wurde L. gegen kirchlichen Widerstand zum Professor für Religionsgeschichte (auf den Lehrstuhl seines Lehrers Renan) an das Collège de France berufen, wo er bis 1927 lehrte. In drei umfangreichen Monographien zur vergleichenden Religionsgeschichte behandelt er u. a. unter dem Eindruck von Reitzensteins Forschungen Übereinstimmungen und Differenzen zwischen den antiken Mysterienreligionen und dem christlichen Mysterienkult (1919). Als späte bibelkritische Meisterwerke erschienen 1920 seine Geschichte der neutestamentlichen Literatur mit einer Analyse der verschiedenen literarischen Gattungen und 1933 sein zusammenfassendes Werk: *La naissance du chri-*

stianisme. In der Entwicklung vom Reich-Gottes-Evangelium Jesu zur kirchlichen Heilsanstalt sieht L. einen konsequenten historischen Prozeß, ein Werk des geistigen Fortschritts, in dem sich die *humanité universelle* immer stärker realisiert. – Die Beurteilung L.s bleibt zwiespältig: Auf der einen Seite stand er unter dem Einfluß einer Religionsphilosophie, die mit der christlichen Konzeption der übernatürlichen Ordnung schwer vereinbar war, auf der anderen Seite hat er Forschungsprobleme aufgeworfen, die mit der bloßen Verdammung des Modernismus *ex cathedra* nicht zu lösen waren. Spätestens seit dem II. Vatikanum hat die L. viel zu verdankende kritische Bibelforschung in der katholischen Kirche die längst fällige Aufwertung erfahren.

Gerhard Philipp Wolf

Lubac, Henri de

Geb. 20.2.1896 in Cambrai;
gest. 4.9.1991 in Paris

L. trat 1913 in den Jesuitenorden ein. 1929 wurde er Professor für katholische Theologie und für Religionsgeschichte in Lyon. Unter der NS-Okkupation war er aktiv im geistigen Widerstand. 1950 erwirkten reaktionäre Kollegen gegen ihn in Rom ein Lehrverbot. 1960 von Johannes XXIII. rehabilitiert, konnte er mitarbeiten am II. Vatikanischen Konzil. Dessen Wirkungsgeschichte ist z.T. auch die seine. 1983 wurde er zum Kardinal ernannt. – L.s Werk ist von zwei Motiven bewegt: (1) Er will die Verengung der Theologie auf eine erstarrte Neuscholastik rückgängig machen, im Rückgang auf die reiche Überlieferung des MA und der Väterzeit. Wichtig ist ihm dabei, daß Vernunft und Glaube, Freiheit und Gnade in ihrer gegenseitigen Verflechtung erkannt werden gegen die scharfe Trennung eines bloß natürlichen von einem übernatürlichen Lebenssektor. Er läßt sich

dabei von der augustinischen Intuition leiten, daß jeder Mensch im Tiefsten die Schau Gottes ersehne, die er sich aber nicht besorgen kann, sondern die ihm geschenkt wird. Das heißt aber auch: Im Innersten der Seele eines jeden Menschen liegt verborgen ein Bild Gottes. (2) Damit ist eine Spannung zwischen Mystik und Atheismus gegeben. Für L. muß jede Theologie einen mystischen Einschlag haben. Andererseits versucht L., Spuren des Gottesbezugs zu entdecken auch in der a-theistischen Mystik des Buddhismus und sogar in den humanistischen Atheismen des europäischen 19. Jahrhunderts.

Gerd Haeffner SJ

Lullus, Raimundus

Ramon Llull; geb. 1232/33 in Palma de Mallorca; gest. 1316 wohl auf der Rückfahrt von Nordafrika nach Mallorca

L. ist bedeutsam, weil er im 13./14. Jh. wie die großen Theologen des 12. Jh. (und die späteren Aufklärer) an einem streng rationalistischen Programm festhielt. Er beanspruchte, die spezifisch christlichen Dogmen der Trinitätslehre und Christologie rational zu begründen, und zwar auf der Grundlage einer neuen Methode der Kombination der Grundbegriffe. L. war kein Kleriker, sondern Familienvater; er spielte am Hofe Jakobs I. von Aragón als Erzieher von dessen Sohn, des späteren Königs von Mallorca Jakobs II., eine große Rolle, bis er – wohl 1263 – aufgrund eines Bekehrungserlebnisses sich vornahm, die Konversion der Ungläubigen, insbesondere der (auf Mallorca noch sehr zahlreichen) Moslems, zu erreichen, ein Buch zu verfassen, das dieses Ziel argumentativ stützen sollte, und Sprachenschulen gründen zu lassen, in denen Missionare entsprechend ausgebildet würden. Er selbst lernte Arabisch, das er wohl besser konnte als Latein, verfaßte aber die meisten seiner über 290 Werke auf Katalanisch, das durch ihn die erste europäische Volkssprache wurde, in der philosophiert wurde. Das Religionsgespräch *Libre del gentil e los tres savis*, in dem die Vertreter der drei monotheistischen Religionen einen Heiden zu ihrer Position zu bekehren suchen und das offen endet, sowie sein umfangreichstes Werk, der *Libre de contemplació en Déu*, entstanden vor der Entwicklung seiner kombinatorischen *Ars*, die er auf dem Berg Randa von Gott geoffenbart haben will (wohl 1273). Er legte sie in mehreren Fassungen nieder (die letzte ist die *Ars generalis ultima* von 1308) und bemühte sich daneben, die Wissenschaften seiner Zeit auf dieser Grundlage neu zu konzipieren (etwa in der *Logica nova* von 1303). Großartig ist sein rein literarisches Werk, etwa die Romane *Blaquerna* und *Fèlix* oder das autobiographische Gedicht *Lo Desconhort*. Rastlos war er im Mittelmeerraum tätig, um Päpste, Orden und Universitäten für seine Pläne zu interessieren; dreimal war er in Nordafrika, wo er aufgrund seiner Missionsarbeit eingekerkert und am Ende angeblich sogar gesteinigt wurde. – 1376 wegen seines Rationalismus durch Papst Gregor IX. verdammt, oft auf dem Index, hat L. Cusanus, Bruno und Leibniz und viele geringere Denker nachhaltig beeinflußt.

Vittorio Hösle

Luther, Martin

Geb. 10. 11. 1483 in Eisleben;
gest. 18. 2. 1546 ebd.

»Was ist Luther? Ist doch die Lehre nicht mein; ebenso bin ich auch für niemand gekreuzigt … Wie käme denn ich armer, stinkender Madensack dazu, daß man die Kinder Christi mit meinem heillosen Namen benennen sollte?« L.s bissige Fragen haben nicht verhindern können, daß heute nicht nur Schulen und Straßen nach ihm heißen, sondern auch Kirchen und Christen. Daß Men-

schen in Deutschland noch die Jahrtausendwende erleben würden, hätte ihn ohnehin überrascht: Sein Kampf um die Erneuerung der Kirche ist nicht irgendein innergeschichtlicher Streit, es ist der endzeitliche Kampf des Evangeliums gegen den Teufel und seinen Antichrist, den Papst. Dieses Bewußtsein gibt L.s Denken Ziel und Orientierung: Er weiß, er ist der »Mensch zwischen Gott und Teufel« (H. A. Oberman). Die Gewalt des Streites hat L., so beschreibt er es immer wieder, förmlich mitgerissen, und er betont, wie unerwartet und plötzlich er in diese Turbulenzen hineingeraten ist. Dahinter aber steht die lange, kontinuierliche Entwicklung eines Theologen, der zunächst innerhalb des spätmittelalterlichen Kirchensystems Karriere gemacht hat. – Nach Schulbesuch an verschiedenen Orten und dem Philosophiestudium entscheidet sich L. unter den höheren Fakultäten für die juristische, die, dem Wunsch des Vaters entsprechend, eine ansehnliche Laufbahn verheißt. Doch es kommt anders. Bei Stotternheim gerät Luther am 2. Juli 1505 in ein Unwetter und gelobt, Mönch zu werden, wenn er hier entkomme. Wenig später tritt er in den Orden der Augustiner-Eremiten ein. Damit ändert sich auch sein Studium: An die Stelle der Rechtswissenschaft tritt die Theologie. Binnen weniger Jahre absolviert er seine Studien und wird 1512 Professor für biblische Lehre an der erst zehn Jahre zuvor gegründeten Universität Wittenberg. Bald zeichnen sich in seiner Lehrtätigkeit schon die Züge einer neuen Theologie ab: In der Auslegung der Bibel baut L. zusehends das mittelalterliche System des vierfachen Schriftsinns um, um Christus ganz in den Mittelpunkt der Auslegung zu stellen und von hier aus die christliche Existenz in den Blick zu nehmen. Immer wichtiger werden ihm unter den altkirchlichen Autoritäten die antipelagianischen Schriften Augustins, zugleich wächst seine Abneigung gegen den Gebrauch des Aristoteles in der Theologie. Schärfster kritischer Ausdruck seiner neuen Denkweise sind die Thesen gegen die scholastische Theologie, die er kurz vor den berühmten Ablaßthesen an die Öffentlichkeit gebracht hat. Diese selbst aber resultieren nicht allein aus den Neuentdeckungen im akademischen Bereich. Augustinus gibt ihm nicht nur Sicherheit, sondern macht auch angst: Seine schroffe Prädestinationslehre verunsichert L. Hieraus hilft ihm sein Ordensoberer Staupitz in einem Beichtrat: Er weist den jungen Mitbruder auf die Wunden Christi hin und darauf, daß am Anfang der Buße nichts anderes stehe als die Liebe zu Gott und zur Gerechtigkeit. Das Thema der Buße wird für die nächsten Jahre im Zentrum von L.s theologischem Denken stehen. Der knapp über dreißigjährige Professor und Distriktsvikar seines Ordens (seit 1515) entwickelt nun jene Theologie, die ihn schrittweise aus dem mittelalterlichen Kirchensystem hinausführt. L. selbst hat diese Entwicklung in seinen späteren Rückblicken immer wieder auf einen Punkt, einen »Durchbruch« konzentriert, und eines der gewichtigsten Themen der L.forschung des 20. Jh. ist die Frage, worin denn dieser Durchbruch bestanden und wann er stattgefunden habe. Zumindest die letztere Frage erübrigt sich, wenn man sieht, daß L. mit der Schilderung eines Durchbruchs dem typischen Muster von Konvertiten folgt, die eigene Wende als bruchartig zu deuten und jede Kontinuität herunterzuspielen. Der Rat von Staupitz bringt ihn dazu, sich intensiv der spätmittelalterlichen Mystik in der Gestalt, die ihr Johannes Tauler und die *Theologia deutsch* gegeben haben, zuzuwenden. Hier entdeckt er nun ein ganzheitliches Bußverständnis, das ihm deutlich macht, daß Buße mehr und anderes ist als die sakramentale Buße. Brisant wird dies, weil zum spätmittelalterlichen Verständnis sakramentaler Buße auch die

Möglichkeit gehört, daß die Kirche Ablässe erteilt, d. h. die Kirche die Möglichkeit und das Recht hat, den Menschen zeitliche Sündenstrafen zu erlassen, wozu auch die gefürchteten Strafen im Fegefeuer gehören. Diese theologisch komplex begründete Möglichkeit wurde schon Jahre vor L. von der Kirche auch fiskalisch genutzt, im Ablaßhandel. Als L. von dessen Auswüchsen hört, muß er aufgrund seiner von Tauler geprägten Theologie entsetzt reagieren: Ein solcher Handel entwertet jedes Verständnis von Buße als einem ganzheitlichen Vorgang, der das ganze Leben der Menschen prägen soll. Und so schreitet er zum Protest: mit 95 Thesen zum Ablaß, die er dem für den Ablaßhandel in seinem Umfeld verantwortlichen Albrecht, Erzbischof von Mainz, zusendet. In das protestantische Gedächtnis ist L. als »Reformator mit dem Hammer« eingegangen, der am 31. Oktober 1517 diese Thesen an die Tür der Wittenberger Schloßkirche angeschlagen habe. Doch den Hammer hat er wohl nicht benutzt: Diese griffige Legende hat erst nach L.s Tod Melanchthon in die Welt gesetzt; dennoch ist durch die Versendung der Thesen der Weg in die Reformation der Kirche beschritten. Die Aufregung, die allein schon die Thesenpublikation hervorruft, zieht L. in jenen Wirbel hinein, durch den er zu einer Persönlichkeit der Weltgeschichte wird. Rasch beginnt der kirchliche Prozeß gegen ihn, der freilich aufgrund der Verquickung mit der gleichzeitig anstehenden Kaiserwahl, in der der Papst L.s Landes- und Schutzherren Friedrich den Weisen gerne auf seine Seite gegen den Habsburger Karl ziehen will, immer wieder aufgehalten wird. Wichtiger als die einzelnen formalrechtlichen Akte scheinen für L. in dieser Zeit die fortschreitenden theologischen Auseinandersetzungen. Insbesondere der Ingolstädter Theologe Johannes Eck wird mit seiner denkerischen Brillanz zu einer Herausforderung und geradezu wider

Willen zu einem Katalysator der reformatorischen Entwicklung. Auf der Leipziger Disputation 1519 bringt er L. zu der Behauptung, nicht nur der Papst könne irren, sondern auch die Konzilien. Immer deutlicher wird für L. damit, daß der alleinige Bezugspunkt für theologische Argumentationen nur die Hl. Schrift sein kann (*sola Scriptura*). Und die kirchliche Institution wird ihm immer fragwürdiger: Anfänglich zögernd, dann immer gewisser, formuliert L. in diesen Jahren, daß »der« Papst – nicht ein einzelner Papst, sondern das Papsttum als Institution – der Antichrist sei: Das eschatologische Schlachtfeld ist eröffnet, L. erkennt die Bedeutung der historischen Stunde.

Doch nicht nur in der Kritik reifen jetzt seine Positionen, sondern auch in der positiven Entfaltung der eigenen theologischen Überzeugungen. Der Begriff der Buße reicht L. als Zentrum seines Christentumsverständnisses nicht mehr. Vielmehr tritt schon kurz nach der Publikation der Ablaßthesen in den Mittelpunkt seines Denkens der Begriff der Gerechtigkeit, die er zunehmend in scharfen Oppositionen denkt: Nicht der Mensch erwirbt sich durch eigenes Tun die Gerechtigkeit, sondern Christus allein, *solus Christus*, schenkt sie ihm ohne jedes eigene Verdienst allein aus Gnade, *sola gratia*, durch den Glauben allein, *sola fide*. Um 1519/20 baut L. damit das Grundgerüst seiner Theologie zusammen, das in den *Solus*- bzw. *Sola*-Formulierungen die Klarheit gewinnt, von der aus dann alle weiteren Probleme anzugehen sind. Vollendet erscheint das neue theologische Konzept in den sogenannten »reformatorischen Hauptschriften« des Jahres 1520: Die Schrift *An den christlichen Adel deutscher Nation von des christlichen Standes Besserung* ruft den Adel auf, der Kirche zu helfen, da die Kurie sich dreifach eingemauert habe und darum reformunfähig sei. Die Schrift *De captivitate Babylonica eccle-*

siae praeludium entfaltet die Folgen der neuen Einsichten für das kirchliche Handeln: L. durchforstet die mittelalterliche Lehre von den sieben Sakramenten und läßt nur noch Abendmahl und Taufe, bedingt als Rückkehr zur Taufe auch noch die Buße bestehen, weil allein in diesen Sakramenten ein Wort der Verheißung und ein äußeres Zeichen zusammenkommen. Die volle Entfaltung aber bringt die Schrift *Von der Freiheit eines Christenmenschen*. Sie ist eine Meditation über die einleitend paradox nebeneinander gestellten Sätze: »Ein Christenmensch ist ein freier Herr über alle Ding und niemand untertan« (nach 1 Kor 9,19) und »Ein Christenmensch ist ein dienstbar Knecht aller Ding und jedermann untertan« (nach Röm 13,8). Die Entfaltung beider Sätze beschreibt den Kern der christlichen Existenz: Frei ist der Christenmensch, insofern Christus ihn befreit hat von den Mächten des Verderbens, Tod und Sünde. Diese Befreiung beschreibt L. auch jetzt noch in mystischen Tönen als wunderbaren Wechsel zwischen Christus und Seele des Christenmenschen. Dienstbar aber wird dieser nun auf ganz neue Weise, gerade weil diese Befreiung ihn auf den Nächsten verweist, dem er sich zuwendet, ohne sein eigenes zu suchen. Diesen Traktat schreibt L. unter größter äußerer Bedrohung: Die Freiheitsschrift hat auch den Zweck, Papst Leo X. in einem letzten Anlauf von seiner Rechtgläubigkeit zu überzeugen. Dabei hat der Papst bereits die Bulle veröffentlicht, in der er L. für den Fall ausbleibenden Widerrufs den Bann androht. Sein Begleitschreiben zur Freiheitsschrift an den Papst hat L. daher sogar vordatiert, um den Eindruck zu erwecken, er wisse von der Bannandrohungsbulle noch nichts und suche aus freien Stücken den Ausgleich mit dem Papst. Am Ende aber ist es dann gerade diese Bulle, die seine Überzeugung, daß der Papst der Antichrist ist, festigt und vertieft. Der Bann wird ausgesprochen, und das folgende

Jahr bringt die staatliche Gewalt an den Zug: Der Wormser Reichstag 1521 scheint noch kurz die Allianz zwischen den Selbständigkeitsbestrebungen der Reichsstände und der L.-Sache zu bringen, doch bleibt L. bei seiner Überzeugung, daß er nur das widerrufen wolle, was man ihm durch die Hl. Schrift oder die Vernunft widerlege. Aus Worms muß er fliehen, und der Kaiser spricht das Edikt aus, das ihn unter Reichsacht stellt. L. kann entkommen, weil Friedrich der Weise ihn unterstützt und auf der Wartburg verbirgt. Hier findet er Muße zu einer reichen literarischen Produktion, zu der auch die Übersetzung des NT, das sogenannte *Septembertestament*, gehört. In den öffentlichen Raum begibt L. sich erst wieder, als Weggefährten in Wittenberg auf eine raschere Durchsetzung der Reformation drängen und die Umstände dort verwirrend und chaotisch werden. In seinen *Invokavitpredigten* vom Frühjahr 1522 votiert L. für eine gemäßigte Umgestaltung, die auch Rücksicht auf die Schwachen nehmen soll. Von nun an ist deutlich, daß L. nicht mehr nur seinen altgläubigen Gegnern gegenübersteht, sondern es auch im eigenen Lager zu Differenzen und Spaltungen kommen kann. Die zwanziger Jahre sind daher von mannigfachen Abgrenzungen geprägt. Am einschneidendsten und verheerendsten für die spätere Wahrnehmung L.s ist dabei die Auseinandersetzung mit den Aufständischen des Bauernkrieges geworden, deren Argumentation mit der reformatorischen Freiheitsbotschaft L. als ein »Fleischlichmachen« des Evangeliums versteht. Seine Aufrufe an die Obrigkeit, den Aufstand niederzuschlagen, die gerne für die Obrigkeitshörigkeit des Reformators herangezogen werden, haben letztlich einen doppelten Grund: L. sieht die Gefahr, daß die Bauern, indem sie ihr Recht in die eigene Hand nehmen, alle spätmittelalterlichen Errungenschaften zu einer Regulierung von Auseinandersetzungen zunichte machten. Vor allem aber macht ihn seine Zwei-Regimente-Lehre zurückhaltend gegenüber direkter Umsetzung der evangelischen Botschaft in sozialpolitische Forderungen; nach ihr regiert Gott die Welt auf zwei nicht getrennte, aber doch unterschiedene Weisen: durch die äußere Ordnung des Gesetzes, repräsentiert durch die Obrigkeit, kontrolliert er die Sünde. Durch das Evangelium aber ruft er in der Predigt zum Glauben. Noch ein anderer Bruch vollzieht sich in dieser Zeit: 1525 kommt es zu einer erregten Debatte mit Erasmus von Rotterdam, der das humanistische Pathos des freien, selbstbestimmten Menschen verteidigt. L. stellt dem in aller Schärfe die Schrift *De servo arbitrio* entgegen, in der er darlegt, daß dann, wenn der Mensch für sein Heil ganz auf Gott angewiesen ist, konsequenterweise auch Gott allein alles Handeln, was heilsrelevant ist, zuzuschreiben ist und dem Menschen in dieser Hinsicht keinerlei freier Wille zugestanden werden kann. Ein dritter großer Streit splittet das reformatorische Lager in zwei Blöcke: Gegenüber allen politischen Harmonisierungsversuchen insistiert L. darauf, daß er sich mit Zwingli, der die Bindung der wahrhaften, leiblichen Präsenz Christi an die Abendmahlselemente nicht akzeptiert, nicht verständigen kann: Das Marburger Religionsgespräch scheitert nach langem literarischen Streit zwischen den beiden Kontrahenten 1529 an dieser Frage, und das reformatorische Lager kann auf dem folgenden Reichstag in Augsburg 1530 nicht als geschlossene Einheit auftreten.

Zuvor aber, mitten in dem aufregenden Jahr 1525, ereignet sich eine entscheidende Wende auch der persönlichen Biographie L.s: die Heirat mit der ehemaligen Nonne Katharina von Bora. Mit über vierzig Jahren wird L. zum Hausvater, seine Ehe zum Urbild des evangelischen Pfarrhauses. Beide bewohnen weiterhin das Gebäude des Augustinerklosters in Wittenberg. Und L.s aktiver Lebenskreis engt sich immer mehr auf diese Stadt und ihr Umfeld ein, da er als Geächteter nur unter größten Gefahren reisen kann. Das heißt auch: In gewisser Weise gewinnt sein Leben an Normalität. Er ist nun in erster Linie Professor, über ein Jahrzehnt sogar Dekan der Theologischen Fakultät. Es entstehen noch einmal große Alterswerke, die in der Forschung immer noch kaum beachtet werden, weil ihnen die Entdeckerfreude des jungen L. nicht mehr anzumerken ist. Dabei ist aber nicht zu übersehen, daß nun ein neuer Ton entsteht: L. muß nicht mehr um seine Erkenntnis ringen, sondern der endzeitliche Kampf ist gewissermaßen zum Stellungskrieg geworden: Beide Seiten sind ihrer Wahrheit sicher und bauen das als richtig Erkannte nun in ihrer Lehre aus. In diesem Zusammenhang entsteht das reifste Werk L.s, die *Disputatio de homine*, eine Grundlegung des theologischen, von der Unausweichlichkeit der Erbsünde geprägten Menschenverständnisses, wie es sich L. im Gegenüber zu einem aristotelisch geprägten philosophischen Verständnis darstellt. Und über längere Zeit hinweg ringt er sich die große Vorlesung über die Genesis ab, in der er noch einmal seine ganze reformatorische Lehre bündelt. Die letzten Lebensjahre sind aber auch zunehmend von Frustration darüber, daß die Reformation weder eine spürbare Änderung der Menschen noch auch das heiß ersehnte Ende der Welt heraufgeführt hat, geprägt. Sie entlädt sich in wilden Polemiken gegen den Papst und die Juden. Auf einer Reise stirbt L. am 18. 2. 1546 in seiner Geburtsstadt.

Volker Leppin

Major, Georg
Geb. 1502 in Nürnberg;
gest. 1574 in Wittenberg

Nach einem Jahrzehnt als Sängerknabe am kursächsischen Hof beginnt M. 1521 mit dem Studium in Wittenberg. Durch Förderung seiner Lehrer Luther und Melanchthon wird der junge Theologe 1529 Rektor in Magdeburg, wo er als vorbildhafter Schulmann bis 1537 wirkt. Als Lehrbuch erscheint 1535 erstmals M.s Schrift *Quaestiones rhetoricae*, die allein im 16. Jh. 17 Nachdrucke erfährt. Nach seiner Ordination durch Luther wird M. zunächst Schloßprediger in Wittenberg, ab 1545 auch Professor der Theologie an der dortigen Universität. Von der Krise der Universität während und nach dem Schmalkaldischen Krieg ist M. persönlich, familiär und beruflich betroffen. Er wird nach mehrmonatiger Flucht Stiftssuperintendent in Merseburg und kehrt Monate später nach Wittenberg zurück, wird dann kurzzeitig Superintendent in Eisleben und kommt abermals als Professor an die Wittenberger Universität zurück. M.s Rolle bei der Akzeptanz des sog. Leipziger Interims zieht ihn in die innerprotestantischen Streitigkeiten um das theologische Erbe Luthers tief hinein. Im Vorwort seiner detaillierten, aus einem Predigtzyklus erwachsenen Schrift *Auslegung des Glaubens, welcher das Symbolum Apostolicum genand wird* ... 1550 attackiert er unter Bezug auf die Interimsfrage M. Flacius Illyricus. Doch trägt er auch seine Ablehnung des altgläubigen Christentums in gelehrter Auseinandersetzung z. B. in den Schriften *Kurtzer und warhafftiger bericht Von dem Colloquio ... zu Regensburg* 1546 und *Refutatio horrendae prophanationis coenae domini* 1551 (Widerlegung der schrecklichen Entweihung des Herrenmahls) in zeitgemäßer Gestalt vor. Zu seinen Hauptgegnern unter den reformatorischen Theologen in der Interimsdiskussion gehört an erster

Stelle Nikolaus von Amsdorff. Beide kreuzen in Fortführung dieser Auseinandersetzung die Klinge über die von M. mißverständlich geäußerte Behauptung der Notwendigkeit der guten Werke zur Seligkeit. M. muß sich bei dem folgenden Flugschriftenwechsel (sog. »Majoristischer Streit« 1551 bis 1562) von dem Verdacht befreien, einer Werkgerechtigkeit anzuhängen und damit das reformatorische *sola fide* zu verraten (*Bekentnis von dem Artikel der Iustification* von 1558). – Unter M.s umfangreichen und in zahlreichen Ausgaben gedruckten exegetischen Werken ragen diejenigen über den Psalter (*Psalterium Davidis*, 1547) und die paulinischen Briefe besonders hervor. Die Methode, welcher er sich dabei bedient, ist von Melanchthons Vorbild als Exeget, Rhetorik- und Dialektiklehrer geprägt. Doch ergänzt M. seine Zugangsweise zu den Auslegungen der paulinischen Texte durch ein betont historisches Interesse, so z. B. in seiner Schrift *Vita S. Pauli Apostoli* von 1555. In den 1550er Jahren besorgt M. die Wittenberger Ausgabe von Luthers Werken. Als Universitätslehrer prägt M. darüber hinaus fast drei Jahrzehnte die Wittenberger Theologiestudenten. In dieser Zeitspanne versieht er viermal das Amt des Rektors der Universität und ab 1558 ist er bis zu seinem Tod wiederholt Dekan der theologischen Fakultät. Trotz seiner damit begründeten Bedeutung ist M.s Standpunkt innerhalb des Luthertums der folgenden Generationen umstritten und der Vorwurf des »Majorismus« wirkt disqualifizierend.

Andreas Gößner

Mani

Geb. 216 in der Nähe von Ktesiphon; gest. 276 in Ktesiphon

»Ich Mani, der Apostel Jesu Christi durch den Willen Gottes, des Vaters der Wahrheit«. So stellt sich der Religionsstifter M. in seinem *Lebendigen Evangelium* vor. »Höchst gottlosen Bodensatz des Bösen« nannten ihn die Kirchenväter. M.s Religion war zur stärksten Konkurrenz für das frühe Christentum geworden.

M.s Leben ist von Beginn an durch eine bewußte Religiosität bestimmt. Als er vier Jahre alt ist, tritt sein Vater mit ihm in eine judenchristliche Täufersekte im südlichen Zweistromland ein. Schon hier geschehen dem kleinen M. merkwürdige Dinge, die auf den Kern seiner zukünftigen Religion weisen: Gemüse, das geschnitten wird, weint, Brot, das man in den Ofen schiebt, schreit. Im Alter von zwölf Jahren erhält M. seine erste große Offenbarung. Sein himmlischer Zwilling erscheint und offenbart ihm seine besondere Rolle in der Welt. Von nun ab trennt sich M. innerlich immer mehr von den Täufern. Als er 24 Jahre alt ist, kommt es zum Bruch. Wiederum erscheint der Zwilling. Der anfänglichen Verzweiflung angesichts der ihm gestellten Aufgabe als neuer *Lichtapostel* folgt ein entschlossener Aufbruch. M. selbst missioniert erfolgreich im Zweistromland, der Persis, in Medien und Aserbaidschan und gelangt bis nach Indien. Von hier läßt ihn Schapur I., der aufgeschlossene Sasanidenherrscher, an seinen Hof rufen. M.s Religion genießt große Freiheit im Reich der Sasaniden, bis die einflußreichen zoroastrischen Priester die neue Konkurrenz zu fürchten beginnen. Schapurs Nachfolger Bahram I. läßt den Religionsstifter verhaften. M. stirbt im Gefängnis der sasanidischen Hauptstadt Ktesiphon.

Der Manichäismus gehört zu den gnostischen Religionen. Erlösung wird durch *gnôsis* (Erkenntnis) errungen. Gegenstand dieser Erkenntnis ist ein strenger Dualismus. Die Welt ist eine Mischung aus Licht und Finsternis. Diese Mischung zu überwinden ist das Ziel. Zustandegekommen ist diese Mischung durch einen Kampf zwischen dem Reich des Lichts und dem der Finsternis, die vor der Erschaffung der Welt vollkommen getrennt existierten. Zunächst unterliegt der Kämpfer des Lichtreichs den Finsternisdämonen. Sie verschlingen seine lichtvolle Rüstung und werden dadurch zu Mischprodukten aus Licht und Finsternis. Der Vater des Lichts sorgt für die Erschaffung der Welt aus den Mischleibern der Dämonen. Immer mehr sollen sich Licht und Finsternis mischen, damit das Licht schließlich eine Chance hat zu siegen. DieWelt ist in M.s Religion nicht böse; sie ist das Mittel zur Überwindung der *mittleren Zeit*, damit sich am *Ende* wie am *Anfang* das Reich des Lichts und das Reich der Finsternis wieder vollkommen getrennt gegenüberstehen. Um die Welt zu retten, erscheinen die Lichtapostel; M. sieht sich als letzten in einer Kette von Aposteln, die mit Adam beginnt und über die alttestamentlichen Patriarchen Zoroaster, Buddha, Jesus Christus und den Apostel Paulus bis zu ihm reicht. Diese Vorgänger M.s markieren die theologischen Vorstellungen, aus denen M. seine neue Religion zusammensetzt.

Gnosis führt zu rechtem Handeln. Damit Licht und Finsternis getrennt werden, muß die Lichtseele eines jeden einzelnen möglichst rein zum Reich des Lichts zurückkehren. Rein kann die Seele nur sein, wenn sie die in allen Lebewesen und organischen Stoffen gefangenen Lichtteile nicht verletzt; also darf ein guter Manichäer kein Tier töten, keine Pflanze abschneiden (darum weinte das Gemüse), keine Erdscholle bearbeiten, kein Brot backen. Praktikabel ist diese Religion nur in zwei Klassen. Die *Erwählten* führen ein mönchisches Leben und sind nur mit Beten, Singen und dem Abschreiben von Heiligen Büchern beschäftigt. Ernährt werden sie von den *Hörern*, die sich an der Lebendigen Seele vergehen, aber Nachlaß für diese Sünde erfahren, weil sie die *Erwählten* ernähren.

M.s Religion verbreitet sich schnell besonders da, wo es schon christliche Gemeinden gibt. Jesus Christus ist eine wichtige Figur in M.s Erlösungsmythos. Die Anschaulichkeit der Lehre, die vom Religionsstifter selbst in seinen Büchern, zum Teil auch mit Bildern dargestellt wird, zieht viele Menschen an. Augustinus findet bei M. eine klare Antwort auf die Frage, wie das Böse in die Welt kommt, und hängt für acht Jahre dieser Lehre an. Schon zu M.s Lebzeiten gehen Missionare bis nach Nordafrika und Rom. M. schickt sie dorthin mit seinen »Lebendigen Büchern«. – Der Religionsstifter, der ein Problem des Christentums darin sieht, daß Jesus selbst keine Aufzeichnungen hinterlassen hat, verfaßt neun Bücher: das sog. *Shaburagan*, das *Lebendige Evangelium*, den *Schatz des Lebens*, das *Buch der Mysterien*, die *Legenden* (?), den *Bildband* und das *Buch der Giganten*; er schreibt *Briefe, Lieder* und *Gebete*. Keines dieser Werke ist auch nur annähernd vollständig erhalten, von den meisten kennen wir nur wenige Zeilen oder nur den Titel. M. schreibt auf Aramäisch, der Verkehrssprache der damaligen Zeit in seinem Heimatland. Nur das *Shaburagan* verfaßt er als Hommage an seinen Gönner Schapur I. in dessen Muttersprache Mittelpersisch.

In diesem Buch stellt M. die Rolle des Lichtapostels und die Sicht auf das Weltende in den Vordergrund. M. ist das *Siegel der Propheten*, das heißt der letzte und entscheidende Prophet in der Kette der Lichtapostel. Am Ende der Welt steht ein großer Weltenbrand, in dem die verstreuten Teile der Lichtseele gesammelt werden.

Das Hauptwerk M.s und Vademecum der manichäischen Missionare ist das *Lebendige Evangelium*: »König der Schriften M.s, sein großes Evangelium, sein Neues Testament, das Manna des Himmels«. Begleitet wird dieses Hauptwerk durch eingehende Darstellungen des Mythos von den zwei Reichen und der Entstehung der Welt im *Schatz des Lebens*, dem *Buch der Mysterien* und den *Legenden* (?). Bis heute ist M. in Persien als der *Maler* bekannt. Im *Bildband*, von dem nichts erhalten ist, kommentiert er anscheinend den Mythos in großartigen Gemälden. Im *Buch der Giganten* nimmt er ein Motiv jüdischer Legenden auf.

Was wir heute von M.s Religion wissen, stammt meist nicht aus den Schriften des Religionsstifters, sondern aus Worten von ihm, die seine Jünger aufgezeichnet haben. Im *Kölner M.-Kodex* liegt eine Biographie M.s von seinem 4. bis zu seinem 25. Lebensjahr vor, die aus Aufzeichnungen seiner Worte und Zitaten seiner Schriften lückenlos zusammengefügt wurde. Vieles wissen wir außerdem von den Kirchenvätern, die gegen den Ketzer M. wettern, oder von arabischen Enzyklopädisten. – Der Manichäismus erfährt, nachdem das Christentum im Römischen Reich Anerkennung gefunden hat, heftige Verfolgungen. Aber M.s Religion ist, auch aufgrund der sorgsam verbreiteten Bücher des Stifters, stark genug, sich neue Gebiete zu erschließen. Entlang der Seidenstraße gelangen manichäische Missionare bis in den Norden Chinas. Im Reich der Uiguren wird der Manichäismus im 8. Jh. zur Staatsreligion, 1292 trifft Marco Polo Manichäer in Zaitun, bis ins 16. Jh. soll es im Südosten Chinas Anhänger M.s gegeben haben. Manichäisches Schriftgut liegt uns heute in etwa acht verschiedenen Sprachen vom Altgriechischen über Sprachen der Seidenstraße bis ins Chinesische vor. M.s Einfluß auf das frühe Christentum ist nicht zu unterschätzen. Bei der Gründung der ersten christlichen Klöster in Ägypten haben manichäische Klöster Pate gestanden. Legenden der Buddhisten finden durch die Vermittlung der Manichäer von Ost nach West Eingang in europäisches Kulturgut.

Cornelia Römer

Maritain, Jacques

Geb. 18. 11. 1882 in Paris;
gest. 28. 4. 1973 in Toulouse

M. hat sein philosophisches und theologisches Denken im engen geistigen Austausch mit der von einer jüdischen Familie Rußlands abstammenden Raïssa Oumansoff (1883–1960) entwickelt, die er 1905 heiratete. M. wurde im liberal-protestantischen Milieu erzogen, wandte sich aber in seiner Jugendzeit aber von der Kirche ab. Über die Schriften Plotins und unter dem Einfluß von Charles Péguy, Léon Bloy (der beide an die christliche Mystik heranführte) und Henri Bergson am Institut de France wurde seine und ihre Bekehrung zum Katholizismus (1906) vorbereitet. Durch die Beschäftigung mit dem Thomismus verstärkten sich ihre mystischen Neigungen. Ihr Haus in Meudon (bei Paris) wurde zwischen den beiden Weltkriegen zu einem bedeutenden Zentrum geistlich-kontemplativer Ausstrahlung (vgl. R. Maritain, Les grandes amitiés. 2 Bde. New York 1941/44; J. Maritain, Carnet de notes. Paris 1965), die sich während ihrer Auslandsaufenthalte in Nordamerika und Rom noch vertiefte. In den Jahren 1906–08 studierte J. M. Biologie bei H. Driesch in Heidelberg. Ab 1914 lehrte er Philosophie am Institut Catholique in Paris, ab 1933 als Professor in Toronto, dann an verschiedenen Universitäten in den USA. 1945–48 war er französischer Botschafter beim Vatikan. Seit 1960 lebte er bis zu seinem Tod in der Ordensgemeinschaft der *Kleinen Brüder Jesu* in Toulouse. – In seinem Denken vollzog M. die Aufwertung der Mystik (damit auch der christlichen Mystik) für das philosophische Denken, wobei er sich vor allem an Benedikt von Nursia, Katharina von Siena, Therese von Avila und Therese von Lisieux orientierte. War Thomas von Aquin für ihn die höchste Autorität im Bereich des höchsten *mitteilbaren* Wissens, so Johannes vom Kreuz für das höchste *nicht-mitteilbare* Wissen. Über dem Studium nichtchristlicher Mystiker korrigierte M. seine ursprüngliche Ablehnung einer natürlichen mystischen Erfahrung. Die übernatürliche Kontemplation öffnet der Seele den Zugang zum Verständnis Gottes als Liebe und zum Wert der Nächstenliebe aus Erfahrung. Die Seele gerät so unter die Herrschaft der Gaben des Hl. Geistes. – M. konzentriert sich in seinem Werk auf drei Problemkreise: Kunst, Politik und geistliches Leben, wobei er durch genaues *Unterscheiden* die getrennten Bereiche wieder zu vereinen sucht. Der Abfall von der im Universalismus des Thomas von Aquin gipfelnden Einheit des neuzeitlichen Denkens setzt für ihn mit der Reformation ein (*Trois Réformateurs: Luther, Descartes, Rousseau*), weil Luther die Scholastik lediglich aus dem Werk Gabriel Biels gekannt habe und zeit seines Lebens Ockhamist geblieben sei. Das Ziel der Kunst ist die Verherrlichung Gottes. Auch bei Fragen der politischen Macht wendet M. sein Prinzip des *Unterscheidens, um zu vereinen*, an und gesteht dem Christen Verantwortung für die Gestaltung der Welt in Freiheit zu. Um das Heilsverlangen in Politik und Gesellschaft wieder zur Geltung zu bringen, plädiert M. für einen *integralen Humanismus* (Synthese von sakralen und säkularen Elementen).

Gerhard Philipp Wolf

Markion
Geb. 90 in Sinope (Pontus);
gest. ca. 160

M., der Schiffskaufmann, tritt seit 140 in Rom als radikaler Reformer auf, der das Christentum wieder zu seinem Ursprung zurückführen will, vollzieht aber faktisch mit seiner Abkehr von den alttestamentlich-jüdischen Wurzeln des Urchristentums eine revolutionäre Umgestaltung desselben. Ausgangspunkt seines Denkens ist die paulinische Unterscheidung von Gesetz und Evangelium. Während Paulus beides aber in dialektischer Beziehung als zwei verschiedene Handlungsweisen des einen Gottes ansah, die gemeinsam dem gleichen Ziel, dem menschlichen Heil, dienten, bilden sie für M. einen unvermittelbaren Widerspruch. Gesetz und Evangelium erscheinen nicht mehr als Werk ein und desselben Gottes. Daher gelangt M. zu einer dualistischen Gotteslehre: Dem Weltschöpfer und Geber des Gesetzes, der ein »gerechter«, aber gnadenloser Gott war, der die Menschen durch sein Gesetz nicht zu erlösen, sondern nur zu verdammen vermochte, steht der Gott des Evangeliums als der gute, barmherzige und gnädige Gott gegenüber, ein bis zum Auftreten Jesu völlig »unbekannter Gott«, da auch der Gesetzgeber Mose und die Propheten als Werkzeuge des »gerechten Gottes« von ihm nichts wußten. – Erlösung besteht für M. in der radikalen Befreiung von dieser Welt und ihrem Schöpfer durch das Evangelium, das Jesus als Sohn und einziger Offenbarer des wahren Gottes verkündigte und das in der Botschaft vom einen wahren Gott, der die Menschen aus reiner Gnade aus den Fängen des alttestamentlichen Gottes befreit, bestand. Da Jesus wie sein Vater dem Schöpfer und seiner Schöpfung völlig fremd war, ist eine wirkliche Inkarnation für M. undenkbar, sondern allein eine körperlose Epiphanie Jesu in dieser Welt möglich. – Diese wahre und ursprüngliche christliche Lehre wurde von den meisten Aposteln nicht verstanden und daher judaisierend verfälscht, indem sie die Schriften des AT wieder einführten und den Gott Jesu Christi irrtümlicherweise mit dem Gott des AT gleichsetzten. Dagegen scheidet M. das gesamte AT, das als Werk des gerechten Gottes zwar die wahre Verkündigung über Wesen und Werk des Schöpfergottes, aber nichts über das Wesen und Wirken des Gottes Jesu

Christi enthält, als christliche Glaubensurkunde aus. Als Schriften, die er »Neues Testament« nennt, läßt er nur ein Evangelium, wahrscheinlich das Lukasevangelium, und zehn von ihm als echt angesehene Paulusbriefe gelten, wobei er all diese Schriften in seinem Sinne bearbeitet. Nicht ganz konsequent tilgt oder verändert er die Stellen, an denen der Gott des AT als der Vater Jesu Christi erscheint. M. ist dabei sowohl in seiner Bearbeitung des NT-Textes als auch in seiner Theologie nicht so originell, wie lange angenommen, sondern setzt radikalisierend in beidem Tendenzen von Gemeindetraditionen fort, denen er verpflichtet ist. – Seiner bereinigten Bibelausgabe gibt er zur Erläuterung eine Schrift mit dem Titel *Antithesen* bei, in der er durch die Gegenüberstellung von alttestamentlichen und neutestamentlichen Aussagen den Nachweis der Unvereinbarkeit beider Bücher führen will. – Die Kirche ist M.s Reformversuch nicht gefolgt, sondern hat erkannt, daß sie sich mit der Trennung von den jüdischen Wurzeln von Jesus Christus selbst und dem urchristlichen Glauben überhaupt entfernen würde.

Holger Strutwolf

Martin von Tours
Geb. 316/317 in Sabaria (Pannonien); gest. 8. 11. 397 in Candes

M. ist der älteste Vater des abendländischen Mönchtums. Als M. im Jahre 356 seinen Dienst in der Armee quittiert, ist das Mönchtum noch jung. Die ägyptischen Mönche haben gerade erst in Norditalien ihre ersten Nachahmer gefunden. Nach der Verbannung seines Lehrers Hilarius von Poitiers macht M. hier seine ersten Erfahrungen mit dem Eremitentum. Nach der Rückkehr des Hilarius gründet M. 361 in Ligugé unweit Poitiers das erste gallische Kloster: ein Zusammenschluß von Einsiedlern,

die zu Gebet und Mahlzeit zusammenkommen. Nach demselben Modell entsteht zehn Jahre später das Kloster Marmoutier. Inzwischen ist M. zum Bischof von Tours gewählt worden. Seine Lebensform und seine Predigt – er verkündet den leidenden, nicht den triumphierenden Christus – werden nun zur Provokation für das Gros seiner Amtsbrüder. M. zeigt, daß radikales Christsein auch in der Welt möglich ist. Er, der Mönch und Mystiker, zerstört Tempel, errichtet Kirchen, hilft Gefangenen, Unterdrückten und Armen, und er deutet dieses Handeln als Teil des immerwährenden Gebetes, das dem Mönch obliegt. Diese Verbindung von Gebet und Tat wird wegweisend für das abendländische Mönchtum.

Andreas Merkt

Mbiti, John Samuel
Geb. 1931 in Mulango (Kenia)

M. stammt aus einer christlichen Familie aus dem Volk der Akambe. Nach seinem Studium verbindet M. wissenschaftliche und kirchliche Arbeit: bis 1974 als Gemeindpfarrer und Professor für Religionswissenschaften an der Makarere Universität (Uganda), dann als Leiter des ökumenischen Instituts Bossey/Schweiz. Seit 1980 ist er Gemeindpfarrer in der Schweiz und Professor an der Universität Bern. M. ist ein moderner Kirchenvater Afrikas und zählt zugleich zu den Gründern der afrikanischen Ethnophilosophie. Dies stellt keineswegs einen Gegensatz dar. Vielmehr sieht M. in den traditionellen Religionen, vor allem in dem Glauben an Gott als Schöpfer, einen fruchtbaren Nährboden für die Verkündigung des Evangeliums von Jesus Christus. Das Evangelium wiederum muß mit der Kultur und dem Alltag in Afrika zu einem afrikanischen Christentum werden. M.s Arbeiten über das Gottesverständnis und das Gebet in afrikanischen

Religionen sind Illustrationen seines theologischen Grundgedankens. Dies gilt schon für seine kontrovers diskutierte These zum afrikanischen Zeitverständnis, das nach M. nur die Dimensionen Vergangenheit und Gegenwart kennt. Zeit hat Ereignischarakter und bewegt sich in die Vergangenheit. – Mit der Unterscheidung zwischen dem Christentum als der stets von der jeweiligen Kultur geprägten und an sie gebundenen Gestalt des Evangeliums und diesem selbst, gilt das westliche Christentum als Agent des Evangeliums, das den traditionellen Religionen bisher fehlende Dimensionen bringt. Afrikanische Theologie hat die Aufgabe, diese *praeparatio evangelii* im afrikanischen Kontext für die Gegenwart zu interpretieren.

Elisabeth Hartlieb

Mechthild von Magdeburg
Geb. um 1208 im Erzbistum
Magdeburg; gest. 1282 in Helfta

Um 1230 verließ die aus adeliger Familie stammende M. ihr Elternhaus, um in Magdeburg als Begine zu leben; 1270 trat sie in das Zisterzienserinnenkloster Helfta ein, wo sie bis zu ihrem Tod blieb. Mystische Erfahrungen hatte M. seit ihrem 12. Lebensjahr, die sie um 1250 auf Geheiß ihres Beichtvaters Heinrich von Halle aufzeichnete. Die Entstehungsgeschichte des *Fließenden Lichtes der Gottheit* läßt mehrere Etappen erkennen. Die zunächst nur auf lose Blätter geschriebenen Aufzeichnungen wurden von Heinrich von Halle in 6 Büchern redigiert, wobei zunächst die Bücher I-V, dann Buch VI entstanden. Ein weiteres Buch verfaßte M. nach 1270 in Helfta, dessen letzte Kapitel die inzwischen erblindete Autorin einer Mitschwester diktierte. Literarhistorisch bedeutsam ist ihr Werk, da mystische Erlebnisse erstmals in deutscher Sprache fixiert werden. Inhaltlich lassen die

7 Bücher Unterschiede erkennen. In den ersten Büchern steht die Gottesminne im Vordergrund. M.s Mystik, die eine ausgesprochene Trinitätsmystik ist, kreist dabei um zwei zentrale Punkte: Die Vereinigung mit Gott und die Gottesfremdheit. Spätere Bücher thematisieren das Wesen der Gottesliebe, Visionen über das Jenseits, die Schöpfung und das Jüngste Gericht. Zudem nimmt M., deren oft unbequeme Kritik an Mißständen auf Widerspruch stieß, die Möglichkeit zur eigenen Verteidigung wahr. Die Anfeindungen gingen soweit, daß ihr Buch verbrannt werden sollte und M. zeitweise vom Empfang der Kommunion ausgeschlossen war. – M.s Werk ist von hoher dichterischer Gestaltungskraft. Sie macht von vielfältigen literarischen Mitteln Gebrauch, darunter Prosa und Vers, verschiedene dialogische Strukturen und Anredeformen wie Gebet und hymnischer Lobpreis, Allegorien und Bilder aus geistlichen und höfischen Bereichen. M. wurzelt in verschiedenen Traditionen: Zum einen ist mit zisterziensischen und viktorinischen Einflüssen (insbesondere Bernhard von Clairvaux und Wilhelm von St. Thierry) die Mönchstheologie und -spiritualität des 12. Jh. greifbar. Andererseits hinterließen das Werk ihres Zeitgenossen Wigmann von Arnstein und die volkssprachliche Überlieferung Spuren. – Im Vergleich mit Schriften zweier anderer Autorinnen aus Helfta – Mechthild von Hackeborn (gest. 1291) und Gertrud d. Gr. (gest. 1301/02) – ist die Wirkungsgeschichte M.s vergleichsweise gering, was in der kirchlichen Anfechtbarkeit bzw. Unanfechtbarkeit begründet ist. Die Urschrift des *Fließenden Lichtes der Gottheit* ist nicht erhalten. Bekannt ist das Werk aus einer alemannischen Übertragung, die 1343/ 45 von Heinrich von Nördlingen angefertigt wurde und in der einzigen vollständigen Hs. überliefert ist. Bald nach M.s Tod wurden die Bücher I-VI unter dem Titel *Revelationes* ins Lateinische

übersetzt, womit die erste Rücküber-
setzung eines volkssprachlichen mystischen Textes (ein Phänomen, das in den
folgenden Jahrhunderten häufiger zu
beobachten ist) vorlag. Stellen, die mit
der offiziellen kirchlichen Meinung
nicht übereinstimmten, wurden dabei
getilgt. Einzelne Abschnitte der lateinischen Fassung gingen in die *V. s. Domi-*
nici Dietrichs von Apolda ein. Die ale-
mannische Version wurde im 14. Jh.
von den Mystikerinnen Margareta und
Christine Ebner rezipiert. Einflüsse einer verlorenen Kopie der alemannischen Urschrift läßt zudem das Stro-
phengedicht *Der Minne spiegel* erkennen. Dante setzte M. schließlich in seiner *Göttlichen Komödie* als *Matelda* ein
Denkmal.

Susann El Kholi

Melanchthon, Philipp

Philipp Schwarzert;
geb. 16. 2. 1497 in Bretten;
gest. 19. 4. 1560 in Wittenberg

M. war der Humanist unter den Reformatoren. 1518 als junger Gelehrter
zum Professor für die griechische Sprache nach Wittenberg berufen, tritt er
sein Amt mit der programmatischen
Rede *De corrigendis adolescentiae studiis*
(Über die Neugestaltung der Studien
der Jugend) an. In dieser Rede und in
seiner gesamten Lehrtätigkeit in Wittenberg wirkt M. für eine Bildung durch
die antike Literatur, was das Bibelstudium in den Originalsprachen einschließt. – M. hat ab 1509 in Heidelberg, ab 1512 in Tübingen studiert und
dort den Einfluß des Humanismus erfahren. Bereits 1516 erbringt er seine
erste literarische Leistung: eine Terenz-
ausgabe. – Ab 1518 wird M. zum Mitarbeiter, Mitstreiter und Freund Luthers.
Wenn er bei Gelegenheit den eigen-
artigen Ausdruck verwenden konnte,
von Luther habe er »das Evangelium
gelernt«, dann berichtet er damit sowohl von der spirituellen Beziehung
zwischen Luther und sich, als auch von
seinem Verständnis des Glaubens, daß
man ihn nämlich »lernen« könne. M.
selber wird zum Lehrer nicht nur der
antiken Literatur und Philosophie, sondern auch eines erneuerten Christentums. – 1520 heiratet M. Katharina
Krapp. Seltsamerweise mußte er erst
durch Luther zur Heirat gedrängt werden, führt aber eine lange und glück-
liche Ehe und hat Freude an seinen vier
Kindern und später an seinen Enkelkin-
dern. – M. steht in vielen Angelegenheiten an Luthers Seite: bei der Univer-
sitätsreform in Wittenberg, in den Wittenberger Unruhen (1522), bei der Ablehnung der Revolution (Bauernkriege,
1525), bei der Neugestaltung der Sächsischen Landeskirche (ab 1527), in der
Erarbeitung und kontinuierlichen Verbesserung der Bibelübersetzung. – Selbständiges Profil hat M. für die Mit- und
Nachwelt als Verfasser des *Augsburgi-*
schen Bekenntnisses = Confessio Augu-
stana (1530) gewonnen. Aus dem Bestreben geboren, die Reformation als
Erneuerung des ursprünglichen Christentums vorzustellen, keinen Anlaß zu
einem Konfessionskrieg zu geben, das
Gemeinsame mit den Altgläubigen her-
vorzukehren, gleichwohl aber die Diffe-
renzpunkte und Mißstände präzise zu
benennen, erwächst die Bedeutung dieses Bekenntnisses. Sowohl die *Confessio*
Augustana als auch M.s im folgenden
Jahr (1531) verfaßte *Apologie* des Bekenntnisses gewinnen Anerkennung als
lutherische Bekenntnisschriften. Eine
spätere Bekenntnisformulierung M.s,
die *Confessio Saxonica* von 1551, zur
Vorlage auf dem Trienter Konzil gedacht, erfährt noch im selben Jahr große Zustimmung unter den lutherischen
Theologen, erreicht aber nicht dieselbe
Verbreitung wie die vorher genannten
Bekenntnistexte. – M. tritt nach und
nach aus dem Schatten Luthers: Entgegen Luthers Auffassung von der Unfreiheit des Willens, die M. noch in

seinem Lehrbuch der Theologie *Loci communes* von 1521 teilt, und die Luther in *De servo arbitrio* (1525) sogar verschärft, beginnt M. seit seinem Kommentar zum Kolosserbrief (1527) für die Willensfreiheit einzutreten. Damit nimmt er ein Thema in Angriff, das die Neuzeit stärker und stärker bewegen sollte. – In erster Linie will M. die mögliche Konsequenz der Unfreiheit des Willens abhalten, daß Gott Ursache der bösen Taten der Menschen sei. In den *Loci theologici* (letzte Fassung, 1559) heißt es deshalb: »Nachdem dieser Satz festgestellt ist, daß Gott nicht die Ursache der Sünde ist und die Sünde nicht will, folgt, daß es Kontingenz (Nicht-Notwendigkeit, Möglichkeit, Zufall) gibt, und nicht alles, was geschieht, notwendig geschieht.« – »Der Grund aber der Nicht-Notwendigkeit unserer Handlungen ist die Freiheit des Willens.« Diese Willensfreiheit kommt in folgender Weise positiv zum Ausdruck: »Immer, wenn wir vom Wort beginnen, kommen drei Ursachen der guten Handlung zusammen: das Wort Gottes, der Hl. Geist und der menschliche Wille, der dem Worte Gottes zustimmt und es nicht zurückstößt.« Das bedeutet, daß wir nach M. in unserer Glaubensentscheidung frei zur Annahme des Wortes Gottes sind, denn sonst gälte ja: »Wenn der freie Wille nichts tut, dann werde ich, bis ich jene Wiedergeburt spüren werde, von der ihr sprecht, dem Unglauben und anderen lasterhaften Affekten nachgeben.« – Die *Loci theologici* sind M.s theologisches Hauptwerk, das ihn sein ganzes Leben lang begleitet. 1521 trägt es den Titel *Loci communes*. M. arbeitet es 1522, 1525, 1533 (Vorlesung), 1535, 1541, 1543, 1544 und 1559 um; schließlich trägt das Werk den Titel *Loci praecipui theologici*. M. führt die Methode, Theologie mithilfe von »Loci« darzustellen, an der Rhetorik ein; diese Methode geht über die Humanisten Erasmus und Rudolf Agricola auf Cicero und Aristoteles zu-

rück und besteht darin, häufig wiederkehrende Argumente zu einem bestimmten Thema zu sammeln, damit man beim Auftauchen des Themas in wissenschaftlichen Diskussionen auf seine »Erörterung« (*Locus* = Ort) vorbereitet sei. Die Methode ist zirkulär: Einerseits untersucht sie, welche *Loci* in der Bibel enthalten sind und erfaßt dadurch den gesamten Inhalt der Bibel in einer systematischen Ordnung, andererseits dienen diese *Loci* und diese Ordnung wiederum zur Auslegung der biblischen Texte. Die wichtigsten »Örter« sind für M.: Gott, die Schöpfung, die Sünde, der freie Wille, das Gesetz, das Evangelium, die Gnade, der Glaube, die guten Werke, die Kirche, die Sakramente, die Prädestination, die Auferstehung. Diese wichtigsten *Loci* werden einerseits von M. noch weiter untergliedert, andererseits gibt es unter den wichtigsten zwei besonders wichtige, deren Dynamik das gesamte System durchdringt: Gesetz und Evangelium! Sie unterscheiden gegensätzliche Worte der Bibel, ordnen sie aber auch einander zu: da eingrenzende, drohende, strafende, dort verheißende, vergebende, aufbauende. Die Unterscheidung bzw. Zuordnung von Gesetz und Evangelium durchzieht aber auch die anderen *Loci*. So läßt sich etwa die Schöpfung als Setzung von Grenzen und als Auftrag an die Kreatur verstehen, aber auch als das Mit-Sein des Schöpfers mit seiner Kreatur, ihre Erhaltung und fortdauernde Neu-Schöpfung. Der Motor dieser Dynamik ist die Rechtfertigung, in der Gott uns unsere Ungesetzlichkeit nicht zurechnet, sondern uns in Christus erneuert; dies ist die Bewegung von der Schöpfung zur Erlösung, von der Sünde zur Gnade, vom Buchstaben zum Geist, also: vom Gesetz zum Evangelium. – Die Loci-Methode M.s wurde von vielen späteren Dogmatikern übernommen. – Die Ethik trägt M. zuerst nach Cicero, bald aber auch nach den ethischen Schriften des von Luther nicht eben geschätzten Aristoteles vor. Überhaupt bleibt M. sein Leben lang Philosoph und weigert sich, an die theologische Fakultät zu wechseln; als solcher bestimmt er aber wie kaum ein Philosoph sonst die Theologie mit, z. B. hält er in Wittenberg die wichtigsten exegetischen Vorlesungen über das NT (Luthers Schwerpunkt lag in der Auslegung des AT). – Eines von M.s erfolgreichsten Büchern wird *De anima* (1553), eine Psychologie und Anthropologie aus philosophischer, aber auch theologischer Sicht. An das philosophische knüpft sich das historische Interesse M.s; und auch hierin ist er der Theologie nicht fern, da er über die Heilsgeschichte innerhalb der Geschichte und die Erwartung eines von Gott gesetzten Endes der Geschichte reflektiert. – Nicht vergessen werden dürfen die vielen Vorlesungen M.s über griechische und lateinische Literatur. – Berücksichtigen wir schließlich die umfangreichen juristischen, physikalischen, medizinischen und astronomischen Kenntnisse M.s, dürfen wir in ihm einen Universalgelehrten sehen, einen freilich, der sich leidenschaftlich für die Erneuerung des Christentums einsetzt. – In der Abendmahlslehre vertritt M. mit Luther die Realpräsenz Christi in Brot und Wein, nicht aber Luthers Lehre von der *Ubiquität* (daß mit der Gottheit Christi auch seine Menschheit leiblich allgegenwärtig sei). Das bedeutet, daß er wie Luther die Abendmahlslehre Zwinglis stets ablehnt, aber für die Argumente anderer schweizer und oberdeutscher Theologen (z. B. Oekolampads und Bucers) aufgeschlossen ist. Die Einigung in der Abendmahlsfrage zwischen Luther einerseits, Bucer und Capito andererseits, die 1536 in Wittenberg zustande kommt (*Wittenberger Konkordie*) ist zum größten Teil M.s Werk. – M. wirkt weit über seinen Tod hinaus: durch seine theologischen, philosophischen und rhetorischen Lehrbücher, durch seine Schul- und Universitätsgründun-

gen und durch die Gestalt, die er der Reformation gibt: gegründet auf die klare Erkenntnis des Evangeliums, aufgeschlossen für Wissen und Bildung, bereit zum Dialog und für Vermittlungen. Nach dem Tode Luthers beginnen sich freilich die konfessionellen Fronten auf lange Zeit hinaus zu verhärten und die innerlutherischen Streitigkeiten zu verstärken. Dies muß M. noch in seinen letzten Lebensjahren erfahren. Als Kaiser Karl V. 1547 in der Schlacht bei Mühlberg über das protestantische Lager gesiegt hat und daran denkt, das Rad der Reformation zurückzudrehen (Augsburger und Leipziger »Interim« von 1548), und M. sich zu kompromißbereit zeigt, setzt die Kritik aus den eigenen Reihen ein. Ab 1549 beginnen die Angriffe der »Gnesiolutheraner« (der »echten« Lutheraner), ab ca. 1552 wirft man M.s Abendmahlslehre »Kryptocalvinismus« (heimlichen Calvinismus) vor. Aufs Ganze gesehen hat jedoch M. zu Selbstbewußtsein, Organisation, Reputation und Fortbestand des Luthertums weit mehr beigetragen als alle seine Gegner zusammen genommen.

Max Josef Suda

Menno Simons

Geb. 1496 in Witmarsum;
gest. 1561 in Wüstenfelde

Mit dem Auftauchen als macht- und besitzkritischer (»linker«) Flügel der Reformation erregt die Täuferbewegung seit 1525 Aufmerksamkeit durch radikales Engagement für Alternativen zu den bestehenden Ordnungssystemen. Die gnadenlose Zerschlagung des Täufer-Reiches von Münster 1535 hat M., seit 1531 katholischer Priester zu Witmarsum/Friesland, bewogen, 1536 die Bekennerhaltung der Taufgesinnten (»Doopgesinde«) anzunehmen. Seine kritische Position zu den Ansichten der »Wiedertäufer« (Gewalt, Zerstörung weltlicher Ordnung, Weltflucht) legt er in seinem Hauptwerk *Fundamentbuch* (1537, 1556) dar. Hier begründet er die christliche Gemeinschaft mit Buße und Bergpredigt, damit eine fürsorgliche internationale Bruderschaft entsteht, zu deren Tugenden Einfachheit, Nüchternheit, Geduld und Leidensbereitschaft gehören. An der Verwirklichung dieser Vision zweifelnd, zieht sich sein Lehrer Obbe Philips zurück. Mit dessen Bruder Dirk arbeitet M. ab 1540 für die Neugründung von nunmehr »mennonitischen« Gemeinschaften. Von Bad Oldesloe aus erreicht er ab 1554 durch Missionsreisen und Publikationen aus eigener Druckerei Duldung in den Niederlanden, England und auch in Deutschland. Nach seinem Tod bleibt die fatale Diskreditierung als »Wiedertäufer« Vorwand für Vertreibungen durch Ordnungsmächte in Staat und Kirche. Mennoniten gründeten neue Siedlungen (in Amerika ab 1683, Rußland ab 1789) und sind heute mit rund 800 000 Anhängern auf allen Kontinenten anzutreffen. Der Wille zur Veränderung totalitärer Systeme durch Option für Gewalt- und Religionsfreiheit, Menschenrechte sowie Recht auf soziale und wirtschaftliche Entwicklung gibt den Mennoniten einen anerkannten Platz in der Familie der »Historischen Friedenskirchen«. Schwärmerische Aufbrüche bleiben verhalten; denn es gilt das Lebensmotto ihres Begründers (1 Kor 3,11).

Klaus Roeber

Milton, John
Geb. 9. 12. 1608 in London;
gest. 8. 11. 1674 in Chalfont St. Giles

Neben Shakespeare gilt M. als bedeutendster Dichter der englischen Sprache und abschließender Höhepunkt englischer Renaissance-Literatur. Im Schatten dieses Ruhmes ist seine ausgedehnte theologische Schriftstellerei zu Unrecht etwas in Vergessenheit geraten. Nach Studien am Christ's College, Cambridge versteht sich der hochgebildete, vielsprachige M. primär als Dichter (*Comus. A Mask*, 1634 uraufgeführt), hat aber auch Kontakt mit Gelehrten in ganz Europa. Dem puritanischen Anliegen verpflichtet, befürwortet er die Abschaffung der Monarchie und wird 1649 Cromwells »secretary of foreign tongues« (eine Art Außenminister). Polemische, sprachgewaltige Prosaschriften (»Pamphlete«) für Pressefreiheit, für die Möglichkeit der Ehescheidung, über Erziehungsfragen, gegen die Kirche von England u. a. machen ihn rasch berühmt. Ab 1644 wird ein Augenleiden bemerkbar; 1652 erblindet M.: alle späteren Texte sind diktiert. Nach der Restauration der Monarchie werden M.s politische Schriften öffentlich verbrannt, er selbst konzentriert sich nach kurzem Gefängnisaufenthalt auf sein poetisches Werk. Von der Öffentlichkeit zurückgezogen, diktiert er 1658–63 seinen drei Töchtern das Blankversepos *Paradise Lost* über den Sündenfall und den Verlust des Paradieses, das bedeutendste epische Gedicht englischer Sprache und einen der Höhepunkte abendländischer religiöser Literatur (Endfassung 1674; dazu ergänzend *Paradise Regained* über die Versuchung Jesu und das Drama *Samson Agonistes*, beide 1671). Unter seinen theologischen Schriften ragt der arianischen Positionen nahestehende dogmatische Entwurf *De doctrina christiana* (erst 1825 publiziert) heraus. M.s überaus gelehrter, rhetorisch ausgefeilter, subtiler und mit mythologischen Anspielungen erfüllter »grand style« kommt den sehr viel schlichteren Lesegewohnheiten der Gegenwart nicht entgegen, belohnt die erforderliche Bemühung aber durch unerschöpflichen Tiefgang und Gedankenreichtum. William Blakes Diktum, M. sei ohne es zu wissen »auf der Seite des Teufels gewesen«, beruht auf einem Mißverständnis der rhetorischen Darstellung der Teufelsgestalt in *Paradise Lost*, hat M. aber zum Gegenstand eines romantisch-revolutionären Geniekultes werden lassen.

Marco Frenschkowski

Möhler, Johann Adam
Geb. 6.5.1796 in Igersheim (bei Mergentheim);
gest. 12.4.1838 in München

M. lehrt seit 1823 Kirchengeschichte an der 1817 neu gegründeten Universität Tübingen; hier ist im Blick auf die Württemberg 1806 zugefallenen katholischen Bevölkerungsteile auch eine katholisch-theologische Fakultät eingerichtet worden. Vor Antritt seiner Lehrtätigkeit hat er eine Bildungsreise unternommen, die ihn auch an protestantisch geprägte Universitäten führte. Besonders die Berliner Universität mit der dort gelehrten Theologie beeindruckte ihn. M. wird alsbald zum wichtigsten Repräsentanten der katholischen »Tübinger Schule«, die sich besonders in der Auseinandersetzung mit der gleichfalls in Tübingen gelehrten evangelischen Theologie profiliert und die das intellektuelle katholische Selbstbewußtsein nach den Anfeindungen durch die Französische Revolution und die folgende Enteignung der Kirche und ihrer Bildungsinstitutionen stärkte. M. arbeitet auch an der in Tübingen erscheinenden *Theologischen Quartalschrift* mit, einem der Hauptorgane der katholischen Gelehrsamkeit. Er erhält mehrmals Angebote anderer Universitäten, die er aber ablehnt. Erst ein Ruf an die Universität München im Jahre 1835 erscheint ihm reizvoll genug für einen Wechsel. M., der Zeit seines Lebens von schwächlicher Konstitution ist, muß seine Lehrtätigkeit in München aber bald aufgeben. – 1825 erscheint sein erstes Hauptwerk, das ihn in der gelehrten Welt bekannt macht: *Die Einheit in der Kirche oder das Prinzip des Katholizis-*

mus dargestellt im Geiste der Kirchenväter der drei ersten Jahrhunderte. Durch das Motiv der Tradition schlägt M. eine Brücke zu den Anfängen der Kirchengeschichte und verbindet so theologische und historische Motive: Die Kirche bildet eine Einheit, die durch die Einheit der Bischöfe mit dem Papst in der Mitte, aber auch durch ihre ununterbrochene Tradition verbürgt wird. Das Traditionsmotiv stellt auch eine Kritik am Protestantismus dar, der sich primär auf die Bibel beruft. Die Auseinandersetzung mit dem Protestantismus wird von M. 1832 in seinem zweiten Hauptwerk weitergeführt, das zu einer Kontroverse mit dem Tübinger evangelischen Theologen Ferdinand Christian Baur führt: *Symbolik oder Darstellung der dogmatischen Gegensätze der Katholiken und Protestanten nach ihren öffentlichen Bekenntnisschriften.* Baur reagiert überaus schroff auf das Buch, was M. tief verletzt; sein Wechsel nach München ist durch diesen Streit mitbedingt. Auch wenn M. den konfessionellen Gegensatz betont, wertet er doch immerhin Schriften Luthers und anderer Reformatoren aus. Er arbeitet die Kirche als Trägerin der wahren christlichen Lehre heraus, wobei diese wesentlich wiederum durch die Bischöfe mit dem Papst als ihrem Haupt repräsentiert wird. Die Kirche verkörpert letztlich Christus. – M. ist in seinem Anliegen, den Protestantismus besser zu verstehen, ein Vorläufer der Ökumenischen Bewegung; viele Theologen sehen sich als seine Schüler, und seine Grundanschauungen, vor allem seine in der *Symbolik* dargestellte Lehre von der Kirche, wirken weit bis ins 20. Jh. hinein. 1957 wird das M.-Institut in Paderborn gegründet, das sich der ökumenischen und konfessionskundlichen Forschung widmet.

Klaus Fitschen

Müntzer, Thomas

Geb. vor 1491 in Stolberg am Harz;
gest. 27. 5. 1525 vor Mühlhausen

M. wagte den Konflikt mit der reformatorischen Bewegung seiner Zeit und deren Führer Martin Luther, den er – Entwicklungen künftiger Jahrhunderte sensibel vorweg ahnend – 1524 als »neuen Papst« beschimpfte. Dessen Reformation war M. zu »fürstenstaatlich«, seine Theologie zu sehr die der »großen Hansen«, die den »gemeinen Mann« als mündigen Menschen überging. Zugleich ist M. sozialrevolutionärer Führer des thüringischen Bauernkrieges, den er als apokalyptischen Streit des Herrn hochtheologisch begriff, doch militärstrategisch blind gegen die Übermacht eines Fürstenheeres verlor. Die Lutherkritik hat M. die Dämonisierung durch die protestantische Kirchengeschichtsschreibung eingebracht, die endzeitliche Sozialkritik die Heroisierung als Wegbereiter einer »frühbürgerlichen Revolution« seitens der Historiographie vor allem in der ehemaligen DDR. Von Ausnahmen abgesehen gelang es erst wenige Jahre vor dem Fall der Mauer, die ahistorischen Stigmatisierungen im wechselseitigen Ost-West-Dialog zu überwinden. Das Ergebnis war um 1990 eine M.rezeption in »neuer Sachlichkeit«, die sich aus den M.texten selbst nährte. Seither aber kam die Beschäftigung mit M. fast zum Erliegen.

M. ist ein früher Theologe der Befreiung, dem es auf eine Kongruenz von seelischer Erfahrung und sozialem Handeln ankommt. Er ist einer der Gebildetsten des frühen 16. Jh. und verband antik-klassische Autoren (u. a. Platon, Quintilian), biblische Bücher (vor allem Gen, Dan, Jak, Apk), Kirchenväter (vor allem Tertullian, Augustinus, Hieronymus), mystische Texte (vor allem Tauler, auch Frauenmystikerinnen) und Humanistentexte zu einer eigenwilligen Selbst- und Weltsicht. Interesse an tradiertem Bildungsgut findet sich gepaart mit subjektivem Umgang mit diesen Texten. Der Belesene weiß zugleich, daß Texten allenfalls eine Hilfsfunktion im Reifungsprozeß des Menschen zukommt und dieser nicht aus dem »toten Buchstaben«, sondern aus seiner »lebendigen Erfahrung« Identität und Weltoffenheit gewinnt. Insbesondere die Erfahrung des Leidens kann den Menschen bis zur »Vergottung« führen. Hiervon sollen Prediger und Pädagogen erzählen. Wer den Spuren M.s nachgeht, kann die Fähigkeit erben, in Souveränität gegenüber jeder Bildungstradition aus sich selbst zu eigener Identität zu gelangen. M.s durch eigene seelische Prozesse (z. B. durch Leiderfahrungen, Träume und Traumdeutungen) gereifte Religiosität jenseits aller konfessionellen Schranken machte ihn religiös offen. Beispiel dafür ist M.s Hoffen auf eine Kirche wahrhaft Gläubiger aus allen Religionen und Nationen der Erde. Im Leiden liegt eine radikale Wesensgleichheit aller Menschen, die Perser, Juden, Christen und Muslime zu Geschwistern im Glauben macht, während der (gelehrte) Disput über die heiligen Texte nur entzweit und für das Wesentliche blind macht. M. vermag die Menschen auch als Kulturwesen zu bilden. Seine Sprache ist Epos. Als Prediger des Bauernfleckens Allstedt vermochte er einmal 4000 Hörer zu faszinieren. Sein Schaffen auf dem Gebiet der Musik ist Meditation.

Dieter Fauth

Naudé, Gabriel

Geb. 2. 2. 1600 in Paris;
gest. 29. 7. 1653 in Abbeville (Picardie)

Die Aufklärung der Moderne hat ihre Voraussetzungen keineswegs allein in Protestantismus, Subjektphilosophie und Neuer Wissenschaft. Es gibt nicht nur das *ego cogito* der ›geometrischen‹ Erkenntnis, sondern auch einen viel älteren philologischen Rationalismus, der den kritischen Geist an den Buchstaben bindet. Neben und vor Descartes, Spinoza, Galilei und Newton waren andere, teilweise auch ›parallele‹ Traditionen wie der Neostoizismus, der gelehrte ›Libertinismus‹, ein radikaler Naturalismus und eine kritische bis pessimistische Skepsis ebenso wirksam, obwohl nicht notwendig protestantisch oder gar mit der antihumanistischen Tendenz der Cartesianer. N. ist eine prägnante Schlüsselfigur dieser vor allem in Italien und Frankreich beheimateten Diskurse der Lipsius und Bodin, Charron und Montaigne, Pomponazzi, Campanella und Bayle. Wie dieser für Geschichte und Tradition sucht N. nach neuen Sicherheiten in Lebensführung, Denken und Moral. Er findet sie nicht in einem System, sondern in eklektischer Aufdeckung und ›Entzauberung‹ jeweiliger Irrtümer und der sie bedingenden Interessen. Dazu zählen alle Formen des Dogmas, der Magie und Astrologie, des Glaubens an Wunder und an Hexen, alles ›Unbegreifliche‹, wie z. B. auch das Programm der Rosenkreuzer: *Primus sapientiae gradus est falsa intelligere* (wer das Falsche durchschaut, tut den ersten Schritt zur Weisheit: *Instruction à la France*, cap. III). Wie später Spinoza und Bayle hält N. es für möglich, daß es tugendhafte Atheisten und Heiden gebe, und wie Machiavelli sieht er die Religion im Grunde aus der Politik hervorgehen. Doch der Antrieb für N.s »kritischen Instinkt« (Pintard) ist die primär philologische Kritik an Traditionen und Konventionen, er ist nicht eigentlich institutionenkritisch oder politisch. Weder mit den Pariser Autoritäten noch mit denen der katholischen Kirche kommt es je zu Konflikten, was freilich die Ferne von öffentlichen Ämtern erleichtert haben mag. – Nach humanistischen und philosophischen Studien, u. a. bei den Jesuiten Caussin und Petau, wendet er sich in Paris der Medizin zu, doch der Büchermensch, der er zeitlebens war, findet die angemessene Tä-

tigkeit schon 1622 als Bibliothekar des Parlamentspräsidenten De Mesmes; 1627 erscheint sein *Advis pour dresser une bibliothèque* (*Anleitung zur Einrichtung einer Bibliothek*). Der moderne, untheologische Aristotelismus, den er während des folgenden Jahres in Padua kennenlernt, bleibt für ihn bestimmend. In Paris bewegt sich N. in philosophisch-politischen Zirkeln wie dem Cabinet Dupuy, mit Gassendi, La Mothe le Vayer und Diodati bildet er die berühmte ›libertinistische Tetrade‹ – man könnte sie die ›Viererbande‹ nennen, hätte es sich nicht um höchst kultivierte Gelehrte gehandelt. 1631 bis 1641 lebt er in Italien, meist in Rom, als Bibliothekar und Sekretär des Kardinals Guidi di Bagno. Er gehört zu den Verehrern Campanellas und kümmert sich um ihn und seine Schriften nach dessen Entlassung aus dem Kerker in Rom und später noch in Paris. 1643 wird er Bibliothekar Mazarins und reist in den folgenden Jahren durch Westeuropa, um Bücher einzukaufen. Schließlich sind es 40 000 Bände. Er ist ein hochberühmtes Mitglied der Gelehrtenrepublik, am nächsten stehen ihm Peiresc in Aix, der Skeptiker La Mothe le Vayer, Hugo Grotius und Guy Patin, der Arzt und Freund seit den Studienjahren. Daneben ist er in den kirchenpolitischen Streit um den Verfasser des berühmten Buches über *Die Nachfolge Christi* verwickelt, aufgrund philologischer Textvergleiche plädiert er für Thomas von Kempen und gegen den Kandidaten der Benediktiner. Nachdem infolge der *Fronde* Teile der Bibliothek seines Patrons aufgelöst und verkauft werden mußten, läßt er sich, wie andere vor ihm aus den Kreisen der Pariser *libertins*, von der Königin Christina nach Stockholm locken. Er wird Nachfolger von Isaac Vossius als Bibliothekar, kehrt aber bald nach Frankreich zurück und stirbt unterwegs entkräftet an einem plötzlichen Fieber.

Herbert Jaumann

Newman, John Henry
Geb. 21. 2. 1801 in London;
gest. 11. 8. 1890 in Birmingham

N., der spätere katholische Kardinal, ist in seiner Jugendzeit ein frommer Protestant, für den das Zentrum der Frömmigkeit der Rückblick auf die eigene Bekehrung war. Als er 1825 Priester der Anglikanischen Kirche wird, wendet er sich der neu erblühenden hochkirchlichen, stärker in vorreformatorischen Traditionen stehenden Richtung des englischen Protestantismus zu. Seit 1828 amtiert N., der Zeit seines Lebens in Oxford wirkt, an der dortigen Universitätskirche St. Mary, v. a. ist er ein beliebter Prediger. Im selben Jahr beginnt er mit seinen kirchengeschichtlichen Studien. Ab 1833 publiziert N. zusammen mit seinen Gesinnungsgenossen aus der »Oxfordbewegung« Traktate. In diesen *Tracts for the Times* setzt er sich auf der Grundlage seines Studiums der Kirchenväter mit den aktuellen kirchlichen Problemen der Zeit auseinander. Nicht zuletzt geht es N. darum, die innere Erstarrung der anglikanischen Staatskirche aufzubrechen. Er sucht nach einem Mittelweg, einer Via Media zwischen Katholizismus und Protestantismus. In den Traktaten von 1834 ist dieses Anliegen, das auf der Grundlage der hochkirchlichen Strömung zu verstehen ist, schon deutlich erkennbar. Der 1841 erscheinende 90. und letzte Traktat ist ein Versuch, das anglikanische Grundbekenntnis, die aus dem 16. Jh. stammenden 39 Artikel, im Sinne einer stärkeren Annäherung an den Katholizismus zu interpretieren. N. plädiert für eine Wiedereinführung der Marienverehrung und des Reliquienkultes sowie des Zölibates, allerdings auf freiwilliger Basis. Gerade dieser Traktat erregt einen Proteststurm und führt zum endgültigen Bruch N.s mit der anglikanischen Kirche, so daß er 1843 sein Pfarramt niederlegt. In den folgenden Jahren verstärkt er seine Forschungen auf dem Gebiet der Kirchengeschichte. – Während N. zuvor immer zwischen der ursprünglichen einheitlichen, also »katholischen«, Kirche und der jetzigen unterschieden hatte, setzt er nun beide in eins: Die katholische Kirche der Gegenwart steht für ihn in einer lebendigen Tradition mit der der Kirchenväter, während die protestantisch-anglikanische von den kirchlichen Ursprüngen abgewichen sei. So ist sein Übertritt zum Katholizismus im Jahre 1845, begründet in seinem Werk *Über die Entwicklung der Glaubenslehre*, nur konsequent. Damit beginnt N.s Weg in der katholischen Kirche, den er durch weitere Rechtfertigungsschriften begründet und dessen nächster Schritt der Empfang der Priesterweihe im Jahre 1847 ist. Auch unter seinen Gesinnungsgenossen bleibt N. mit diesem Schritt fast ein Einzelgänger. In diese Zeit fällt die Neuorganisation der katholischen Kirche in England, die von Rom aus durch die Einsetzung von Bischöfen betrieben wird. Dabei zeigt sich bald, daß hier eine konsequent ultramontane, also auf Rom als Zentrum der Kirche ausgerichtete Politik betrieben wird, die älteren liberalen katholischen Strömungen und auch einem intellektuellen Konvertiten wie N. wenig Raum läßt. 1851 wird N. mit dem Aufbau einer katholischen Universität in Dublin beauftragt, doch legt er 1858 das Amt des Gründungsrektors wieder nieder, da er die Wissenschaft nicht kirchlicher Kontrolle unterwerfen will. Seinen wissenschaftstheoretischen Ansatz hat er schon 1852 in *Die Idee einer Universität* niedergelegt. Diese Jahre sind begleitet von Anfeindungen durch Vertreter der ultramontanen Bewegung, aber auch durch heftige Kritik von anglikanischer Seite. So rechtfertigt sich N. 1864 noch einmal zusammenfassend in der *Apologia pro Vita Sua*. – N.s literarisches Werk ist nicht nur von seiner Selbstreflexion geprägt, sondern vor allem von philosophischen, theologischen und nicht zuletzt kirchengeschichtlichen Arbeiten. Dabei setzt er sich auch kritisch mit der von Rom aus propagierten Neubelebung der mittelalterlichen Schultheologie auseinander. Überdies betätigt er sich als Romancier und Dichter und leistet durch seine persönliche Integrität viel für die Akzeptanz des Katholizismus in der englischen Gesellschaft. Er sympathisiert mit liberalen katholischen Bewegungen, die auch eine stärkere Beteiligung der Laien an der Leitung der Kirche fordern, unterwirft sich aber alsbald der kirchlichen Kritik. So sehr er immer wieder die Bedeutung des Gewissens und der Vernunft betont, letztlich steht für ihn die Autorität der Kirche über diesem. Im Zusammenhang mit dem I. Vatikanischen Konzil im Jahre 1870 stellt sich N. zuerst gegen die Lehre von der möglichen Unfehlbarkeit des Papstes in Lehrentscheidungen, akzeptiert diese im Lauf der Jahre aber doch. Für diesen Wandel rechtfertigt er sich 1875 mit seinem *Brief an den Herzog von Norfolk*: Er betont die Verwurzelung der katholischen Kirche in der altkirchlichen Tradition, das Recht des Papstes, als Erbe dieser Tradition aufzutreten, die staatsbürgerliche Zuverlässigkeit der englischen Katholiken und die Gehorsamspflicht des Gewissens gegenüber der Stimme Gottes und der Kirche. 1879 wird N. von Papst Leo XIII. zum Kardinal ernannt.

Klaus Fitschen

Niebuhr, Reinhold und H. Richard

Reinhold N.; geb. 21.6.1892 in Wright City, Missouri; gest. 1.6.1971 in Stockbridge, Mass – H. Richard; geb. 3.9.1894 in Wright City, Missouri; gest. 1962 ebd.

Der Sozialethiker R. N. hat seinen jüngeren Bruder H. R. als sein »theologisches Gewissen« bezeichnet und sich selber einmal das Theologe-sein (im strikten Sinn des Wortes im Englischen)

abgesprochen. Das scheint jene radikale Jungakademiker zu bestätigen, die R. N. begriffliche Unschärfe, wenig tiefschürfende historische Urteile und überhaupt mangelnde Wissenschaftlichkeit vorgeworfen haben. Tatsache ist aber, daß R. N.s theologisches Werk die amerikanische Kirche, Theologie und sogar die Politiker in ähnlicher Weise aufgerüttelt, angegriffen und zugleich stimuliert hat, wie es der Neuaufbruch der Theologie Karl Barths und seiner Gefährten in den zwanziger Jahren getan hatte. Die sozialethischen und theologisch-anthropologischen Gedanken, Analysen und Konzepte können so oberflächlich und wissenschaftlich unbegründet nicht gewesen sein, wenn der Einfluß derart gewaltig war (noch Präsident Kennedy: »We all are his disciples«). Er wirkt noch immer nach, wenn auch in zwei »Schulen« geteilt, einer mehr realistisch-pragmatischen und einer der Liebes-Ethik und Gewaltlosigkeit verpflichteten (zu der M. L. King gehörte). Beide Kräfte waren in R. N.s Denken ein Leben lang in unerhörter Spannung: Liebe und Gerechtigkeit! Die Liebe: im persönlichen Kontakt mit Gott und mit dem Nächsten, die Gerechtigkeit: im sozialen Gefüge und im nationalen und internationalen Spannungsfeld – aber ist das alles? Kann die Trennung so leicht beschrieben werden? R. N. war der erste – im Buch *Moral Man and Immoral Society* (1932) – dem wir ein gründliches Nachdenken über diese Spannung verdanken, über die Macht der »Sünde«, nicht nur im Individuellen, sondern im anonymen, großen Sozialgefüge. Seine frühen Erfahrungen mit sozialer Ungerechtigkeit, die eben nicht durch »Liebe« gelöst werden kann, als Pfarrer in der Autoproduktionsstadt Detroit, seine Kritik am *Social Gospel*, das vielleicht (man muß vorsichtig urteilen!) allzu einfach das Friedensreich Gottes durch guten Willen und sinnvolle Sozialprogramme zu realisieren hoffte, dann seine 1928 beginnende Lehrtätigkeit in

New York und die ständige praktische Arbeit in den wenige hundert Meter entfernten Slums von Haarlem, hohe Anforderungen durch Studenten und Gemeinden, Politiker und Gewerkschaftler ... all dies machte R. N. zum einflußreichsten Sozialethiker des 20. Jh. Der Rückgriff auf Augustinus, Luther, Calvin in den *Gifford Lectures* in Edinburgh lieferte in *The Nature and Destiny of Man* (2 Bde., 1941.43) die Begründung der neuen Anthropologie und Sozialethik. Später führte dies zu den Konzepten des »christlichen Realismus« in der Interpretation der Politik und der Formulierung der ethischen Verantwortung. In der Rechtfertigung von Gewalt, auch des Kalten Krieges, meinten sich manche nur allzu leicht auf R. N. berufen zu können, aber in der von ihm gegründeten Zeitschrift *Christianity and Crisis* erhielten sie ihre Zurechtweisungen. Über zwei Jahrzehnte war Paul Tillich R. N.s enger Fakultätskollege, mehr als 20 Bücher stammen aus seiner Feder, Hunderte von Aufsätzen und Essays – kein Wunder, daß noch heute tiefschürfende Dissertationen dem Gedankennetz R. N.s nachspüren.

H. R. N. teilte vor allem die ethischen und sozialwissenschaftlichen Interessen des Bruders, bearbeitete sie aber mit strikteren akademischen Mitteln und mit besserem historischen Handwerkszeug. Nach Erfahrungen in der Gemeinde und in der Leitung eines renommierten Colleges seiner Kirche (einer Vereinigung unierter und reformierter deutscher Einwanderungskirchen) lehrte er 31 Jahre lang als Ethikprofessor in Yale. Er war mit deutscher Theologie und überhaupt mit Europa wohl vertraut, hatte über E. Troeltschs Religionsphilosophie promoviert, war aber doch ganz und gar ein Amerikaner: ja, er begründete eigentlich die genuin amerikanische theologische Vorgehensweise eines einflußreichen und für die amerikanische Situation relevanten Lehrers.

So thematisierte er auch die Situation in *The Social Sources of Denominationalism* (1929), also die Frage nach den sozialen Dimensionen der Entstehung der vielen amerikanischen Konfessionen, vgl. auch das provokative Buch *The Kingdom of God in America* (1937). Einflußreich und bis heute diskutiert ist sein Versuch, die Beziehung zwischen Kultur und Christentum, bzw. Jesus Christus, in historische Typen aufzugliedern: Christus *gegen, über, in* der Kultur – er optiert für Christus als Transformator, als Umgestalter der Kultur. Dies legte er 1951 im berühmten Buch *Christ and Culture* dar. Den Dogmatikern unter seinen Schülern aber schlägt das Herz höher, wenn sie seine Bücher über die Bedeutung der Offenbarung (1941) oder über den radikalen Monotheismus (1960) lesen oder gar das postum erschienene *The Responsible Self* (1963), das die sozialen Beziehungen des Einzelnen theologisch derart reflektiert, daß als Ethik nur eine Verantwortungsethik herauskommen kann. Deutsche Theologie hat Jahrzehnte gebraucht, um an diesem Punkt auch anzukommen. Auch die sog. »narrative Theologie« oder die Lebens-story orientierte Theologie kann in H.R.N. ihren Vorläufer sehen. – R. und H.R.N. – ein erstaunliches Brüderpaar, der praktische Publizist, theologische Anthropologe und Sozialethiker und der dogmatisch abgesicherte Ethiker, theoretische Sozialwissenschaftler und praktische Kulturwissenschaftler theologischer Prägung!

Dietrich Ritschl

Niemöller, Martin
Geb. 14. 1. 1892 Lippstadt;
gest. 6. 3. 1984 Wiesbaden

Schon der Titel eines 1934 vorgelegten Buches *Vom U-Boot zur Kanzel* signalisiert einen der Umbrüche, die das Leben N.s kennzeichnen. Vom deutschnational denkenden, den Zusammenbruch von

1918 als Ende der traditionellen politischen Ordnung empfindenden Marineoffizier entwickelt sich N. zum entschiedenen Förderer der Ökumene und Pazifisten. Nachdem 1919 der Traum vom eigenen Bauernhof zerstoben ist, studiert N. Theologie und wirkt ab 1924 als Vereinsgeistlicher der Inneren Mission; seine volksmissionarische Arbeit zielt darauf, die Menschen innerlich wieder aufzurichten und zu erneuern. N., der 1931 Pfarrer in einer Villengemeinde in Berlin-Dahlem wird, erhofft sich von der Machtergreifung der NSDAP, die er seit 1924 wählte, eine Restitution der christlichen Wurzeln der Gesellschaft, doch bald wird er durch seinen Einsatz für die Unabhängigkeit der Kirche und die Freiheit des Evangeliums zur Symbolfigur des kirchlichen Widerstands. Als Vorsitzender des Pfarrernotbundes sieht er, obgleich selbst nicht frei von antisemitischen Vorurteilen, mit der von den Deutschen Christen geforderten Einführung des »Arierparagraphen« in der Kirche den *status confessionis* gegeben. N., treibende Kraft bei der Gründung der Bekennenden Kirche, setzt sich entschieden für die Barmer Theologische Erklärung ein, drängt auf Umsetzung des 1934 in Dahlem proklamierten kirchlichen Notrechts, nennt die staatlichen Angriffe auf die Kirche beim Namen und lehnt die durch den Staat eingesetzten Kirchenausschüsse ab; seine Devise ist: »Wir haben nicht zu fragen, wieviel wir uns zutrauen, sondern wir werden gefragt, ob wir Gottes Wort zutrauen als Gottes Wort ist und tut, was es sagt!« Aufgrund einer Anordnung Hitlers wird N. 1937 verhaftet und nach einem dem »Führer« zu mild erscheinenden Urteil als dessen persönlicher Gefangener ins KZ Sachsenhausen – später Dachau – gebracht. In jenen Jahren zerbricht nicht nur die für N. bis dahin selbstverständliche Identifikation von Volk, Nation und evangelischem Christentum, er gewinnt auch die Einsicht, daß aufgrund der

Gleichwertigkeit aller Menschen die Botschaft von Jesus Christus ausnahmslos allen gelte und kein Bereich existiere, der nicht der Herrschaft Christi unterliege. Nach seiner Befreiung 1945 tritt N. für den Neubau der Kirche auf Grundlage von bekennenden, lebendigen Gemeinden ein und stellt sich gegen das traditionell-volkskirchliche Konzept, das die Mehrheit der Kirchenführer anstrebt; dennoch wird er zum Leiter des Kirchlichen Außenamtes (bis 1965) und 1947 zum Präsidenten der Evangelischen Kirche von Hessen und Nassau (bis 1964) gewählt. Engagiert wirbt er dafür, daß jeder Christ – wie auch die Kirche – die Schuld am Vergangenen auf sich nehmen soll; zudem äußert sich N. zu Entwicklungen im politischen Bereich: er wendet sich scharf gegen die Gründung der Bundesrepublik Deutschland oder die Wiederbewaffnung und erregt durch Reisen nach Moskau (1952) oder Nord-Vietnam (1967) sowie die Mitarbeit auch in als kommunistisch unterwandert geltenden Friedensgruppierungen Aufsehen. Leiten läßt N. sich dabei bis ins hohe Alter durch die Frage: »Was würde Jesus dazu sagen?«

Siegfried Hermle

Nikolaus von Kues

Nicolaus de Cusa, Cusanus;
geb. 1401 in Kues/Mosel;
gest. 11. 8. 1464 in Todi (Umbrien)

Kann ein gelernter Kirchenjurist, der Priester und Parteigänger des Papstes ist, ein interessanter Mensch und überdies brillanter Philosoph sein? G. Bruno, sein vielleicht wichtigster Schüler, hat dies in seinem Fall bejaht: N.' Priestergewand habe sein Genie verhüllt, doch sei er für ihn noch bedeutender als Pythagoras. Als Sohn des wohlhabenden Schiffers Johann Krebs (Cryftz) studiert N. in Heidelberg ab 1415 die *artes*, ab 1417 in Padua – unweit Florenz, der

Hauptstadt des Humanismus – Kirchenrecht (1423 Dr.), daraufhin 1425 in Köln. Er wird 1427 Bischofssekretär in Trier, 1437 päpstlicher Gesandter, 1452 Bischof in Brixen, 1458 bis zu seinem Tod ist er Kurienkardinal. – N.' Denken ist neuplatonisch geprägt (Proklos, Ps.-Dionysios Areopagita). Sein Ideal ist die *docta ignorantia* (gelehrte Unwissenheit). Gottes Wesen ist demnach dem menschlichen Geist unerreichbar. Er ist wahrhaft unendlich. Im Unendlichen fallen alle verstandesmäßig fixierten Gegensätze ineinander (*coincidentia oppositorum*). In einer Spätschrift (1462) bezeichnet N. Gott als *non-aliud*: das nicht-Andere, d. h. er ist die nur durch sich bestimmte Negation aller konkreten Negation, er ist Inbegriff des Seinkönnens noch jenseits begrifflicher Konkretion als Einheit oder Wahrheit, weder existiert er noch existiert er nicht. Als *principium* der Welt ist er, nicht Sonne oder Erde, deren eigentliche Mitte. Die Unbegrenztheit der Welt gleicht Gottes Unendlichkeit, so daß sie in ihrer konkreten Mitt-losigkeit auf Gott als jenseitige Mitte ihrer selbst verweist (G. Bruno wird diesen Gedanken radikalisieren): Gott – also kein Gestirn! – ist *centrum mundi* und Entfaltungsgrund alles Seienden. – Die 1453 an Benediktinermönche am Tegernsee zur Klärung des Wesens mystischer Theologie gerichtete Schrift *De visione Dei* konkretisiert das Wesen der Erkenntnis Gottes: Diese vollzieht sich als Schau im Akt des Gesehenwerdens durch Gott. Die Koinzidenz des Blickens und Erblicktwerdens ermöglicht die Erhebung des menschlichen Geistes zu Gott. – Zu jener fundamentalen Wesensbestimmung gehört auch die augustinisch gefärbte Trinitätslehre N.' Gott ist nicht nur im Horizont christlicher, sondern implizit auch jüdischer und muslimischer Religion als drei-einig erkennbar, wobei die Selbigkeit gegenüber der Dreiheit hervorgehoben wird, welche in der Rede von Vater-Sohn-Geist nur un-

präzise erfaßt wird. Gott ist drei-einig als verwirklichte Selbstunterscheidung im Horizont reiner Identität mit sich. – Jene intellektuell faßbare Einheit des Gottesbegriffs begründet für N. die Einheit des Wesens von Religion überhaupt. Die eschatologische Vision eines Religionsfriedens basiert auf der Anerkenntnis verschiedener Religionspraxis im Horizont der eschatologischen Einheit von Religion als Erkenntnis der Erhabenheit des drei-einen Gottes. Da nach N. auch der Muslim nicht bestreiten wird, daß aus Gott das Wort hervorgeht, das Weisheit beinhaltet, und von ihm der Geist ausgeht, der Liebe schafft, bekennt auch jener insgeheim die Trinität im christlichen Sinne. – *De pace fidei* (1453) ist religionsphilosophisch bedeutsam erstens für die Herauskristallisierung eines allgemeinen Begriffs von *religio*, zweitens für den interreligiösen Dialog, der die Legitimität faktischer Vielfalt des Religionsvollzugs positiv voraussetzt. N. konnte so als Wegbereiter der Ökumene verstanden werden (R. Röhricht, B. H. Helander). Trotz dieser Modernität hält N. an der unaufgebbaren Einheit der Kirche gegen alle Abspaltungen (Byzanz; Böhmen) unbeirrt fest. So ist er bis zuletzt wirklich beides in Personalunion: ein in seine Kirche verliebter Agent des Papstes und ein ins Denken verliebter Sympathisant der Philosophie. – Luther hat N. nicht sehr geschätzt, da dieser »die Sündhaftigkeit des Menschen stark verharmlost« habe (K.-H. Kandler). – Der im Grundgedanken der Koinzidenz der Gegensätze (Identität von Identität und Andersheit) ihm zweifellos verwandte Hegel hat ihn geschichtsphilosophisch weithin übergangen und nur auszugsweise gekannt. Am wichtigsten ist die Aufnahme seiner Gedanken bei Bruno und Schelling. W. Schulz hat N. als Wegbereiter neuzeitlicher Subjektphilosophie und des »Gottes der neuztl. Metaphysik« verstanden, dabei aber die neuplatonischmystischen Grundzüge seines Denkens nicht angemessen mitbedacht (vgl. W. Beierwaltes). Dies gilt auch für K. Flasch, der die Philosophie von N. als genetischen Entwicklungsprozeß eines durchweg zeitgebundenen Denkens interpretiert. Festzuhalten ist die Intention N., den Glauben nicht fideistisch zur äußeren Voraussetzung zu machen, sondern die Einheit von Glauben und Denken im Horizont des Denkens allgemeingültig aufzuzeigen.

Walter R. Dietz

Ockham, Wilhelm von

Guilelmus de Ockham, Occam;
geb. ca. 1285 in Ockham;
gest. 16.5.1347 in München

Anfang des 19. Jh. wurde das ohnehin baufällige Münchner Franziskanerkloster abgetragen, um einen geräumigen Platz zu schaffen. Mit dem Kloster verschwand auch das Grab O.s, eines Theologen, der in den letzten zweihundert Jahren des MA gelesen, benutzt und kritisiert wurde wie kaum ein anderer und über den Ch. S. Peirce erklären sollte, alle moderne Philosophie sei auf seinen Lehren aufgebaut. Tatsächlich scheint die Philosophie heute weit eher auf Anregungen O.s zurückgreifen zu wollen als die Theologie, obwohl er seiner eigenen Tätigkeit nach zunächst und in erster Linie Theologe war. Selbst auf diejenige philosophische Lehre, für die er die größte Berühmtheit erlangt hat, die Universalienlehre, ist er in theologischem Zusammenhang gekommen. Während der Auslegung der *Sentenzen* des Petrus Lombardus in den Jahren 1317–19 kommt er auf die Frage, welche Begriffe wir von Gott gebrauchen dürfen, und fragt weiter danach, welchen ontischen Status die Allgemeinbegriffe haben. Seine Lösung ist kein schroffer Nominalismus, sondern ein »realistischer Konzeptualismus«: Allgemeines existiert zunächst einmal tatsächlich nur im Verstehen, die Wirklichkeit außerhalb des menschlichen Geistes besteht aus lauter Einzeldingen. Doch sind die Begriffe insofern an die Wirklichkeit gebunden, als sich deren Einzeldinge aufgrund ihrer realen Ähnlichkeiten in einer Weise gruppieren lassen, die von den Begriffen angemessen wiedergegeben werden. Von theologischer Seite hat man früher oft moniert, O.s Konzeption von Theologie risse Glauben und Wissen schroff auseinander. Solche Urteile übersahen, daß O. durchaus die Möglichkeit kennt, Gott zu beweisen, wenngleich er die meisten bislang üblichen Beweise kritisiert. Was er aber betont und aufrechterhält, ist, daß die entscheidende Wahrheitsfunktion der Theologie auch dort, wo sie Beweise bieten kann, nicht in der wissenschaftlichen Erkenntnis liegt, sondern im Glauben. Damit will er die Theologie auch gegenüber den Angriffen immunisieren, die im 13. Jh. auf der Basis des konsequenten Aristotelismus formuliert worden sind. Ähnlich wie Duns Scotus reagiert er auch auf eine andere Herausforderung des konsequenten Aristotelismus, indem er die Lehre von der *potentia absoluta* Gottes aufnimmt. Diese ist für ihn aber nicht Beschreibung für das Handeln Gottes außerhalb seiner Ordnung, sondern sie zeigt lediglich den Möglichkeitsraum von Gottes Handeln auf – sein faktisches Handeln aber entspricht stets der Ordnung, insofern Gott selbst bei allem, was er tut, zwar nicht unbedingt allgemeinen Regeln, aber stets seinen eigenen Anordnungen folgt. Insbesondere die *potentia*- und die Universalienlehre führen O. in einen scharfen Konflikt mit Johannes Lutterell, dem ehemaligen Kanzler der Universität Oxford. Dessen Angriffe eskalieren: O. rechtfertigt sich vor seinem Orden – seit etwa 1300 ist er Franziskaner – und kommt noch glimpflich davon. Doch ist es aufgrund der Streitigkeiten nicht mehr möglich, seine schon begonnene Magisterpromotion abzuschließen – noch heute trägt er daher den Beinahmen »Venerabilis Inceptor«, verehrungswürdiger Beginner. Und schließlich muß er einer von Lutterell bewirkten Vorladung an den päpstlichen Hof nach Avignon folgen. Der Prozeß hier zieht sich in die Länge, O. muß Jahre in Avignon bleiben, ohne daß seine Sache vorankommt. Da trifft er auf mehrere führende Mitglieder seines Ordens, die wegen des Streites um die Armut hierher gekommen sind. Zum ersten Mal wird der gelehrte und originelle Denker nun damit konfrontiert, daß der aktuelle Papst, Johannes XXII., es zur Häresie erklärt hat, zu behaupten, daß Christus und seine Jünger ohne Eigentum gewesen seien. Wenn nicht sein langer Prozeß schon dazu geführt hat, so verliert O. angesichts solcher Lehren jegliches Vertrauen in den Papst; gemeinsam mit seinen Mitgefangenen flieht er in den Schutz Ludwigs des Bayern, der sich schon länger in Konflikt mit dem Papst um die Anerkennung seiner Kaiserwürde befindet. O. wird neben Marsilius von Padua zu einer der zentralen Gestalten in Ludwigs Beraterstab. Von der Behandlung theoretischer theologischer Fragen wendet er sich nun den kirchenpolitischen Auseinandersetzungen zu. In nur neunzig Tagen verfaßt er 1332 ein Werk, das die Position des Papstes zur Armut auseinandernimmt. Und er entwickelt ein immer stärker prophetisches Bewußtsein: Seinen 1334 in Assisi versammelten Ordensbrüdern gegenüber beruft er sich in einem Schreiben auf den Propheten Elia, der auch mit einem kleinen Häuflein gegen die Baalspriester bei der Wahrheit geblieben sei. Hintergrund dessen ist, daß sich der Streit längst ausgeweitet hat: Es geht nicht mehr nur um Ordens- und Armutsfragen. Es geht um die Kirche insgesamt. Angesichts eines offenkundig versagenden Papstes sucht O. nach Instanzen, die einspringen könnten. Doch bleibt jede menschliche Instanz

unter dem Vorbehalt der Irrtumsfähigkeit. Obwohl insbesondere sein umfangreicher *Dialogus* aus den dreißiger Jahren im Umfeld der Konzilien von Konstanz eine große Rolle spielen wird, wird O. keineswegs zum Begründer des Konziliarismus, weil auch die Konzilien irren können. Sicher ist nur, daß es stets eine Kirche geben wird, denn dies hat Christus verheißen. Doch ist es theoretisch denkbar, daß diese vom Irrtum freie Kirche nur aus einem einzigen Menschen bestünde, während alle anderen Christen irrten. Für den Moment aber sieht O. in Konzilien durchaus eine Hilfe in der Notsituation und vor allem im Kaiser: In komplizierten naturrechtlichen Überlegungen setzt er sich auseinander, daß der Kaiser seine Macht nicht von der Kirche übertragen bekommen hat, sondern die Begründung von Herrschaft sich aus der Situation des Menschen nach dem Fall und der folgenden Konzentration der eigentlich dem ganzen Volk zukommenden Macht auf eine Person ergibt. Mit seiner Kirche erlangt O. keinen Frieden mehr, sondern er stirbt als Exkommunizierter in München an der Pest.

Volker Leppin

Oetinger, Friedrich Christoph
Geb. 6.5.1702 in Göppingen;
gest. 10.2.1782 in Murrhardt

Schon im frühen 19. Jh. wurde O. als »Magus im Süden« (Chr. G. Barth) bezeichnet – auf jeden Fall ist er der originellste Theologe, den der württembergische Pietismus hervorgebracht hat. Eigentlich wollte der Sohn eines Stadtschreibers, württembergischer Pfarrer (1738), späterer Dekan (1752) und Prälat (1766) nach seinem Theologiestudium Judenmissionar werden. Schon als Student in Tübingen beschäftigt er sich mit jüdischer Literatur, auf Studienreisen sucht er Kontakt zu gelehrten Juden und in seinen Predigten scheut er sich nicht, seiner Gemeinde kabbalistische Lehren vorzutragen. O. glaubt – geprägt von J. A. Bengel – an eine herrliche Zukunft des jüdischen Volkes. Im Tausendjährigen Reich, das 1836 beginnen soll, würden die Juden wieder in Israel leben, und das Hebräische werde zur Universalsprache der Menschheit. O. zieht aus seiner eschatologischen Erwartung auch Konsequenzen, indem er Maßnahmen gegen die Judendiskriminierung fordert. Zu seinen bedeutendsten Schriften gehören das *Biblische und emblematische Wörterbuch* (1776) und seine *Lehrtafel der Prinzessin Antonia* (1763), eine Kommentierung des einzigartigen kabbalistischen Altarbilds in Bad Teinach. Außerdem gehört O. zu den wenigen pietistischen Theologen, die ein Lehrbuch der Theologie verfassen: In seiner *Theologia ex idea vitae deducta* (*Die Theologie, aus der Idee des Lebens abgeleitet*) versucht er 1765, auf neuartige Weise eine erfahrungsbezogene Theologie zu entfalten, in der dem Begriff »Leben« zentrale Bedeutung zukommt.

Martin H. Jung

Origenes
(»Horussproß«);
geb. ca. 185/86 in Alexandrien;
gest. ca. 253/54 in Tyrus (?)

O. war der erste Christ der Antike, der auf sehr vielen Gebieten damaliger Wissenschaft mit seinen Beiträgen höchstes Niveau erreichte und zugleich sein Leben lang im Kontext seiner jeweiligen Ortsgemeinde zu wirken versuchte. Man kann angesichts seiner außerordentlichen Begabung und hohen literarischen Produktivität durchaus von einer Art von ›Ein-Mann-Universität‹ sprechen, wenn man sich dabei klarmacht, daß die organisierende Mitte auch seines wissenschaftlichen Lebenswerkes einerseits in der Ausbildung eines wissenschaftlich qualifizierten Theo-

logennachwuchses und andererseits in der gottesdienstlichen Predigt bestand. Sein Lebenslauf spiegelt freilich auch die Konflikte wider, in die ein antiker Christ mit staatlichen und ein gebildeter Theologe mit kirchlichen Obrigkeiten geraten konnte. – O. war zeitlebens tief geprägt durch das intellektuelle Ambiente der antiken Bildungsmetropole Alexandrien, in der er als Sohn christlicher Eltern aufgewachsen ist und zunächst als Grammatik- und Literaturlehrer arbeitete. Für seine Karriere als christlicher Lehrer waren mäzenatische Strukturen und eine Art von ›Hauskreis‹ der dortigen Gemeinde verantwortlich. Ob seine asketischen Neigungen dagegen so stark waren, daß er sich – mit Berufung auf Mt 19,12 – selbst entmannte, muß mangels sicherer Quellen mindestens offen bleiben. Zu einem späteren Zeitpunkt dürfte O. bei dem Platoniker Ammonius Sakkas (»dem Sackträger«) studiert haben, der heute hauptsächlich als Lehrer Plotins bekannt ist; mit diesen Studien dürfte zusammenhängen, daß sich O. in der Trinitätstheologie mit genau dem Problem beschäftigt, das auch die Neuplatoniker in ihrer Prinzipientheorie verhandeln – nämlich der Frage, wie sich die *Mehrzahl* göttlicher ›Prinzipien‹ zu dem *einen* göttlichen Prinzip verhält. Die vorsichtige und noch nicht ausgewogene Lösung des O., zwischen drei Hypostasen (»Seinsweisen«) des einen Gottes zu unterscheiden, hat nicht nur die folgende trinitätstheologische Entwicklung tief beeinflußt, sondern auch den trinitätstheologischen Streit des 4. Jh. mit ausgelöst (Arius). Sie ist freilich in einer bestimmten Modifikation bis heute das Bekenntnis der meisten christlichen Kirchen geblieben. Die wachsende Popularität des O. innerhalb und außerhalb der christlichen Gemeinde zeigte sich daran, daß er in den zwanziger Jahren des 3. Jh. zunehmend im Reich umherreiste und in christlichen Gemeinden lehrte und predigte.

Außerdem begann er, von einem Mäzen mit einem imposanten Schreibbüro mit über zwanzig Mitarbeitern ausgestattet, mit dem Riesenprojekt einer Kommentierung aller biblischen Bücher in verschiedenen Genres, die nicht nur damaligen Standards wissenschaftlicher Textkommentierung genügen, sondern auch die kirchliche Predigt auf eine verläßliche Grundlage stellen sollte. Für das AT erstellte O. eine Synopse der verschiedenen Fassungen des hebräischen Textes und seiner diversen griechischen Übersetzungen (*Hexapla*), die aufgrund ihres gigantischen Umfangs leider nur in sehr wenigen Fragmenten erhalten geblieben ist. Daneben entstand eine erste christliche Dogmatik (*perí archṓn*), die bis in die Architektur hin spätere Werke prägte; die Grundoptionen der Theologie des O. sind dadurch geprägt, daß der Gelehrte versuchte, biblische Texte vor dem Hintergrund eines platonischen Weltbildes zu interpretieren. Das hat in der neuzeitlichen Forschungsdiskussion auf die wenig ergiebige Frage geführt, ob O. letztlich mehr der Bibel, dem Platonismus oder gar der christlichen Gnosis verpflichtet gewesen sei; jede Antwort auf diese Frage hängt natürlich nicht zuletzt auch davon ab, was jeweils für das »eigentlich Christliche« gehalten und dem Denken des O. gegenübergestellt wird. – Zu den Freunden des O. gehörten seit den zwanziger Jahren auch Bischöfe in Palästina; sie betrieben die Ordination des Gelehrten zum Presbyter, wobei gegen das Kirchenrecht der zuständige alexandrinische Bischof nicht gefragt worden war. Das verschärfte bestehende, offenbar auch theologisch motivierte Konflikte zwischen O. und diesem Bischof so schwer, daß O. nach 232 in die am Meer gelegene Provinzhauptstadt Cäsarea (Palästina) übersiedelte und seine Lehr- und Predigttätigkeit nun im Kontext dieser Gemeinde entfaltete. Aus dieser Lebensphase stammen eine große Zahl von Gemeindepredigten, die mitsteno-graphiert und teilweise vom Autor für die Publikation noch überarbeitet worden waren, sowie eine umfangreiche Widerlegung von Vorwürfen, die der mittelplatonische Philosoph Celsus unter dem Titel *alethēs lógos* (wahres Wort) am Ende des 2. Jh. gegen die Christen und ihr intellektuelles Niveau gerichtet hatte (*Contra Celsum*; ca. 245–50). Interessanterweise besitzen wir auch das Protokoll einer Disputation, die O. zwischen 244 und 249 mit Theologen aus der Provinz *Arabia* über das Verhältnis von Vater und Sohn führte und die zeigt, daß auch nach seiner Übersiedlung aus Alexandrien O. ein geschätzter theologischer Lehrer und Gesprächspartner, ja eine wissenschaftliche Autorität, in verschiedenen Gegenden des Reiches war. Leider ist sein umfangreiches Briefcorpus bis auf ganz wenige Reste verloren, so daß wir auf verstreute Nachrichten, vor allem bei seinem Enkelschüler Eusebius, angewiesen sind. Das gilt übrigens auch für seine Begegnung mit dem Neuplatoniker Porphyrius in Cäsarea in den vierziger Jahren. Aus der Dankrede seines Schülers Gregor Thaumatúrgos (der Wundertäter) wissen wir nicht nur über das Lehrprogramm der Schule des O. in Cäsarea Bescheid, sondern können auch erahnen, daß er ein bezaubernder Pädagoge gewesen sein muß. Wir wissen auch von einer großen Bibliothek, die auf seine Lehrtätigkeit zurückgeht und von der sich sogar Spuren in der handschriftlichen Überlieferung erhalten haben; archäologisch ist diese Schule, in Wahrheit der Versuch einer eigenen christlichen Universitätsausbildung, freilich noch nicht nachgewiesen. In der decischen Christenverfolgung 250 wurde O. hart gefoltert, weil die politischen Autoritäten auf einen prominenten Konvertiten hofften; offensichtlich hat er diese Verfolgung aber überlebt, obwohl er standhaft blieb. Im MA wurde in Tyrus sein Grab gezeigt, so daß er dort wahrscheinlich gestorben ist. – Das umfangreiche Werk des Theologen (ca. 700 selbständige Schriften) ist nur in sehr kleinen Teilen auf uns gekommen und auch noch längst nicht befriedigend erschlossen. Zu Lebzeiten dürfte O. der bedeutendste Theologe der östlichen Christenheit gewesen sein, der später vor allem mit seinen exegetischen Schriften auch im Westen eine erhebliche Wirkung entfaltete. Dabei darf man die mehrstufige Auslegungsmethode, die er in derselben Weise praktizierte, wie die zeitgenössische pagane wissenschaftliche Textkommentierung, nicht wie einen Automatismus verstehen, nach dem etwa jeder Text nacheinander im Literalsinn und dann allegorisch interpretiert und schließlich moralisch auf die Gemeinde appliziert worden wäre; die zeitgenössischen Standards der paganen Auslegungswissenschaft dienen O. mehr als Werkzeugkasten, dem er – je nach dem spezifischen Charakter einer biblischen Stelle – das eine oder das andere Instrument entnimmt. Ein weiteres Kennzeichen der Theologie des O. ist ihr tentativer Charakter; O. trägt häufig Erwägungen und systematische Hypothesen vor. Man kann zeigen, daß die zunehmend kritische Einstellung gegenüber seinen Positionen seit der zweiten Hälfte des 4. Jh. unter anderem damit zusammenhängt, daß man diesen tentativen Charakter übersah und O. einzelne dieser Überlegungen als häretische Positionen zurechnete, die er angeblich vertreten habe. Vor allem waren aber radikale Zuspitzungen seiner Anthropologie in monastischen Kreisen (Evagrius Ponticus) dafür verantwortlich, daß es seit den neunziger Jahren des 4. Jh. zu harten Auseinandersetzungen über O. vor allem in Palästina gekommen ist, die im Ergebnis 543 zur Verurteilung von einigen Sätzen führten, die als Lehre des O. präsentiert wurden (Denzinger-Hünermann §§ 403–415). O. wurde aber nicht formal als Häretiker verurteilt und so könnte man gerade angesichts seiner

nur partiell gebrochenen Rezeption im Osten wie im Westen weite Passagen der Theologiegeschichte ebenso als positive oder negative »Fußnoten zu O.« darstellen, wie A. N. Whitehead die europäische Philosophiegeschichte als Fußnoten zu Platon darstellen wollte. In vielen Punkten (z. B. der Frage der Willensfreiheit) wäre Augustinus dann als der große Gegenentwurf zu profilieren und bis in die neuzeitliche Debatten hinein eine Orientierung an diesen beiden alternativen Entwürfen zu beobachten.

Christoph Markschies

Osiander, Andreas

Geb. 19. 12. 1496 od. 1498
in Gunzenhausen;
gest. 17. 10. 1552 in Königsberg/Pr.

Mit O. begegnet uns eine der bemerkenswertesten, dabei aber vielfach kritisch beurteilten Persönlichkeiten der Reformationszeit. – Während des Studiums seit 1515 in Ingolstadt widmet er sich unter Humanisteneinfluß besonders den alten Sprachen. Als Priester wird er 1520 Hebräischlektor im Augustinerkloster in Nürnberg. In dieser Position macht er sich mit Lutherschriften vertraut und erhält 1522 aufgrund seiner nun zur Reformation geneigten Gesinnung die Predigerstelle an der Nürnberger Hauptkirche St. Lorenz. Dort wirkt er engagiert für die Verbreitung reformatorischer Ideen und ist deshalb auch als führender Theologe am reichsstädtischen Religionsgespräch 1525 beteiligt, mit dem Nürnberg offiziell die Reformation einführt. In den folgenden Jahren bewährt sich O. beim Ausbau des reformatorischen Kirchenwesens in Nürnberg und darüber hinaus. Er ist maßgeblich an der Abfassung der vorbildlichen Brandenburgisch-Nürnbergischen und Pfalz-Neuburgischen Kirchenordnungen (1533; 1543) beteiligt. Durch seine theologischen Sonderinteressen und eine zunehmende Entfremdung zur städtischen Führung in Nürnberg gerät O. in Isolierung. In der kirchenpolitischen Krise der Interimszeit 1548 sucht die Führung der Stadt noch einmal vergeblich O.s Rat. Nach der Annahme des Interims verläßt O. Nürnberg und geht nach Königsberg. Der preußische Herzog Albrecht schätzte ihn schon seit 1524, als er ihn als Prediger in Nürnberg gehört hatte. Deshalb zögert er auch nicht, O., der keinen akademischen Grad besitzt, zum Professor an der Universität und zum Altstädter Pfarrer in Königsberg zu ernennen. Diese herzoglichen Begünstigungen O.s rufen aber den massiven Unmut der Königsberger Theologen hervor, der sich unter wechselnden Vorzeichen zu einem Konflikt von theologiegeschichtlicher Bedeutung ausweitet (Osiandrischer Streit). Nur ein Aspekt dieses Konfliktes ist die Auseinandersetzung um aktuelle kirchenpolitische Fragen (Interim). Im Zusammenhang mit der unter den protestantischen Theologen kontroversen Einschätzung des Interims, bei der sich O. als kämpferischer Opponent erweist, bezeichnet Philipp Melanchthon ihn als »Baltische Gorgo«. Ein anderes, zunehmend entscheidendes Thema dieses Konfliktes ist O.s Theologie der Rechtfertigung. Schon früh in Ansätzen formuliert – der Nürnberger Ratsschreiber L. Spengler beklagte schon die »wunderliche und irrige Spekulationen« – wird sie in seiner Königsberger Zeit zu einem geschlossenen System. O. gliedert das reformatorische Rechtfertigungsanliegen in seine spekulative Gotteslehre ein. Rechtfertigung des Menschen vollzieht sich in der fortschreitenden Einwohnung Gottes im Menschen. Gottes geschichtliches Handeln und die trinitarische Struktur des Gottesgedankens geraten in den Hintergrund. Auf eine herzogliche Weisung hin läßt O. sein theologisches Bekenntnis unter dem Titel *Von dem einigen Mittler Jesu Christo und Rechtfertigung*

des Glaubens 1551 in Königsberg drukken. Ein publizistischer Schlagabtausch unter den deutschen protestantischen Theologen beginnt, dessen Entscheidung noch aussteht, als O. stirbt. – O.s wissenschaftsgeschichtliche Bedeutung liegt außerdem in der Herausgeberschaft der Schrift *De revolutionibus orbium coelestium* (*Die Bewegung der Himmelskörper*) des Kopernikus von 1543.

Andreas Gößner

Overbeck, Franz Camille
Geb. 16. 11. 1837 in St. Petersburg;
gest. 26. 6. 1905 in Basel

O. ist ein Ereignis der Theologie- und Geistesgeschichte, dessen Eintreten man erst retrospektiv, und auch da zunächst nur unter verzerrter Perspektive wahrzunehmen begann. K. Barth beruft sich im Vorwort seines Römerbriefs von 1922 auf O.s Fundamentalkritik an der gründerzeitlichen Theologie, um seine eigene Neuausrichtung zu begründen. Schon Barths Zeitgenossen zweifeln indes daran, ob sich im Anschluß an O.s Diagnose vom *finis christianismi* noch irgendeine Form von Christentum legitimieren, geschweige denn Theologie treiben lasse. O.s nichttheologische Leser – darunter W. Benjamin, M. Heidegger, K. Löwith und H. Blumenberg – ziehen es vor, ihn als nüchternen Propheten einer unwiderruflichen Entchristianisierung zu deuten. Christentum ist für O. ein weltgeschichtlich überholtes Modell der Kontingenzbewältigung. Freilich ist O.s Weg in die Radikalität nicht von Anfang an vorgezeichnet: Als Kaufmannssohn in Rußland geboren und teilweise in Frankreich erzogen, studiert er – nach eigener Aussage motiviert vom »flachsten philanthropischen Pfarrerideal« – Theologie an verschiedenen deutschen Universitäten. 1864 mit einer Arbeit über Hippolytos in Jena habilitiert, steht O. zunächst in der Tradition des theologischen Liberalismus, ohne jedoch mit der Tübinger Schule F. Chr. Baurs, der er sich zurechnet, hegelsche Dialektik in der Kirchengeschichte am Werk zu sehen. 1870 als Professor für NT und Alte Kirchengeschichte an die Universität Basel berufen, schließt O. Freundschaft mit dem jungen Philologen F. Nietzsche, dessen *Geburt der Tragödie* auf ihn einen nachhaltigen Eindruck macht. Als »Zwillingsschrift« zu Nietzsches *Erster unzeitgemässer Betrachtung* gegen D. F. Strauß erscheint 1873 O.s *Über die Christlichkeit unserer heutigen Theologie.* Eine Attacke auf die liberale und die »apologetische« Theologie gleichermaßen, arbeitet O. darin die entschieden eschatologischen und weltflüchtigen Charakterzüge des ursprünglichen Christentums heraus. Dessen »Lebensansicht« sei mit der modernen unvereinbar. Hingegen habe die Theologie seit ihren Anfängen immer auf die Verweltlichung des Christentums gesonnen und stelle in ihren modernen Ausprägungen ein reines Verweltlichungsprodukt dar. So habe die apologetische Theologie die Schale, aber nicht den Kern des Christentums bewahrt – die liberale keines von beidem. Während O. in seiner *Christlichkeit unserer heutigen Theologie* immerhin noch eine »kritische Theologie« als behutsam neutrale Sachwalterin eines lauteren, etwa in Pascal repräsentierten Christentums entwirft, leugnet er später die Möglichkeit einer solchen distanzierten Sachwaltung. O. ist stets weit davon entfernt, die Rückkehr zum Urchristentum zu predigen. Seine streng fachwissenschaftlichen Schriften lesen die Geschichte des Christentums als Geschichte der Diskontinuität, der wiederholten Mißinterpretation unverstandener Anfänge. Das Projekt einer großangelegten, von allen religiösen, aber auch säkularistischen Voreingenommenheiten freien »profanen Kirchengeschichte« kann O. nicht realisieren; sein vieltausendseitiger, erst heute kritisch edierter Nachlaß birgt die Bausteine

eines solchen Werkes. Wissenschaftsgeschichtlich wirkt nicht nur O.s Wiederentdeckung der frühchristlichen Eschatologie nach, sondern auch sein formengeschichtlicher Ansatz, mit dem eine eigentliche christliche Literaturgeschichtsschreibung begründet wird (*Über die Anfänge der patristischen Litteratur,* 1882).

Andreas Urs Sommer

Pascal, Blaise
Geb. 19. 6. 1623 in Clermont; gest. 19. 8. 1662 in Paris

»Dieser arme Pascal der Jüngere . . .« beschreibt der Chronist Tallemant des Réaux den Sohn des Etienne Pascal, »Président de la Cour des Aides von Clermont in der Auvergne«. E. Pascal (1588–1651) war ein gelehrter und bedeutender Mann, immerhin widmete ihm P. Mersenne 1635 einen der Traktate seiner *Harmonie universelle.* Er hatte eine steile Karriere im Schatten von Kanzler Séguier. Was war hingegen B. P. für seine Zeitgenossen bei seinem Tod? Der kränkliche Sohn des großen Präsidenten, ein in Mathematik begabter Junge, der zusammen mit seinem Schwager Périer grundlegende Versuche zur Leere und zum Barometerdruck angestellt hat: ein Mathematiker, Bastler und Entdecker einer raffinierten Rechenmaschine. Außerdem wußte man, daß er sich dem Kloster Port-Royal, in das seine Schwester Jacqueline eingetreten war, nahe fühlte. Wenigen aber war seine entscheidende Rolle für die Redaktion der grausamen *Lettres à un provincial (Briefe an einen Provinzial)* bekannt, mit denen er Antoine Arnauld verteidigte und die Moral der Jesuiten angriff. Noch weniger wußten, daß er eine Apologie des Christentums unvollendet zur Seite legte, die nur als verstreute Notizen überlebte, z. T. noch als Pack zusammen, die man ehrenvoll aufbewahrte, bevor man sie 1670 unter dem Titel *Pensées de Mr. Pazscal sur la religion et sur quelques autres sujets (Gedanken des Herrn Pazscal über die Religion und einige andere Themen)* veröffentlichte. – Wissenschaft und Religion teilen sich dieses kurze Leben: 1646 bringt eine erste Bekehrung P. in den Umkreis der »jansenistischen« Anhänger des Abts von Saint-Cyran. 1654 bestätigt ihm eine mystische Erfahrung diesen Weg und führt ihn tiefer zu einer abgrundtiefen religiösen Entscheidung: Bis zum Ende seines Lebens bewahrt er sich die Erinnerung an diese »Nacht des Feuers« in der Form eines in das Futter seines Rocks eingenähten Stück Papiers. 1655–59 ist er in religiöse Auseinandersetzungen involviert: Er wohnt in Granges de Port-Royal oder in Vaumurier beim Herzog von Luynes. Aktiv beteiligt er sich an der Polemik, die zum Ausschluß von Arnauld aus der Sorbonne führen, und schreibt mit an den *Lettres à un provincial.* Gleichzeitig kümmert er sich um die Ausbildung seines Neffen Louis Périer. P. kämpft weiterhin, trotz seiner angegriffenen Gesundheit, in den religiösen Auseinandersetzungen mit und verfolgt seine geometrischen Studien. Er verweigert seine Unterschrift dem Formular, das 1661 und 1662 vom Pariser Generalvikar vorgelegt wurde und das Port-Royal schließlich akzeptiert hat. – P., der Mathematiker, Physiker, Ingenieur und Philosoph, Polemiker, Theologe und geistlicher Berater, der Mann mit den verschiedenen Talenten, ist den Zeitgenossen, die ihn als »armen Pascal den Jüngeren« sahen, verborgen geblieben. In der Wissenschaftsgeschichte teilt er mit Girard Desargues, einem gelehrten Mann aus Lyon, der mit seinem Vater vertraut war, das Empfinden für Praxis und Anwendung. Er konstruiert eine Rechenmaschine (1642–45), interessiert sich für die Trockenlegung des Sumpfes von Poitou (1654–55) und für das städtische Transportsystem von Paris (1661–62). Gegen Ende des Jahres 1646 weckt das Gerücht

von den Barometerversuchen eines Torricelli von Florenz seine Aufmerksamkeit. Eigene Experimente in Rouen, Clermont-Ferrand (auf dem Berg Puy-de-Dôme) und Paris ermöglichen es ihm, die Existenz der Leere zu beweisen und mehrere Arbeiten zur Hydrostatik zu publizieren. Anfang 1654 widmet er sich der Arithmetik in Kontakten mit anderen Gelehrten. Fermat hatte die Zahlenlehre revolutioniert. P. setzt sich mit den geometrischen Figuren auseinander, über die er den *Traité du triangle arithmétique (Über das geometrische Dreieck,* 1654) veröffentlicht. Er stellt eine Regel der Teile des Dreiecks auf, welche die Grundlage für eine Geometrie des Zufalls bildet. 1657–58 schließlich greift er wieder frühere Forschungen auf über den Erdanziehungspunkt und vervollkommnet die Methode der unteilbaren Zahlen eines Cavalieri. – Läßt man die polemischen Texte zur Seite, kann man noch in seiner Sammlung der *Gedanken* die philosophische Ausrichtung ihres Autors erkennen. Ohne Zweifel stellt er, auf Augustinus sich stützend, die Unvollkommenheit der Philosophie heraus, indem er sie »der wahren Religion« gegenüberstellt. Vor allem aber versucht er, das kartesianische Projekt zu Fall zu bringen, das er als Archetyp jeglicher Metaphysik denunziert. Indem er den Primat des Ego zurückweist und die kartesianischen Gottesbeweise zur Seite schiebt und statt von einem Mechanismus von einer paulinischen Anthropologie ausgeht, ersetzt P. mit seiner Theorie der drei Ordnungen Punkt für Punkt die Metaphysik durch die Liebe. – Als christlicher Denker hat P. aufgrund der Fragmente einer Apologie des Christentums, die nach seinem Tod als *Gedanken* gesammelt wurden, eine internationale Reputation erhalten. Die aufeinander folgenden Editionen dieser Sammlung, die manchmal als von ihrem Autor zusammengestellt angesehen wurde, haben die Dichte der Schrift und die organische Verbindung herausgestellt. Lange Zeit wurde die Originalität und die expressive Ausdruckskraft dieser kurzen, manchmal sentenzenartigen »Fragmente« betont. Die moderne Kritik macht sich stärker fest an der Dialektik der Gegensätze »Unglück und Größe«, »Mensch in Gott und Mensch mit Gott«, »Bild und Wahrheit«. Auch wenn man es abgelehnt hat, eine künstliche Ordnung zu rekonstruieren, so lassen doch ernstzunehmende Hinweise den ursprünglichen Plan P.s erkennen. Im Unterschied zu P.s Vorgängern ist er selbst tragisch und kurz. Sein Zugang, der zutiefst biblisch und von der Prophetie und von Wundern geprägt ist, steht dem stoisch orientierten Humanismus kritisch gegenüber. – Die geometrische Sicht drängt sich als erste auf und drückt sich im Geist der Korrektheit, dem feinen Geist und der Art zu Argumentieren auf. Die geometrische Überlegung resultiert nicht nur aus der Aufeinanderfolge von Wirkung und Ursache. P. kennt das Paradox und seine kritische und ironische Funktion. Aus der biblischen Exegese zieht P. den symbolischen Zugang, der sich in das Innere der Geschichte einschreibt. Schließlich bewahrt er sich von Saint-Cyran und dem Jansenismus die Kraft der Intuition, die »Ordnung des Herzens«, die geometrische Vision, die symbolische Lektüre, die anthropologische Tragik von Sünde und Erlösung – die Philosophie P.s dreht sich um ein unendlich Zwiefältiges von menschlichem Unglück und göttlicher Größe.

J. R. Armogathe

len Bewegung in Indien. 1885 wird der indische Nationalkongreß gegründet. Wie viele indische Nationalisten der ersten Stunde, nimmt auch P. keine kämpferisch anti-britische Haltung ein. Er versteht sowohl die britische Herrschaft in Indien als auch die nationale Bewegung von seinen theologischen Überzeugungen her. In beidem sieht er die Wirkung von Gottes Vorsehung. Sie brachte Indien mit England in Verbindung, und sie ist auch in der nationalen Bewegung am Werk, um schließlich ein freies Miteinander der Nationen herbeizuführen. Christus stellt das Kriterium dar, um in diesem Geschichtsprozeß zwischen Förderlichem und Schädlichem zu unterscheiden. Daraus ergibt sich, daß die Kirche eine Aufgabe im Prozeß des nationalen Erwachens hat. P. stellt sich dieser Verpflichtung, indem er immer wieder politische Aufgaben übernimmt und gegen Ende seines Lebens die Politik zu seiner Hauptbetätigung macht. – In diesem Kontext ist auch P.s Wirken in Kirche und Mission zu sehen. Als Jurist begleitet er die Entstehung der »Kirche von Südindien«, wenn er auch ihre Gründung (1947) nicht mehr erlebt. Im Jahr 1905 gehört P. zu den Gründern der Nationalen Indischen Missionsgesellschaft und ist mehrere Jahre deren Sekretär. Auch die Mission hat für ihn nicht nur das Ziel der Bekehrung und des Kirchenwachstums, sondern dient vor allem der Einführung des Christlichen in den Aufbau der Nation.

Friedrich Huber

Paul, Kanakarayan Tiruselvam
Geb. 24. 3. 1876 in Salem (Tamil Nadu); gest. 11. 4. 1931

P. verbindet in seiner Person das scheinbar Unvereinbare: christliche Mission und indischen Nationalismus. In seine Jugend fällt die Entstehung der nationa-

Pelagius
4./5. Jh.; geb. in Britannien

P. wird bekannt als Asket, Laientheologe und vor allem als Hauptgegner von Augustins Gnadenlehre und Verfechter der menschlichen Willensfreiheit gegen dessen Prädestinationslehre. – P. weilt etwa seit 380 in Rom, wo er schon vor dem

Ausbruch des eigentlichen pelagianischen Streits (411), der letztlich zur Verurteilung seiner Lehre führt, energisch der Vorstellung Augustinus' widerspricht, allein die göttliche Gnade ermögliche es dem Menschen, den Willen Gottes zu erfüllen. – Die eigene Lehre des P. ist dabei genauso wenig in Auseinandersetzung mit der Gnadenlehre Augustinus' entstanden wie diese nachweislich nicht von P. hervorgerufen wurde. Vor 410 schreibt P. einen großen Kommentar zu den 13 Paulusbriefen, in dem er seine Lehre schon entfaltet darbietet. Die Theologie des P. ist deutlich von dem Ideal der aktiven Weltüberwindung durch Askese und einem damit verbundenen, auch popularphilosophisch geprägten Moralismus bestimmt. Der Mensch kann aktiv an seiner Erlösung und Heiligung mitwirken, was seine Freiheit unterstreicht, ein optimistisch gestimmtes Menschenbild: Der nach dem Bild Gottes geschaffene Mensch (Gen 1,26 f.) ist von Natur mit Willensfreiheit und Vernunft begabt und soll diese gnadenhafte Gabe Gottes dazu nutzen, um durch eigenes Handeln Gott ähnlich zu werden. Auch der Fall Adams hat die Natur Adams und seiner Nachfolger nicht verdorben, sondern bloß ein negatives Beispiel und damit Anlaß zur weiteren Verbreitung der Sünde gegeben, die zu einer das soziale Gesamtleben der Menschheit grundlegend prägenden »Gewohnheit« geworden ist. Das Weiterwirken der Sünde Adams ist ein soziales Verhängnis, keine Verderbnis der Natur. Während das Gesetz als bloße Aufforderung zum guten Handeln schwach ist, ist die Sendung des wahren Gottessohnes kräftig und mächtig, die Sünde im Menschen wirklich zu überwinden. Christus bewirkt dies durch seine vorbildliche Gerechtigkeit und seine schlechthin überzeugende Lehre. Er offenbart dem Menschen nämlich in Beispiel und Lehre, daß dieser fähig ist, nicht zu sündigen. Zugleich bedeutet die durch den Glauben vermittelte Verbindung des Gläubigen mit Christus die Erlösung und Rechtfertigung des Menschen, der durch die Taufe die vollständige Vergebung all seiner vergangenen Sünden erhält, was P. als Rechtfertigung allein aus Glauben und allein aus Gnade versteht. Hierbei wird aber, anders als etwa bei Augustinus, der Glaube nicht als reine Gnadengabe Gottes, sondern als Resultat der freien Zustimmung des Menschen zur ihm angebotenen Gnade verstanden. Auch der an die Rechtfertigung sich anschließende Prozeß der Heiligung ist im Letzten ein Akt der freien, von Christi Vorbild angeleiteten Selbsttätigkeit des menschlichen Willens. Bestimmt die Freiheit nach P. die Natur des Menschen sowohl vor als auch nach der Rechtfertigung, so konnte er die Lehre Augustinus' von der Erbsünde wie auch dessen Lehre von der Prädestination zu keinem Zeitpunkt seines Lebens akzeptieren, da für ihn sowohl Sünde als auch Glaube Akte der Freiheit des Menschen sind, die einmal durch den allgemeinen Sündenzusammenhang der Menschheit behindert, das andere Mal durch die göttliche Hilfe auf den rechten Weg gebracht ist.

Holger Strutwolf

Petrus Lombardus
Geb. 1095/1100 in Lumellogno bei Novara; gest. 1160 in Paris

Der Lombarde hat mit seinen Sentenzenbüchern die theologische Lehrentwicklung über Jahrhunderte hin geprägt, weshalb ihm auch der Beiname »Magister in Sententiis« verliehen wurde. Dabei ging es ihm weniger um die Darlegung eigener Ansichten als vielmehr um die systematische Ordnung der theologischen Tradition. Zugute kam ihm, der aus ärmlichen Verhältnissen stammt, eine die Theologie und die *artes liberales* umfassende Bildung, die er in Bologna, Reims und Paris bei den

Größen seiner Zeit erhalten hat. Zu nennen sind Hugo von St. Viktor und Petrus Abaelard, die ihn insbesondere hinsichtlich seiner Methode und der Konzeption der Sentenzenbücher geprägt haben. P.' wichtigste Quellen waren die Kirchenväter, dabei stand Augustinus mit weitem Abstand an ihrer Spitze. Daß die Sentenzenbücher bis zum Ende des 15. Jh. das Textbuch des theologischen Unterrichts und des wissenschaftlichen Diskurses schlechthin wurden, liegt an ihrer klaren und zugleich offenen Struktur. Wie schon P. selbst so nutzten auch die nachfolgenden Kommentatoren die Gelegenheit, den vorgegebenen Rahmen mit eigenen inhaltlichen Präzisierungen und Ergänzungen sowie neuen Problemstellungen zu füllen. Dadurch gewann der theologische Diskurs einen festen Bezugspunkt und blieb gleichzeitig flexibel genug, um neuen Perspektiven Raum zu gewähren. Die Sentenzenkommentare sind deshalb die wichtigsten Quellen der mittelalterlichen Theologiegeschichte. – Bereits das Gliederungsschema der Sentenzenbücher des P. ist richtungsweisendes Programm: Das erste Buch behandelt die Gotteslehre, das zweite entfaltet eine Schöpfungstheologie, im dritten geht es um die Erlösungslehre und im vierten Buch schließlich um die Sakramente und die letzten Dinge. Insgesamt dominiert eine heilsgeschichtliche Sicht, die eine Dynamik zur Geltung bringt. Innerhalb der Gotteslehre wird die Wesenseinheit von der Dreiheit der Personen unterschieden. Der Trinitätslehre des P. wurde durch das IV. Laterankonzil von 1215 die amtskirchliche Weihe verliehen, was eine einmalige Auszeichnung bleiben sollte. Aus der Trinitätstheologie resultiert die Anschauung von der doppelten Sendung des Wortes und des Geistes. Die von Augustinus her begründete Auffassung des P., daß die Liebe, die in die Herzen ausgegossen wird, mit dem Hl. Geist identisch sei, wurde über Jahr-

hunderte hin zurückgewiesen, sie blieb jedoch ein Angelpunkt für die scholastische Verhältnisbestimmung von Pneumatologie und Gnadenlehre. Mit der Rückbesinnung auf die Pneumatologie des P. und die paulinisch-augustinische Tradition kommt im 15. Jh. ein Reformansatz zum Tragen und wird damit ein wichtiges Motiv der Reformation vorbereitet. – Die Schöpfungstheologie stellt die Erschaffung des Menschen in den Mittelpunkt der Betrachtung. Hier finden auch die für die weitere Geschichte der Scholastik so grundlegenden Lehrstücke von dem freien Willen des Menschen sowie den verschiedenen Formen der Gnade und des Verdienstes ihren dogmatischen Ort. Die Gottebenbildlichkeit des Menschen bezeichnet eine verläßliche Konstante der Heilsgeschichte, auch wenn sie durch die Sünde fortwährend in Frage steht. Diese Spannung, die P. detailliert zum Ausdruck bringt, indem er die tiefgreifende Wirkung der Sünde aufzeigt, wird dadurch teilweise wieder entladen, daß das sündhafte Begehren zu einem »Zündstoff« abgewertet wird, der das grundsätzlich gute Wollen des Menschen von seiner eigentlichen Bestimmung ablenkt. – Die Erlösungslehre zielt darauf ab, den Weg aufzuzeigen, wie die Ursprungsrelation des Menschen wiederhergestellt werden kann. Die Korrelation von Gnade und Tugenden wird nun für lange Zeit ein bestimmendes Strukturmodell. Wurde das erste Buch im Blick auf den Ansatz der Gotteslehre und die damit verbundenen Probleme einer wissenschaftstheoretischen Begründung der Theologie rezipiert und diskutiert, so bildeten das zweite und dritte Buch den Bezugsrahmen der Anthropologie und Ethik. Bezeichnend ist hierbei, auch im Vergleich mit dem anderen großen ›Lehrbuch‹ der Scholastik, Thomas von Aquins *Summe der Theologie*, daß die Tugendlehre des P. von der Christologie her entwickelt wird. Den Anknüpfungspunkt bildet die Frage, ob

Christus denn Glaube, Hoffnung und Liebe zugeschrieben werden können. Im christologischen Grundsatzstreit des 12. Jh. lehnt P. die Satisfaktionstheorie Anselms von Canterbury ab und verfolgt demgegenüber eine Linie, die sich an Abaelards Auffassung der Zwei-Naturen-Lehre orientiert, ohne allerdings dessen Trinitätsspekulation zu teilen. – Die Sakramentenlehre wird am Gleichnis vom barmherzigen Samariter ausgerichtet. Die theologische Konzentration auf die sieben Sakramente ist hier ebenso zukunftsweisend wie die Verknüpfung von geschichtlicher und systematischer Analyse der Sakramente. Diese dient auch der Erörterung kirchenrechtlicher Fragen, wobei P. hauptsächlich auf das *Decretum* Gratians zurückgreift. Die Ausführungen zu den ›Letzten Dingen‹ zeigen im Vergleich mit dem Gesamtwerk wenig Konturen, was darauf zurückzuführen ist, daß der systematisch-theologische Schlüssel, wie ihn P. zuvor bei Hugo und Abaelard gefunden hat, hier fehlte. So werden die Ansichten der Kirchenväter eher gesammelt denn Probleme erörtert oder gar Lösungsansätze entwickelt. Das überrascht vor dem Hintergrund der apokalyptischen Strömungen dieser Zeit und läßt danach fragen, ob damit eine andere Gewichtung zur Geltung gebracht werden sollte oder aber darin eine Verlegenheit zum Ausdruck kam, angesichts der geballten Tradition nichts wirklich Neues mehr sagen zu können. – Der theologische Charakter der Sentenzenbücher und damit auch ihre besondere theologiegeschichtliche Bedeutung werden nicht zuletzt dadurch unterstrichen, daß Luther sie den in seinen Augen von der Philosophie dominierten Sentenzenkommentaren der Spätscholastik entgegengehalten hat, um damit auf das Wesentliche christlicher Theologie zurückzukommen.

Michael Basse

Przywara, Erich, SJ
Geb. 12. 10. 1889 in Kattowitz (Oberschlesien);
gest. 28. 9. 1972 in Murnau (Oberbayern)

P. zählt zu den Pionieren des Aufbruchs der katholischen Kirche aus dem neuscholastischen Ghetto und damit zu den Wegbereitern des II. Vatikanischen Konzils. Aus dem europäischen Osten und seinen kulturellen und religiösen Gegensätzen kommend, tritt er 1908 in Holland in den damals auf deutschem Reichsgebiet verbotenen Jesuitenorden ein. Von Anfang an widersetzt er sich dem Schulmäßigen seiner Ausbildung und beschäftigt sich schon in den zwanziger Jahren als einer der ersten katholischen Theologen mit Kierkegaard und Nietzsche. Dies wird prägend für sein Werk, in dem auch kaum eine andere der großen, die europäische Krise anzeigenden Figuren fehlen wird. Als Querdenker wird P. nicht Professor, sondern ab 1922 Redakteur der *Stimmen der Zeit* in München und damit zum sensiblen Beobachter der kulturellen, politischen und philosophischen Bewegungen der Zwischenkriegszeit, zum Seismographen für die sich anbahnende Katastrophe. Als gesuchter Redner und Diskussionspartner tritt er in die öffentliche Auseinandersetzung ein und eröffnet in einer für katholisches Denken bahnbrechenden Weise den Dialog mit zeitgenössischen Philosophen (u. a. M. Scheler, E. Husserl, E. Stein), mit jüdischen Denkern (u. a. L. Baeck) und protestantischen Theologen (K. Barth). – Die erste Phase seiner mehr als 800 Veröffentlichungen (davon mehr als 50 Monographien) gipfelt im 1932 erschienenen Hauptwerk *Analogia Entis*, das vielfach als niveauvolle, aber bereits überholte Erneuerung scholastischer Ontologie mißdeutet wurde. Erst E. Jüngel wird dem sich seit den kontroverstheologischen Gesprächen mit K. Barth (1929 u.

1931) hartnäckig durchhaltenden Mißverständnis ein Ende bereiten, die *analogia entis* sei der »Griff nach Gott«, mit dem Gott als Bild und Gleichnis des Geschöpflichen vereinnahmt werde. P. durchleidet in seinem Denkweg vielmehr schmerzlich, wie eine klassisch affirmative Ontologie, eine Metaphysik, die die Rede von Gott in der »Positivität des Seienden« begründen möchte, spätestens in den Katastrophen unseres Jahrhunderts zerbricht. Konstitutiv ist für ihn die Analogiedefinition des IV. Laterankonzils (1215), nach der sich in aller Ähnlichkeit zwischen Gott und Geschöpf deren je größere Unähnlichkeit entbirgt. *Deus semper maior* (1938–40, 1964²) lautet der Titel seines zweiten Hauptwerks, dem monumentalen Kommentar zu den ignatianischen Exerzitien. Gegen jeden noch so subtilen Versuch, sich des lebendigen Gottes zu bemächtigen, spricht der Theologe P. emphatisch vom *je größeren Gott*, der den Menschen und seine Welt nur rettet, indem er ihm zum reinigenden Feuer und zum Gericht wird. Wenn »Riß« und »Abgrund« schon im Frühwerk P.s zu den zentralen Begriffen zählen, so verschärft sich dieser geradezu apokalyptische Tonfall zunehmend. Die Radikalität seines Denkens bezahlt P. mit dem frühen Zusammenbruch seiner physisch-psychischen Gesundheit. Doch selbst noch in dieser Gebrochenheit, die sich in den Werken seiner letzten dreißig Lebensjahre widerspiegelt (u. a. *Humanitas*, 1952; *Alter und Neuer Bund*, 1956; *Mensch*, 1959), offenbart sich ein Denker, der leidenschaftlich um die verantwortete Gottesrede angesichts einer auseinanderberstenden Moderne ringt.

Martha Zechmeister

Pufendorf, Samuel von
Geb. 8. 1. 1632 in Dorfchemnitz
bei Chemnitz, Sachsen;
gest. 26. 10. 1694 in Berlin

Sohn eines Pastors und zum selben Amt bestimmt, wird P. der Schrecken der Theologen seiner Zeit. Professor des Naturrechts in Heidelberg (1661) und Lund (1668), dann Hofhistoriker in Stockholm (1677) und in Berlin (1688) verteidigt er lebenslang, in einer der bittersten und spannendsten Gelehrtenstreitigkeiten der Frühneuzeit, den Versuch, den er in seinem Werk *De iure naturae et gentium* (1672) unternommen hat, nämlich Moral und Politik auf die Vernunft zu gründen unter Ausschluß der Offenbarung. Von den Vertretern der lutherischen Orthodoxie als Atheist gebranntmarkt, ist er trotz Abneigung gegenüber der Zunft selbst ein vorzüglicher Theologe. Sein *De habitu religionis christianae ad vitam civilem* (1687) und das postum erschienene *Jus foeciale divinum* (1695), in dem er ein System der Fundamentalartikel des Glaubens zu begründen versucht, auf welchem Lutheraner und Calvinisten sich verständigen könnten, bezeugen seine hervorragende Kenntnis der Bibel und ihrer Auslegung. Die Frage, ob P. ein Säkularisierer oder ein frommer Lutheraner gewesen ist, ist widersinnig. Auch wenn sein Denken von ausgeprägten antiklerikalistischen Zügen gekennzeichnet ist, die auf seinen »Schüler« Christian Thomasius stark gewirkt haben, war er ein besonders emsiger Christ, wie ihm Ph. J. Spener in seiner Leichen-Predigt bescheinigt (Abt. VI. Frankfurt 1696, 218–48).

Fiammetta Palladini

Rahner, Karl
Geb. 5.3.1904 in Freiburg i.Br.;
gest. 30.3.1984 in Innsbruck

»Wie, wenn das Geheimnis gar nicht als das bloß Vorläufige, sondern als das Ursprüngliche und Bleibende verstanden werden muß...?« lautet die Frage, die sich der 1922 in den Jesuitenorden eingetretene R. stellt. Nach dem Philosophiestudium in Feldkirch und München-Pullach studiert er von 1929–33 Theologie an der Ordenshochschule Valkenburg (Niederlande). 1932 zum Priester geweiht, wird er vom Orden zur Promotion in Philosophie bestimmt. Seine Dissertation zur Erkenntnismetaphysik bei M. Honecker in Freiburg i.Br. will scholastisches Denken mit neuzeitlicher Philosophie – bis hin zu Martin Heidegger, den er in Freiburg ebenfalls erlebt – vermitteln. Wegen Bedenken seines Doktorvaters zieht er *Geist in Welt* als philosophische Dissertation 1936 zurück. Kurz darauf reicht er jedoch in Innsbruck eine theologische Dissertation ein mit dem etwas umständlichen Titel *E latere Christi. Der Ursprung der Kirche als zweiter Eva aus der Seite Christi des zweiten Adam. Eine Untersuchung über den typologischen Sinn von Joh 19,34.* Bereits 1937 erfolgt die Habilitation für katholische Dogmatik. Nach Aufhebung der Innsbrucker Fakultät arbeitet er von 1939 bis 1944 am Seelsorgeinstitut in Wien. 1941 veröffentlicht er unter dem Titel *Hörer des Wortes* eine Vorlesungsreihe über die anthropologischen Voraussetzungen der Offenbarung, die zum ersten Mal sein genuines theologisches Profil zeigt. 1944 muß er sich für ein Jahr in die Seelsorge nach Niederbayern zurückziehen, doziert danach an der Ordenshochschule in Pullach und kehrt 1948 wieder nach Innsbruck zurück, wo er bis 1964 Professor bleibt. In diesen Jahren wird seinen Arbeiten eine »Vorzensur« auferlegt. Das II. Vatikanische Konzil erlebt er ab 1962 als *Peritus* (offi-zieller Konzilssachverständiger). Nicht wenige Konzilstexte tragen seine Handschrift. Die Aufbrüche der Konzilstheologie hat er teils selbst vorbereitet, teils konstruktiv in seine Theologie integriert. 1964 wird er Nachfolger Romano Guardinis in München, wechselt aber bereits 1967 nach Münster, wo er 1971 emeritiert wird. Die Ehrungen, Preise und Mitgliedschaften (z.B. ist er ab 1969 Mitglied der päpstlichen Theologenkommission) ergeben eine kaum überschaubare Liste. – Bereits in *Hörer des Wortes* kristallisiert sich als Grundansatz die anthropologische Wende in der Theologie heraus, die er im *Grundkurs des Glaubens* 1976 systematisch entfaltet: Der über sich hinausfragende Mensch bleibt sich selbst Geheimnis und ist somit immer schon verwiesen auf das absolute »Geheimnis«, das seinen Erfahrungsbereich übersteigt und Gott genannt wird. Der Vorgriff darauf ist sowohl Bedingung der Möglichkeit geistigen Selbstvollzugs als auch der Relevanz göttlicher Offenbarung für das menschliche Leben – ein klassisches Thema der Gnadentheologie. Gnade ist nach R. kein dem Menschen zuteilwerdendes übernatürliches Etwas, sondern Gott selbst in seiner Selbstmitteilung, die in Jesus Christus kulminiert. *De gratia Christi* nennt R. deshalb seine erste Vorlesung in Innsbruck, nicht nur *De gratia*. Die anthropologisch orientierte Strukturierung der Theologie von der Gnadenlehre her führt zu einer Neubestimmung des Verhältnisses von Welt- und Heilsgeschichte: Jesus Christus ist Höhepunkt der Heilsgeschichte, da er die unüberbietbare, irreversible und somit eschatologische Weise der Selbstmitteilung Gottes ist. Die Christologie mündet in die Trinitätslehre. Denn nimmt man die *Selbst*mitteilung ernst, offenbart sich Gott als der, der er ist, und es muß gelten: Die ökonomische, heilsgeschichtlich erfahrbare Trinität ist die immanente und umgekehrt. Die Selbstmitteilung Gottes an den Menschen kann aber in unterschiedlicher kategorialer Ausprägung, auf unterschiedlichen individuellen Heilswegen erfolgen. Dies bedingt den Dialog mit nichtkatholischen Christen, mit Nichtchristen, ja mit Nichtgläubigen. Für R. und H. Fries stellt die *Einigung der Kirchen – reale Möglichkeit* dar. Der (Mit-)Herausgeber des *Lexikons für Theologie und Kirche* und der *Quaestiones disputatae* war nicht nur in seinen ignatianisch geprägten Schriften zur Spiritualität zeitlebens dem unendlichen Geheimnis auf der Spur.

Annemarie C. Mayer

Reimarus, Hermann Samuel
Geb. 22. 12. 1694 in Hamburg; gest. 1. 3. 1768 ebd.

R., der bedeutendste Religionsphilosoph zwischen Leibniz und Lessing, wurde erst 1862 durch D. F. Straußens Reimarusschrift einer breiteren Öffentlichkeit präsentiert. Sein Werk *Apologie oder Schutzschrift für die vernünftigen Verehrer Gottes*, die er als Hamburger Professor für orientalische Sprachen am Akademischen Gymnasium heimlich schrieb, stellt ein Hauptwerk deistischer Religionskritik dar. Dieses herausragende Zeugnis der deutschen Aufklärung entstand in den Jahren 1735–68. Nach dem Tod R.' erhielt Lessing eine Handschrift und erkannte den Wert des Werkes. Um nicht die Familie R. in Verruf zu bringen, ließ er Stücke als angebliche Bestände der Wolfenbüttler Bibliothek unter dem Titel *Fragmente eines Ungenannten* drucken. Eine vollständige Edition erschien erst 1972. R. selber hatte wegen des negativ-kritischen Charakters des Werks aus Sorge vor Konsequenzen auf eine Veröffentlichung verzichtet. Die Publikation löste schließlich 1777/78 als größte deutsche theologische Kontroverse des 18. Jh. den »Fragmentenstreit« aus. Ursache dieser Auseinandersetzungen, in denen bis 1814

über den Verfasser spekuliert wurde und in denen der Hamburger Hauptpastor J. M. Goeze in einen heftigen Streit mit Lessing geriet, war die in der *Apologie* geäußerte Überzeugung, wonach das Christentum keine geoffenbarte Religion, sondern eine Erfindung des Menschen sei. Ein wesentliches Anliegen der Schrift ist die Verteidigung der Deisten, für deren Existenzberechtigung R. wirbt. Darum unternimmt er vom Standpunkt des moralischen Rationalismus eine kritische Destruktion des christlichen Glaubens. Im Zentrum der Darstellung steht eine kritische Auseinandersetzung mit den biblischen Schriften, in der R. auf Vorarbeiten englischer Deisten zurückgreift. Für A. Schweitzer ist R. der erste Historiker, der das Leben Jesu geschichtlich aufzufassen suchte. R. verweist darauf, daß in den biblischen Schriften keine übernatürliche Offenbarung zu finden sei und legt luzide literarkritische Analysen vor. Aufgrund der aufgedeckten Unstimmigkeiten in den einzelnen Evangelienberichten kommt er zu dem Schluß, die Jünger hätten den Leichnam Jesu gestohlen und seine Auferstehung behauptet, um zu Ansehen und Reichtum zu gelangen. – Die *Apologie* ist Teil eines von R. geplanten größeren Gesamtwerkes, zu dem als positiv-konstruktives Gegenstück seine 1754 erschienenen *Abhandlungen von den vornehmsten Wahrheiten der natürlichen Religion* zählen. Sie richten sich noch gegen die zeitgenössische Freidenkerei und den philosophischen Materialismus. Von der Leibniz-Wolffschen Theodizee und Physikotheologie ausgehend bemüht sich R. in zehn Abhandlungen um eine vernünftige Begründung der Religion, womit freilich schon implizit der Geltungsanspruch der Offenbarungsreligion relativiert wird, was in der *Apologie* schließlich explizit durchgeführt ist. Aus der Beobachtung der Zweckmäßigkeit der Weltordnung wird die Existenz Gottes bewiesen, um daraus die Pflicht zur Verehrung Gottes und des moralischen Handelns zu folgern. – Die Kritik R.' in seiner *Apologie* stellt eine immense Herausforderung für die Theologie und biblische Exegese dar. In der neueren R.forschung werden zudem die gesellschaftskritischen Implikationen des radikalen Deismus evident.

Thomas K. Kuhn

Reuchlin, Johannes
Geb. 29. 1. 1455 in Pforzheim;
gest. 30. 6. 1522 in Stuttgart

Unter den Humanisten ist R. der Hebraist und Kabbalist. Von Beruf Jurist, widmet er sich daneben seiner eigentlichen Liebe, der Philologie und einer ihr entwachsenden Philosophie und Theologie. Höchste Erkenntnismöglichkeit sieht R. in der Kabbala, einer mystischmittelalterlichen Form jüdischer Mystik, die er christologisch interpretiert. – Obwohl R. meist in Schwaben lebte, zeigen seine Studienorte (Freiburg i. B., Paris, Basel, Orléans, Poitiers) und drei Italienreisen, daß er auch im gelehrten Europa zuhause ist. Außer Griechisch studiert er bei jüdischen Lehrern Hebräisch und krönt seinen Eifer 1506 mit der Herausgabe einer hebräischen Grammatik. In seinen beiden kabbalistischen Werken 1494/1517 vereint er einen Vertreter der heidnischen Antike, einen Juden und einen Christen bzw. Muslim im fiktiven Lehrgespräch. Nachdem sich R. 1510 in einem Gutachten gegen die Konfiszierung und Vernichtung jüdischer Schriften ausgesprochen hat, gerät er in einen jahrelangen Streit mit dem konvertierten Juden Pfefferkorn wie auch der Kölner theologischen Fakultät. Unter der Führung des Dominikanerinquisitors Hoogstraeten strengen diese einen Prozeß gegen ihn an, der 1520 durch päpstlichen Urteilsspruch gegen R. entschieden wird. Dennoch bleibt R. in der reformatorischen Auseinandersetzung der alten Kirche treu, bricht mit seinem Verwandten Ph. Melanchthon und zieht sich den Zorn seines antischolastischen Mitstreiters U. v. Hutten zu. – Der Nachwelt erschien R. vor allem aufgrund seines Einsatzes für die Freiheit der Wissenschaft und den Erhalt des jüdischen Schrifttums als Mann geistiger Weite und religiöser Toleranz. Zwar war R. kein erklärter Judenfreund, doch seine wissenschaftliche Lernbegier und sein Bemühen, mittels einer spirituellen, die Religionen übergreifenden Philosophie Gott als höchstes Sein zu finden, ließen ihn eine ungewohnt eigenständige Position gegenüber der kirchlichen Lehre (wie auch gegenüber vielen Humanisten) einnehmen. So hat Goethe nicht unrecht mit seinem Wort: »Reuchlin! Wer will sich ihm vergleichen, zu seiner Zeit ein Wunderzeichen!«

Dorothea Betz

Richard von St. Victor
Gest. 1173 in Paris

Ex contemplatione cognitio – »Aus der Betrachtung die Erkenntnis«. Die Überzeugung, die R. im Prolog seines Werkes *De Trinitate* ausspricht, begründet Denk- und Lebensform des in der Schule von St. Victor geltenden Wissenschaftsmodells. Das Chorherrenstift war 1108 als der – durch die Entstehung der Universitäten dann freilich erfolglos gebliebene – Versuch gegründet worden, mönchisches Leben mit wissenschaftlicher Theologie zu verbinden. R. schloß sich der Gemeinschaft vermutlich vor 1141 an und wirkte dort bis zu seinem Tod als Lehrer, zeitweilig als Subprior und Prior. – *Contemplatio* (Betrachtung) versteht er als den Erkenntnisweg, auf dem am zuverlässigsten das in der Schöpfung und in der Bibel enthaltene notwendige Wissen über die Wirklichkeit im Ganzen nachvollzogen werden kann. Aus diesem Grund bevorzugt er den Bibelkommentar als literarische Form und das durch Augustinus und Dionysius Areopagita vermittelte neuplatonische Denken als den sachlichen Hintergrund seiner Überlegungen. Es gelingt ihm durch die Aufnahme des griechischen Theoríabegriffs, die Einschränkung der *contemplatio* auf eine spirituelle Technik zu überwinden und deren Leistungsfähigkeit als Erkenntnisvermögen zu sichern, das die Symbole in Text und Wirklichkeit angemessen zu deuten vermag. Auf diese Weise versucht er, den Anspruch einer wissenschaftlich verfahrenden Theologie in die durch Schrift und Schöpfung vermittelte spirituelle Erfahrung zu integrieren.

Marc-Aeilko Aris

Ritschl, Albrecht Benjamin
Geb. 25.3.1822 in Berlin;
gest. 20.3.1889 in Göttingen

Eine ganze, durch R. geprägte Generation trägt den Namen »Ritschlianer«. Doch stellt R. mehr exemplarisch als kreativ die Theologie des ausgehenden 19. Jh. dar. Auf dem kirchlichen Boden der Preußischen Union und auf dem politischen der Bismarck-Zeit wächst der Grundzug seines Denkens, die Verbindung zwischen religiöser Beziehung zu Gott und sittlichem auf die Mitmenschen gerichteten Handeln. Der spätere »Abtrünnige« der Tübinger Schule schreibt zuerst unter ihrer Obhut sein Marcion-Buch (1846). Die 2. Auflage der *Entstehung der altkatholischen Kirche* (1857) markiert den Bruch mit F.Chr. Baur. Doch teilt er die Überzeugung, daß die Systematische Theologie aus ihren dogmengeschichtlichen und biblischen Quellen, für R. auch das AT, herausgearbeitet werden muß. 1864 wechselt R. von Bonn nach Göttingen, wo er bis zu seinem Lebensende wirkt. Das »Reich Gottes« ist der prägende Gedanke R.s. In seinem theologischen Kompendium, *Unterricht in der christlichen Religion*, das sich als zu schwierig für die zugedachten Gymnasialschüler erweist, definiert R. seinen Hauptbegriff. Von seiner Liebe ausgehend, setzt Gott seinen Selbstzweck als Reich Gottes, das mit dem höchsten Gut der Menschheit identisch ist. Durch die historische Offenbarung der Person Jesu Christi wird dieses und dadurch der Wille des Vaters als Liebe erkannt, während die Hl. Geist die Übereinstimmung zwischen verschiedenen Individuen in der christlichen Gemeinde im Bezug auf den einen göttlichen Zweck gewährleistet. Anhand eines Bildes von der christlichen Religion als einer Ellipse bringt R. den zweiten Brennpunkt besonders zur Geltung. Mit dem Brennpunkt des Endzwecks korrigiert er die einseitige traditionelle Betonung der Erlösung, und beabsichtigt, die »unvollendete Reformation« auf ihren sittlichen Höhepunkt hin zu leiten. Im Titel seines dreibändigen Hauptwerkes, *Die christliche Lehre von der Rechtfertigung und Versöhnung*, erscheint das Begriffspaar, das ihn weiterhin beschäftigt. Aufgrund einer Kritik hebt R. erst in späteren Auflagen seiner Schriften die Rechtfertigung als die vergebende göttliche Tätigkeit stärker hervor. Mit Versöhnung meint R. die menschliche Aufgabe, das Reich Gottes durch sittliche Tätigkeit zu verwirklichen. Vom Reich der Sünde befreit und zum Gottesvertrauen und zur Nächstenliebe befähigt, konkretisieren die Menschen das Ideal des Reiches Gottes in doppelter empirischer Hinsicht. In der Kirche, die einen Teil des Reiches Gottes bildet, ist die religiös bestimmte Gotteskindschaft durch vier Praktiken gekennzeichnet, die die geistige Herrschaft über die Welt demonstrieren: Vorsehungsglauben, Gebet, Demut und Geduld. Doch das Reich Gottes reicht weiter als die Kirche und schließt ein: Ehe und Familie, bürgerliche Gesellschaft und Nationalstaat. Mit dem für reformatorische

Ohren provozierenden Gedanken der christlichen Vollkommenheit, der auch im Titel seines bekanntesten Vortrags erscheint, meint R. das entschlossene Streben nach dem nie zu Erreichenden. Wenn auch sein Begriff vom Reich Gottes heftig von J. Weiß angegriffen, und dann seine Theologie von K. Barth mit der Etikette des Kulturprotestantismus eine zeitlang diskreditiert worden ist, setzt sich in der zweiten Hälfte des 20. Jh. im englischen- und deutschsprachigen Raum ein erneutes Interesse an R.s Ethik und an seiner Auseinandersetzung mit der Naturwissenschaft durch. Mit der positiven Betonung der Welt als konkretem Ort der sittlichen Verwirklichung ist für R. der Weltbezug zentral, den er auf einer wissenschaftlich-theologischen Grundlage ausarbeitet. In den Fußstapfen Schleiermachers grenzt R. die Eigenständigkeit der religiösen Erkenntnis von der Welterkenntnis ab. Seine Erkenntnistheorie orientiert sich am neokantischen Empirizismus, und seine Metaphysik steht unter der Leitdifferenz zwischen Natur und Geist. Aus dem religiösen Erkennen werden theologische Aussagen gebildet, die die Werte über die Stellung des Menschen zur Welt artikulieren. Um Interesse am praktischen Lebensziel zu wecken, verbindet R. die Werturteile mit den Gefühlen der Lust und Unlust. Der Genuß tritt auf, wenn der Geist frei über die Welt herrscht. An diesem »Freiheitsgesetz« erscheint ein problematisches Leibverständnis, weil R. den Leib zu eng mit seinem Sündenbegriff verquickt. Auch unterschätzt er die reale Härte des Leidens an Übeln, indem er diese lediglich als Erziehungsstrafen Gottes gegenüber seinen Kindern sieht. R.s scharfe Polemik gegen eine falsche von Platon her gewonnene Metaphysik wächst aus der Kontroverse mit dem konfessionellen Luthertum und auch mit den Pietisten, denen er das letzte Jahrzehnt seiner wissenschaftlichen Tätigkeit in einer bis heute maßgeblichen

dreibändigen *Geschichte des Pietismus* widmet.

Christine Helmer

Savonarola, Girolamo

Geb. 21. 9. 1452 in Ferrara;
gest. 23. 5. 1498 in Florenz

Berühmt durch sein tragisches Ende, scheidet bis heute die Frage die Gemüter, ob S. ein heiliger Erneuerer der Kirche oder ein fanatischer Fundamentalist war. 1452 in Ferrara geboren, erhält S. eine klassisch scholastische Ausbildung. Gegen den Wunsch der Familie tritt er 1475 in Bologna dem Dominikanerorden bei, wo ihm rasch wichtige Aufgaben übertragen werden. Ab 1487 lehrt er Philosophie in Bologna. Werke aus dieser Zeit erweisen ihn als guten Kenner sowohl des Aristoteles als auch der an Thomas von Aquin orientierten Aristoteles-Interpretation. Eine umfangreiche Reisetätigkeit in Norditalien begründet seinen Ruf als glänzender Prediger. Lorenzo de' Medici holt ihn 1491 nach Florenz. Doch entgegen Lorenzos Hoffnung auf eine Verstärkung der humanistisch-platonischen Kreise kündigt sich in S.s Predigten das starke Interesse an einer religiösen und politischen Reform an. – 1494 betritt S. die Bühne der internationalen Politik mit weitreichenden Folgen für sein Wirken in Florenz. Angesichts der Bedrohung durch das Heer des französischen Königs Karls VIII. scheitert Lorenzos Sohn Piero, der nach dessen Tod 1492 die Macht übernahm, in den Verhandlungen mit Karl VIII. kläglich, verliert die Macht und muß fliehen. S. hingegen kann durch sein mutiges Auftreten bei Karl die Plünderung abwenden, was ihm die Bewunderung der Florentiner einträgt. Ohne ein offizielles Amt zu bekleiden, gelangt die Macht über Florenz in seine Hände. Eindruck macht seine theologische Deutung der Ereignisse. Karls Italienfeldzug interpretiert er als ein Werkzeug Gottes zur Reinigung der Kirche. Er selbst bezeichnet sich jetzt als Prophet, den Gott zu diesem Auftrag erwählt hat. Im *Compendium revelationum* (1495) verteidigt er seinen Anspruch, indem er sich auf die Bibel und die unmittelbare Inspiration durch Gott selbst beruft. Den Humanismus des Florentiner Platonismus, der auf die Einheit und gegenseitige Durchdringung von antiker und christlicher Kultur zielt, lehnt er entschieden ab. Öffentlicher Ausdruck seiner Kulturkritik sind die Sühneprozessionen und die berühmt-berüchtigten ›Verbrennungen der Eitelkeiten‹, in denen die Werke heidnischer Autoren ebenso dem Feuer preisgegeben werden wie persönliche Konsum- und Luxusartikel. Seiner Wirkung können sich selbst einige Anhänger jener kulturellen Elite nicht entziehen. So geraten z. B. Pico della Mirandola und die Künstler Boticelli und Beniviemi unter seinen Einfluß. Neben dieser kulturellen Dimension verfolgt S. auch eine Änderung des politischen Lebens. Ziel ist die Einführung einer republikanischen Verfassung, die er im *Trattato circa il reggimento della città di Firenze* (1498) christologisch begründet. – S.s Haltung gegenüber Karl VIII., vor allem aber seine Kritik der kirchlichen Verhältnisse bringt ihn in Gegnerschaft zu dem Borgia-Papst Alexander VI. Nach verschiedenen Sanktionen, denen er sich widersetzt, folgt 1497 die Exkommunikation. Das stärkt die Partei seiner Gegner und mindert zugleich seinen Einfluß auf die Massen. Nachdem schließlich von ihm geforderte handfeste Beweise seiner prophetischen Autorität ausbleiben, wird er verhaftet und unter Folter zu einem falschen Geständnis gezwungen, das er dann widerruft. Er wird öffentlich gehängt und dann verbrannt.

Jörg Lauster

Schleiermacher, Friedrich Daniel Ernst

Geb. 21. 11. 1768 in Breslau;
gest. 12. 2. 1834 in Berlin

Den »Kirchenvater des 19. Jh.« nennt man ihn – und das sicher zu Recht. Obwohl theologisch vielfach angefochten und von manchem Kollegen an Popularität übertroffen, erwarb sich S. durch seine wissenschaftliche Leistung und sein Auftreten als Mann der Kirche schon bei Zeitgenossen den Ruf des protestantischen »Klassikers«. Sein Schüler, der Berliner Kirchenhistoriker August Neander, brachte die Meinung einer ganzen Theologengeneration zum Ausdruck, als er mit ihm »eine neue Periode in der Kirchengeschichte anheben« sah. Daß S. dabei persönlich das Zeug zum strahlenden Helden durchaus nicht hatte und sein Privatleben innerwie außerkirchlich zu Spott und Stirnrunzeln Anlaß bot, vermochte der anhaltenden Wirkung seiner Auffassung vom Christentum so wenig Abbruch zu tun wie die Mißgunst der Hegelianer, deren Polemik selbst noch den nebulösen Klang seines Familiennamens bemühte. S. ist nicht nur als der Theologe zu würdigen, der auf letztlich durchschlagende Art die Lehre des Protestantismus mit dem Selbstverständnis des modernen Bürgertums verknüpft hat, sondern steht als wahres Multitalent vor uns. Mit seiner Plato-Übersetzung bis heute philologische Maßstäbe setzend, gibt er als Pädagoge wie als politischer Sozialkritiker der Gegenwart immer noch ein (oft unbequemes) Beispiel denkerischer Daseinsverantwortung. Seine Überlegungen zu philosophischen Methodenfragen, wie sie vor allem die *Dialektik* (1814/15) enthält, haben das neuzeitliche Wissenschaftsverständnis wesentlich bestimmt. Als Mitbegründer der Berliner Universität wußte er seine Ideen auch praktisch zu bewähren.

Zeit seines Lebens ist S. seine Herkunft aus einer alten, dem preußischen

Staat loyal verbundenen reformierten Theologenfamilie wichtig gewesen. Der Vater, Militärpfarrer von Beruf, teilt die Frömmigkeit der Herrnhuter und schickt den Sohn in die Internatsschulen der Brüdergemeine. Hier durchlebt der 19-Jährige den schmerzhaften Bruch mit der orthodox-protestantischen Lehre. Besonders das überkommene Dogma von Christi stellvertretendem Strafleiden scheint der Gewissensprüfung des Heranwachsenden nicht Stand zu halten. Eine enthusiastische Beziehung zu Christus, dem Erlöser, bleibt aber in allen Entwicklungsphasen das zinzendorfische Siegel des Theologen S. – Schlagartig berühmt wird der junge Prediger an der Berliner Charité 1799 durch seine Schrift *Über die Religion. Reden an die Gebildeten unter ihren Verächtern*. Das Werk, angeregt im Gespräch des romantisch gestimmten Freundeskreises und in ständigem Austausch mit der geistvollen Salonière Henriette Herz entstanden, ist Manifest des die intellektuelle Welt beherrschenden Strebens nach Ganzheit, nach der empathischen Durchdringung der Existenz. S. überträgt den christlichen Glaubensinhalt radikal in die subjektive Anschauung: Religion ist ihm so ganz und gar »Sinn und Geschmack fürs Unendliche«, daß alle dogmatischen Aussagen bis hin zum Begriff Gottes hinfällig werden. Die Entdeckung der Lebendigkeit der Religion überwindet die fruchtlose Alternative zwischen erstarrter theologischer Orthodoxie und moralisierender Aufklärung. Insbesondere mit Kants Religionsverständnis bricht der Redner, wenn er Anschauung und Gefühl als die Dimension bestimmt, in welcher der Mensch der Ewigkeit gewahr wird. Allem Abstand zu herkömmlichen Lehraussagen zum Trotz versteht S. seinen kühnen Wurf sehr wohl als profiliert christliches Werk. Dabei ergibt sich aus einer (dem Zeitgeschmack gemäßen) romantisierenden Gleichsetzung von »christlich« und »deutsch« eine negativ gefärbte Betrachtung der »Fremden«, der Engländer und Franzosen wie der Anhänger der jüdischen Religion. – Mit dem Fortgang der beruflichen Karriere (1804 Theologieprofessor in Halle; 1810 in Berlin, dort auch Mitglied der Akademie der Wissenschaften und Prediger an der Dreifaltigkeitskirche) ändert sich S.s Stil in auffälliger Weise. Der überschwängliche Ton der *Reden* weicht einer abgeklärten, wissenschaftliche Präzision suchenden Sprache. Parallel dazu nimmt das theologische Denken die Wirklichkeit des evangelischen Christentums differenzierter und darum gründlicher wahr. Alle theologischen Disziplinen sollen nunmehr dem umgreifenden Zweck der »Kirchenleitung« dienen. Indes bedeutet die »Verkirchlichung« keine Abstumpfung gegenüber den Gegebenheiten. S. will vielmehr die evangelischen Überzeugungen vor der denkerischen Wahrheit aufrichtig verantworten. Damit einher geht die Forderung einer freiheitlichen, Kunst und Wissenschaft aufgeschlossenen Gesellschaftsordnung. Als *der* theologische Lehrer des deutschen Protestantismus im frühen 19. Jh. wird S. so zum prägenden Vertreter einer Theologie, die sich bewußt im »modernen«, vom aufklärerischen Wissenschaftsmodell aufgespannten Horizont verortet. Der innovative Schwung der *Reden* wird in ein Lehrsystem umgesetzt, das die Theologie als eigenständige, im religiösen Leben verwurzelte Wissenschaft der christlichen Religion konstituiert. Neben der *Kurzen Darstellung des theologischen Studiums* (1811) darf die 1821 erstmals erschienene Dogmatik *Der christliche Glaube* als Inbegriff systematischer Durchbildung von christlichen Glaubensaussagen gelten. Ihre beschreibende Methode lenkt die Reflexion hin zur lebendigen Religiosität: Der christliche Glaube ist die vorgegebene Tatsache der Theologie, ihr Möglichkeitsgrund und ihr alleiniges Thema.

So wird der traditionelle dogmatische Stoff in ein Schema gegossen, das von der realen (vom Individuellen zum Gemeinschaftlichen fortschreitenden) Frömmigkeit abgeleitet ist. Wie sehr es S. verdient, als »reifer« Theologe ein »Herrnhuter höherer Ordnung« zu heißen, beweist die in diesem Konzept geübte Zentrierung aller Gedanken auf Christus. Der Ton liegt dabei, wie S.s früher Werdegang nicht anders erwarten läßt, allerdings weniger auf dem Gekreuzigten als auf Christus, dem Urbild des vollkommenen Gottvertrauens. Jesu religiöse Kraft befruchtet als christlicher Gemeingeist alle Bereiche des Lebens. Und die Berufung auf diesen »Erlöser« macht für S. das Christentum aus. Gegen die Festlegung des Christlichen auf moralische oder metaphysische Nebenplätze ruft er die Kirche seiner Zeit so zu ihrer ureigenen Sache. Er selbst versieht mit einer für einen Universitätstheologen ungewöhnlichen Ausdauer das Predigtamt, das ihm das Herzstück aller theologischen Arbeit bildet. Während der »Freiheitskriege« avanciert er zum wohl wirksamsten patriotischen Prediger Preußens und reißt die junge Generation zum Einsatz für das christlich begründete Gemeinwesen mit. Wie sein Schwager Ernst Moritz Arndt steht er der preußischen Reform nahe und ist nach 1815 restaurativem Druck ausgesetzt, jedoch nicht des Amtes enthoben. Namens der universalen Erlösung Christi vertritt der »reife« S. eine humanitär ausgerichtete Ethik, die neben der strikten Ablehnung der Todesstrafe beachtliche Ansätze zu einem System des Völkerrechts entwickelt. Zugleich wandelt er sich zum Fürsprecher der rechtlichen Gleichstellung der Juden. Kirchenpolitisch tritt S. als Mitinitiator der protestantischen Union hervor. Den eigenen reformierten Standpunkt deutlich auszusprechen, scheut er sich indes nicht. Die couragierte Kritik an der vom preußischen König verordneten Einheitsliturgie, die S. »ka-

tholischer als Luther« anmutet, verursacht disziplinarische Schwierigkeiten. – Als namhaftester protestantischer Theologe des 19. Jh. zeigt S. gleichwohl ein Doppelgesicht. Sein in Halle und Berlin verfaßtes Hauptwerk ist gezeichnet von der Spannung zwischen selbstbewußt auf Christus konzentrierter Kirchlichkeit und dem apologetischen Vorhaben, in religiösen Aussagen mit dem gelehrten Denken der Zeit Schritt zu halten. Nicht erst im 20. Jh. hat man darin ein tragisches Moment bemerkt. Bereits David Friedrich Strauß sah in S.s Dogmatik den letzten, freilich zum Scheitern verurteilten Versuch, »den kirchlichen Christus dem Geiste der modernen Welt annehmlich zu machen«. S. bekennt unumwunden die Absicht, seine Religion »zeitgemäß« zu vertreten und um keinen Preis »das Christentum mit der Barbarei, die Wissenschaft mit dem Unglauben« gehen zu lassen. So ist es nur allzu treffend, wenn S., der energische Verfechter einer allein der Verkündigung des Erlösers verschriebenen kirchlichen Praxis, auch als der »religiöse Genius der deutschen Transzendentalphilosophie« (Wilhelm Dilthey) in die Geistesgeschichte eingeht. Er versucht, die christliche Rede von »Gott« an den philosophischen Diskurs anzuschließen, indem er den Gottesbegriff in die religiöse Selbstauslegung des Menschen einordnet. Das Wort »Gott« beschreibt das im Selbstbewußtsein des Menschen »mitgesetzte« Ewige, demgegenüber die biblischen Aussagen von Gottes Geschichtshandeln nur entstellend wirkten. Als vielleicht noch problematischer muß man einschätzen, wie S. die von Christus bewirkte »Erlösung« auf der Ebene des religiösen Bewußtseins konkret bestimmt. Der von Christus ausgehende Impuls des vollkommenen Gottvertrauens tritt als Vollendung der menschlichen Natur und Geschichte auf den Plan. Letzten Endes verschwimmt der »Erlöser« zum Motor der Höherentwicklung des menschlichen »Gesamtlebens«, scheint für den Dogmatiker S. das Reich Gottes doch »mit dem Fortschritt der Kultur schlechterdings und eindeutig identisch« (Karl Barth). War die Bibel dem jungen S. ein bloßes »Mausoleum der Religion«, so liegt auf der Hand, daß er auch in seiner »kirchlichen« Phase in gewissem Abstand zum biblischen Zeugnis verharrt. Für seine Absage an das AT, das ihm wie seinem Hallenser Lehrer Johann Salomo Semler und der Mehrheit der aufklärerischen Kritik lediglich der »jüdische Kodex« ist, beruft S. sich ausdrücklich auf den Häretiker Markion des 2. Jh. Dort findet er Ansätze eines »reineren« Gottesverständnisses. Den kirchlichen Konsens kündigt er so weit auf, daß er sogar den Dekalog aus der christlichen Ethik verbannt. – S. verkörpert den neuzeitlichen Protestantismus in seiner stärksten wissenschaftlichen Gestalt. Sein Lebenswerk steht für die »moderne« evangelische Kirche mit ihrem Bildung und Kultur zugewandten, die Gesellschaft fortentwickelnden Gestaltungswillen. S. wagt es, Christus als die Mitte der auf individuelle Freiheitsrechte gegründeten Bürgergemeinschaft zu denken. Allenfalls zum Schaden von Theologie und Kirche könnte man dieses sein Anliegen als überholt abtun. Gerade der Respekt vor S. lenkt aber den Blick auch auf die bei ihm nie überwundenen fundamentalen theologischen Defizite und Schlagseiten. Die Debatte, ob er der »Zeitgemäßheit« nicht viel zu hohen Tribut gezahlt hat und ob seine Bereitschaft dazu nicht auch prinzipiell illegitim war, dürfte andauern, so lange überhaupt S. im Raum der Kirche gelesen wird. Nicht zuletzt gilt es einzugestehen, daß S. in der angestrebten Harmonie zwischen »Christentum« und »Fortschritt« ein Kind seiner – vergangenen – Zeit ist. Nach den im 20. Jh. erlebten Perversionen von Staat, Kultur und Wissenschaft fällt es der Theologie schwer, den Grundvoraussetzungen sei-

nes (von ihm keineswegs unkritisch ausgemalten) Gesellschafts- und Kirchenbildes zuzustimmen. – Von Anfang an nötigte S.s epochale Leistung zum theologischen Weiterdenken. Unter dem enormen Eindruck, den er auf die jüngeren Theologen ausübte, kam es demgemäß zu Entgegnungen und Einsprüchen. Die durch ihn gewiesene »heilsame Richtung nach dem lebendigen Christus« (so der Heidelberger Exeget Umbreit 1830) erzeugte in der evangelischen »Erweckung« neues Interesse an den biblischen und konfessionellen Urkunden. S.s Umgang mit diesen Größen mußte dabei aber in Frage gestellt werden. Die »heilsgeschichtliche Theologie«, namentlich der große Erlanger Johann von Hofmann (1810–77), entwickelte aus dem Ansatz der subjektiven Gewißheit des Christen ein dynamisches Konzept des Gottesreiches, das das traditionelle Verständnis der Bibelautorität in modifizierter Form aufnahm und dem christlichen Hoffen auf eine endzeitlich vollendete Schöpfung neu Ausdruck gab. Gegen Ende des 19. Jh. rückte der theologische Liberalismus dann S.s »kritische«, mit der theologischen Tradition brechende Seite in den Vordergrund. – S.s Zentralanliegen, die Kirche ganz vom Erlöser her zu verstehen, wurde den protestantischen Theologen seither zum Orientierungspunkt. In seinem von äußerlichen Bedenken freien, dem dankbaren Dienst an allen Geschöpfen verpflichteten Impetus verdankt sich auch Karl Barths Schaffen dem in S. personifizierten Erbe. Trotz ihres oft allzu simpel skizzierten »Anti-S.-Affektes« steht die »Theologie des Wortes Gottes« mit auf den Schultern seiner christologischen Konzentration. Eine zum Lobe S.s unternommene Denunziation der »steilen«, vermeintlich die gesellschaftliche Lage verfehlenden Entwürfe des 20. Jh. unterschreitet deshalb S.s eigenes theologisches Niveau empfindlich. Auch verkennt sie den bleibend brisanten Gehalt seiner Gedanken, die in ihrem mit »Christus der Erlöser« bezeichneten Kern doch jedem Zeitgeist abhold sind. Den »aufmüpfigen« S., der die in Christus geschenkte Erlösung als kritisches Ferment in Kirche und Gesellschaft hineintragen will, gilt es in seinem reichen Werk aufzufinden.

Klaus Beckmann

Schweitzer, Albert
Geb. 14. 1. 1875 in Kaysersberg; gest. 4. 9. 1965 in Lambarene

Als Sohn eines liberal gesonnenen Pfarrers wuchs S. in Günsbach auf. Der Ort blieb zeitlebens seine Heimstatt. Nach dem Abitur in Mühlhausen studierte er Theologie und Philosophie in Straßburg, kurzfristig auch in Paris und Berlin und nahm Orgelunterricht bei Widor in Paris. 1899 promovierte er in Philosophie (*Die Religionsphilosophie Kants*), 1900 in Theologie (*Das Abendmahlsproblem auf Grund der wissenschaftlichen Forschung des 19. Jahrhunderts und der historischen Berichte*), worin er sich 1901 dann auch habilitierte (*Das Messianitäts- und Leidensgeheimnis. Eine Skizze des Lebens Jesu*). 1902 nahm er seine Lehrtätigkeit im Fach NT an der Theologischen Fakultät der Universität Straßburg auf. Bedeutendstes Werk aus der Zeit seiner Lehrtätigkeit war 1906 die *Geschichte der Leben-Jesu-Forschung* (1. Aufl. unter dem Titel *Von Reimarus zu Wrede*), der 1911 eine *Geschichte der paulinischen Forschung von der Reformation bis auf die Gegenwart* folgte. Lebenslang blieb S. exegetisch tätig. Noch 1930 erschien die *Mystik des Apostels Paulus* und unveröffentlicht blieb sein großes, erst aus dem Nachlaß heraus veröffentlichtes Werk *Reich Gottes und Christentum*. Neben diesen exegetischen Arbeiten befaßte er sich intensiv mit Studien zu *Bach* (dazu einschlägige Monographien 1905 und 1908). Bereits 1896 aber hatte S. eine

Entscheidung getroffen, die ihn auf neue Wege brachte. Er gelobte, ab dem 30. Lebensjahr sein Leben dem direkten Dienst am Menschen zu weihen. Einerseits brachte ihn dies zum Medizinstudium, das er mit der Dissertation über *Die psychiatrische Beurteilung Jesu* (1913, ursprünglicher Titel: *Kritik der von medizinischer Seite veröffentlichten Pathographien über Jesus*) abschloß, andererseits knüpfte er deshalb – letztlich vergeblich – Kontakte zur Pariser Mission. Von daher rührt sein Interesse an der Mission, dem intensive Beschäftigungen etwa mit dem indischen oder dem chinesischen Denken oder der Frage der Stellung des Christentums innerhalb der Weltreligionen zur Seite standen. Daneben blieben seine Beobachtungen zur afrikanischen Religiosität von zivilisatorischen Ansprüchen her befangen. Er gab seine Lehrtätigkeit 1912 ebenso auf wie seine Predigtdienste, heiratete die gelernte Krankenschwester Helene Breßlau und gründete nach tropenmedizinischer Zusatzausbildung in Paris das Hospital in Lambarene. Während des Ersten Weltkrieges wurde er 1917 in Südfrankreich interniert, kehrte ins Elsaß zurück und ging erst 1924, nach intensiven Spendenaktionen, nach Lambarene zurück. Zuvor (1923) war bereits der 1. Teil seiner schon in Lambarene begonnenen *Kulturphilosophie* erschienen. 1951 erhielt S. den Friedenspreis des Deutschen Buchhandels, 1952 den Friedensnobelpreis. Seit 1954 erhob er für die Friedenssicherung einerseits und als Mahner vor der Atomgefahr andererseits öffentlich seine Stimme. 1959 besuchte er Deutschland ein letztes Mal und starb – neunzigjährig und bis zum Schluß schaffend – in Lambarene. S. blieb der Nachwelt zunächst als Leitbild praktizierter Humanität erhalten. Von seinem Weg ins praktische Dienen zeugen seine autobiographischen Schriften (*Zwischen Wasser und Urwald*, 1921; *Aus meiner Kindheit und Jugendzeit*, 1924;

Aus meinem Leben und Denken, 1931;
Briefe aus Lambarene, 1955), die zugleich zeigen, wie sehr S.s Denken zugleich Ausdruck seiner Bemühungen im
Leben war. Theologisch von allgemeiner
Bedeutung war seine Erkenntnis, daß
die historische Forschung zu Jesus mehr
über den jeweiligen Zeitgeist als über
den historischen Jesus auszusagen gehabt hätte, während der sich eschatologisch verstehende Jesus enteschatologi-
siert werden müsse. In der Erwartung
des Reiches Gottes noch zu seinen Lebzeiten, habe sich Jesus geirrt. Bleibend
hingegen ist die aus der Begegnung von
Wille zu Wille geborene Liebesethik, die
sowohl religiös und emotional als auch
verstandes- und vernunftgemäß erfaßt
werden kann. Aus dieser Grundüberzeugung speist sich S.s Ethik der Ehrfurcht vor dem Leben. In ihr führt S.
philosophisch über Schopenhauers pessimistische Welt- und Lebensvernei-
nung und Nietzsches Willen zur Macht
hinaus. Daß er Leben sei, das leben
wolle inmitten von Leben, das leben
will, wird zum Schlüsselsatz seines Denkens. Von hier aus führt er auch das
Gespräch mit der indischen und der
chinesischen Philosophie. Hier gründet
auch sein Verständnis der Mystik, die
vom Einswerden des Einzelwillens mit
dem unendlichen Willen durch die Tat
der Liebe künde. In der Kulturphilosophie führt S. unumwunden aus, daß
seine Ehrfurchtsethik eine absolute
Ethik sei, deren Grundprinzip als gut
nur gelten läßt, was der Erhaltung und
Förderung von Leben diene, während
Vernichtung, Beschädigung und Nie-
derhalten von Leben eindeutig als
schlecht zu gelten hätten. Neben den
schon angesprochenen Impulsen aus
der Philosophie (Kant, Nietzsche, Schopenhauer) wirkt sich hier S.s Verständnis der Bergpredigt aus. Nicht die Welterkenntnis sei in diesem Zusammenhang entscheidend, sondern die im Willen zum Leben enthaltene Bestimmtheit
des Wollens. Wie Christsein im Kern

Menschsein heiße, so bedeute die weltgeschichtliche Bedeutung humaner Gesinnung heute, das Reich Gottes zu verwirklichen, anderenfalls ginge die
Menschheit unter. – Die Wirkung S.s
hat sich mit dem Abklingen des Einflusses der Dialektischen Theologie
auch im Bereich der Theologie wieder
verstärkt, das Spital in Lambarene hielt
ohnehin durch seine ungebrochene Tätigkeit die Erinnerung an ihn fest. Leb-
hafter aber als in diesen Bereichen wird
bis heute über die Ethik S.s gestritten. In
den Landesverfassungen der Länder
Mecklenburg-Vorpommern und Sachsen wurde S.s ethische Grundformel
aufgenommen. In der Überwindung einer nur auf den Menschen konzentrier-
ten Ethik hat S. Impulse bis in die
ökologische Bewegung zu geben ver-
mocht.

Martin Tamcke

Seuse, Heinrich

Heinrich von Berg; geb. in oder
um Konstanz wahrscheinlich 1297;
gest. 25. 1. 1366 in Ulm

S. trat mit dreizehn Jahren ins Dominikanerkloster Konstanz ein. Er durchlief
die ordensübliche Ausbildung, wurde
danach zum Weiterstudium ans *Studium generale* nach Köln geschickt (1323/
24–27), wo Meister Eckhart lehrte, der
ihn stark beeinflußte. 1326/27 kehrte er
für die nächsten 20 Jahre als Lektor in
seinen Heimatkonvent nach Konstanz
zurück. Wahrscheinlich wurde ihm bereits 1329 auf Grund eines gegen ihn
erhobenen Häresievorwurfs sein Lekto-
renamt für fünf Jahre entzogen. Mit 40
Jahren erlebte er gemäß seinem eigenen
autobiographischen Bericht eine für
sein geistliches Leben entscheidende
Wende, die ihn mit der Einsicht in die
Heilsnotwendigkeit alleine des von Gott
gegebenen Leidens von seinen zuvor
über 20 Jahre lang exzessiv betriebenen
körperlichen Selbstzüchtigungen ab-

brachte. Von nun an führte S. nicht mehr ein einsiedlerisches Klosterleben, sondern widmete sich einer aktiven inneren Missions- und Seelsorgetätigkeit mit dem Ziel einer Reformierung der Klosterdisziplin innerhalb seines Ordens vor allem in der Rheingegend, im Elsaß und in der Schweiz, die ihn allerdings neuen inneren wie äußeren Leiden aussetzte. Seit 1347/48 bis zu seinem Tod lebte er im Ulmer Konvent seines Ordens, wo er sein deutschsprachiges literarisches Vermächtnis in Form des sog. *Exemplars* redigierte und von dem aus er zahlreiche Pastorationsreisen unternahm. 1831 wurde er von Papst Gregor XVI. selig gesprochen. Sein drei Monographien und ein Briefkorpus umfassendes *Exemplar* schließt erstens das als eine Apologie der mystischen Lehre Meister Eckharts konzipierte *Büchlein der Wahrheit* (ca. 1329) ein, in dem S. die theoretische Seite seines mystischen Wissens darlegt: Hierzu gehören die metaphysischen Voraussetzungen der mystischen Einung als der innerzeitlichen Erfahrung einer unmittelbaren Anwesenheit bei Gott; die Struktur des zu beschreitenden Weges, der zu dieser Erfahrung hinführt; die christologische Vermittlung der mystischen Erfahrung sowie ihr Inhalt; und schließlich die Wirkung der mystischen Erfahrung als die Herrschaft des göttlichen Willens im Leben eines mystisch begnadeten Menschen. Zweitens illustriert S. in seiner autobiographischen *Vita* sowie in seinem *Büchlein der ewigen Weisheit* in exemplarischer Absicht die praktische Seite seines mystischen Wissens: Die lebensgeschichtliche Beschreibung seines eigenen Weges zu einer mystischen Lebensform im ersten Teil der *Vita*; seine exemplarische Hingabe für das Heil anderer am Beispiel seines Wirkens als Seelenführer Elsbeth Stagels im zweiten Teil der *Vita*; drittens führt er im *Büchlein der ewigen Weisheit* eine betrachtende Aneignung der Leidenshaltung Jesu Christi als *compassio*

Christi durch. Eine erweiterte Neuredaktion dieses *Büchleins* stellt das *Horologium Sapientiae*, S.s einzige lateinischsprachige Schrift, dar, mit der er sich an seine Ordensbrüder wendet. Charakteristisch für S.s Mystik im Ganzen und darin exemplarisch für christliche Mystik überhaupt ist deren dreifache Christusförmigkeit: Bezüglich der Voraussetzungen der mystischen Einung als *imitatio* des Menschseins Christi; bezüglich des Inhalts der mystischen Erfahrung als Widerspiegelung der Gottheit Christi in der Einung mit dem alleinheitlichen Selbstbewußtsein Gottes; und bezüglich der Wirkung dieser Erfahrung als Widerspiegelung des Gott-Mensch-Seins Christi, sofern der wahrhaft gelassene Mensch das göttliche Leben Christi als Wirkprinzip seines menschlichen Handelns und Sichverhaltens verborgen in sich trägt.

Markus Enders

Söderblom, Nathan

Lars Olof Jonathan Söderblom;
geb. 15.1.1866 in Trönö (Schweden);
gest. 12.7.1931 in Uppsala

»Keiner kann wohl etwas klares über seinen theologisch-religiösen Standpunkt sagen«, meint Bischof Billing vor S.s Ernennung zum Erzbischof der schwedisch-lutherischen Kirche 1914, »denn es scheint als könne er zur gleichen Zeit die verschiedensten Auffassungen in sich aufnehmen.« (Andræ, 245) S.s heute vorbildliche Auseinandersetzung mit der Vielfalt der Religionen war seinen kirchlich-konservativen Zeitgenossen ein Dorn im Auge. 1883 beginnt der Landpfarrersohn sein Studium in Uppsala. Durch den Kontakt mit der historischen Bibelkritik und der liberalen Theologie A. Ritschls gerät S. in eine fruchtbare Krise, die er mithilfe einer christozentrischen Verankerung seines Glaubens an das Offenbarungswirken Gottes in der Geschichte der Religionen überwindet. 1894 übersiedelt der rastlose S. als Pfarrer der schwedischen Gemeinde nach Paris. Neben seinem Gemeindedienst, der ihn auch eng mit dem sozialen Elend und den vitalen Künstlerkreisen in Verbindung bringt, vollendet er an der Sorbonne erfolgreich seine Studien über die frühe persische Eschatologie und promoviert 1901. Im selben Jahr wird er auf eine theologische Professur in Uppsala berufen und lehrt 1912–14 gleichzeitig Religionsgeschichte in Leipzig. S. gehört zu den frühesten Vertretern einer Zusammenschau der Religionsgeschichte und der Theologie. Sein wissenschaftliches Hauptwerk *Gudstrons uppkomst* ist zwar vom Evolutionismus seiner Zeit geprägt, zeichnet sich aber auch durch die Hervorhebung der Eigenart und Kontextualität jeglicher Religionsformen aus. In der Vielfalt und Geschichtlichkeit der Religionen erkennt S. die Offenbarung des christlichen Gottes, wobei die christliche Kirche keineswegs den Endpunkt einer noch offenen Heilsgeschichte des »lebendigen Gottes« darstellt. Die von S. geprägte Unterscheidung zwischen der »Unendlichkeits-« und »Persönlichkeitsmystik« bleibt auch heute noch weiter fruchtbar. Früher als R. Otto arbeitet S. die Kategorie des »Heiligen« als Grundphänomen der Religion heraus. Eher ist S. jedoch als Veranstalter der »Universal Conference on Life and Work« und als sozial und friedenskämpferisch engagierter Pionier der ökumenischen Bewegung bekannt. Nach langer Vorbereitung kamen Vertreter der protestantischen und orthodoxen Kirchen 1925 in Stockholm zusammen, um angesichts der Erfahrungen des Weltkrieges die ökumenische Zukunft der Einheit der Kirchen zu fördern. Später sollte dann die Tradition der Life-and-Work-Linie zur Gründung des ökumenischen Weltrats der Kirchen führen. Seine eigene Vision ökumenischer Identität umschreibt S. im Begriff der »evangelischen Katholizität«. 1930 erhält er den Friedensnobelpreis.

Sigurd Bergmann

Solovev, Vladimir Sergeevic
Geb. 16. 1. 1853 in Moskau;
gest. 31. 7. 1900 in Uskoe (bei Moskau)

Der einer Moskauer Gelehrtenfamilie entstammende S. wuchs in der Atmosphäre verschiedener Traditionen auf. Sein Großvater war orthodoxer Geistlicher und sein Vater Professor für russische Geschichte; seine Mutter war mit dem bedeutenden ukrainischen Mystiker Skovoroda verwandt. Seine jugendlichen Neigungen zur Askese wichen in der Schulzeit materialistischen und positivistischen Anschauungen, die erst im Studium an der naturwissenschaftlichen Fakultät der Universität Moskau (1869–72) enttäuscht wurden. Daraufhin wandte er sich der Philosophie zu. In den Jahren 1872 und 1873 studierte er an der historisch-philosophischen Fakultät der Moskauer Universität. Über seine Beschäftigung mit Spinoza und Schopenhauer fand er zu einem philosophisch vertieften Glauben zurück. Folgerichtig schrieb er sich nun zugleich in der Moskauer Geistlichen Akademie (1873/74) ein. Die Frucht dieser Wende in seiner geistigen Ausrichtung stellen zwei Frühwerke dar: seine Magisterdissertation von 1874 *Die Krise der westlichen Philosophie* und das im selben Jahr angefertigte Werk *Die philosophischen Prinzipien des ganzheitlichen Wissens*. In diesen Werken steht er deutlich in der Tradition der frühen Slawophilen. – Das Ziel der Vereinigung war auf verschiedensten Feldern sein Anliegen: Ost und West, formloser Inhalt und inhaltlose Form, logische Vollkommenheit und geistliche Kontemplation. Er meinte, von einer vollkommenen inneren Einheit der geistigen Welt ausgehen zu können. Nach seiner herausragenden Dissertation hielt er ab

1874 philosophische Vorlesungen (in Moskau) und wurde im Sommer 1875 für ein Jahr ans British Museum nach London beurlaubt. Dort vertiefte er sich in verschiedene Traditionen mystischer Philosophie (auch indische und gnostische, besonders aber in die Kabbala und die Sophialehre). Darin wirkte sich aus, was er seit seiner Jugend immer wieder an besonders markanten Wendepunkten erfahren sollte: daß eine unglückliche Liebesbeziehung zu einer Frau mit einer übernatürlichen Schau der himmlischen Sophia sich verband. Die Sophia dachte er als die Verkörperung des göttlichen Urgrundes der Welt in weiblicher Gestalt. Belebt wurde dieses religionsphilosophische Bemühen durch die entsprechenden mystischen Erfahrungen. In diese Periode seines Schaffens gehören die 1877/78 gehaltenen und 1878–81 zum Druck gebrachten *Vorlesungen über das Gottmenschentum*, zu deren Hörern Dostoevskij und Tolstoi gehörten. Die gefallene Welt, so seine Grundidee, strebe zurück zur göttlichen Fülle, deren politisch-historische Realisierung die Theokratie sei. Den Vorfahren der Russen seiner Zeit sei dies im religiösen Gefühl offenbart worden und nun müsse diese nationale und universale Idee einen rationalen Ausdruck verliehen bekommen. Das Suchen richtet sich darauf, das lebendige Wort zu formulieren, das das alte Rußland empfangen habe und das nunmehr das neue der Welt zu sagen habe. Entsprechend vollzieht sich nach S.s Anschauung die Fleischwerdung der Sophia in der christlichen Politik. In den *Geistlichen Grundlagen des Lebens* geht er diesem Gedanken in praktischer Abzielung auf die menschlichen Pflichten angesichts des Ideals der freien Theokratie nach. Nachdem er am 6. 4. 1880 mit der *Kritik der abstrakten Prinzipien* promovierte, lehrte er Philosophie in Petersburg. Da er aber für die Begnadigung der Mörder des Zaren Alexanders II. eingetreten war, ereilte ihn ein Verweis der Be-

hörden. Die erfahrene und ihm zunehmend als unhaltbar bewußt werdende Unterordnung der Kirche unter den weltlichen Staat führte ihn zu neuen Positionen in der Konfessionsfrage. Als Glied der Russischen Orthodoxen Kirche bekannte er sich nun zum zuvor von ihm verurteilten »römischen Prinzip« und zum Papst (*La Russie et l'Eglise Universelle*, 1889). Sein Schritt – als Konversion zum Katholizismus mißverstanden – sorgte für weitere Polarisierung anstelle der von ihm angestrebten Vereinigung zur universalen Kirche und ließ ihn desillusioniert schließlich sich wieder auf philosophische Arbeiten konzentrieren (*Sinn der Liebe, Rechtfertigung des Guten, Theoretische Philosophie*). Sein nun primär apokalyptisches Denken und die sich einstellende Überzeugung, daß Rußland seine weltgeschichtliche Aufgabe verfehlt habe, führten ihn dazu, die Vereinigung der Christen nach Maßgabe des eigenen Gewissens unter Rom zu wünschen. In *Drei Gespräche* findet diese Phase seines Schaffens ihren intensivsten Ausdruck, besonders in der darin enthaltenen *Erzählung vom Antichrist*. Gerade in dieser Erzählung aber ist es nur ein Häuflein katholischer, orthodoxer und evangelischer Christen, die an einem hochgelegenen und einsamen Ort bei Jericho zusammenfinden im Anblick der vom Antichrist initiierten Großkirche. Der Antichrist aber symbolisiert die wissentliche – also nicht einfach nur aus der Unkenntnis der Ursache zu erklärende – Ablehnung des Guten. An einem schweren Nierenleiden erkrankt und entkräftet erschien er am 15. 7. 1900 bei seinem Freund, dem Fürsten Trubeckoj, auf dessen Gut in Uskoe, empfing vor seinem Tod die Eucharistie vom dortigen orthodoxen Dorfpriester und starb. Seine Grablege fand er an der Seite seines Vaters im Novo-Devicij-Kloster in Moskau.

Martin Tamcke

Spener, Philipp Jakob

Geb. 13. 1. 1635 in Rappoltsweiler;
gest. 5. 2. 1705 in Berlin

Der als Vater des Pietismus bekannt
gewordene lutherische Theologe lernt
als Kind neben J. Arndts *Vom wahren
Christentum* auch englische Erbauungs-
bücher kennen. Während seines Studiums der Theologie und Geschichte
seit 1651 in Straßburg wird er durch
J. C. Dannhauer in die lutherische
Theologie eingeführt und vertieft während einer Studienreise durch die
Schweiz seine Kenntnisse der rabbini-
schen Theologie in Basel. In Genf lernt
er Waldenser kennen und hat eine lose
Begegnung mit dem ehemaligen Jesuiten und nun reformierten Prediger Jean
de Labadie, der sich später von der
reformierten Kirche löst, um einen se-
paratistischen Zirkel zu gründen, der
manche Ähnlichkeiten mit pietistischen
Konventikeln aufweist. Auf einer weiteren Reise erhält S. während einer Reise
mit dem Grafen von Rappoltstein zu
einer Hochzeit des württembergischen
Fürstenhauses in Stuttgart einen bleibenden Eindruck von den Tübinger
Theologieprofessoren, die er während
seines Aufenthaltes in Württemberg
aufsucht, und befreundet sich mit jüngeren von ihnen. Obwohl ihn der württembergische Fürst gerne als Professor
für Geschichte gewonnen hätte, nimmt
er die ihm angebotene Stelle als Frei-
prediger in Straßburg an, um sich auf
seine Doktorpromotion vorzubereiten.
Diese wird mit einer Dissertation über
die Auslegung von Apk 9 und einer
Reihe von Vorlesungen über die Frage
nach der Wiederholbarkeit der Wiedergeburt abgeschlossen. Am Tag seiner
Promotion (23. 6. 1664) heiratet er die
Straßburger Patriziertochter Susanne
Erhardt. Neben seiner Predigttätigkeit
hält er weiterhin außer theologischen,
auch Vorlesungen über Geschichte und
Politik. 1666 erreicht ihn ein Ruf zum
Senior des Predigerministeriums in der
freien Reichsstadt Frankfurt/M. Hier
bemüht er sich vor allem um den Ausbau des Katechismusunterrichts und die
Abschaffung von Mißständen in Stadt
und Gemeinde. Im sozialen Bereich fördert er die Entstehung eines Waisen-
und Armenhauses. Ohne besonderes eigenes Zutun kommt es 1670 zu einem
Ereignis, das S.s weitere Wirksamkeit
beeinflussen soll. Aufgrund einer Predigt, in der er dazu ermuntert hat, auch
über Gottesdienst und Familienandacht
hinaus sich in erbaulichen Gesprächen
bei privaten Begegnungen gegenseitig
zu ermuntern, treffen sich einige Frankfurter Patrizier, um ein *Collegium pietatis* einzurichten, zu dem S., der von dem
Vorhaben unterrichtet worden ist, in
sein Pfarrhaus einlädt. Zunächst mit der
Lektüre von Erbauungsbüchern beschäftigt, wenden sich die meist akade-
misch gebildeten Mitglieder nach ca.
fünf Jahren auch der Bibellektüre zu.
Etwa zur gleichen Zeit läßt S. sich von
der »Hoffnung auf künftige bessere Zeiten in der Kirche« vor dem Ende der
Welt überzeugen. Mit manchen Zeitgenossen an der mangelnden Ernsthaftigkeit des christlichen Lebens vieler lei-
dend, trägt er 1675 in einer Vorrede zur
Predigtpostille Johann Arndts fünf Vorschläge vor, die den Amtsbrüdern helfen
sollen, »zur Ehre Gottes und zur Erbauung der Kirche« zu arbeiten: 1. Vermehrung der Bibelkenntnis in der Gemeinde durch Ermunterung zum privaten
Bibellesen, durch Einführung von kur-
sorischer Bibellektüre im Gottesdienst
und mit Hilfe von einzurichtenden Bi-
bellesekreise, 2. durch das intensivere
Verständnis des allgemeinen Priester-
tums aller Gläubigen, 3. durch die Betonung des praktisch gelebten und vorbildlichen Christentums, statt 4. rein
akademischer Disputationen über die
Wahrheit der Lehre, und 5. durch die
Anleitung der Studenten durch ihre
Professoren zum gelebten Christentum,
u. a. durch gemeinsame Bibellektüre in
kleinem Kreis. Durch einen wenige Mo-

nate später besorgten Separatdruck (*Pia Desideria*) werden nicht nur diese Vorschläge weiter bekannt, sondern auch das *Collegium pietatis* in Frankfurt. Nach dessen Vorbild entstehen einerseits an verschiedenen Orten, vor allem in süddeutschen Reichsstädten, in denen S.korrespondenten als Geistliche amtieren, ähnliche Einrichtungen, andererseits erheben sich aber auch kritische Stimmen, und vor allem die Beteiligung der Laien (auch Frauen) im Gespräch über die Bibel wird mit Besorgnis aufgenommen, so daß S. seine Gedanken durch etliche Schriften (*Sendschreiben*, 1677; *Geistliches Priestertum*, 1677 und *Allgemeine Gottesgelehrtheit*, 1680) erläutern muß. Einen empfindlichen Rückschlag erleidet die junge Bewegung, die durch einige ihrer Glieder mit Spiritualisten in den Niederlanden in Kontakt getreten ist, dadurch, daß sich die aktivsten Teilnehmer zunächst verdeckt, im Jahr 1682/83 aber öffentlich von der Kirche trennen. Die radikale Kirchenkritik, die diesen Schritt ausgelöst hat und die S.s Hoffnung auf eine bessere Zeit für die Kirche leugnet, läßt ihn mit seiner Schrift *Der Klagen über das verdorbene Christentum Mißbrauch und rechter Gebrauch, darinnen auch ob unsere Kirche die wahre Kirche oder Babel ...*, 1685 entgegnen, ohne aber seine ehemaligen Weggefährten überzeugen zu können. Diese Entwicklung, die den orthodoxen Kritikern S.s recht zu geben scheint, kann es jedoch nicht verhindern, daß dieser 1686 von dem Kurfürsten Johann Georg III. von Sachsen zum Oberhofprediger und somit in das ranghöchste geistliche Amt des deutschen Luthertums berufen wird. Für S. selbst erweisen sich die fünf Jahre in Dresden eher enttäuschend, denn er hat viel weniger Einflußmöglichkeiten auf den Hof als erhofft und kann auch nur das Vertrauen weniger sächsischer Geistlicher erwerben. Dennoch ist seine Anwesenheit in Dresden für ihn selbst wie die entstehende junge

pietistische Bewegung von großer Bedeutung. Denn kurz nach seiner Ankunft in Dresden nimmt eine Gruppe Leipziger Theologiestudenten, die sich zum privaten exegetischen, aber auch persönlichen Gespräch über die Bibel zu treffen begonnen haben, mit ihm Kontakt auf. Darunter befinden sich die Träger der im Sommer 1689 beginnenden pietistischen Bewegung wie u. a. A. H. Francke, der spätere Gründer der Franckeschen Anstalten in Halle, von wo die wirkungsreichsten Impulse des Pietismus ausgehen. Die Begegnung vor allem mit Francke ist deshalb für die junge Bewegung so wichtig, weil sich der sehr erfahrene und in seiner Art bedächtige S. und der junge, energische und ideenreiche Francke hilfreich ergänzen. Dieser gründet unbekümmert von der Reaktion der Mitmenschen *Collegia pietatis*, scheut sich auch nicht, auf eine christliche Lebensführung zu dringen, die ihm den Heterodoxievorwurf der Orthodoxen einbringt, und bringt damit eine bedeutende Unruhe in die Gesellschaft seiner Umgebung. Jenem kommt dagegen die Aufgabe zu, in den beginnenden Auseinandersetzungen auszugleichen, so daß die pietistische Bewegung nicht durch die Unbedachtsamkeit ihrer jungen Träger scheitert. Dies wird dem Oberhofprediger jedoch um so schwerer, als er im Frühjahr 1689 wegen eines seelsorgerlichen Briefes an den Kurfürsten in Ungnade fällt. Noch mehr als ein Jahr dauert es aber, bis er 1691 den Ruf als Propst nach Berlin annehmen kann. In diese Zeit nun fällt die zweite Phase seiner Unterstützung der pietistischen Bewegung, die sich inzwischen an vielen Orten vor allem Nord- und Mitteldeutschlands, aber auch etwa in Gießen, ausgebreitet und heftige Auseinandersetzungen mit den Vertretern der Orthodoxie hervorgerufen hat. Die Arbeit S.s zugunsten des Pietismus besteht in seinem letzten Lebensjahrzehnt vor allem darin, daß er eine große Anzahl von Antworten auf die Streitschriften der Gegner verfaßt, um die Orthodoxie des Pietismus zu verteidigen. Zudem kann er durch seine guten Verbindungen an den Berliner Hof die Entwicklung der 1696 gegründeten Universität Halle, an der Francke und andere pietistische Theologen inzwischen als Professoren wirken, und den Aufbau der Franckeschen Stiftungen fördern. Darüber hinaus nutzt er seine weitgespannten Beziehungen zu den Fürsten, wichtige geistliche Ämter und theologische Professuren mit Pietisten besetzen zu lassen. Durch seine ausgedehnte Korrespondenz, in der ebenso persönliche seelsorgerliche Fragen wie kirchenrechtliche Probleme behandelt werden, wirkt er nicht nur im (lutherischen) Deutschland, sondern darüber hinaus vor allem nach Nord- und Osteuropa. Seit 1700 stellt er eine große Anzahl seiner Briefe in der Art eines pastoraltheologischen Handbuches in vier Bänden mit dem Titel *Theologische Bedencken* (1700–02) zusammen. Diesen folgen postum drei Bände *Letzte Theologische Bedencken* (1711) und – mit lateinischen Briefen – drei weitere Bände *Consilia theologica* (1709). Mit diesen Werken sowie seinen umfangreichen Predigtbänden, die seine Dogmatik (*Evangelische Glaubenslehre*, 1688) und seine Ethik (*Evangelische Lebenspflichten*, 1692) enthalten, wirkt er noch intensiv auf spätere Generationen von Geistlichen. S.s Bedeutung liegt darin, daß er Ideen, die die persönliche Gestaltung des christlichen Lebens fördern, selbst wenn sie nicht dem Boden der lutherischen Lehre entsprungen sind, so aufnimmt, daß sie in diese eingepflanzt werden können. Erschwert wird diese Aufgabe allerdings durch diejenigen seiner Freunde, die in radikaler Weise die Umsetzung dieser Gedanken fordern und dabei nicht die ihm unumgängliche Verortung in der lutherischen Theologie berücksichtigen. Dies gilt für das Leiden an den Zuständen der zeitgenössischen kirchlichen Verhältnisse, die sich zu einer radikalen Kirchenkritik auswächst, ebenso wie für die Bemühung um ein vom Glauben gestaltetes konkretes Leben, das gesetzliche Züge annehmen oder als die Möglichkeit mißgedeutet werden kann, als könne ein Christ ein von Sünden freies, vollkommenes Leben führen. Es ist weithin S.s Wirksamkeit zu verdanken, daß trotz aller Widerstände der Pietismus als die bedeutendste Frömmigkeitsbewegung der lutherischen Kirche in ihr einen Platz gefunden hat. Deshalb ist es gerechtfertigt, S. als den bedeutendsten Theologen des 17. Jh. zu bezeichnen.

Klaus vom Orde

Staupitz, Johann von

Geb. um 1468 in Motterwitz bei Grimma; gest. 28. 12. 1524 in Salzburg

Martin Luthers Zeugnis »Von Erasmus habe ich nichts. Ich hab all mein Ding von Doctor Staupiz«, wird man gewiß nicht wörtlich verstehen, sollte es aber ernstnehmen. Wird es doch durch viele sinnverwandte Aussagen verstärkt. Nun werden diese gern für die unstreitig große Seelsorger-Wirkung S.' reklamiert, die aber doch gerade auf ihrem theologischen Gehalt beruht. Ausdrücklich »rühmt« Luther S. als seinen »Vater in dieser *Lehre*« oder bezeugt, er habe »die *doctrinam* angefangen«. Gleichwohl treffen sich konfessionelle Autoren – katholische, um die Katholizität S.' besorgte, und lutherische, um die Originalität Luthers besorgte – in der Tendenz, den Einfluß des Älteren auf den »Sohn« zu minimalisieren oder gar umzukehren. Schon S. geht es um die Mitte der Frohen Botschaft. Daran geht sein Fragenkatalog, der von scholastischen Lehrformeln aus fragt (wie einst Denifle gegenüber Luther), ebenso vorbei, wie einer aus dem fertigen lutherischen Lehrgebäude. »Das tröstet mich«, so tröstet S. den angeklagten Luther, »daß diese *unsere* (!) Lehre von der Gnade alles Gott allein gibt und nichts den Menschen«. – S. geht von Gott aus, nicht vom Menschen und dessen Frage »wie bekomme ich einen gnädigen Gott?« Die Gnade geht allem voraus. Unsere (weil ›endlichen‹) Werke können die Gnade nicht verdienen. Die Rechtfertigung geschieht durch den Glauben, den Gott dem Sünder aus Gnade schenkt (um des *unendlichen* Verdienstes Christi willen). Glaube ist nicht Fürwahrhalten der Lehre, sondern das völlige Vertrauen zu Christus. Den rechtfertigenden Glauben sieht S. indes verbunden mit Hoffnung und Liebe, nicht isoliert. Die guten Werke sind also Früchte des Glaubens. Die Verdienstlehre der Scholastik lehnt S. ab. Über Augustinus hinaus schöpft er aus der Bibel; nur noch sie wird zitiert. Als »Zunge des Paulus« feiern ihn die begeisterten Hörer seiner Nürnberger Predigten (1516), die als sein Hauptwerk in Deutsch und Latein (*De exsecutione aeternae praedestinationis*) erscheinen. Wahre Buße beginnt mit der Liebe zu Gott (nicht mit der Furcht). Diesem S.-Wort, schreibt Luther 1518, verdankt er seine Abkehr von der kirchlichen Bußlehre. Schon 1512 predigte S. auf deutsch vom Ungenügen unserer Reue; man muß der ›Reue Christi‹ nachfolgen. Mithin entfällt die Mittlerrolle der Priester. – S. studiert seit 1483 in Köln, Leipzig und Tübingen (Dr. theol. 1500) und wirkt mit an der Universitäts-Gründung in Wittenberg als Dekan und Bibelprofessor (bis 1512). 1503–20 ist er als Generalvikar der observanten Augustiner Vorgesetzter, lebenslanger Freund und Förderer Luthers. Um 1512 wendet er sich von der Ordens-Reform zur Reform der Theologie und erzielt eine starke Wirkung in Predigt und Schriften (*Von der lieb gottes*). Nach dem Rücktritt 1520 zieht er sich nach Salzburg zurück, wo er seit 1512 stetig predigt. Benediktiner seit 1522, wird er Abt von St. Peter; sein Gutachten ist es, das die

Verurteilung eines Lutheraners verhindert. Ein Brief versichert 1524 Luther seiner innigen Freundschaft und seines Glaubens an das Evangelium, dessen Vorläufer er gewesen sei, bittet ihn aber, die äußeren, für den Glauben unwichtigen Dinge wie das Mönchsgewand nicht zu verwerfen. Der Herr gebe (obwohl so viele es mißbrauchen), »daß wir das Evangelium endlich leben!« Dieser Satz bündelt gleichsam S. reformatorische Spiritualität. So sind es die frommen Kreise, in denen er in seinen »geistreichen Büchlein« (in viele Sprachen übersetzt) bis ins 19. Jh. fortlebt.

Lothar Graf zu Dohna

Stein, Edith

Teresia Benedicta a Cruce;
geb. 1891 in Breslau;
gest. 1942 in Auschwitz

»Ein Buch mit sieben Siegeln« nannte man wegen seiner Verschlossenheit das elfte Kind der jüdischen Familie Stein, das es in seinem Leben zur Frauenrechtlerin, Philosophin, Theologin und Bekennerin bringen sollte. S. ist geprägt von der jüdischen Religiosität ihrer Mutter; der Vater stirbt schon ein Jahr nach ihrer Geburt. Nach einem glanzvoll bestandenen Abitur studiert sie in Breslau Philosophie, Geschichte und Germanistik, wechselt aber 1913 an die Universität Göttingen zu Edmund Husserl, den sie für den bedeutendsten Gegenwartsphilosophen hält. Dort wird sie Mitglied des Göttinger Kreises und bringt ihr Max Scheler katholisches Denken nahe. Als 1914 der Erste Weltkrieg ausbricht, wird S. Schwesternhelferin, legt mitten im Krieg ihr Staatsexamen mit Auszeichnung ab und arbeitet danach in einem Seuchenlazarett. 1916 schließt sie in Freiburg i.Br., wohin Husserl mittlerweile übersiedelt ist, ihre Dissertation *Zum Problem der Einfühlung* ab, an deren Entwurf sie gerade einmal drei Monate gearbeitet hat. Ihre anschließende Assistententätigkeit führt nicht zur Habilitation, da diese Frauen damals von Gesetzes wegen noch nicht möglich ist und Husserl sich nicht dafür verkämpfen will. »Sollte die akademische Laufbahn für Damen eröffnet werden, so könnte ich sie an allererster Stelle und aufs wärmste empfehlen« schreibt er ehrlicherweise 1919 an die Universität Göttingen, wo S. sich um Zulassung zur Habilitation bemüht. Im Sommer 1921 liest sie während eines Besuchs bei ehemaligen Husserlschülern die Autobiographie der Theresia von Avila. Sie ist davon so beeindruckt, daß sie drei Grundentscheidungen fällt: Sie will Christin, Katholikin und Karmelitin werden. Bis zu ihrem Eintritt ins Kloster vergehen noch 12 Jahre, aber am 1. 1. 1922 läßt sie sich taufen. Ihre Mutter ist entsetzt und macht ihr den Vorwurf, sie verrate ihren Glauben. In den folgenden Jahren lehrt sie an der Dominikanerinnenschule in Speyer, unternimmt mehrere Vortragsreisen und veröffentlicht im *Jahrbuch für Philosophie und phänomenologische Forschung*. 1931 scheidet sie aus dem Schuldienst aus und versucht nun, sich in Freiburg oder Breslau zu habilitieren. Dafür erarbeitet sie eine Habilitationsschrift mit dem Titel *Akt und Potenz*, in der sie Husserl und Thomas von Aquin aufeinander bezieht: Unterschied und Ähnlichkeit des ewigen und des endlichen Seins werden unter den Voraussetzungen der Gegenwartsphilosophie diskutiert. Außerdem veröffentlicht sie ihre Übersetzung von Thomas' *Quaestiones de veritate* und wird Dozentin am katholischen Deutschen Institut für wissenschaftliche Bildung in Münster. Im April 1933 wird sie dort jedoch bereits wieder entlassen. Im Oktober tritt sie als Teresia Benedicta a Cruce in Köln in den Karmel ein. Die Jahre 1935/36 sind der Umarbeitung von *Akt und Potenz* in *Endliches und Ewiges Sein* gewidmet. Ihr Gesuch um eine Privataudienz bei Pius XI. bleibt ohne Resonanz, ihre Ausreise

in den Karmel nach Bethlehem wird verweigert. 1938 siedelt sie aus Angst vor Hitlers Schergen in den Karmel Echt in Holland über. Ihre Schwester Rosa folgt ihr und tritt in den Drittorden der Karmelitinnen ein. Doch schon 1940 werden die Niederlande von deutschen Truppen besetzt. Versuche, in die Schweiz zu emigrieren, scheitern. Am 2. 8. 1942 werden E. und Rosa S. durch die Gestapo verhaftet, am 7. 8. nach Auschwitz deportiert, am 9. 8. in die Gaskammer verbracht. Am 11. 10. 1998 wird S. von Papst Johannes Paul II. heiliggesprochen. – Die Phänomenologie S.scher Couleur trägt dem Anspruch Rechnung, die Autonomie der Philosophie neu zu begründen, indem sie von der geistigen Anschauung der gegebenen Phänomene ausgehend aus diesen durch Ideation deren reines Wesen gewinnt. Zum Ursprung des Seins kann nur gelangen, wer ein Korrelat zwischen Sein und Bewußtsein annimmt. Hier trennt S. sich inhaltlich von Husserl. In *Endliches und Ewiges Sein* formuliert sie ein dreifaches Ankommen: bei sich, bei der Welt und beim Grund. Die Novizin ist überzeugt, daß Philosophie durch Theologie ergänzt werden muß. In Echt arbeitet S. an ihrem dreibändigen Werk *Kreuzeswissenschaft*, welches, auf Johannes vom Kreuz basierend, das philosophische und theologische Denken an die Grenze des Paradoxen führt: Die Paradoxie kann nicht bis ins letzte gedacht, sie kann nur gelebt werden – oder wie S. es 1938 in einem Brief formuliert: »Wer die Wahrheit sucht, der sucht Gott, ob es ihm klar ist oder nicht.«

Annemarie C. Mayer

Strauß, David Friedrich
Geb. 27. 1. 1808 in Ludwigsburg;
gest. 8. 2. 1874 ebd.

Die Laufbahn des württembergischen Theologen S. ist ebenso wie sein persönliches Leben von Tragik überschattet. Der Hochbegabte war bereits am niederen Seminar Blaubeuren Schüler F.Chr. Baurs, des Begründers der Jüngeren Tübinger Schule, der später an der Universität sein theologischer Lehrer wurde. Als Repetent des Evangelischen Stifts hielt S. 1832/33 an der Philosophischen Fakultät Vorlesungen, durch die er das Denken des jüngst verstorbenen Philosophen Hegel erstmals in Tübingen bekanntmachte. Innerhalb weniger Jahre verfaßte er sein erstes großes Werk: *Das Leben Jesu, kritisch bearbeitet* (1835/36). Schon nach Erscheinen des ersten Bandes erhob sich ein Sturm der Entrüstung, der S. sein Repetentenamt kostete und ihm bald auch jede Aussicht auf eine Tätigkeit in Württemberg verschloß. Da er mit seinem Buch über die bisher von Baur vertretenen Positionen hinausgegangen war, sah dieser durch S. seine eigenen Bemühungen diskreditiert und unterstützte ihn künftig nur noch halbherzig. Die Berufung von S. als Professor für Dogmatik nach Zürich 1839 löste politische Unruhen aus (»Züriputsch«), die zu seiner Pensionierung noch vor Dienstantritt führten. Nach dem Erscheinen einer zweiten wissenschaftlichen Darstellung 1840/41 ging er zur Veröffentlichung von Werken über, die man heute »Sachbücher« nennen würde. Sie behandeln vor allem Dissidenten, denen sich S. innerlich nahe fühlte (Christian Daniel Friedrich Schubart, Nikodemus Frischlin, Ulrich von Hutten, Hermann Samuel Reimarus und Voltaire). Sein letztes Werk, »Der alte und der neue Glaube« (1872), bietet eine Zusammenfassung seiner späten Weltanschauung, die Bürgerlichkeit, Humanitätsglauben und Darwinismus miteinander verbindet und aus Literatur und Musik gespeist wird. Aus der wissenschaftlichen Theologie wurde S. seit 1841 rasch verdrängt. Seine bleibende Bedeutung als Theologe beruht vor allem auf den beiden umfangreichen

Werken seiner Frühzeit. – Das *Leben Jesu* enthält eine kritische Aufarbeitung der Jesus-Überlieferung unter Berücksichtigung der älteren Auslegungsgeschichte wie der aktuellen Forschung. S. legt den Finger insbesondere auf die Problemstellen in den Quellen: auf die religionsgeschichtlichen Parallelen, die zahlreichen Widersprüche in der Überlieferung und das Unwahrscheinliche der Wundergeschichten. Dabei wendet er sich gleichermaßen gegen die Apologetik des Supranaturalismus wie gegen die Erklärungsversuche des Rationalismus. Seinen eigenen Standpunkt bezeichnet er als den »mythischen«. Es ist freilich nicht seine Absicht, die ganze Geschichte Jesu für mythisch auszugeben; sondern er möchte in ihr nur die mythische Elemente aufspüren. Unter »neutestamentlichen Mythen« versteht er »nichts Andres, als geschichtartige Einkleidungen urchristlicher Ideen, gebildet in der absichtslos dichtenden Sage«. Die scharfsinnige und sorgfältige Durchführung seines Vorhabens ergibt freilich ein für die Überlieferung vernichtendes Ergebnis, das in der »Schlußabhandlung« schonungslos mit Konsequenzen für die Dogmatik und bis in die pfarramtliche Praxis hinein, dargelegt wird. Der Gedanke, daß durch seine kritische Untersuchung die herkömmliche Vorstellung von dem einen, einzigen Gottmenschen aufgehoben wird, kann S. nicht schrecken: »Das ist ja gar nicht die Art, wie die Idee sich realisirt, in Ein Exemplar ihre ganze Fülle auszuschütten, und gegen alle andern zu geizen, sondern in einer Manchfaltigkeit von Exemplaren, die sich gegenseitig ergänzen, im Wechsel sich setzender und wiederaufhebender Individuen, liebt sie ihren Reichthum auszubreiten.« Die »Idee der Einheit von göttlicher und menschlicher Natur« ist nicht in einem individuellen Menschen Jesus verwirklicht worden, sondern in der ganzen Menschheit als »Menschwerdung Gottes von Ewigkeit«.

Ebensosehr wie mit diesen systematischen Ausführungen hat S. mit seinen exegetischen Darlegungen Anstoß erregt: besonders mit seiner scharfen Kritik an den Wundern Jesu (darunter »Sturm-, See- und Fischgeschichten«) und mit den fortlaufenden Hinweisen auf unüberbrückbare Differenzen zwischen den Synoptikern und dem vierten Evangelium, die zur Erkenntnis der Ungeschichtlichkeit des Johannesevangeliums hinführen müssen. Vieles an diesem Werk ist heute überholt: vom Verständnis des Mythos über die Vorstellung von der Entstehung der Jesus-Überlieferung und der Evangelien bis hin zu der an Hegel orientierten Christologie. Doch bezeichnet es durch seine kritische Behandlung der Quellen und die religionsgeschichtliche Betrachtungsweise einen Stand der Diskussion, hinter den die Evangelienforschung nicht mehr zurückfallen darf. – Schon wenige Jahre später legte der junge Theologe einen zweiten großen Wurf vor: *Die christliche Glaubenslehre in ihrer geschichtlichen Entwickelung und im Kampfe mit der modernen Wissenschaft dargestellt* (1840/41). Es handelt sich noch nicht um eine wirklich geschichtliche, von Epoche zu Epoche fortschreitende Darstellung der Lehrentwicklung in ihren inneren und äußeren Verflechtungen, wie sie einige Jahrzehnte später Adolf (von) Harnack mit seiner Dogmengeschichte geschaffen hat. S. geht vielmehr, wie in seiner Zeit noch üblich, von einem systematischen Schema aus, in dem zunächst »die formalen Grundbegriffe der christlichen Glaubenslehre« (S.: »Apologetik«, heute: »Fundamentaltheologie«) und anschließend »der materiale Inbegriff der christlichen Glaubenslehre (Dogmatik)« behandelt werden. Auch innerhalb der beiden Hauptteile befolgt der Verfasser eine sachliche Gliederung, wobei er in der »Apologetik« zugleich eine gewisse geschichtliche Entwicklung des christlichen Denkens von der biblischen Auffassung der Offenbarung bis zu dem modernen Zentralproblem von »Glauben und Wissen« darlegt. Die »Dogmatik« dagegen ist streng nach der herkömmlichen Themenfolge von der Gotteslehre bis zur Eschatologie aufgebaut. Innerhalb der einzelnen Abschnitte zeichnet S. dann jeweils die geschichtliche Entwicklung nach. Die Bedeutung seines Werks liegt weniger in der Fülle des verarbeiteten Materials als in der Betrachtungsweise der »speculativen Kritik«. So sehr er dabei in der Hegelschen Auffassung befangen bleibt, der Inhalt der christlichen Lehre müsse »aus einer unangemessenen Form befreit« werden, so wichtig ist seine Einsicht in das Wesen der historischen Kritik: »Es ist nämlich dieser kritische Process nicht erst von dem heutigen Theologen zu veranstalten, sondern er liegt in der ganzen Entwicklungsgeschichte des Christenthums, speciell der Dogmengeschichte, bereits vor, und der jetzt lebende Theologe hat ihn blos begreifend zusammenzufassen. [...] Die wahre Kritik des Dogma ist seine Geschichte.« Mit der in diesen monumentalen Sätzen ausgedrückten Sicht hat S. wesentlich zu einer historisch-kritischen Geschichtsbetrachtung in der Theologie beigetragen.

Ulrich Köpf

Suarez, Francisco
Geb. 5. 1. 1548 in Granada;
gest. 25. 9. 1617 in Lissabon

Der von Päpsten als ausgezeichneter Denker und Lehrer (›Doctor eximius‹) gewürdigte spanische Jesuit gilt als der wichtigste Repräsentant des silbernen Zeitalters der Scholastik (ca. 1525–1625), dessen intellektuelle Zentren auf der iberischen Halbinsel liegen. In Salamanca, Coimbra, Alcalá entstehen ab 1525 bedeutende Forschungsstätten, welche die scholastische Tradition neu beleben und für die Auseinandersetzung mit den theologischen und philosophischen Fragen, die durch die Kolonialisierung und Christianisierung der Neuen Welt, Humanismus und Reformation entstehen, fruchtbar machen. – S. studiert zunächst in Salamanca kanonisches Recht und tritt dort 1564 in den Jesuitenorden ein. Nach dem Philosophie- und Theologiestudium widmet er sich bis an sein Lebensende ganz der Tätigkeit des Hochschullehrers und Seelsorgers. Sie führt ihn nach Segovia, Valladolid, Rom, Alcalá, Salamanca, Coimbra und schlägt sich in umfangreichen Schriften zur theoretischen Philosophie, Theologie, Rechts- und Staatslehre nieder. In außerordentlicher Gelehrsamkeit wird darin antikes, patristisches, arabisches und scholastisches Gedankengut herangezogen und unvoreingenommen diskutiert. Das Verfahren wurde im neuscholastischen Schulenstreit des 19. und 20. Jh. gelegentlich als Eklektizismus mißverstanden und diskreditiert. Tatsächlich entfaltet S. auf diesem Weg jedoch eine neue, eigenständige Position, die Elemente der thomistischen, scotistischen und ockhamistischen Schultradition in einer differenzierten Gesamtschau zusammenführt. Ihre Grundlinien und ihre geistesgeschichtliche Stellung sind bis heute nur teilweise erforscht und werden kontrovers diskutiert. – Seinen bedeutendsten philosophischen Beitrag bildet der Entwurf der Ersten Philosophie in den *Disputationes metaphysicae* (1597). Das als Propädeutik für Theologiestudenten gedachte Werk verläßt die herkömmliche Methode der Textkommentierung und entwickelt erstmals die ganze Materie der Metaphysik in einer allein durch sachliche Gesichtspunkte bestimmten Systematik. Es wurde schnell zum Standardlehrbuch auch an reformierten Universitäten Deutschlands. Descartes, Leibniz, Berkeley, Wolff, Schopenhauer, F. Brentano, Heidegger schätzten es als eine tiefe, scharfsinnige und klare Exposi-

tion, die Übersicht über den Diskussionsstand der Zeit bietet. – In der Rechtslehre wirkte S.' Grundlegung des Rechts im Traktat *De legibus* (*Über die Gesetze*, 1612) innovativ. Seine Erklärung des *ius gentium* bereitete die moderne Völkerrechtslehre vor; die Lehre von der Volkssouveränität trug durch ihre Rezeption an den hispano-amerikanischen Universitäten zur kolonialen Emanzipation bei. – Die theologischen Beiträge erstrecken sich auf nahezu sämtliche Bereiche der Theologie von trinitätstheologischen Grundfragen bis zu speziellen praktischen Fragen des geistlichen Lebens. Die Gnadenlehre Molinas wurde in der ihr durch S. vermittelten Gestalt (Kongruismus) ordensverbindlich.

Rolf Darge

Takizawa, Katsumi
Geb. 1909 in Utsonomiya (Fukuoka); gest. 1984 in Fukuoka

T. studiert bei Kitaro Nishida, nachdem er in seiner Examensarbeit die Philosophie Hermann Cohens und die Phänomenologie Husserls und Heideggers verglichen hat. In mühevollen Studien erarbeitet er als grundsätzliche Voraussetzung: »Der Punkt, wo das Einzelne und das Allgemeine sich miteinander verbinden, liegt nicht im Besonderen oder irgendwo innerhalb unseres Denkens und Bewußtseins, sondern gerade und allein da, wo das Einzelne selbst gesetzt ist. Was nur Subjekt des Urteils und nie Prädikat von einem Anderen wird, das ist nicht bloß ein unbestimmtes Etwas, sondern liegt, sozusagen von seinem absoluten Hintergrund her streng bestimmt, selber direkt auf der Ebene des transzendenten, umfassendrealen an und für sich selbst leuchtenden Prädikats, das nie in der gleichen Weise wie andere, innerweltliche Gegenstände Prädikat unseres Urteils werden kann.« (*Zen-Buddhismus und Chri-*

stentum, 143) Einzelnes und Allgemeines sind untrennbar und unvermischbar. – Mit einem Stipendium in Deutschland, schließt T. in Bonn Bekanntschaft mit Karl Barth. Er versucht von nun an lebenslang, eine Synthese zwischen seinen beiden Lehrern herzustellen. Dazu unterscheidet er bei dem von Barth übernommenen Immanuel-Begriff zur weiteren Klärung seines Ansatzes zwischen einem Immanuel im 1. und einem im 2. Sinn bzw. zwischen einem ersten und zweiten Kontakt Gottes mit den Menschen. Christus ist als »Urfaktum« Immanuel im 1. Sinn. Sein Zeichen ist der Christus, der Fleisch wurde, Jesus. Dieser ist der Immanuel im 2. Sinn. Unumkehrbar – anders als bei Nishida – sind beide Verhältnisse, wobei Barth seinerseits das erste vom zweiten nach Meinung T.s nicht klar genug unterscheidet. Das Kreuz ist zwar Zeichen der Zeichen, hat aber keine heilsstiftende Bedeutung. Das Wort der Sündenvergebung und der absoluten Gnade, dies Wort aber auch von absoluter Distanz zwischen Gott und dem Menschen, vermittelt der Hl. Geist. In Stellen wie Joh 10,30 oder 15,1–8 ist das Ich, das darin zum Ausdruck kommt, ein ewiges Ich, das auch dasjenige des fleischlichen Jesus transzendiert und bei uns allen herrscht. »Das Ich, das vor Abraham ist, der ewige Sohn Gottes, ist für ewig mit Gott zusammen und als solcher zugleich nicht nur mit einem fleischlichen Menschen Jesus von Nazareth, sondern auch mit jedem existierenden Menschen als Christus – der eine Menschensohn – vereint.« (*Was hindert mich noch*, 10) Unerreichbares Vorbild ist Jesus nach T. nur in dem Sinn, daß bei ihm der Immanuel 2 stärker ausgeprägt ist. Daraus folgt auch, daß der Unterschied zwischen Kirche und Welt, zwischen dem Menschen Jesus und den anderen Menschen, erst da entsteht, wo sich der fleischliche Mensch selbst dem tief verborgenen, doch bei ihm selbst existierenden, wah-

ren Grund und Ziel seines Lebens gegenüber bestimmt. Alle Religionen, so T., sind Widerschein des einen *dharma* bzw. *logos* dieser Welt. Die »Kraft des Anderen«, wenn sie wahre Kraft des Anderen ist, hindert durchaus nicht die Autonomie des Menschen. Wer meint, T. habe aus dem einmaligen Christusereignis (Immanuel = Gott mit uns) ein universales Prinzip gemacht und damit den christlichen Glauben an eine buddhistische Philosophie preisgegeben, zieht allerdings nicht in Betracht, wie sehr T. vielen buddhistischen Lehren zum Trotz die absolute Unumkehrbarkeit zwischen Gott und Menschen betont.

Sybille Fritsch-Oppermann

Tauler, Johannes

Geb. ca. 1300 in Straßburg;
gest. 16. 6. 1361 ebd.

T. ist mystischer Prediger, nicht Wissenschaftler: Obwohl er sich mit theologischen Entwicklungen seiner Zeit wach auseinandersetzt, insbesondere auch an der Aufnahme neuplatonischer Einflüsse teilnimmt, erwirbt er nie einen akademischen Grad. Seine Hauptaufgabe nach der Priesterweihe in den zwanziger Jahren liegt in der *cura monialium*, der Seelsorge an Beginen und Dominikanerinnen. Doch verschiebt sich dies spätestens in den vierziger Jahren hin zur Volkspredigt: Im Zusammenhang der Streitigkeiten zwischen Kaiser und Papst muß sein dem Papst gegenüber loyaler Konvent Straßburg verlassen, und T. kommt nach Basel. Hier schart sich um ihn die Bewegung der Gottesfreunde, denen er eine lebbare Mystik für den Alltag vermittelt. Nicht zufällig ist er der erste Theologe, der nicht allein die klösterliche Existenz, sondern auch die Alltagsarbeit als »Ruf« zu deuten vermag. Und in diesem Alltag geht es darum, eine Haltung zu gewinnen, die die Gottesgeburt in der Seele möglich macht. Dies ist vor allem die Haltung fortdauernder Buße: Je mehr der Mensch in der Selbsterkenntnis dazu kommt, sich und seine Neigungen zur Welt zu verachten, um so mehr Raum gibt er Gott. Dabei ist Gott zum einen schon stets im Menschen präsent, liegt in seinem Seelengrund bereit. Aber er begegnet dem Menschen auch stets neu durch die Gottesgeburt in der Seele, in der das Zentralereignis der Heilsgeschichte, die Inkarnation, individuell nachvollzogen wird. Dieser Vorgang ist ganz wechselseitig: So wie Gott in den Menschen fließt, fließt auch der Mensch in Gott. Doch ist T. durch den fatalen Ausgang des Eckehart-Prozesses vorsichtig geworden: Er betont, um jedes Mißverständnis zu vermeiden, als ginge es hier um ontologisch beschreibbare Vorgänge, zum einen die Gnadenhaftigkeit des Geschehens und zum anderen, daß Gott stets auch dem Menschen entzogen bleibt: Die mystische Einung kann ein Vorspiel auf die Ewigkeit sein, kann sie aber nicht festhalten und festschreiben: Sie geht vorüber, und der Mensch begibt sich stets neu auf den Weg zu Gott. So wird das fromme Leben zu einem dynamischen Prozeß von Gottesbegegnung und Gottesentzug. Seine letzten Lebensjahre kann T. wieder, von Reisen unterbrochen, in Straßburg verbringen.

Volker Leppin

Teilhard de Chardin, Marie-Joseph Pierre

Geb. 1. 5. 1881 auf Schloß Sarcenat bei Clermont-Ferrand;
gest. 10. 4. 1955 in New York

»Die Vergangenheit hat mir den Bau der Zukunft enthüllt« schreibt der in Paläontologie wie Theologie an der Zukunft maßgeblich mitbauende T. 1935 an Bord der Cattay. Das 4. von 11 Kindern einer Großnichte Voltaires wird 1899 Novize bei den Jesuiten. Der Antikleri-

kalismus und die Ausnahmegesetze in Frankreich zwingen den Orden, nach England auszuweichen. Während seines Juvenats auf der Insel Jersey erwägt T., seine naturwissenschaftlichen Interessen aufzugeben, doch sein Novizenmeister rät ihm, diese Begabung nicht zu verleugnen. Von 1905–08 unterrichtet er Physik und Chemie am Jesuitenkolleg in Kairo. Nebenbei unternimmt er geologische Exkursionen. Zum Theologiestudium kehrt er nach England zurück. In Hastings vermittelt man ihm eine ›progressive‹ Schultheologie. Nach der Priesterweihe 1911 studiert er Paläontologie in Paris. Der Erste Weltkrieg vereitelt zunächst seine Promotion. 1915 wird er Sanitäter an der Front. Im Schlachtfeld sieht er ein Schachbrett Gottes. Von der mystischen Sublimierung seiner Kriegserlebnisse zeugen Schriften wie *La nostalgia du front*. Nach Abschluß seiner Dissertation über die Säugetiere des französischen unteren Eozäns wird er 1922 außerordentlicher Professor für Geologie am Institut Catholique, doch währt seine Lehrtätigkeit nicht lange, da die Ordensoberen über seine Thesen beunruhigt sind. 1923 billigen sie eine Forschungsreise nach China – der Beginn eines 13jährigen, jeweils nur kurz unterbrochenen Exils dort. Eine in Paris veröffentlichte Studie über die Erbsünde zieht neue Schwierigkeiten mit dem Orden und Rom nach sich. T. fährt erneut nach China und macht sich an die Vorbereitung und Durchführung zahlreicher Expeditionen. 1929 ist er an der Entdeckung des fossilen Pekingmenschen beteiligt. Nach dem Tod des Vaters 1932 entsteht *La Signification de la Souffrance* (*Die Bedeutung und der konstruktive Wert des Leidens*). Auf *Esquisse d'un Univers personnel* (*Entwurf eines personalen Universums* 1936) folgen 1938 eine Burmareise und die Arbeit an einem seiner Hauptwerke, *Le phénomène humain* (*Der Mensch im Kosmos*), das er 1940 fertigstellt. Zu seinen Lebzeiten erhält es trotz zahlreicher Änderungen keine kirchliche Druckerlaubnis. Der Zweite Weltkrieg verhindert weitere Forschungs- oder Vortragsreisen. Erst 1946 kann er nach Paris zurückkehren, erleidet dort einen Herzinfarkt – vielleicht weil seinen theologischen Veröffentlichungen die Indizierung droht. Ein Besuch in Rom 1948 bringt weder die ersehnte Erlaubnis zur Drucklegung seiner Werke noch zur Annahme eines Lehrstuhls am Collège de France. Seinen geowissenschaftlichen Leistungen zollt man aber Anerkennung. 1950 wird er Mitglied der französischen Akademie der Wissenschaften. 1951 reist er zur Erforschung des Australopithecus nach Südafrika. Sein Wohnsitz ist nun New York. Seine Frankreichaufenthalte werden zu immer kürzeren Zwischenstationen, seine Oberen sehen ihn lieber außer Landes, zeitweise empfindet er diese Reisen als Verbannung. Vor allem in seinen letzten Lebensjahren leidet T. zunehmend unter der Verständnislosigkeit Roms und den Spannungen mit dem Orden. Trotzdem will er die Gesellschaft Jesu um keinen Preis verlassen. Die ignatianische Spiritualität hilft ihm, sein Schicksal zu ertragen. Er wird immer mehr zum Mystiker. Seine Differenzen mit der Kirche liegen zum einen in deren Ablehnung des Darwinismus begründet und zum anderen in seinem Versuch, sich aus der Enge der neuscholastischen Schultheologie zu lösen. Gegen das naive Verstehen der Genesis als Tatsachenbericht einer einmalig erfolgten Schöpfung bekennt sich der Paläontologe T. zur Evolution des Universums: In ihr sieht er eine stetige zielgerichtete Entwicklung zu höherer Komplexität. Auf die Kosmo- und Biogenese (Werden von Weltstoff und Leben) folgt mit der Entstehung des Menschen die Noogenese (Werden des Geistes). Damit ist die derzeit höchste evolutive Komplexität und Bewußtseinsstufe erreicht. Die Evolution strebt aber durch zunehmende Vereinigung auf ein Maximum an Einheit und Bewußtsein zu, welches schließlich im Punkt Omega kulminieren wird. Der Theologe T. erfährt Christus als Zentrum und Zielpunkt der im Werden begriffenen Welt. Aus dem Christus des mittelmeerischen Kulturbereichs wird der Christus Evolutor des gesamten Universums. Die herausragende Bedeutung Christi im universalen Prozeß der Erschaffung und Vollendung von Menschheit und Kosmos bleibt nicht ohne theologische Konsequenzen. Die wichtigste besteht in der Wiedergewinnung eines genuin trinitarischen Gottesbildes: Die höchste Form der Vereinigung ist eine vom kontingenten Sein unabhängige personale Wirklichkeit. Als deren Gegenüber ist ein ebenso nicht-kontingentes Du zu postulieren, christlich gesprochen, ein trinitarischer Gott, der in seiner immer schon vollendeten und sich immer neu vollziehenden Vereinigung unabhängig ist von der Schöpfung. Eine weitere Konsequenz betrifft die Theodizeefrage: Da sich das Universum in einem Werdeprozeß befindet, gibt es in ihm Unvollkommensein. Es ist der Preis für die Möglichkeit von Freiheit. Eine neue Sicht des Verhältnisses von Schöpfung und Erlösung folgt daraus: Die traditionelle Theologie betrachtet beide in getrennten Traktaten. Für T. sind Inkarnation und Erlösung Teil des evolutiven Schöpfungsgeschehens. – Die Bedeutung T.s liegt in seinem Versuch, wissenschaftliche Erkenntnisse und Glaubenswahrheiten so zu verbinden, daß Gott im Horizont eines modernen Weltbildes sinnvoll geglaubt werden kann. Dies bedeutet keine evolutionistisch-materialistische Engführung des Glaubens, sondern ein unbeirrtes Fragen nach Glaubensmöglichkeiten für morgen und damit ein Mitwirken am »Bau der Zukunft«.

Annemarie C. Mayer

Tersteegen, Gerhard

Geb. 25. 11. 1697 in Moers;
gest. 3. 4. 1769 in Mülheim/Ruhr

T. gilt heute als größter reformierter Liederdichter deutscher Sprache und als bedeutendster Vertreter des reformierten Pietismus in Deutschland; W. Nigg zählte ihn zu den »großen Heiligen«. Zu Lebzeiten beschränkte sich seine Wertschätzung dagegen auf die erweckten Kreise seiner niederrheinischen Heimat. Nach Gymnasialbesuch und kaufmännischer Lehre zog er sich, seit 1715 in Mülheim ansässig, in die für seine reformierte »Erbreligion« unerhörte, mittelalterlich-monastisch geprägte Nachfolge des armen Lebens Jesu zurück: In strenger Abgeschiedenheit oblag er der Handarbeit als Bandwirker und der erbaulichen Lektüre. Eine längere geistliche Entwicklung mündete in die Selbstverschreibung mit dem eigenen Blut an den »Blutbräutigam« Christus am Gründonnerstag 1724. Indem T. sich dem Dienst Christi widmete, wandte er sich dauerhaft von der Welt ab und distanzierte sich auch von der Kirche. Dafür öffnete er sich nun der Diaspora der Frommen. T. lockerte seine Klausur durch Aufnahme eines Hausgenossen und begann, mit Übersetzungen mystischer Schriften Menschen für ein Leben der Innerlichkeit zu gewinnen. Seit 1727 wirkte er an den Versammlungen der Erweckungspredigers Wilhelm Hoffmann mit, die er nach dessen Tod allein weiterführte. Von Gönnern unterstützt, widmete er sich bald vollzeitlich mit Briefen und Besuchen der seelsorgerlichen Betreuung erweckter Kreise im Bergischen Land, in Krefeld, Barmen, Elberfeld, Solingen, ja selbst in den Niederlanden. Um 1730 entstand unter seinem Einfluß die »Pilgerhütte« Otterbeck, eine evangelische Bruderschaft, der er geistliche Regeln gab. Seit 1723 war T., der sich profunde medizinische Kenntnisse angeeignet hatte, auch als gesuchter Laienarzt tätig. – »T. stand in seiner Zeit gegen den Geist seiner Zeit« (G. A. Benrath). In der Epoche der Aufklärung empfahl er den mystischen Weg des innerlichen Lebens in Ehrfurcht vor Gott und in Verachtung seiner selbst mit dem Ziel der »wesentlichen Glaubensvereinigung« mit Christus. In Anknüpfung an das Wirken Pierre Poirets machte T. mit seinen Übersetzungen die moderne romanische Mystik – neben der karmelitischen Mystik Spaniens vor allem den französischen Quietismus (Jeanne Marie de Guyon, Jean de Bernières-Louvigny) – in Deutschland bekannt, griff aber auch auf die deutsche Mystik und die *Devotio moderna* zurück. In den *Auserlesenen Lebensbeschreibungen heiliger Seelen* (1733–43) stellte er seinen Lesern 25 Vorbilder mystisch-abgeschiedenen Lebens vor, die sämtlich aus dem Katholizismus stammten. Eine Verabsolutierung der mystischen Sonderlehren über Gott und die Seele lehnte T. freilich zugunsten der Orientierung am biblischen Heilsweg ab. In seinem poetischen Hauptwerk, dem *Geistlichen Blumengärtlein inniger Seelen* (1729, [7]1768), das Sinngedichte und seine beliebten geistlichen Lieder (u. a. »Gott ist gegenwärtig«) enthält, dominiert denn auch biblische Begrifflichkeit. Ein Kuriosum stellt T.s Rezension der philosophischen Werke Friedrichs des Großen (*Gedanken über eines Anonymi Buch, genannt Vermischte Werke eines Weltweisen zu Sans-Souci,* 1762) dar, worin er ganz vom Standpunkt des Schulphilosophen aus dem König unwissenschaftliche Vorurteile und methodische Mängel nachwies.

Wolf-Friedrich Schäufele

Theresia von Avila
Teresa de Avila, Ordensname
(seit 1562) Teresa de Jesús, eigentlich
Teresa de Cepeda y Ahumada;
geb. 28. 3. 1515 in Avila;
gest. 4. 10. 1582 in Alba de Tormes

Th. ist spanische Mystikerin, Schrift-
stellerin, Reformerin des Karmeliteror-
dens. Seit 1617 ist sie neben dem hl.
Jakobus Schutzpatronin Spaniens, 1622
wird sie heiliggesprochen und 1970 zur
Kirchenlehrerin ernannt. – 1. Historischer Kontext: Die Vita Th.s und wichtige Elemente ihrer Spiritualität lassen
sich ohne Kenntnis der religiösen und
politischen Situation Spaniens im
16. Jh. nicht angemessen verstehen. Die
spanische Kirche nahm früh und intensiv an den religiösen Neuerungsbewe-
gungen der europäischen Präreforma-
tion teil. Diese Impulse wurden durch
eine Rezeption des Denkens des Erasmus von Rotterdam verstärkt, der die
Vorstellung vom gebildeten, selbstver-
antwortlichen Christen und einem religiösen Christozentrismus propagierte.
Zu den Neuerungen dieser Bewegung
gehörte eine verinnerlichte, individuali-
sierte Frömmigkeit, deren Zentrum das
»geistige Gebet« (oración mental) bil-
dete, das auch Formen mystischer Erfahrung einschloß. Unter dem Eindruck
der Reformation in Deutschland setzte
jedoch in den 30er Jahren eine dogmatische Reaktion ein. Sie ließ alle Tendenzen jenseits der tradierten rituellen
Frömmigkeit in Häresieverdacht geraten und durch eine machtvolle Inquisition geistig und physisch verfolgen. Eine
den neuen Frömmigkeitsformen zunei-
gende und daher besonders verdächtige
Gruppe waren neben den alumbrados
die sog. Neuchristen, d. h. die der (häufig unter Zwang) zum Katholizismus
konvertierten Juden. Th. gehörte ihrer
Herkunft nach zweifelsohne zu diesen
Neuchristen. Trotz ihres demonstrati-
ven Bekenntnisses zur hierarchischen
Kirche stand ihre stark mystische

Frömmigkeit – auch für ihre Beichtväter
und für sie selbst – von vornherein
unter großem Rechtfertigungsdruck.
Die umfassenden Reformbestrebungen
Th.s waren mitbedingt durch die religiösen »Verwüstungen« im reformierten Deutschland und im Frankreich der
Religionskriege. Eine inhaltliche Kenntnis der konfessionellen Hintergründe
hatte sie nicht. Von besonderer Bedeut-
samkeit war schließlich die Tatsache,
daß Th. als Frau in Zeiten männlicher
theologischer Dominanz Werke religiösen Inhalts verfaßte. Auch hier geriet sie
in ständige Legitimationsnot, die verhinderte, daß ihre Werke zu ihren Lebzeiten veröffentlicht werden konnten. –
2. Vita: Hauptquelle sind die zahlreichen autobiographischen Aussagen ihrer eigenen Schriften, bei denen es sich
jedoch wie im Fall der Confessiones Augustinus' um bereits religiös gedeutetes
und in seiner Authentizität problematisches Material handelt. – Th. wuchs in
einer frommen, neuchristlichen Familie
mit 12 Kindern auf. Sie lernte früh lesen
und wohl auch schreiben. Ihre Mutter
brachte sie zunächst mit damals modi-
schen profanen Lesestoffen (Ritterro-
mane) in Kontakt. Schon früh wandte
sie sich jedoch auch umfangreichen religiösen Lektüren zu (die Evangelien und
Paulus-Briefe, Vita Christi des Ludolph
von Sachsen, Confessiones von Augustinus, die Gebetsanleitungen von Francis-
co de Osuna u. a. m.). Diese volkssprachlichen Lektüren (Th. konnte kein
Latein) sollten ihr allerdings durch den
Index von Valdés 1559 genommen werden. 1535 trat sie gegen den Willen ihres
Vaters in das verweltlichte Karmelitin-
nenkloster La Encarnación in Avila ein
und legte dort 1537 die Gelübde ab.
Strenge Askese, schwere Krankheiten
mit jahrelangen Lähmungen, religiöse
Lektüren und intensives meditatives
Gebet bestimmten ihr Leben bis 1554.
In den Jahren 1554–60 machte sie ihre
entscheidenden mystischen Gebetserfahrungen, so 1556 die des desposorio

espiritual (geistliches Verlöbnis). Die Jahre ab 1560 sind bestimmt von ihrem erfolgreichen Bemühen um eine tiefgreifende Reform ihres Ordens (*Unbeschuhte Karmelitinnen*, OCD) mit dem Ziel einer Rückkehr zu radikaler Armut, Einsamkeit und Gebet. Das erste ihrer Reformklöster wurde 1562 San José in Avila. Es folgten – weit über Spanien verstreut und trotz zum Teil heftiger lokaler Widerstände – 31 weitere Klostergründungen (einige zusammen mit Johannes vom Kreuz, der dem männlichen Zweig des Ordens angehörte). Ihre Reformen begleitet Th. mit einer intensiven schriftstellerischen Tätigkeit. Alle ihre Schriften sind im letzten Drittel ihres Lebens entstanden. Sie spiegeln und legitimieren den jeweiligen Stand ihrer – mystischen – Gebetserfahrungen. Gegen die massiven Anfeindungen verschiedenster Theologen und der Inquisition konnte sie sich nur mit der Hilfe ihrer Beichtväter, der Fürsprache herausragender Religiosen wie Juan de Avila und Pedro de Alcántara und des Schutzes von König Philipp II. durchsetzen. – 3. Schriften: Außer den *Constituciones* (Regeln für ihre Reformklöster; abgefaßt 1563, von Pius IV. 1565 gebilligt) und dem *Libro de las Fundaciones*, in dem Th. zwischen 1573 und 1582 die anekdotenreiche Geschichte ihrer Klostergründungen beschreibt, zielen die eigentlich religiösen Schriften Th.s – die *Vida*, der *Camino de perfección* und die *Moradas* – darauf ab, ihr Gebet und ihre mystischen Erfahrungen zu analysieren und sie anhand von Begrifflichkeiten und Bildern dem spezifischen Publikum ihrer Ordensschwestern verständlich zu machen. Die ihren Schriften innewohnende pädagogische Absicht schränkt deren autobiographischen Gehalt ein. Th. scheint keiner ihrer Schriften für eine breite Öffentlichkeit verfaßt zu haben. Selbst der noch zu ihren Lebzeiten eingeleitete Druck des *Camino* war nur für den Kreis der Ordensfrauen bestimmt. – Am Anfang ihres Schreibens stehen drei *Relaciones* (1560–63), Berichte, in denen sie ihren Beichtvätern ihre Gebetserfahrungen darlegt. Aus der umfangreichen vierten *Relación* ist der *Libro de su vida* (*Das Buch ihres Lebens*) hervorgegangen, das in zwei Fassungen (von 1561 und 1565) entstand, von denen nur die 2. erhalten ist. Nach dem Vorbild der *Confessiones* von Augustinus und der Beichtpraxis enthält die *Vida* neben der zentralen Information über ihr Gebet tatsächlich auch einen Lebensbericht. Dieser fehlt im *Camino de perfección* (*Weg der Vollkommenheit*, erhalten in zwei Fassungen, Valladolid 1562 und Escorial 1565), der sich im wesentlichen als Anleitung zur Askese und zum »geistigen Gebet«, unter weitgehendem Ausschluß der »nicht erwerbbaren« mystischen Stufen der *unio*, versteht. Th.s umfassendster Versuch, die Gesamtheit ihrer Gebetserfahrungen, so wie sie diese bis in die Endphase ihres Lebens erfuhr, systematisch darzustellen, ist das Buch vom *Castillo interior o Las Moradas* (*Die innere Burg oder die Wohnungen*), das sie 1577 verfaßte und das sie selbst als systematische Abhandlung (*tratado*) verstand. – Nach Th.s Auffassung hat sie ihr mystisches Gebet am schlüssigsten und in der endgültigen Form ihres Erlebens im *Castillo* dargestellt. In der – wahrscheinlich auf arabische Quellen zurückgehenden – Allegorie der »inneren« oder »Seelenburg« unterscheidet sie sieben zum Zentrum hinführende Wohnungen, von denen die ersten drei dem asketischen, aktiven Bereich zugerechnet werden. Das passive, mystische Gebet setzt mit der 4. *morada*, dem *recogimiento interior* (innere Sammlung) ein, das weiterführt zur *oración de quietud* (Ruhegebet). Die *unio* setzt mit der 5. *morada* ein, die nochmals die höheren Stufen des *desposorio* (Verlöbnis) und *matrimonio espiritual* (geistliche Hochzeit) in der 6. und 7. *morada* unterscheidet. Den Aufstieg zur *unio* deutet Th. zugleich in psychologischer

Sicht als die sukzessive, aufsteigende Bindung der Seelenvermögen (der *potencias* von Verstand, Vorstellungskraft und Wille), wobei erst in der *unio* alle drei Vermögen mit dem göttlichen Kern verbunden sind. In dieses klare Grundschema ordnet Th. die verschiedenen Begleitphänomene wie *contentos* (Freuden) und *gustos* (Wonnen) und außergewöhnlichen Begnadungen (Ekstasen, Visionen) ein. Sie gibt so ein außerordentlich schlüssiges, psychologisch einleuchtendes und nachvollziehbares Gesamtbild des geistigen, mystischen Gebets, dessen Plausibilität und Stringenz durch geschickt gewählte und konsequent angewandte Bilder und Metaphern einsichtig gemacht werden, insbesondere die Metapher der »inneren Burg«, in dessen Zentrum Christus selbst weilt. Sie hat damit die terminologisch häufig höchst komplexen und logisch schwer nachvollziehbaren Beschreibungen der mystische Erfahrungen bei Dionysius Areopagita oder bei den nordischen Mystikern (Seuse, Harphius) überwunden. – Th.s Werk ist zu ergänzen durch etwa 30 Gedichte, deren »mystischer Gehalt« umstritten ist und die qualitativ nicht an die Lyrik von Johannes vom Kreuz heranlangen. Von großem kulturgeschichtlichen Interesse sind ihre Briefe. Th. soll 12 000–15 000 Briefe verfaßt haben, von denen jedoch nur zwischen 460 und 470 erhalten sind. Insbesondere fehlen die Briefe an Johannes vom Kreuz, wie im übrigen auch fast alle Antwortschreiben ihrer Briefpartner. – 4. Fortwirken: Th. wurde bald nach ihrem Tod als »Heilige« verehrt. Ihre Werke wurden nach heftigen Debatten um die Frage, ob eine Frau sich zu religiösen Dingen öffentlich äußern dürfe, 1588 von dem Salmantiner Theologieprofessor (und Neuchristen) Fray Luis de León zum Druck befördert. Es folgten in Kürze weitere Ausgaben und Übersetzungen in die wesentlichen europäischen Sprachen. Gleichzeitig fand ihre Ordensreform außerhalb Spaniens rasche Verbreitung. Ihre Heiligsprechung wurde durch umfängliche Biographien in Spanisch und Latein vorbereitet. Die Heiligsprechung selbst erfolgte 1620, zusammen u. a. mit der von Ignatius von Loyola. Es kann kein Zweifel daran bestehen, daß in der Folge Leben und Werk Th.s im Sinne der Gegenreformation außerordentlich stark instrumentalisiert wurden. Zugleich ist festzustellen, daß sie die (weibliche) Frömmigkeit der katholischen Reform nach 1600 bis ins 20. Jh. mystisch geprägt hat. Den Gipfelpunkt ihrer Rezeption erlangte sie 1970 mit der Erklärung zur Kirchenlehrerin. – Die feministische Theologie und Philologie hat Th.s Werke in letzter Zeit verstärkt als das Musterbeispiel eines »weiblichen Schreibens« in einer männlich dominierten Gesellschaft untersucht und dabei Strategien einer subversiven, ironisch selbstbewußten »Unterwerfungsrhetorik« aufgedeckt.

Manfred Tietz

Thomas von Aquin

Geb. 1224/25 in Roccasecca
bei Aquino;
gest. 7. 3. 1274 in der Abtei Fossanuova

Th. bildet einen Kristallisationspunkt der abendländischen Geistesgeschichte. In seinem Werk verdichten sich unterschiedliche theologische und philosophische Traditionen zu einer beeindruckenden Synthese, die fortan in ihrer Originalität den Diskussionsgang der Wissenschaften und das kirchliche Leben maßgeblich beeinflussen sollte. In den vielfältigen politischen, gesellschaftlichen sowie wirtschaftlichen Spannungen und Umbrüchen seiner Zeit findet sich hier ein Denksystem, das in seiner Geschlossenheit Stabilität vermittelte und zugleich für unterschiedlichste Problemstellungen offen blieb. – Die Person des Th. tritt hinter seinem Werk zurück und ist doch in ihm gegenwärtig. Bereits der dramatische Beginn seiner Karriere läßt etwas von deren Dynamik wie auch Prinzipientreue erkennen. Zugleich spiegelt sich darin die Verknüpfung von Tradition und Innovation wider, die sein gesamtes theologisches und philosophisches Denken prägt. Von seiner adeligen Familie für Höheres bestimmt, konnte Th., dessen Begeisterung für Aristoteles durch sein Studium in Neapel geweckt und der gegen den Willen seiner Familie in den Dominikanerorden eingetreten war, selbst durch eine Entführung und einen einjährigen Hausarrest nicht davon abgebracht werden, im Bettelorden der Radikalität seines Lebensideales Folge zu leisten. Daß er dabei sein Leben ganz auf die Theologie ausrichtete, nicht aber, wie im Predigerorden zu erwarten, auf deren Vermittlung in der Predigt, ist durchaus symptomatisch für diese Zeit, in der theologische Reflexion und kirchliche Praxis keineswegs immer eng verbunden waren. Die Biographen des Th. rühmen seine unvorstellbare Konzentrationsfähigkeit, die es ihm erlaubte, seinen Sekretären mehrere Werke gleichzeitig zu diktieren. Neben der unermüdlichen Wachsamkeit seines Geistes waren es seine Spiritualität und Sensibilität sowie seine menschliche Zuneigung, aber auch der Drang zu meditativer Einkehr, womit er einen nachhaltigen Eindruck bei seinen Zeitgenossen hinterließ.

Ein Brennpunkt seines Denkens wie der Scholastik insgesamt stellt die Relation von Glaube und Vernunft dar. Es ist ein Verdienst des Th., dem drohenden Auseinanderstreben eine Synthese entgegengesetzt zu haben, die den wissenschaftlichen wie gesellschaftlichen Aufbruch der Rationalität aufnehmen und theologisch einbinden konnte. So blieb der Führungsanspruch von Theologie und Kirche unangetastet, zugleich erhielt die Erforschung weltlicher Zusammenhänge einen immensen Auftrieb. Der ebenso viel gerühmte wie gescholtene ›Intellektualismus‹ des Th. meint deshalb zunächst nicht mehr, als daß hier die Vernunft in die Mitte der Theologie rückt, indem sowohl ihre Eigenständigkeit als auch ihre dienende Funktion für Theologie und Kirche bedacht wird. Wichtige Koordinaten bildeten dabei die Rezeption des Aristoteles auf der Basis der neuen Übersetzungen Wilhelm von Moerbekes, eines Freundes und Ordensbruders des Th., und die Zusammenschau des Aristotelismus mit der bis dahin dominierenden Tradition des Neuplatonismus. Th. knüpfte hier an das Lebenswerk seines Lehrers Albertus Magnus an, bei dem er in Paris und in Köln studiert hatte. Die Rationalität der Welt in ihren mannigfaltigen materiellen und ideellen Strukturen zu erfassen, wird, wie im damaligen Wissenschaftskosmos insgesamt, so auch in der Theologie zu einem bestimmenden Interesse und einem vorwärtstreibenden Motiv. In diesem Sinne entfaltet Th. das gesamte Spektrum seiner Interessen und seines Wissens in einem Gesamtwerk, das sich aus einer Vielzahl von Schriften zusammensetzt und so in sich schon eine Zusammenschau verschiedener Perspektiven bietet. In seinen philosophischen Kommentaren widmet er sich insbesondere der aristotelischen Logik, Physik, Metaphysik und Ethik, er befaßt sich aber auch mit Boethius und dem christlichen Platonismus. Aus dem philosophisch-theologischen Diskurs an den Universitäten gehen die Disputationen hervor, in denen bestimmte Fragestellungen detailliert und kontrovers erörtert werden, wobei das vorgegebene Argumentationsschema streng eingehalten wird. In seinen Schriftkommentaren wird die exegetische Arbeit des Aquinaten sichtbar. Auch hier dominiert die strenge Form der minutiösen Textgliederung, die oft eher einem systematischen Interesse dient, als daß sie dem biblischen Aussagenzusammenhang auf den Grund geht. Neben einer

Reihe von kleineren Schriften, in denen Th. auch Streitfragen seiner Zeit behandelt, sowie Predigten und liturgischen Texten steht die *Summe wider die Heiden* als eines seiner sperrigsten Werke. Dessen apologetische Eigenart deutet darauf hin, daß es sich um ein Handbuch gehandelt haben könnte, das den dominikanischen Missionaren in Spanien und Nordafrika als Orientierungshilfe dienen sollte. Zugleich zeigt es unverkennbar die Tendenz einer Abgrenzung gegenüber den Verfechtern der arabischen Philosophie an der Pariser Universität.

Im Mittelpunkt von Th.' Schaffen steht die *Summe der Theologie*. In ihren drei Teilen entfaltet sie streng systematisch zunächst eine Lehre von Gott und seiner Schöpfung, sodann eine Lehre von den Zielen und Mitteln tugendhaften Handelns und schließlich eine Christologie sowie Sakramentenlehre, die allerdings ebenso wie die Lehre von den letzten Dingen unvollendet geblieben ist. Von grundlegender Bedeutung für die Wissenschaftstheorie der Theologie ist die erste Quaestio, in der Th. präzise bestimmt, was er unter einer theologischen Lehre versteht. Sie ist in der Verknüpfung von Erkenntnis und Offenbarung zugleich eine nach Argumentation strebende Wissenschaft und eine von Inspiration getragene Weisheit. Alles in ihr steht unter dem Gesichtspunkt Gottes, der ihr Subjekt, ihr Prinzip und ihr Ziel ist. Die Basis dieser Lehre ist die Schrift, wobei sie sich nicht in ihr erschöpft und die Schriftauslegung auch einen mehrfachen Schriftsinn berücksichtigen muß, so daß sie letztlich des päpstlichen Lehramtes bedarf, um verbindlich zu sein. Weitreichende Wirkung zeitigten die Gottesbeweise des Th., die auf fünf Wegen die Notwendigkeit aufzuzeigen versuchen, daß Gott als erster Beweger, als erste Ursache, als Garant einer zielgerichteten Ordnung der Welt, als Grund jeglichen Gottesglaubens und als reale Entspre-

chung des Begriffs ›Gott‹ aufzufassen ist. Den Menschen zeichnet es aus, daß er als ein Vernunftwesen seinen Weg zu Gott entdecken und verfolgen kann, wobei die Vernunft dem Willen vorgeordnet ist. Von prinzipieller Bedeutung ist der Grundsatz, daß die göttliche Gnade die menschliche Natur nicht aufhebt, sondern sie vervollkommnet. Damit bleibt die natürliche Konstitution des Menschen ein wesentlicher Faktor bei der Realisierung des Heils, so daß dieses wiederum Resultat eines Zusammenwirkens von Gott und Mensch ist. Insoweit dabei Gott als Erstursache und der Mensch als Zweitursache wirken, bleibt die Überordnung Gottes gewahrt, ohne die Mitwirkung des Menschen dadurch zu entwerten. Diesem optimistischen Menschenbild, das in der Schöpfungstheologie des Th. begründet ist, entspricht ein Verständnis der Sünde, wonach diese nicht als Zerstörung der im Menschen angelegten Hinwendung zum Guten aufzufassen ist, sondern als ein Defekt, der mit Hilfe der Gnade Gottes behoben werden kann. Eine Schlüsselfunktion übernimmt dabei die Liebe, die geradezu das Kraftzentrum der Theologie des Th. bildet. Hier werden die unterschiedlichen Perspektiven und Lehraussagen gebündelt und im Rahmen aristotelischer Denkkategorien entfaltet. Die Liebe bezeichnet die geschaffene Gnade als eine Qualität der Seele des Menschen, die sein Innerstes wie auch sein Handeln formt. Davon unterschieden bleibt die ungeschaffene Gnade Gottes, um so die Absolutheit Gottes ebenso wie die Eigenständigkeit des Menschen zu wahren. Damit werden das Handeln Gottes und die Aktivität des Menschen miteinander verschränkt und auf das letzte Ziel der Heilsgeschichte ausgerichtet. Die Liebe wird zur fundamentalen Tugend, die alle anderen Tugenden, seien es die theologischen wie Glaube und Hoffnung oder die vier Kardinaltugenden Klugheit, Gerechtigkeit, Mäßigkeit und

Tapferkeit, formen muß, damit sie in der Weise wirken können, wie es die letzte Zielbestimmung des Menschen erfordert. In der Theologie der Liebe findet der Intellektualismus des Th. seine Vollendung wie auch seine Begrenzung. Wenngleich insbesondere sein Glaubensverständnis sehr stark intellektuell ausgeprägt ist, wird doch erst durch die Liebe die vollendete Form christlichen Glaubens realisiert, so daß in ihr auch die verschiedenen Perspektiven und Komponenten des Menschen in seiner Gottebenbildlichkeit konzentriert werden.

Ein Kardinalproblem der systematischen Struktur der *Summa* zeigt sich in ihrem dritten Teil in Bezug auf die Christologie. Sind die ersten beiden Teile nach dem Schema ›Ausgang von Gott‹ und ›Rückkehr zu ihm‹ angelegt, so stellt sich die Frage, welche Rolle dem Christusgeschehen in diesem Rahmen zukommt. Auch wenn Christus als der Weg beschrieben wird, auf dem der Mensch zu seinem übernatürlichen Ziel gelangen kann, wird doch die innere Verknüpfung mit der schöpfungstheologisch begründeten Anthropologie sowie Gnaden- und Tugendlehre des zweiten Teils nicht hinreichend explizit. Ein Ansatz findet sich in den Ausführungen zum neuen Gesetz, dessen Relation zur Gnade Gottes auf Christus als das Zentrum der Heilsgeschichte verweist, ohne dieses aber näher aufzuschlüsseln. Dem entspricht im dritten Teil die eingehende Analyse der Passion Christi und ihrer Wirkungen, die den befreienden Charakter dieses Heilswerkes herausstellt. Dessen Effizienz ist dann schließlich der Ansatzpunkt, um mit den Sakramenten als Zeichen der Gnade auch das gesamte Feld kirchlichen Handelns abzustecken und der Kirche ihre zentrale Funktion als Heilsmittlerin zuzuweisen. Insofern nun aber sowohl im Hinblick auf die Passion Christi als auch die sakramentale Verfassung der Kirche das Kausalitätsdenken dominiert, wird angesichts der Korrelation von Erst- und Zweitursachen der Akzent im gesamten Heilsgeschehen doch nicht allein auf Christus gelegt. Die *Summa* entfaltet vielmehr auf großartige Weise eine breit angelegte Theologie der Gnade, deren Faszination gerade darin besteht, daß sie in ihren feinen Verästelungen vielfältige Perspektiven eröffnet und sich immer wieder auf das Wirken der Gnade Gottes am Menschen ausrichtet, ohne daß diese in einem Punkt konzentriert wird. Eine Kurzfassung seiner Theologie hat Th. mit dem *Compendium Theologiae* vorgelegt. Der Aufbau dieses Werks, das unvollendet geblieben ist, orientiert sich an den drei theologischen Tugenden Glaube, Hoffnung und Liebe.

Auch wenn seine Lehre im Dominikanerorden bald verbindlich wurde, waren die philosophischen Denkvoraussetzungen der Theologie des Th. doch nicht unumstritten. Schon an seinem Lebensende mußte er seine Aristotelesrezeption verteidigen. War seine Lehre von den Verurteilungen eines radikalen Aristotelismus durch den Pariser Bischof Stephan Tempier im Jahre 1277 eher implizit getroffen, so von der vehementen Kritik seines Ordensbruders Robert Kilwardby explizit, und auch aus den Reihen der Franziskaner gab es Einwände. Die Verurteilungen wurden jedoch 1325, zwei Jahre nach seiner Heiligsprechung, widerrufen. 1567 ernannte ihn Pius V. zum Kirchenlehrer. Daß Th. zu einem maßgebenden Theologen nicht nur seines Ordens, sondern der gesamten Kirche geworden ist, so daß ihm auch der Beiname ›doctor communis‹ verliehen wurde, liegt an dem inneren Reichtum und der intellektuellen Schärfe seines Denksystems, dessen Prägekraft die Zeiten überdauert hat. Allerdings gilt es bei der historischen und theologischen Würdigung seines Lebenswerks, das Original von den thomistischen (14.–16. Jh.) sowie neuthomistischen Interpretationen (19. und

20. Jh.) zu unterscheiden. Letztere unterstreichen zwar die anhaltende Aktualität des Th. zu den verschiedensten Zeiten, zugleich wurden jedoch die ursprünglichen Positionen von anderen Intentionen teilweise überlagert. Insoweit Th. dabei auch kirchenpolitisch vereinnahmt wurde, um der Modernisierung von Theologie und Kirche entgegenzuwirken, stand dieses im Widerspruch zu seiner eigenen Zielsetzung und deren programmatischer Umsetzung, der es gerade darauf ankam, die Tradition auf die Gegenwart zu beziehen und für die Zukunft zu öffnen, um so ihre Tragfähigkeit unter Beweis zu stellen.

Michael Basse

Thomas von Kempen
Thomas Hemerken;
geb. ca. 1379 in Kempten; gest.
25. 7. 1471 in St. Agnes (bei Zwolle)

»Du sollst recht glauben und leben, das ist deine Pflicht; hohe Erkenntnis und tiefen Blick in die Geheimnisse Gottes, das fordert Gott nicht von dir.« Im Schlußkapitel des *Buches von der Nachfolge Christi* steht das Programm seines vermutlichen Verfassers Th. Er gilt als Hauptvertreter der Frömmigkeitsbewegung des Spätmittelalters, der *Devotio moderna*. In seinem Geist, der sich in *De imitatione Christi* niederschlägt, wird u. a. Erasmus von Rotterdam erzogen; und auch den Reformatoren sowie den Theologen und Predigern des nach einer neuen Frömmigkeit strebenden 17. Jh. (etwa J. Arndt) ist sein Werk eine beliebte und häufig edierte Quelle mystischer Weisheit. – Geboren als Sohn armer Handwerker und erzogen in Deventer, tritt Th. 1407 in das Augustinerkloster St. Agnes bei Zwolle ein; 1413 wird er Priester und ist fortan für die Seelsorge vor allem an Novizen zuständig. Zu deren Erziehung und Erbauung verfaßt er das *Buch von der Nachfolge*

Christi, in dem er den Lesern ein an Demut und Leiden orientiertes Leben anempfiehlt. Die Welt mit ihren Versuchungen ist zu fliehen, damit der Weg zum inneren Menschen frei wird, den Lauterkeit und Einfachheit auszeichnen. Dort im Inneren findet die Begegnung von Seele und Christus statt, aus welcher der Gläubige stets Trost in allem Leiden und Kreuz finden kann. Zur Stärkung dieses Trostes und zur sinnlichen Erfahrung der Christusbegegnung dient die Eucharistie. Ziel ist die Emporhebung der Seele heraus aus dem Leiblichen zur Vereinigung mit Christus. 1471 stirbt Th. in seinem Kloster. Die Wirkung seines Werks ist immens. Franz von Sales konstatiert, *De imitatione Christi* habe mehr Menschen geheiligt, als das Werk Buchstaben habe.

Athina Lexutt

Thomas, Madathilparampil Mammen
Geb. am 15. 5. 1916 in Travancore
(Kerala / Südindien);
gest. 3. 12. 1996 in Tiruralla

Der Name von Th., über Jahrzehnte der bekannteste asiatische Christ, ist eng mit der ökumenischen Weltversammlung für Kirche und Gesellschaft in Genf 1966 verknüpft. Er saß ihr vor, gab die wichtigsten Impulse und wurde 1968 für sieben Jahre Moderator des Zentralausschusses des Ökumenischen Rates der Kirchen. Th. durchläuft zuvor theologische, philosophische und soziale Studien, während derer er indische Christen wie M. A. Thomas, A. K. Thampy und E. V. Mathew trifft. Auch am Union Theological Seminary in New York studiert er ein Jahr. Früh lernt er die indische Gesellschaft von ihren Schattenseiten kennen, und als er 1943 die Ordination seiner Kirche, der Mar Thoma Church, beantragt, wird sie ihm mit Hinweis auf seine linken Umtriebe verweigert. Zugleich verneint die kommunistische Partei seine Aufnahme wegen religiöser Neigungen. Bereits seit Ende der dreißiger Jahre durchdenkt Th. soziale und ideologische Themen und bereitet seine spätere Theologie vor: die Präsens Gottes im revolutionären Aufbruch des antikolonialen Asien in der Nachkriegszeit. In den Jahren bis 1939 fühlt er sich Mahatma Gandhi ideologisch nahe, ab 1939 wird er von marxschem Denken beeinflußt. Hinzu kommt die Begegnung mit barthianischer Theologie des Missionswissenschaftlers Hendrik Kraemer, der streng zwischen Christentum und nichtchristlichen Religionen unterschied. Auch politische Ideologien wertet er in dieser Phase ab wegen ihres mutmaßlich ungerechtfertigten Totalanspruchs. 1947 wird er Asiensekretär der World Student Christian Federation in Genf. Seit 1948 wendet er sich wieder stärker der asiatischen Realität zu und erlebt das unabhängig gewordene Indien. Die asiatische Unabhängigkeitsbewegung scheint ihm eine Vorbereitung auf das Evangelium zu sein. Hier sei Christus in der Geschichte am Werk, was für jeden Christen einen Ansporn bedeute, sich am gesellschaftlichen Aufbau zu beteiligen. »Nation Building« wird zum indischen sozialethischen Schlagwort der fünfziger und sechziger Jahre und zu einem Studienprojekt des Christian Institute for the Study of Religion and Society in Bangalore, dessen Direktor Th. von 1962 bis 1976 ist. Das von ihm wie von seinem Direktoratsvorgänger P. D. Devanandan vertretene theologische Programm ruft den Widerstand der deutschsprachigen Wort-Gottes-Theologie hervor. Als Indira Gandhi 1975 bis 1977 den nationalen Notstand ausruft, wird Th. zu ihrem profiliertesten Kritiker von christlicher Seite (*Response to Tyranny*, 1979). In seinen Büchern beschäftigt er sich mit der Profilierung des christlichen Glaubens im Panorama indischer religiöser und politischer Ideologien (u. a. *Man and the Uniververse of Faiths*, 1975). Auch säkularen Ideolo-

gien liegt eine transzendente Dimension und Glaubensentscheidung zugrunde. So würden im Falle des Marxismus, selbst wenn und falls einst die ökonomischen Widersprüche beigelegt wären, tiefere Widersprüche und Entfremdungen des menschlichen Selbst hervorbrechen. Sein Werk umfaßt ferner die Auseinandersetzung mit indischer christlicher Theologie im Dialog mit dem Neohinduismus. Mit dem Stichwort »christuszentrierter Synkretismus« (Ökumenische Rundschau 1979) macht er der Kirche Mut, sich auf eine Interaktion zwischen der Bibel und der sie umgebenden Kultur einzulassen, und entwirft eine »ökumenische Theologie des Pluralismus« (*Risking Christ for Christ's Sake*, 1987). – 1975 zieht er sich vom ÖRK-Zentralausschußvorsitz und 1976 auch aus dem Christlichen Institut in Bangalore zurück und wohnt wieder in seiner Heimatstadt in Kerala, von wo aus er in seiner Heimatsprache Malayalam eine kleine biblische Kommentarserie veröffentlicht. Sein öffentliches Ansehen bleibt ungebrochen: Er nimmt zahlreiche Lehraufträge und Gastprofessuren in den USA (Princeton, Perkins), Europa und Asien wahr, und von Mai 1990 bis April 1992 amtiert er als Gouverneur für Nagaland im Nordosten Indiens.

Ulrich Dehn

Tillich, Paul

Geb. 20. 9. 1886 in Starzeddel;
gest. 22. 10. 1965 in Chicago

T., deutsch-amerikanischer Theologe und Philosoph, gehört zu den gewichtigsten religiösen Denkern des 20. Jh. Sein Leben und Werk spiegeln ein waches Bewußtsein für die geistige Lage der Gegenwart und eine hohe Sensibilität für die Fragen der Zeitgenossen. Mit seinem ›apologetischen‹, nach Antwort suchenden Denkstil wendet sich T. vor allem an die Kirchenfernen und Zweifelnden. Dabei entwickelt das »Genie der Freundschaft« seine Gedanken nicht im abgeschiedenen Selbstgespräch, sondern in der lebendigen Begegnung mit den Mitmenschen und in engagierter Auseinandersetzung mit dem Zeitgeschehen. Insofern bewegt sich der Denker und Mensch T. beständig auf der Grenze: Zwischen Theologie und Philosophie, zwischen Religion und Kultur, zwischen Frage und Antwort, zwischen alter und neuer Welt. In seiner Autobiographie *Auf der Grenze* (1936) bezeichnet T. diese Metapher selbst als Symbol seiner ganzen persönlichen und geistigen Entwicklung.

Das Absolute (1886–1914): T. wird in einem Dorf der Mark Brandenburg als Sohn eines lutherischen Landpfarrers und einer aus dem reformierten Rheinland stammenden Mutter geboren. Nach der Ernennung des Vaters zum Konsistorialrat besucht T. ab 1900 das Friedrich-Wilhelm-Gymnasium in Berlin, wo er 1904 das Abitur macht. Anschließend studiert er Philosophie und Theologie in Berlin, Tübingen und Halle. Schon in der Schulzeit beschäftigt sich T. eingehend mit Philosophie. Seine spekulative Veranlagung treibt ihn dazu, jeden Gesprächspartner in Diskussionen über letzte Fragen zu verwickeln. Das bringt ihm von seinen Gefährten in der Studentenverbindung Wingolf den Spitznamen ›das Absolute‹ ein. T.s philosophische Interessen konzentrieren sich dabei immer stärker auf die spekulative Philosophie F. W. J. Schellings. In dessen Schriften findet der religiös affizierbare und naturbegeisterte T. Nahrung für seinen tiefsinnigen Geist. Sowohl die philosophische (1910) als auch die theologische Dissertation (1911) sind mit einem Schellingthema befaßt. Theologisch wird T. vor allem durch Martin Kähler geprägt. Von ihm übernimmt er die hohe Einschätzung der reformatorischen Rechtfertigungslehre, die er später in eigenständiger Weise weiterentwickelt (*Rechtfertigung und Zweifel*, 1924). Insgesamt steht dieser erste Lebensabschnitt im Bann der politischen und weltanschaulichen Mächte des 19. Jh. Dies ändert sich schlagartig, als sich T. 1914 freiwillig zum Kriegsdienst meldet und als Divisionspfarrer an die Westfront geht.

Der Abgrund (1914–18): Die Kriegserlebnisse bedeuten für ihn die erste einschneidende Zäsur seines Lebens. Die idealistischen Überzeugungen seiner Jugend weichen der Erfahrung existentieller Angst und Zerrissenheit. An die Stelle der romantischen Naturanschauung tritt die Erfahrung eines menschlichen und kulturellen Abgrundes. Die Geschehnisse dieser Jahre nötigen den späteren Denker immer wieder dazu, der menschlichen Grenzsituation und der Dimension tragischer Schuld Rechnung zu tragen. Noch während des Krieges und als Reaktion auf die Greuel der Vernichtung befaßt sich T. mit Malerei. Auf ein offenbarungsartiges Erlebnis vor einem Botticelli-Bild in Berlin folgt die philosophisch-theologische Reflexion. Mit der Unterscheidung zwischen Form und Gehalt konzipiert T. eine eigenständige Kulturphilosophie, die ihren ersten Niederschlag in der Schrift *Über die Idee einer Theologie der Kultur* (1919) findet.

Der Kairos (1919–33): Nach dem Krieg lehrt T. zunächst in Berlin, Marburg und Dresden, um schließlich 1928 einem Ruf auf den Lehrstuhl des verstorbenen Philosophen Max Scheler zu folgen. In diesen Jahren schließt er sich auch dem Berliner Kreis religiöser Sozialisten an. Sie machen Militarismus und Kapitalismus für den Wahnsinn des Krieges verantwortlich. Für eine neue demokratische und gerechte Gesellschaftsordnung setzt T. auf eine Synthese von *Christentum und Sozialismus* (1919–20). Er versteht beide als wesensverwandt, da sich auch die Liebesethik Jesu gegen eine auf Gewalt, Ausbeutung und Unterdrückung gründende Gesellschaftsordnung richte. In der revolutionären Nachkriegssituation sieht T. den historischen Augenblick einer neuen Synthese von Religion und Kultur gekommen. Dieses spannungsgeladene Zeitempfinden von Aufbruch und Neugestaltung bringt er auf den Begriff des *Kairos* (1922; griech. = der rechte Zeitpunkt, Augenblick). Damit verbindet sich nicht nur die Überzeugung einer weltgeschichtlichen Chance, sondern auch der Gedanke vom Durchbruch des Unbedingten, Göttlichen in die menschliche Welt des Bedingten. Denn das Heilige kann nur im Profanen erscheinen, das Unbedingte nur im Bedingten erkannt werden. In diesem Zusammenhang konzipiert T. den Gedanken der ›Theonomie‹, um die wechselseitige Durchdringung von Religion und Kultur zu bestimmen. Weder dürfe die Kultur von ihrer religiösen Substanz abgelöst werden (falsche Autonomie), noch dürfen sich bestimmte religiöse oder kulturelle Formen verabsolutieren und als Unbedingtes ausgeben (falsche Heteronomie). Vielmehr gilt es, den Gegenstand der Religion in allen kulturellen Formen aufzusuchen und jede kulturelle Form auf ihren religiösen Gehalt hin transparent zu machen. Zum Anwalt der Theonomie erklärt T. das ›Protestantische Prinzip‹. In seiner Doppelfunktion als Kritik und Gestaltung soll der Protestantismus jede Absolutsetzung des Bedingten verhindern und umgekehrt dazu beitragen, in der Welt die Perspektive auf Gott offen zu halten (*Der Protestantismus als kritisches und gestaltendes Prinzip*, 1929). Die konsequente Umsetzung dieses protestantischen Prinzips führt schließlich auch zur Konfrontation mit dem Nationalsozialismus. 1932 läßt T. als Dekan der philosophischen Fakultät eine Horde randalierender Nazis aus der Universität verweisen. T. erkennt in der neuheidnischen Ideologie des Nationalsozialismus ein Paradebeispiel totaler Heteronomie, weil dieser in der Beschwörung mythischer Ursprungsmächte wie Blut und

Boden endliche Bindungen verabsolutiert und als etwas Letztes und Unbedingtes ausgibt. Gegen eine derartige Vergötzung legt T. in *Die sozialistische Entscheidung* (1933) vehementen Widerspruch ein. Kurz darauf gehört er zur ersten Gruppe deutscher Hochschullehrer, die mit Berufsverbot belegt werden. Gleichgesinnte Kollegen und Freunde, unter ihnen Max Horkheimer, raten zur Emigration und im November 1933 geht T. nach New York.

Das neue Sein (1933–65): Mit der Übersiedelung in die USA ist für T. der zweite große Einschnitt seines Lebens verbunden. In der Emigration erwarten ihn eine neue Sprache, neue Umgangsregeln, sowie neue Erfahrungen mit dem universitären und kirchlichen Leben, kurz: eine neue Welt. Veranlaßt durch seinen Lehrauftrag und das gemeinsame – auch gottesdienstliche – Leben am Union Theological Seminary der Columbia University wendet sich T. verstärkt den zentralen Themen der christlichen Theologie und Dogmatik zu. In seinem dreibändigen Hauptwerk, der *Systematischen Theologie*, die von 1951 bis 1963 auf englisch erscheint (dt. 1955–66), unternimmt T. eine umfassende Neuinterpretation der christlichen Lehrüberlieferung. Als Gegenstand der Theologie bestimmt er mit einer berühmten und vielzitierten Definition »das, was den Menschen unbedingt angeht«. T. nimmt seinen Ausgangspunkt also bei der existentiellen Betroffenheit der Zeitgenossen. Ihre Situation wird zur Folie, auf der die christliche Botschaft lesbar und lebbar wird. T. entwickelt dazu die ›Methode der Korrelation‹. Alle traditionellen Glaubenssätze über Gott, Christus und die Kirche werden auf ein darin beschlossenes existentielles Problem befragt, auf das sie die Antwort sind. Diese Antworten der biblisch-christlichen Überlieferung dürfen jedoch nicht als historische Tatsachenberichte oder dogmatische Lehrsätze, sondern müssen als Symbole verstanden werden. Das, was den Menschen unbedingt angeht, ist nur in Symbolen darstellbar. Dabei reduziert sich die Funktion des Symbols nicht auf ein bloßes Zeichen, sondern es hat selbst an der Wirklichkeit teil, auf die es verweist. – Neben der Arbeit an der Systematischen Theologie widmet sich T. – seit 1955 University Professor an der Harvard University in Cambridge – einer ausgedehnten Vortragstätigkeit, die ihn mehrfach nach Europa und Asien führt. Die damit verbundenen Begegnungen mit Menschen anderer Religionen veranlassen den mittlerweile über Siebzigjährigen zur Beschäftigung mit der Religionsgeschichte und den Religionen. Eine weitere äußere Veranlassung dazu ergibt sich aus der noch 1962 ergehenden Berufung auf den John-Nuveen-Lehrstuhl an der Divinity School der Universität Chicago, wo T. die letzte Station seines Gelehrtenlebens verbringt und mit dem Religionsgeschichtler Mircea Eliade zusammentrifft. Die Ergebnisse dieses letzten Grenzganges legt T. in dem Aufsatz *Das Christentum und die Begegnung der Weltreligionen* (1964) nieder. T. stirbt in Chicago und wird am 29. 5. 1966 endgültig im Paul-Tillich-Gedächtnispark in New Harmony, Indiana beigesetzt. – Die internationale Wirkung T.s – vor allem im angloamerikanischen Raum – ist bis heute ungebrochen. In Deutschland dagegen behinderte nicht nur der Umstand der Emigration und die Ersterscheinung seiner Schriften in englischer Sprache eine breite Rezeption. Hier war es vor allem die Übermacht von Karl Barths Kirchentheologie, die eine unvoreingenommene Beschäftigung mit T.s Kulturtheologie verhinderte. Seit dem Ende dieser Vorherrschaft findet jedoch auch hier eine eingehende Auseinandersetzung mit dem Werk T.s statt. Es zeigt sich, daß seine Schriften trotz bzw. wegen ihrer Zeitgebundenheit über sich hinausweisen und aktuell bleiben. Vor allem eine all-

fällige Besinnung auf die Kulturbedeutung der Religion kann von der Breite seiner Wirklichkeitserfassung und der Welthaltigkeit seiner Gedanken profitieren.

Markus Buntfuß

Troeltsch, Ernst
Geb. 17. 2. 1865 in Haunstetten; gest. 1. 2. 1923 in Berlin

T. repräsentiert das Problembewußtsein des Kulturprotestantismus. Wie kein anderer hat er die Krise des Christentums in der Moderne analysiert. Aufsehen erregt er, der schon mit 27 Jahren einen theologischen Lehrstuhl erhält, als er auf einem Kongreß ausruft: »Meine Herren, es wackelt alles!« Doch wäre es ungerecht, ihn als »Resignationstheologen« abzutun, da gerade seine Krisenanalyse konstruktive Impulse freisetzt. Mit Göttinger Studienfreunden (Wilhelm Bousset u.a.) bildet er die »Religionsgeschichtliche Schule«, die die konsequente Öffnung der Theologie zur Geschichtswissenschaft fordert. Zugleich erkennt T., welche Gefahr die Historisierung für christliche Geltungsansprüche darstellt. Wie lassen sich religiöse Normen angesichts ihrer Geschichtlichkeit begründen? Wie läßt sich die Geltung des Christentums gegenüber anderen Religionen behaupten? Dies diskutiert T. in *Die Absolutheit des Christentums und die Religionsgeschichte* (1902). Seine geschichtsphilosophischen Arbeiten münden in das monumentale Werk *Der Historismus und seine Probleme* (1922), das Fragment bleibt. Dieser erste Band bringt nur die Problemgeschichte, der zweite, der die eigene Position darlegen soll, wird nie geschrieben. Das Problem des Historismus verschärft sich in soziologischer Perspektive. Wie lassen sich christliche Normen gesellschaftlich umsetzen? Um dies zu klären, untersucht T. die ambivalente Rolle des Protestantismus bei der Entstehung der Neuzeit. Hier steht er in fruchtbarem Austausch mit Max Weber, mit dem ihn eine enge Fachmenschenfreundschaft verbindet. Er überwindet eine rein ideengeschichtliche Betrachtung des Christentums und wird mit dem tausendseitigen Buch *Die Soziallehren der christlichen Kirchen und Gruppen* (1912) zum Mitbegründer der Religionssoziologie. Wegen der Vielfalt christlicher Ethiken, die sich nicht auf einen Begriff bringen lassen, ist eine kirchliche Einheitskultur unmöglich. Zudem verhindert die Eigengesetzlichkeit der Wirtschafts- und Gesellschaftsordnung eine direkte Umsetzung christlicher Werte. T. möchte aber das »stählerne Gehäuse« der Moderne durch eine dialektische »Kultursynthese« aufbrechen. In ihr stellt ein undogmatisches Christentum einen wichtigen Faktor für den Aufbau einer Individualitätskultur dar. Dieser Kulturprotestantismus ist eminent praktisch. Von Weber politisch aufgeklärt setzt sich T., seit 1915 in Berlin, nach anfänglicher Kriegsbegeisterung für Verständigungsfrieden und innere Reform ein. Nach 1918 ist er einer der wenigen großen Gelehrten, die für die Demokratie eintreten. Dokument seiner politischen Urteilskraft sind die *Spektatorbriefe* (1918–22), in denen er die Lage analysiert und für die Republik wirbt – ein Beleg für das konstruktive Potential, das T.s hochgradig krisenbewußte Theologie enthält. Sein plötzlicher Tod und das Aufkommen der Dialektischen Theologie unterbrechen die Debatte um seinen gebrochenen Kulturprotestantismus, an die erst vor etwa zwanzig Jahren durch die einsetzende »Troeltsch-Renaissance« angeknüpft wurde.

Johann Hinrich Claussen

Uchimura, Kanzo
Geb. 1861 in Edo bei Tokio;
gest. 1930 in Tokio

»Ich wurde ›ohne Kirche‹ (Mukyokai).« – »Ja, ich bin nicht ›ohne Kirche‹.« – »In Wirklichkeit ist die wahre Kirche ›ohne Kirche‹.« Mit diesen spannungsreichen, für abendländische Ohren widersprüchlichen Aussagen markiert U. eine Tradition, die in Japan als *mukyokai* (ca. »Nicht-Kirche-Bewegung«) bekannt geworden ist: Nicht Kirche, Pfarrer oder Sakramente, sondern Bibel und individuelles Gewissen machen den christlichen Glauben aus. – Aus einer Samurai-Familie stammend und im Geist traditioneller Sittenregeln erzogen, konvertiert U. 1878 in Sapporo zum Christentum. Doch seine »eigentliche« Konversion erlebt er während eines Studienaufenthaltes in den Vereinigten Staaten (1884–88). Er entschließt sich, sein Leben in den Dienst der christlichen Verkündigung zu stellen und kehrt als Lehrer nach Japan zurück. Als er sich während einer Schulfeier der in einem kaiserlichen Erlaß vorgeschriebenen Verbeugung verweigert, da er in dieser Zeremonie einen Akt göttlicher Verehrung sieht, löst er eine landesweite Kontroverse über die Staatstreue der japanischen Christen aus und muß von seinem Posten zurücktreten. Ab 1900 gibt er die Zeitschrift *Biblische Studien* heraus, hält Vorträge und veröffentlicht eine Reihe von Essays und Büchern. U. entwickelt in dieser Zeit die wesentlichen Elemente von *mukyokai* und legt damit die Basis für ein institutionenkritisches indigenes Christentum. Sein freigeistiges Denken hat jedoch auch über die Grenzen des japanischen Christentums gewirkt und eine Reihe namhafter japanischer Intellektueller beeinflußt.

Klaus Hock

Voetius, Gisbert

Gijsbert Voet;
geb. 3. 3. 1589 in Heusden;
gest. 1. 11. 1676 in Utrecht

In seiner Zeit ist V. einer der gelehrtesten reformierten Theologen. Der frohgemute Mann gilt als Höhepunkt der reformierten Scholastik und ist auch stark praktisch orientiert. Nach dem Theologiestudium in Leiden (Niederlande), vor allem unter Franz Gomarus, arbeitet er an verschiedenen Orten als Prediger. Er ist Mitglied der Dordrechter nationalen Synode der niederländischen Reformierten Kirchen (1618–19). Auch später hat V. den von dieser Synode bestätigten Prädestinationsglauben in Schriften gegen Remonstranten verteidigt. Die Erwählten sind nicht aufgrund vorhergesehenen Glaubens, sondern nur nach Gottes Wohlgefallen prädestiniert; Christus ist nur für die Erwählten gestorben; der total verdorbene Mensch kann allein durch Gottes Gnaden unwiderstehlich zum Heil gebracht werden, von dem er dann nicht wieder abzufallen vermag. V. wird in Utrecht 1634 Professor für Theologie und orientalische Sprachen sowie 1637 auch Prediger der Reformierten Kirche. V. betrachtet alles menschliche Erkennen als prinzipiell dem Wort Gottes unterworfen. Der Philosophie räumt er eine beschränkte, aber positive Funktion für die Theologie ein. Seit 1641 tritt er als entschiedener Gegner der Philosophie Descartes' auf. Der kosmologische Gottesbeweis verteidigt V. mit Verweis auf biblische Texte über die Erkennbarkeit Gottes aus der Schöpfung. Die wichtigste Quelle für V.' dogmatische und ethische Auffassungen sind die gelehrten fünf Bände der *Selectae disputationes theologicae* (*Ausgewählte theologische Disputationen*, 1648–69). Die ursprünglichen Disputationen dienten den Studenten zur Übung. U.a. verteidigt V. gegen J. Coccejus die völlige Sündenvergebung der alttestamentischen Gläubi-

gen. Über die Kirche handelt er umfassend in den vier Bänden seiner *Politica ecclesiastica* (*Kirchliche Politik*, 1663–76). Er vereinigt wissenschaftliche Arbeit mit Frömmigkeit (etwa schon seine programmatische Antrittsvorlesung *De pietate cum scientia conjungenda/Über die Gottesfurcht, die mit der Wissenschaft zu verbinden ist*, 1634). Nicht umsonst gilt er als eine führende Figur jener pietistischen kirchlichen Reformbewegung (»Nadere Reformatie«), die eine Reformation des ganzen Lebens der Einzelnen sowie der Gesellschaft anstrebte. Für das akademische Publikum hat er die Praxis der Gottseligkeit unter dem Titel *Ta askêtika, sive Exercitia pietatis* (*Die Asketik, oder die Übungen der Gottseligkeit*, 1664) behandelt. Zugleich setzt er sich für Kinder, die er persönlich katechetisch unterrichtet, ein. – V.' Einfluß auf die niederländische reformierte Theologie zeigt sich u. a. im Aufkommen der Bezeichnung ›Voetianer‹ in den Jahren 1640 für die, die sich zur reformierten Orthodoxie und Frömmigkeit bekennen, liberalisierende Theologie und neue Philosophie dagegen bestreiten, und denen später die Coccejaner gegenüberstehen. Einflüsse des Voetianismus sind etwa in Ungarn bis tief ins 18. Jh. spürbar. Mit V. beschäftigt sich auch der niederländische (Neu-)Calvinismus des 19.–20. Jahrhunderts.

Aza Goudriaan

Weigel, Valentin

Geb. 1533 in Großenhain in Sachsen; gest. 10. 6. 1588 in Zschopau im Erzgebirge

W. studiert in Leipzig und Wittenberg, erlangt den Magistergrad und wirkt ab 1567 bis zu seinem Tod als Pfarrer in Zschopau. – Der protestantische Pfarrer und spekulative Denker, der scharfsinnige Magister und mystische Gottsucher, der treue Hirte seiner Gemeinde und Vorkämpfer für religiöse Toleranz hat die Drucklegung seiner Schriften nicht erlebt und damit von dem Aufsehen, das sie bei ihrem Erscheinen und dann das gesamte 17. Jh. hindurch und weit darüber hinaus erregt haben, nichts mitbekommen können. Außer einer 1576 gedruckten Leichenpredigt hat er seine Werke nur handschriftlich einem Kreis von Freunden und Bekannten zugänglich gemacht. Hierbei sind ihm sein langjähriger Diakon Benedikt Biedermann und der Kantor Christoph Weickhart zur Hand gegangen. Erhalten sind insgesamt etwa 80 Kodizes mit W.schen Schriften, darunter teils umfangreiche Sammelhandschriften. Ab 1609 wurden viele der Schriften zum Druck gebracht, einige in mehrfachen Auflagen. Bis zum Ende des 17. Jh. sind etwa 70 Drucke zu zählen, zu denen auch Sammeldrucke sowie Übersetzungen ins Niederländische und ins Englische gehören. – Sowohl die handschriftliche wie die gedruckte Überlieferung enthält bearbeitete und ihm auch völlig fremde Texte. Sie könnten mit dafür verantwortlich sein, daß die Publikationen neben dem großen Interesse, das sie hervorriefen, zugleich eine Flut von Gegenschriften, Widerlegungen und Druckverboten nach sich zogen. So ließe sich erklären, daß der Begriff des ›Weigelianismus‹ das gesamte 17. Jh. hindurch zur Bezeichnung jeglicher Art von Heterodoxie verwendet wurde.

Als gänzlich unanstößig und ohne Brisanz in dogmatischer Hinsicht dürften aber auch die authentischen Schriften W.s und seine theologischen Überzeugungen nicht einzustufen sein. Als Pfarrer in Sachsen hat er die Konkordienformel (Verpflichtung auf die lutherische Lehre) unterschrieben. Dennoch lehrt er die Unterscheidung von Innerlichem und Äußerlichem in geistlichen Dingen. In der Bußlehre fordert er, man dürfe nicht auf eines andern ›Hand oder Maul glauben‹, und stellt so den real wirkenden Charakter der lu-

therischen Absolution in Frage. In typischer Weise für einen Vertreter der dritten nachreformatorischen Generation fordert er auch in der Frömmigkeit das Eigenständige und Eigene gegenüber dem bereits als selbstverständlich Überkommenen. Neben den ›Christus für uns‹ stellt W. den ›Christus in uns‹, wodurch er die geistliche Unabhängigkeit und Selbstverantwortlichkeit des Individuums betont. Selbst seine Erkenntnistheorie ist durch die Forderung nach dem ›eigenen Sehen‹ bestimmt: Alle Erkenntnis kommt her ›aus dem Erkenner und nicht aus dem erkannten Objekt‹, Erkenntnis geschieht ›von innen heraus und nicht von außen hinein‹. Mit diesem Ansatz nimmt W. einen philosophischen Grundsatz des subjektiven Idealismus vorweg. Er entwickelt überzeugende und originelle Anschauungen zu Themen wie Schöpfung (*Natürliche Auslegung von der Schöpfung*; *Vom Ursprung aller Dinge*), Zeit und Raum (*Scholasterium christianum*; *Vom Ort der Welt*), Erkenntnis (*Gnothi seauton* ›Erkenne dich selbst‹; *Der güldene Griff*), Nachfolge Christi (*Von Betrachtung des Lebens Christi*; *Vom Leben Christi*) oder Glaube (*Vom wahren seligmachenden Glauben*; *Informatorium*) und faßt seine Theologie in zwei Predigtreihen zusammen (*Handschriftliche Predigtensammlung 1573/74*; *Kirchen- oder Hauspostille 1577/78*). Seine *Überlegungen zum Gebet* (*Gebetbuch*) haben auf dem Umweg über Johann Arndt die Gebetsliteratur des Pietismus geprägt und zu einer Verinnerlichung des Gebets in der protestantischen Christenheit beigetragen. – In der Forschung ist W. schon immer als der große ›Vermittler‹ gesehen worden, der unter anderem Ideen des Neuplatonismus, der deutschen mittelalterlichen Mystik, des Renaissancehumanismus, des Spiritualismus Sebastian Franckscher Prägung und der Gedanken des Paracelsus weitergegeben habe an bestimmte geistige Strömungen der Neuzeit wie die Rosenkreuzer, den Pietismus und den deutschen Idealismus. Die Wirkung W.schen Denkens läßt sich in der gesamten Geistesgeschichte des 17. und 18. Jh. verfolgen und soll bis zu Goethes Faust reichen.

Horst Pfefferl

Weil, Simone
Geb. 3. 2. 1909 in Paris;
gest. 24. 8. 1943 in Ashford
(Großbritannien)

Die jüdische Philosophin fühlte sich von Jesus Christus angezogen, obgleich sie ohne religiöse Erziehung in einem agnostischen Umfeld aufgewachsen war. Ihre Intelligenz und kritisch-distanzierte Weltsicht verhinderten zeitlebens den Übertritt zur katholischen Kirche, der sie mangelndes soziales Engagement vorwarf. – W. engagiert sich politisch seit ihrem Studium (1925–28 bei Alain am Lycée Henri IV, ab 1928 an der École Normale Supérieure). Dem Anarchosyndikalismus nahestehend, ist sie in Gewerkschaften und in der Liga für Menschenrechte tätig. Sie lehrt in Arbeiterbildungskursen und verfaßt Artikel zur sozialen Frage. An den Lycées von Le Puy, Auxerre und Roanne doziert sie Philosophie, wobei sie ihr Salär mit Arbeitslosen teilt. Um die Verhältnisse in den Fabriken am eigenen Leib zu erfahren, arbeitet sie im Dezember 1934 als Hilfsarbeiterin im Werk der Elektro-Firma Alsthom und im Juni und August 1935 als Fräserin bei Renault; ihre erschütternden Erlebnisse hält sie in ihrem Fabriktagebuch fest. Am 18. 6. 1936 beginnt in Spanien der Bürgerkrieg; bereits am 8.8. überquert W. die Grenze, um den Kampf der Republikaner zu unterstützen. Durch einen Unfall bald gezwungen, nach Paris zurückzukehren, beginnt ihre schriftstellerisch produktivste Zeit. Aufsätze zur Auseinandersetzung mit dem Marxismus und dem Nationalsozialismus,

aber auch zur Geschichte Roms und des europäischen MA entstehen. Im Mai 1942 emigriert W. in die USA und läßt sich in New York nieder. In ihren nun entstehenden Aufsätzen und Briefen beschäftigt sie sich mit religionsphilosophischen Themen, indischer und chinesischer Philosophie, liest Johannes vom Kreuz. Im November reist sie weiter nach London, stellt sich in den Dienst der französischen Exilregierung und verfaßt ihr gesellschaftstheoretisches Testament *L'enracinement* (*Die Einwurzelung*), zu dessen Erscheinen Albert Camus schreibt, daß eine Wiederauferstehung Europas nur möglich sei, wenn man die von W. aufgestellten Forderungen ernst nimmt. Die marxistisch-leninistische Parteiführung ablehnend, geht es W. in diesem Buch, das leider Fragment geblieben ist, nicht um die Masse, sondern das Individuum, das sich seiner über das Ökonomische hinausgehenden – auch spirituellen – Bedürfnisse bewußt werden soll. – Aus Solidarität mit den Menschen in ihrer Heimat weigert sich W., in ihrem englischen Exil mehr Nahrung zu sich zu nehmen als die Ration, die den Menschen im besetzten Frankreich zugestanden wird. Von Arbeit und Entbehrungen aufgezehrt, stirbt sie im Sanatorium. Ihre Schriften werden postum ab 1947 veröffentlicht. – W.s zentraler Begriff bei der Beschreibung der menschlichen Existenz lautet »Malheur« (»Unglück«) und umfaßt vieles: die Sterblichkeit des Menschen und seine unstillbare Sehnsucht nach ewigem Glück, die Diskrepanz zwischen seiner Erfahrung einer leid- und widerspruchsvollen Welt und seinem Verlangen nach Wahrheit und ontischer Gutheit. »Wir sind die Kreuzigung Gottes«. Auch die Arbeit birgt notwendig das Leiden in sich. Die biblische Lehre von der Arbeit als Folge der menschlichen Kontingenz und Fluch der Sünde vor Augen, wie es das Buch Genesis lehrt, erkennt W., daß der marxistische Begriff der Entfremdung nicht tief genug reicht. Keine technische Revolution, keine soziale oder arbeitsrechtliche Verbesserung wird je etwas daran ändern, daß man sich Werktag für Werktag in eine »Art kleinen Tod« fügt. Die Sterblichkeit des Menschen ist die radikalste Manifestation seiner unglücklichen Daseinsbedingungen. Simplifizierende Jenseitsvorstellungen oder andere religiöse Bilder, die von der schonungslosen Sicht auf das menschliche Elend ablenken, lehnt W. als Eskapismus ab. In *Attende de Dieu* (*Das Unglück und die Gottesliebe*) betont W., sie habe sich immer untersagt, an ein Leben nach dem Tod zu denken. Diese Haltung schließt die Hoffnung, daß Gottes Schöpfung letztlich doch gut enden werde, freilich nicht aus.

Alexander Lohner

Wesley, John
Geb. 17.6.1703 in Epworth (England); gest. 2.3.1791 in London

Der englische Evangelist ist der Gründer des Methodismus. W. studiert in Oxford und wird 1726 Dozent für Griechisch, 1728 Pfarrer der anglikanischen Kirche. 1738 erlebt er in Aldersgate (London) eine zweite *conversio*. Da seine Überzeugung, die Massen mit der christlichen Botschaft zu erreichen, ihm die traditionellen Kirchengebäude verschließt, fängt er an, im Freien zu predigen. Er erreicht besonders Arbeiter und ihre Familien, die bis zu diesem Zeitpunkt vom kirchlichen Leben ausgeschlossen sind. Er reitet von Ort zu Ort – im Ganzen geschätzte 250 000 Meilen während all seiner Predigtreisen – und hält ca. 40 000 Predigten. Es gelingt ihm, sogar zu Pferd eine erstaunliche Zahl von Büchern zu lesen, die sich dann in vielen Publikationen aller Art niederschlagen. Für ihn und seinen Bruder Charles, der eng mit ihm arbeitet und durch seine Kirchenlieder auch heute noch bekannt ist, ist der

Methodismus eine Bewegung innerhalb der anglikanischen Kirche. Erst nach W.s Tod kommt es zur offenen Trennung. – W.s steter Einfluß auf die Krisensituationen seiner Zeit in England ist ohne Zweifel ein Grund dafür, daß Historiker wie Lecky, Halévy und Temperley ihm das Verdienst zusprechen, England vor einer blutigen Revolution bewahrt zu haben, die der Französischen von 1789 gleichgekommen wäre. Da er sich oft an die Arbeiter wendet, hilft er indirekt bei der Schaffung der ersten Gewerkschaften. Fünf der sechs »Tollpuddle Märtyrer«, der Gründer der ersten Gewerkschaft in England, sind Methodisten. – Hoch ist sein Einfluß bei der Abschaffung des Sklavenhandels. Dieser gilt lange als *das* nationale Interesse und ist durch königliche Privilegien geschützt. Viele Sitze im Unterhaus werden von Leuten kontrolliert, die durch die Sklaverei reich geworden sind. William Wilberforce, engster Freund des Premierministers Pitt, kommt durch die Arbeit W.s zum Glauben. Er schreibt 1787 in sein Tagebuch: »Der allmächtige Gott hat mir zwei Ziele gesetzt: die Abschaffung des Sklavenhandels und die Reformation der Sitten in England«. 20 Jahre sind nötig, um das Parlament zur Abschaffung des »Handels« zu überreden. »England vor Wesley war die größte Sklavenhalternation; *nach* Wesley war es im Kampf um die weltweite Abschaffung der Sklaverei« (Lean). – Zwei weitere Übel, die durch W.s Einfluß angegangen werden, sind die Kinderarbeit und das Elend in den Gefängnissen. W. beschreibt die letzteren als »die bestmögliche Annäherung an die Hölle auf Erden.« In den Fabriken werden Kinder bis zu 16 Stunden am Tag beschäftigt. Es sind dann der Aristokrat John Howard aus Bedfordshire, ein leidenschaftlicher Anhänger von W., der die Gefängnisreform, und Sir Robert Peel, Vater des gleichnamigen zukünftigen Premierministers, der die Fabrikreform in die Hand nehmen. W.

glaubt, daß eine gesellschaftliche Umwandlung nur durch persönliche Erneuerung kommen könne, daß aber eine persönliche Änderung keine wirkliche sei, wenn sie nicht zu einer sozialen führe.

Pierre Spoerri

Wichern, Johann Hinrich

Geb. 21. 4. 1808 in Hamburg;
gest. 7. 4. 1881 ebd.

Angesichts der industriellen Revolution und der damit einhergehenden Auflösung traditioneller Lebenswelten stellte sich W. in der ersten Hälfte des 19. Jh. der Frage, wie diese Entwicklung aus christlicher Sicht zu bewerten ist und welche Folgerungen für das Handeln der Christenheit aus dieser Diagnose abzuleiten sind. Geprägt durch das Theologiestudium in Göttingen und Berlin sowie die Erfahrungen von Sonntagsschule und Besuchsverein in Hamburg bestand die Leistung des frühen W. darin, überhaupt erst einmal die Verelendung in den Armenvierteln als *Hamburgs wahres und geheimes Volksleben* (1832/33) beschrieben und analysiert zu haben. Aufgrund seiner Beobachtungen gelangt er zu positionellen und pragmatischen Konsequenzen. Die theoretischen Folgerungen führen ihn zu einer theologischen Position, mit der er sich zumindest anfänglich zwischen alle Stühle setzt. Klar ist und bleibt für ihn auf der einen Seite, daß säkulare sozialreformerische oder sozialrevolutionäre Bestrebungen der Gesellschaftsveränderung abzulehnen sind. Diese sozialistischen Bestrebungen würden zur Auflösung der ohnehin schwankenden kirchlichen Bindungen und der letztlich gottgegebenen Herrschaftsordnung führen. Auf der anderen Seite wendet sich W. zugleich gegen die Gleichgültigkeit in kirchlichen Kreisen gegenüber der Verelendung breiter Bevölkerungsschichten. Die von ihm seit 1848 mitinitiierte und vorangetriebene Ausgestaltung der »Inneren Mission« als organisierte kirchliche Reaktion auf diese Entwicklung verändert schrittweise das Selbstverständnis der Kirche. Etabliert wird die diakonische Verpflichtung gegenüber sozialen Mißständen als elementare Dimension kirchlichen Handelns. Ausdruck dieser Verpflichtung ist für W. später auch sein Engagement in Fragen der Gefängnisreform. Bei seiner Überzeugungsarbeit in den kirchlichen Reihen kann W. seine eigene erfolgreiche Praxis als Muster praktischen Christentums ins Spiel bringen: die 1833 gegründete Erziehungsanstalt des »Rauhen Hauses«. Hier verwirklicht W. ein komplexes Erziehungsgefüge für »verwahrloste« Kinder und Jugendliche, das nicht nur auf personale, familienähnliche Bezüge, sondern vor allem auf strukturelle Lernangebote setzt. Durch die Struktur des Zusammenlebens – angefangen von der Architektur der kleinen, familienzentrierten Häuser bis hin zur Rhythmisierung des Tagesablaufs – sollen die Kinder und Jugendlichen lernen, ein »normales«, d. h. an den Idealen einer bürgerlichen Existenz orientiertes Leben zu führen. In seiner Schrift über die *Rettungsanstalten als Erziehungshäuser in Deutschland* (1868) entfaltet er diese genuin pädagogische Konzeption der Heimerziehung in beeindruckender Weise. Auffällig ist hier die Warnung vor übertriebenen Frömmigkeitsforderungen gegenüber den Kindern und – bei aller »objektiven« christlichen Motivation der »Rettung« – eine Orientierung an den individuellen Biographien der Zöglinge. Bei der Frage des geeigneten Erzieherpersonals erweist sich W. als wichtiger Mitbegründer eines eigenständigen pädagogischen Professionsverständnisses. Für die Arbeit im »Rauhen Haus« reicht nach W. weder eine traditionelle pädagogische Qualifikation, also das Lehramt, noch einfach eine fromme Gesinnung aus. Erforderlich erscheint ihm vielmehr eine besondere, »sozialpädagogische« Kompetenz für den Umgang mit den speziellen Lernwegen der benachteiligten Kinder und Jugendlichen. In diesem Sinne ist es folgerichtig, daß W. bereits 1836 das Diakonen- oder Bruderhaus als Ausbildungsstätte für die künftigen Mitarbeiter seiner Institution gründet. Wenn W. 15 Jahre nach der Gründung des »Rauhen Hauses« zum Motor der »Inneren Mission« wird, so kann er neben seiner sozialpolitischen Frontstellung gegenüber dem Sozialismus und der innerkirchlichen Opposition gegenüber einer sozial desinteressierten Christenheit auf eine weithin anerkannte Praxis diakonischen Handelns verweisen.

Ralf Koerrenz

Wyclif, John

Geb. ca. 1320/30 in Spreswell
bei Wycliffe-on-Tees (Yorkshire);
gest. 31. 12. 1384 in Lutterworth
(Leicestershire)

Der »große Häresiarch« (G. Leff) W. galt ob seiner Hochschätzung der Bibel und seiner Kritik an Papst- und Mönchtum – seiner unevangelischen Rechtfertigungslehre zum Trotz – seit dem 16. Jh. als Wegbereiter der Reformation. Erst neuerdings entdeckt man wieder den scholastischen Philosophen und Theologen von Rang, der den Vergleich mit seinen Landsleuten Duns Scotus und Ockham nicht scheuen muß. – W. war kein praktischer Reformer. Dreieinhalb Jahrzehnte lang wirkte er als Universitätslehrer an verschiedenen Colleges in Oxford. Seine Wirkung beruhte auf seiner Lehre, die durch seine eigentümliche Metaphysik eindrucksvolle Geschlossenheit erlangte. Gegen die herrschende *via moderna* griff W. auf den augustinischen Universalienrealismus von Robert Grosseteste (gest. 1253) zurück. Die philosophischen Allgemeinbegriffe (Universalien) waren da-

nach nicht bloß Prädikate in Aussagesätzen, sondern hatten reale Existenz; letztlich gingen sie auf ewige, notwendige Ideen im Denken Gottes zurück. Alles geschaffene Sein gründet daher in einem idealen Sein in Gott. – Eine Konsequenz von W.s Realismus war seine Hochschätzung der Bibel, die ihm den Beinamen »Doctor evangelicus« eintrug. W. setzte die Hl. Schrift mit Christus als dem ewigen Wort Gottes gleich; sie enthielt jegliche Wahrheit, vor allem aber das »Gesetz Christi«, das seine Jünger zur Nachfolge in Armut und Demut verpflichtete. W. selbst kommentierte 1371–76 die gesamte Bibel; seine Forderung nach Übersetzung in die Volkssprache wurde von seinen Schülern eingelöst. – Realismus und Biblizismus prägen auch die nach der Promotion zum Doktor der Theologie 1372 entstandenen theologischen Schriften W. s. Dazu kamen die Erfahrungen, die er bei verschiedenen kirchenpolitischen Missionen im Dienst der antiklerikalen Politik des Herzogs von Lancaster, John of Gaunt, sammelte. Die päpstliche Verurteilung seiner Lehren im Jahre 1377 und der Ausbruch des Papstschismas 1378 führten W. zu grundsätzlicher Kritik an der kirchlichen Hierarchie: Das Wesen der Kirche als unsichtbare Gemeinschaft der von Gott zur Seligkeit Vorherbestimmten lasse kein äußeres Oberhaupt zu. Im NT werde die Kirche zu Armut und Demut verpflichtet; erst die Konstantinische Schenkung habe den päpstlichen Primat begründet und die Kirche durch weltliche Herrschaft und Reichtum korrumpiert. Die Kirche müsse daher – notfalls durch gewaltsame Enteignung – zur ursprünglichen Einfachheit zurückgeführt werden. Doch erst W.s Kritik an der Transsubstantiationslehre – aus philosophischen Gründen behauptete er das Fortbestehen von Brot und Wein bei der Eucharistie auch nach der Wandlung – machte seine Stellung in Oxford unhaltbar. Nach dem Bauernaufstand von 1381, den man ihm fälschlich zur Last legte, mußte er sich auf seine Pfarrei Lutterworth zurückziehen, wo er noch zahlreiche Schriften – u. a. den summarischen *Trialogus* – verfaßte, bis er einem wiederholten Schlaganfall erlag. Nach erneuter Verurteilung seiner Lehre auf dem Konstanzer Konzil 1415 wurde 1428 sein Leichnam exhumiert und verbrannt. W.s Reformideen wurden von seinen Oxforder Schülern weiter propagiert und lebten in der – seit 1414 in den Untergrund gedrängten – Bewegung der »Lollarden« fort; in Böhmen inspirierten sie maßgeblich die hussitische Bewegung.

Wolf-Friedrich Schäufele

Xu Guangqi

Paul Hsu; geb. 1562 in Shanghai; gest. 1633 in Peking

X. ist einer der bedeutendsten Christen, wenn nicht der wichtigste überhaupt, in der Geschichte des chinesischen Christentums. Er war herausragender Lehrer und Beamter des kaiserlichen Hofs und zugleich einer der ersten Intellektuellen Chinas, der sich unter dem Einfluß von Matteo Ricci und seinen Jesuitenkollegen zum Christentum bekehrte. Seine Konversion ist ein konkretes Beispiel für die mögliche Synthese zwischen chinesischer Kultur und christlichem Glauben. Sie steht auch für die Unterstützung der Inkulturationsidee, die die Jesuiten entwickeln und die die Türen für die chinesische Intelligenz und womöglich gar den Kaiser öffnen. – X. wird mit 36 Jahren Mitglied der Hanlin, der kaiserlichen Akademie. Sein erster Kontakt mit der katholischen Kirche ist sein Zusammentreffen mit dem Jesuitenpriester Lazare Cattaneo im Jahr 1596. Vier Jahre später begegnet er Ricci, der ihm ein chinesisches Exemplar seines Traktates über Gott anbietet: *The True Meaning of the Lord of Heaven*. X. ist sowohl von der wissenschaftlichen Kenntnis wie auch dem tiefen christlichen Glau-

ben seines Jesuitenfreundes beeindruckt. 1603 bittet er ihn daher um die Taufe und nimmt den Namen Paul an. Danach bekehrt X. seinen eigenen Vater und schließlich die gesamte Familie zum Katholizismus. – Anerkanntermaßen besteht X.s Leistung in der Einführung westlicher wissenschaftlicher Methoden nach China; zwischen 1604 und 1607 arbeitet er mit Ricci an den Übersetzungen von westlichen Werken über Mathematik, Astronomie, Geographie und Hydraulik. Die ersten sechs Kapitel von Euklids *Elemente der Geometrie* und eine Abhandlung zur Trigonometrie erscheinen 1611. Durch die Übersetzungen bereichert X. die chinesische Sprache mit neuen Fachwörtern und führt logisches Denken, das die Systematisierung des mathematischen Denkens in China fördert, ein. Hinter X.s wissenschaftlicher Arbeit steht immer ein praktischer Grund; so etwa verändert er das zeitgenössische Denken und die Methoden im Bereich der Agrarwirtschaft, lädt die Jesuiten Longobardi und Terrenz ein, um den Kalender zu reformieren und neue astronomische Geräte zu bauen. In anderen Gebieten werden seine Bemühungen um Reform allerdings von einer offiziellen Gruppe Konservativer vereitelt.

X. ist auch die Gründung der katholischen Tradition in Shanghai zuzuschreiben; 1609 errichtet er die erste Kirche auf dem Gelände, das seiner Familie gehört, die immer noch Xujiahui (oder auch Zikawei im Shanghaier Dialekt) genannt wird. Er lädt ausländische Missionare ein, dort zu arbeiten und bald sind es mehr als 200, die konvertieren. Er bietet Schutz den Missionaren in Zeiten ihrer Verfolgung und schreibt eine apologetische Abhandlung, in der er den christlichen Glauben verteidigt. Seine persönliche Frömmigkeit ist ebenfalls namhaft: sein Tag beginnt mit Gebet, Meditation und Messe und endet am Abend mit einer Gewissenserforschung, die von christlicher Spiritualität, durchdrungen von Konfuzischem Geist und Ordnung, geprägt ist. Sein Einfluß ist heute noch in Shanghai zu spüren, wo in der Stadt Xujiahui ein Synonym für Katholizismus bedeutet.

Edmond Tang

Zinzendorf, Nikolaus Ludwig

Reichsgraf von Zinzendorf und Pottendorf;
geb. 26. 5. 1700 in Dresden;
gest. 9. 5. 1760 in Herrnhut

Die Nachwirkungen des Pietismus bis in die Philosophie und Theologie Schleiermachers sind bedeutend. Heute kann eine Auseinandersetzung damit helfen, dogmenkritische und spirituelle Ansätze innerhalb akademischer und kirchlicher Lehre wieder relevant zu machen. Prototypisch hierfür steht Z., Erneuerer der Brüderunität und Vertreter eines lutherisch geprägten Spätpietismus, der den Wert der persönlichen Glaubensentscheidung ebenso wie die Freiheit auch religiöser Gemeinschaften gegenüber kirchlicher Institution und Dogmatik bei gleichzeitiger Überwindung des kirchenkritischen Radikalismus der Brüderunität als höchstes Gut bestimmt. Z. gestaltet als Patron das von seiner Großmutter erstandene Gut Berthelsdorf zu einer frommen Gutsgemeinde mit Herrenhut in der Nähe. Seine Frühschrift, *Der Teutsche Sokrates*, in der Zeit seiner Anstellung im Staatsdienst in Dresden entstanden, ist eine philosophische Verteidigung seiner Herzensfrömmigkeit der Aufklärung gegenüber. Z. führt das Gefühl als Erkenntnisprinzip in die Theologie ein und sieht die Vernunft als ein Mittel, das Interesse der Gebildeten für die Religion überhaupt erst einmal zu gewinnen. – Mit seinem philadelphisch-ökumenischen Kirchen- und Missionsverständnis, das in der Frühzeit Eindrücke von den missionarischen und ökumenischen Aktivitäten Halles erhielt, rückt er von dessen gesetzlichen Bekehrungsmethodismus ab und nähert sich auch in seiner Rechtfertigungslehre Vertretern des radikalen Pietismus und der Inspirationsgemeinden. Immer wichtiger wird für Z.s Lehre Paulus' paradoxe Predigt vom Kreuz. Schließlich kommt er zu der Überzeugung, daß zwischen einer von der Aufklärung beeinflußten Theologie und einer Offenbarungstheologie ein absoluter Gegensatz bestehe (Ideal der Kindlichkeit, »Torheit des Kreuzes«). Nur so kann Christi stellvertretendes Strafleiden geglaubt werden. Alle natürliche Gotteserkenntnis und Moral wird abgelehnt und die Alleinwirksamkeit der Gnade, die »Minutenbekehrung« des Sünders (»selige Sünderschaft«) postuliert (vgl. aus dieser Zeit etwa die Lieder und Neuübersetzung der Lutherbibel). Z. verzichtet von nun an auf jegliches weltliche Amt, legt in Stralsund (Schweden) eine theologische Prüfung ab und tritt »auf eigene Verordnung« am 4. 12. 1734 das geistliche Amt mit einer Predigt in der Tübinger Stiftskirche an. Am 20. 3. 1736 wird er endgültig aus Sachsen ausgewiesen. Die Übernahme des Bischofsamtes versteht der Jurist vor diesem Hintergrund auch als kirchenrechtlichen Anschluß an die alte böhmische Brüderunität. Trotz aller Widrigkeiten gewinnt Z. das Vertrauen Friedrich Wilhelms von Preußen. In den verschuldeten Büdinger Reichsgrafschaften gründet er mit Hilfe holländischer Freunde die völlig unabhängige Gemeine Herrenhaag, wo er die typischen Gottesdienstformen frei entfalten kann. Marienborn wird Sitz seiner Pilgergemeinde mit Tochtergründungen in Europa und Amerika. Nach 1750 wird der Ausdruck »Umgang mit dem Heiland« zum Leitbegriff von Z.s Ansprachen. Die tägliche Christusgemeinschaft, etwa im Sinne des kontinuierlichen Gebets, ist der praktische Weg, Rechtfertigungsglauben zu leben. Nicht um Nachfolge im Sinne der *imitatio* geht es, sondern um den täglichen Erhalt der Gnade (vgl. die Losungen). Die Verbindung mit Christus bleibt aber auf die Gemeinschaft (des Chores) bezogen. Ihren Höhepunkt findet diese Erfahrung im Abendmahl, einer »sakramentalen Umarmung« und »somatischen Vereinigung«.

Sybille Fritsch-Oppermann

Zwingli, Huldrych

Geb. 1. 1. 1484 in Wildhaus;
gest. 11. 10. 1531 bei Kappel

1. *Im Schatten des Krieges*: Leben und Wirken des Schweizer Reformators Z. nehmen 1531 in der Schlacht bei Kappel ein abruptes Ende. Während katholische wie lutherische Gegner im gewaltsamen Tod das gerechte Urteil Gottes über den Häretiker sehen, verteidigen ihn seine Anhänger als Propheten und Märtyrer. Der Reformator stirbt auf einem Schlachtfeld, wohin der Altgläubige in jüngeren Jahren als Feldprediger mit eidgenössischen Söldnern zog. Doch dazwischen liegt ein bewegter Lebensweg.

2. *In der Obhut der traditionellen Kirche*: 1484 wird Z. in Wildhaus im gebirgigen Toggenburg geboren. Nach den Schulen besucht er die Universitäten Wien (1498–1502) und Basel (1502–06), wo er den *Magister artium* erlangt und ein Semester Theologie studiert. Nach der Priesterweihe findet er seine erste Tätigkeit in Glarus und Einsiedeln. In Glarus (1506–16) setzt er seine scholastischen Studien fort und vertieft seine Kenntnisse der antiken und patristischen Literatur. Später erlernt er die griechische Sprache, die ihm den Zugang zum NT im Urtext eröffnet. Im Briefwechsel pflegt er regen Austausch mit schweizerischen Humanisten. Seine Frömmigkeit liegt im Rahmen der traditionellen Kirchlichkeit. In seiner frühesten Schrift *Das Fabelgedicht vom Ochsen* (1510) warnt er die Landsleute davor, das Soldbündnis mit dem Papst,

das diesem das Recht zur Werbung von Truppen auf eidgenössischem Territorium einräumte, zugunsten des Kaisers oder Frankreichs aufzugeben. Seinem Freund Joachim Vadian berichtet er selbstbewußt vom siegreichen Zug der Eidgenossen in der Lombardei (1512). Die Eidgenossen sind Befreier der Kirche und Waffe des gekreuzigten Christus. Der Krieg erscheint als legitimes Mittel zur Verteidigung der päpstlichen Interessen und zur Wahrung der eigenen politischen Freiheit. Das Eintreten für die Partei des Papstes honoriert ihm dieser mit einer ansehnlichen jährlichen Pension. Als Feldprediger begleitet Z. Glarner Truppen nach Novara (1513) und Marignano (1515). Doch in *Der Labyrinth* (1516) kommt eine stärkere Zurückhaltung gegenüber Soldbündnissen und Krieg zum Ausdruck. Darin spiegeln sich die Erfahrungen des Feldpredigers und der erasmische Pazifismus. Z. liest ab 1515 ausgiebig die Werke von Erasmus, trifft ihn 1516 in Basel und wird zum begeisterten Anhänger. In diese Zeit fällt auch der Wechsel nach Einsiedeln (1516–18). Nachdem sich Glarus der Partei der Franzosen angenähert hat, ist der Parteigänger des Papstes politisch nicht mehr tragbar.

3. *Die Entzweiung mit der traditionellen Kirche in Zürich*: Zum Reformator wird Z. in einer mehrjährigen Entwicklung, bei der die Lektüre der Bibel im Urtext, das Studium der Kirchenväter (vor allem Augustinus') und der Werke des Erasmus sowie die Vorgänge um Martin Luther auf ihn einwirken. Nach dem Antritt als Leutpriester am Großmünster in Zürich am 1. 1. 1519 bricht Z. mit der Predigtordnung. Dem Ideal humanistischer Reform verpflichtet, stellt er mit seinen Predigten in fortlaufender Auslegung biblischer Schriften Leben und Werk Jesu und der Urkirche als Vorbild dar. Der öffentliche Konflikt um diese Predigttätigkeit entbrennt im Jahr 1522 an der Fastenordnung. Nach einem provokativen

Wurstessen an einem Fastensonntag im Hause des Buchdruckers Christoph Froschauer verteidigt Z. in der überarbeiteten Predigt *Von Erkiesen [Auswahl] und Freiheit der Speisen* den Fastenbruch und erweist die geltende Fastenordnung als menschliche Satzung. Das grundlegende Schriftprinzip entwickelt er in der erweiterten Predigt *Von Klarheit und Gewißheit des Wortes Gottes* und lehnt in der Schrift *Apologeticus Archeteles* die Autorität des Konstanzer Bischofs ab. Damit setzt sich die Bibel als einzige Grundlage für Lehre und Leben von Kirche und Gesellschaft gegenüber den traditionellen Autoritäten wie Schrift und Dogmen, Konzilien und Papsttum im Jahr 1522 endgültig durch. Im selben Jahr wendet sich Z. an die Landsleute in Schwyz mit der Aufforderung, dem Beispiel Zürichs zu folgen und die Soldbündnisse zu verbieten. Dabei lehnt er nicht generell den Krieg ab, sondern dessen Mißbrauch zu wirtschaftlichen Zwecken. – Zur Klärung der umstrittenen Fragen beruft der Zürcher Große Rat im Januar 1523 die Geistlichen zur Ersten Disputation ins Rathaus ein. Z. stellt in aller Eile 67 Thesen auf, um sein Wirken zu rechtfertigen. Der Rat heißt seine Predigttätigkeit gut und verordnet allen Prädikanten die Predigt in Übereinstimmung mit der Hl. Schrift. Der Zweiten Disputation vom Oktober 1523 zur Frage von Kirchenschmuck und Messe folgen schrittweise kirchliche und gesellschaftliche Neuerungen: Der Kirchenschmuck wird beseitigt (1524), eine neue Abendmahlsfeier eingeführt (1525), die Armen- und Krankenfürsorge geregelt (1525) und das Ehe- und Sittengericht eingerichtet (1526). – Mit der allmählichen Umsetzung der Reformation geht die Konsolidierung der Theologie einher. In der umfangreichsten Schrift *Auslegen und Gründe der Schlußreden* (1523) stellt Z. seine 67 Thesen ausführlich dar. Das Verhältnis von göttlicher und menschlicher Autorität in der Ethik

bestimmt er in der Predigt *Von göttlicher und menschlicher Gerechtigkeit* (1523) und kritisiert auf diesem Hintergrund das geltende Zins- und Zehntwesen. Im *De vera et falsa religione commentarius* (1525) faßt Z. sein theologisches Denken zusammen und gibt damit zugleich Anhängern und Gegnern Rechenschaft über Glauben und Handeln, wie es der verdächtigte Häretiker immer wieder tun muß, etwa in den Schriften zum Glaubensbekenntnis *Fidei ratio* (1530) und *Christianae fidei expositio* (1531).

4. *Z.s theologisches Denken zwischen Gott und Mensch*: Ein grundlegendes Motiv durchzieht Z.s theologisches Denken: die scharfe Unterscheidung zwischen Schöpfer und Geschöpf, Himmel und Erde, Geist und Fleisch. Dieser Dualismus ist wesentlich geprägt durch die intensive Beschäftigung mit Erasmus und Augustinus sowie bestätigt durch die Auslegung einschlägiger Passagen des AT und NT (Propheten und Paulus). Die Kreatur kann nicht Trägerin des Heils sein. Diese Auffassung eröffnet die Möglichkeit zu schneidender Kritik an Lehre, Leben und Autoritäten der traditionellen Kirche. Fastenordnung, Heiligenverehrung oder klösterliche Lebensweisen identifiziert Z. mit Menschensatzungen und lehnt sie als eine Form von Kreaturvergötterung ab. In gleicher Weise verwirft er das Lehramt von Bischof, Konzil und Papst. Alleinige Autorität hat das Wort Gottes. Doch das biblische Wort kann für sich den Glauben nicht vermitteln. Gott selber muß den Menschen ziehen (Joh 6,44) und innerlich erleuchten, damit dieser das biblische als göttliches Wort erkennt und ihm vertraut. Quelle jeder wahren Erkenntnis Gottes und des Menschen ist daher Gott selbst. – Gott ist das Sein, von dem alles Seiende abhängt. Er ist das Gute, Bewegung und Leben, Weisheit, Wissen und Vorsehung, Güte und Freigebigkeit. Die Betonung der Vorsehung hebt die Souveränität Gottes hervor und weist Willens-

freiheit und Verdienst des Menschen ab. Der Vollkommenheit und Gerechtigkeit Gottes aber kann der Mensch als Sünder niemals entsprechen. Die Sünde ist als unheilbare Krankheit dem Menschen seit Adam angeboren und besteht aus der Selbstliebe des Menschen. Diese führt zu den einzelnen Übertretungen des Gesetzes. Die Sündenkrankheit ist Ursache dafür, daß der Mensch weder sich selbst noch Gott erkennen kann. Gemeinschaft mit Gott ist ihm daher unmöglich. Daran muß der Mensch verzweifeln. – Das Heilsgeschehen ereignet sich am gefallenen Adam, der auf seiner Flucht von Gott zurückgerufen wird. Dieser Rückruf präludiert das Heil in Christus für die gesamte Menschheit. Zugleich liegen in diesem Rückruf Ursprung und Anfang von »Religion«, durch die der Mensch zu Gott strebt. Jesus Christus hat durch seinen Tod für uns Menschen der Gerechtigkeit Gottes Genüge getan. Die Auffassung vom Opfertod Christi ist von der Satisfaktionslehre des Anselm von Canterbury geprägt. Die göttliche Natur Christi wird betont, denn sie verbürgt das Heil. Zugleich aber unterstreicht Z., beeinflußt von Erasmus, die Rolle Jesu als Lehrer und Vorbild. – Christus ist das Haupt, die Gläubigen sind die Glieder der Kirche, die zum einen katholisch und universal ist, verstreut über die ganze Welt, sichtbar für Gott, aber unsichtbar für die Menschen, zum anderen lokal, das heißt sichtbar in der einzelnen Gemeinde vor Ort. Die sichtbare Kirche ist »vermischt«, da ihr Gläubige und Ungläubige angehören. Die Einheit der Kirche verbürgt der Hl. Geist. Glieder der sichtbaren Kirche bekennen sich zu Christus, haben Anteil an den Sakramenten und führen einen entsprechenden Lebenswandel. – Die Sakramente für sich bewirken nichts. Das Heil hängt an Gott allein, der den Glauben verleiht. Äußere Mittel sind dazu nicht notwendig, auch wenn Gott solche benutzt. Die Taufe ist das Zeichen für den Gnaden-

bund, den Gott mit Adam, Abraham und dem Volk Israel geschlossen hat und der sich im Wesen nicht vom Bund in Christus unterscheidet. Die Taufe ist Zulassung zu diesem Bund, Aufnahme in die kirchliche Gemeinschaft und Verpflichtung zum christlichen Leben. Im Abendmahl erinnern sich die Gläubigen an das eine Opfer Christi. Sie sagen Dank für die dadurch erwirkte Erlösung, bezeugen zugleich ihre Gemeinschaft mit Christus und verpflichten sich gegenseitig zu einem würdigen Lebenswandel. Christus ist nach seiner göttlichen Natur im Abendmahl gegenwärtig, während er nach seiner menschlichen Natur nach der Himmelfahrt zur Rechten Gottes sitzt. Die leibliche Gegenwart Christi lehnt Z. ab, denn der Geist mache lebendig, das Fleisch aber vermöge nichts (Joh 6,63). Die Wendung »Christus essen« (Joh 6,51–59) meint an Christus glauben. – Kirche und Gesellschaft fallen nahezu zusammen, weil sie beide nach der Übereinstimmung mit dem Willen Gottes streben. Die weltliche Obrigkeit handhabt die menschliche Gerechtigkeit, welche die äußere Ordnung erhält, die Kirche verfährt nach der inneren, göttlichen Gerechtigkeit, welche die Konformität mit dem Gesetz Gottes erstrebt. Dabei hat die menschliche Gerechtigkeit ihren Maßstab an der göttlichen. Die Autorität der Obrigkeit ist gegenüber der Kirche beschränkt auf äußere religiöse Angelegenheiten. Die Obrigkeit ordnet sich selber dem Wort Gottes unter, fragt nach der Zustimmung der Kirche, regelt das äußere Leben in Zürich nach dem Gesetz Gottes und fördert die Verkündigung des Evangeliums.

5. *Ausbreitung und Krise der Zürcher Reformation*: Beinahe gleichzeitig mit dem Durchbruch zeichnet sich auch die Krise der Reformation in Zürich ab. Anhänger Z.s haben an der Zweiten Zürcher Disputation die Zuständigkeit der weltlichen Obrigkeit in geistlichen Angelegenheiten angezweifelt, weil sie

die Autorität der Schrift beschränke. Die Schrift aber sei klar und deutlich. Nach ihrer Norm müsse die Reformation ohne Zögern umgesetzt werden. Gespräche zwischen den Pfarrern und den Radikalen scheitern. Es kommt zur Taufverweigerung, zur Erwachsenentaufe und schließlich zur Gründung der ersten Täufergemeinde in Zollikon 1525. Im selben Jahr verlieren die altgläubigen Kräfte mit der Abschaffung der Messe den letzten Kampf in Zürich, unterstützen aber den Widerstand auf eidgenössischer Ebene. An der Badener Disputation von 1526 verurteilt die eidgenössische Tagsatzung die Zürcher Reformation. Dem widersetzen sich aber neben Zürich auch Bern, Basel und Schaffhausen, die in den Jahren 1528–29 die Reformation ebenfalls einführen. Die Ausbreitung der Reformation führt zur konfessionellen Spaltung der Eidgenossenschaft. Die Zürcher Reformation bleibt nicht allein von den Täufern getrennt. Eine Einigung mit Martin Luther scheitert im Marburger Religionsgespräch von 1529 an der Frage nach der Gegenwart Christi im Abendmahl. – Die religiöse Spaltung der Eidgenossenschaft war für Z. unerträglich. Er war davon überzeugt, daß sich das Wort Gottes bei freier Predigt des Evangeliums selbst durchsetzen werde. Zum Zankapfel wurde die Einführung der Reformation in von Katholiken und Protestanten gemeinsam verwalteten Gebieten der Schweiz. Auf eine mögliche Kriegsbedrohung hat Z. im *Plan zu einem Feldzug* (1524/26) politische und militärische Maßnahmen erörtert und scharf die Alternative formuliert, entweder den Feinden zu widerstehen oder Gott und sein Wort zu verleugnen. In weiteren Ratschlägen zuhanden des Rates in den Jahren 1529 und 1531 unterstützt er auch einen Angriffskrieg gegen die katholischen Eidgenossen. Waren in jungen Jahren allgemein die Eidgenossen das Werkzeug Gottes, sind es jetzt allein noch die reformatorischen Teile.

Im Oktober 1531 kommt es zum militärischen Schlagabtausch mit folgenschwerem Ausgang.

6. *Wirkung*: Die Beurteilung von Z.s Einfluß ist schwierig: Mit dem gewaltsamen Tod wurde dem Wirken Z.s abrupt ein Ende gesetzt. Die Ausbreitung der Zürcher Reformation war dadurch empfindlich geschwächt und vor allem auf die vier Stadtstaaten Zürich, Bern, Basel und Schaffhausen begrenzt. Der Vorwurf der Häresie wurde nicht nur von katholischer, sondern auch von lutherischer Seite geäußert. Heinrich Bullinger, der Nachfolger Z.s, hat das schwierige Erbe der Zürcher Reformation geschickt verwaltet. Obwohl er sich in seiner über 40jährigen Amtszeit stets hinter seinen Vorgänger stellte, hat er doch zweifellos die Reformation Z.s bei der Weiterführung umgeformt. Mögliche Einflüsse Z.s sind daher zunehmend vermittelt, beziehen sich auf einzelne Elemente oder einzelne Personen und reichen vor allem in die Pfalz, die Niederlande, nach Ungarn, England und Schottland. Keine Kirche außerhalb der Eidgenossenschaft beruft sich ausdrücklich auf Z. Im Kampf mit den Täufern entwickelte Z. den Gedanken, daß Gott den gleichen Bund, den er mit Israel geschlossen hat, mit den Christen schließt. Die Einheit des göttlichen Heilshandelns fügt Volk Israel und Kirche Christi, AT und NT, Beschneidung und Taufe, Passah und Abendmahl eng zusammen. Dieser Ansatz wurde von Bullinger systematisch ausgebaut und sollte in der reformierten Föderaltheologie grundlegend werden. Die Zuordnung von Kirche und Staat, die der Kirche keine eigene Körperschaft zur Kirchenzucht einräumte, wurde von Thomas Erastus in der Pfalz verfochten. Durch Vertreter wie John Whitgift und Richard Hooker fand diese Auffassung modifiziert unter der Bezeichnung des Erastianismus in England und Schottland weite Verbreitung.

Martin Sallmann

Die in diesem Band versammelten Porträts
sind dem »Metzler Lexikon christlicher
Denker, 700 Autorinnen und Autoren von
den Anfängen des Christentums bis zur
Gegenwart«, hrsg. von Markus Vinzent,
entnommen. Dort finden sich auch weiter-
führende Literaturhinweise zu jedem der
Artikel.

Bibliografische Information
Der Deutschen Bibliothek
Die Deutsche Bibliothek verzeichnet diese
Publikation in der Deutschen National-
bibliografie; detaillierte bibliografische
Daten sind im Internet über
<http://dnb.ddb.de> abrufbar.

ISBN 978-3-476-02025-3
ISBN 978-3-476-02948-5 (eBook)
DOI 10.1007/978-3-476-02948-5

© 2004 Springer-Verlag GmbH Deutschland
Ursprünglich erschienen bei J.B. Metzlersche
Verlagsbuchhandlung und Carl Ernst Poeschel
Verlag GmbH in Stuttgart 2004

www.metzlerverlag.de
info@metzlerverlag.de

Printed in the United States
By Bookmasters